La dette odieuse

Jason Manolopoulos

La dette odieuse

Les leçons de la crise grecque

PEARSON

L'édition originale de cet ouvrage a été publiée au Royaume-Uni et aux États-Unis sous le titre *Greece's 'Odious' Debt, The Looting of the Hellenic Republic by the Euro, the Political Elite and the Investment Community.*

Traduction : Betsy Annen

Mise en pages : Léa B.

ISBN : 978-2-7440-7609-1

Sommaire

Avant-propos

Lorsque la crise économique mondiale arrive en 2008, la Grèce n'est vraiment pas le pays d'Europe le mieux armé pour y faire face. L'économie hellène se caractérise déjà par une dette publique élevée, un fort déficit de sa balance commerciale, une industrie peu diversifiée, un secteur public hypertrophié, un mouvement syndical oppositionnel, une corruption endémique, une pratique généralisée de la fraude fiscale, une monnaie surévaluée, des consommateurs revendicatifs ainsi qu'une adhésion à l'euro fondée sur des données erronées. Et pourtant, en février 2009, le commissaire européen chargé des affaires économiques et monétaires, Joaquin Almunia, n'en déclare pas moins que :

> L'économie grecque est dans une meilleure situation que la moyenne de la zone euro, actuellement en récession.

Lorsque l'un des responsables d'une des principales institutions économiques occidentales fait une déclaration aussi déconnectée de la réalité que pouvaient l'être les objectifs de production affichés par l'Union soviétique, quelque chose ne tourne pas rond. On est alors en droit de s'interroger sur les institutions qui nous gouvernent, sur les convictions des dirigeants et les processus de prise de décisions ainsi que sur les analyses et les données qui les fondent.

Ce livre raconte l'histoire en cours de la crise économique mondiale dans laquelle un petit pays a joué un rôle déterminant. Au moment où j'écris, les conséquences ne sont pas encore claires : cette crise sonnera-t-elle le glas du mode de vie confortable des Européens ou provoquera-t-elle un simple ajustement des conditions de vie du Vieux Continent ? Les origines en sont tout à la fois micro et macro, nationales et globales. Chaque partie prenante a sa part de responsabilité : la classe politique grecque, la société grecque, les syndicats, les responsables de l'Union européenne, le FMI, les banques d'affaires internationales. Aucun n'a remis en cause l'état d'arrogance collective, les erreurs de calculs, l'excès d'ambition, la dissimulation, les ventes frauduleuses, la folie ambiante et, dans certains cas, l'avidité pure qui ont jalonné cette saga, vieille de plusieurs dizaines d'années.

Voici les points saillants de cette crise :

- La monnaie unique européenne repose sur 17 économies différentes et a échoué à créer une zone monétaire unifiée. Les différences entre pays se sont accrues, comme cela a déjà été observé à plusieurs reprises dans le passé.
- L'annonce spectaculaire du 9 mai 2010 de la création d'un fonds de stabilisation de plus de 750 milliards d'euros ainsi que l'abandon par la Banque centrale européenne de son indépendance *via* l'achat d'obligations ont révélé les mensonges servis aux citoyens sur l'euro.
- Les pays «secondaires» de la zone euro vont supporter des années d'austérité malgré les chances minimes de réussite et au risque de mettre en péril leurs systèmes politiques et l'ordre public.
- La dette souveraine agrégée de l'Europe se mesure à présent en milliers de milliards d'euros à un moment où le continent connaît un tassement démographique, des engagements en matière de retraite coûteux et une population vieillissante. Les économies en croissance dans le reste du monde, en particulier en Asie menacent d'éclipser le Vieux Continent.
- La Grèce a été autorisée à emprunter 300 milliards d'euros malgré une économie dysfonctionnelle, un secteur industriel à faible contenu technologique, un secteur public chroniquement inefficace et corrompu ainsi qu'un système politique obsolète où les gouvernants bénéficient d'une immunité pour les crimes financiers qu'ils commettent.
- L'économie mondiale a pâti d'une débauche d'effets de levier utilisés par des banques d'affaires, toujours en quête de rentes. Elles ont ainsi placé leur argent dans des «commodités» et alimenté des bulles d'investissement déstabilisantes et des niveaux d'endettement public excessifs.

Cela n'est pas un hasard et n'est pas totalement nouveau. J'analyserai des crises récentes aux caractéristiques semblables et m'interrogerai sur les raisons de notre amnésie. L'expression récurrente «avec le recul» dans les discours des politiques au lendemain de la quasi-faillite de l'union monétaire européenne en 2010 est indécente ; ces personnes étaient prévenues, implicitement et explicitement. Leur pilotage de la monnaie unique par le mécanisme de change a été un échec. Au lieu d'en tirer des leçons, les dirigeants européens ont récidivé avec un plan encore plus vaste et ont rejeté d'emblée toutes critiques. Les erreurs de politique commises en Argentine dans les années 1990 se sont répétées d'une façon tragicomique en Grèce dans les années 2000. Cela soulève d'importantes questions. On doit cesser d'appliquer des politiques qui ont échoué en théorie et en pratique. Si la médecine avait suivi le même chemin que l'économie, on en serait encore à pratiquer des saignées et à utiliser le mercure.

Au cours de mes recherches, j'ai été frappé par l'influence, souvent négligée, des facteurs psychologiques sur des aspects aussi variés que l'histoire grecque, la création de l'Union européenne ou le fonctionnement des marchés internationaux contemporains des obligations. Dans le monde de l'investissement, la finance comportementale commence à nous apprendre que les acteurs de marché ne sont pas toujours rationnels et met en évidence les biais psychologiques propres à éclairer ces comportements. Ces biais affectent tout autant les décideurs politiques que les économistes qui les conseillent. Ils expliquent certaines erreurs récurrentes telles que :

- la construction de projections à partir d'une extrapolation de données récentes, supposant une relation de continuité souvent infondée ;
- des diagnostics erronés fondés sur des tendances supposées ou exagérant le niveau réel de connaissance des décideurs ;
- des projections ou des explications présentées comme des certitudes ;
- une propension à surestimer l'impact de la volonté politique et le véritable contrôle des décideurs, comme l'illustre la phrase «trop gros pour faire faillite» («*too big to fail*»).

Ces dynamiques psychologiques sont souvent cachées par des montagnes de données, de graphiques, de calculs même si les indicateurs les plus importants politiquement sont plus sommaires. Par exemple, la croissance du PIB est l'indicateur par excellence de la performance économique. Il est utilisé dans des déclarations aussi trompeuses que celle de Joaquin Almunia. En effet, un tel indicateur échoue complètement à faire la différence entre un développement économique durable ou uniquement assis sur de l'endettement. Cet amalgame est symptomatique d'un problème plus large qui est de confondre données et performances, et de mépriser l'importance de l'économie comportementale. Cela signifie que les comportements risqués des banques d'investissement imprudentes, des promoteurs immobiliers ou des hommes politiques ne sont pas pris en compte dans l'analyse ou les prévisions économiques. Par exemple, de nombreux journalistes m'ont demandé pourquoi le marché avait perdu si rapidement confiance en la capacité de la Grèce à rembourser sa dette publique au cours de l'automne/hiver 2009-2010. De mon point de vue, la véritable question est plutôt : comment a-t-on pu croire si longtemps qu'il n'était pas risqué de prêter de telles sommes à une économie aussi petite et dysfonctionnelle ?

En analysant rétrospectivement la logique qui a conduit à cette dangereuse accumulation de dette, certains emploient de vagues métaphores au lieu de conduire une évaluation rationnelle. Par exemple, la monnaie unique était censée faire office de « bouclier » contre le risque de défaut, voire était un « train » menant à un développement économique certain. Cette croyance dans les qualités exceptionnelles de l'euro s'est révélée illusoire mais était partagée par les analystes des banques d'affaires, les commissaires de l'Union européenne ou les défenseurs populaires d'une union monétaire en Europe.

La plupart des analyses de la crise de la zone euro sont fondées sur une approche strictement économique. Cet ouvrage prend en compte cette dimension tout en allant plus loin : il couvre également l'influence du contexte historique et psychologique sur les principales décisions prises et en particulier un certain nombre de biais cognitifs notables. On considère généralement que les élites sont immunisées contre de telles forces. Cette saga prouve qu'il n'en est rien. Par exemple, le *biais de confirmation* renvoie à la tendance qu'ont les individus à privilégier les informations qui confirment leurs idées préconçues et à accorder moins de poids aux hypothèses qui les contredisent. *Les comportements moutonniers* ou *la pensée de groupe* décrit la tendance mimétique à suivre la foule. Elle s'observe tout autant chez les investisseurs que les hommes politiques. *L'illusion de contrôle* caractérise la tendance à surestimer sa propre influence sur des événements externes et se retrouve chez les banques centrales et ceux qui fixent les points d'ancrage de la monnaie. *Le biais de l'excès de confiance*, commun à toutes les élites européennes, fait appel à une forme de pensée magique qui suffirait à provoquer l'accomplissement des désirs. Ces biais jouent plus qu'un rôle accessoire. Ils ont contribué à façonner une crise qui aurait pu être évitée.

On passe beaucoup de temps à étudier les conséquences des crises économiques sans trop essayer d'en comprendre les causes. Passer son temps à accroître la dette publique est certes plus facile pour les hommes politiques, leurs électorats et les banques que s'efforcer de la contenir.

Pour reprendre le titre fameux de l'ouvrage de deux journalistes économiques de *L'Express* : « Nos enfants nous haïront ! »[1]. Ils pourraient même considérer que nous leur léguons une dette « odieuse ». Il existe une doctrine juridique, formulée dans les années 1920, qui avance qu'une dette contractée par un gouvernement sans pour autant servir les intérêts de la nation n'est pas exécutable. Dans ce cas, ces dettes deviennent des dettes personnelles des dirigeants et non plus des dettes de l'État qui auraient engagé le peuple et ses représentants. Le peuple grec peut-il s'appuyer sur cette théorie compte tenu des manipulations frauduleuses faites au début des années 2000 pour lever des fonds hors bilan et qui ont eu pour conséquence l'accroissement des charges de la dette à long terme ? Les Irlandais peuvent-ils s'y référer alors qu'ils supportent le coût engendré par une activité bancaire illicite et qui n'a bénéficié qu'à une caste non représentative ?

---

1. *Nos enfants nous haïront*, Denis Jeanbar et Jacqueline Rémy, Le Seuil, 2006.

Et, par-dessus tout, le futur peuple de l'Union européenne pourra-t-il remettre en cause l'addition colossale générée par une décennie d'incitation à emprunter par les commissaires non élus de l'Union européenne et de refus d'imposer des sanctions pour non-respect des critères de Maastricht ? L'empressement à créer une union monétaire et l'incapacité à consulter le peuple par des référendums reviendront peut-être hanter les dirigeants européens.

Ces scénarios sont extrêmes, mais la crise actuelle l'est tout autant. Pourtant, les hommes politiques n'en ont toujours pas pleinement informé leurs électorats, sans doute à cause de la nature psychologique de ses origines. De nouvelles illusions sont colportées telles que «nous retournerons à la croissance rapidement» ou «vos sacrifices ne seront pas vains».L'économie comportementale n'est ni un concept à la mode ni une lubie. Elle doit être prise en compte, car le comportement détermine également les résultats économiques. Comprendre cela nécessite un saut conceptuel de la part de nos dirigeants politiques et institutionnels et ils ne disposent plus de beaucoup de temps pour le faire.

1

De Buenos Aires à Athènes : comme un cousinage…

> Tenir les comptes de l'aide sociale est un non-sens capitaliste. Je me contente d'utiliser l'argent pour aider les pauvres. Je ne peux pas m'arrêter pour le compter.
>
> Eva Perón

Lorsque la crise de la zone euro entre en phase critique fin 2009 début 2010, l'une des accusations qui irrite le plus les représentants de l'Union européenne est de « comparer la Grèce à l'Argentine ».

Pourquoi cette comparaison et surtout pourquoi cet énervement ? Il existe de nombreux parallèles entre les deux pays et, depuis la Seconde Guerre mondiale, l'Argentine et la Grèce ont suivi des trajectoires similaires. Les deux pays ont souffert de régimes dictatoriaux qui justifiaient leurs actions au nom de l'anticommunisme. Tous deux ont développé un esprit socialiste et clientéliste à la fois au sein duquel des groupes d'intérêts ont cherché et souvent reçu une aide directe de l'État. Ils ont également connu une transition démocratique avec l'organisation d'élections législatives, en 1974 après sept ans de dictature dans le cas de la

Grèce et en 1983 dans le cas de l'Argentine. Dans les deux cas, ce sont des humiliations militaires infligées par des puissances étrangères qui ont précipité la chute des juntes.

Historiquement, les deux pays ont été des puissances économiques régionales et avaient conscience de ce statut particulier. Les étrangers qui visitent Athènes et Buenos Aires ont l'impression de découvrir des pays avec toutes les caractéristiques apparentes d'une économie développée : un aéroport international vaste et moderne, d'impressionnants boulevards et des centres commerciaux. Athènes en particulier a amélioré ses infrastructures en préparation des Jeux olympiques de 2004 et se targue d'avoir un métro moderne et des autoroutes. Le contraste avec certains des pays limitrophes les plus pauvres dans les Balkans et en Amérique du Sud est considérable même si certains États délaissés sont peut-être en train de rattraper, voire de surpasser, leurs illustres voisins.

Plus récemment, les deux pays ont abandonné toute flexibilité monétaire en fixant leurs devises soit par rapport au dollar US soit par rapport à l'euro. Les premières années de ce régime de change leur ont été profitables économiquement, et ce, malgré une perte progressive de compétitivité. Cependant, aucun des deux pays n'a mis en place les réformes structurelles nécessaires à l'intégration dans une zone monétaire forte. Ils ont conservé leurs pratiques clientélistes encouragées par un accès facile au crédit et des niveaux élevés de dette publique. Les deux économies ont fait l'expérience de crises internationales, respectivement la crise asiatique et la crise des *subprimes*, suivies par des crises de la dette publique et l'intervention du Fonds monétaire international (FMI). Dans le cas de l'Argentine, cela s'est fini par un défaut et une crise en décembre 2001

Voilà probablement pourquoi la comparaison énerve autant Bruxelles.

Car la crise économique en Argentine est antérieure de près de dix ans à la débâcle de la Grèce : aucune leçon n'a donc été apprise ? En économie, on est souvent tenté de projeter des scénarios à long terme. Or, les conséquences de long terme de la parité du peso avec le dollar américain sont observables aujourd'hui. Même si chaque contexte national est unique, les similitudes entre les deux pays interpellent. Leur analyse est un moyen de mieux comprendre les dangereuses dynamiques économiques à l'œuvre en Grèce et dans le reste de la zone euro, et permet d'entrevoir leurs conséquences sur les dix prochaines années.

La stabilisation du taux de change

L'Argentine en 1991 et la Grèce en 2001 ont entamé des programmes de stabilisation de leurs taux de change. Dans le cas de la Grèce, cela s'est traduit par une adhésion complète et pérenne à une union monétaire. Cependant, l'idée que cela aboutira à une convergence avec les autres économies de la zone euro est une illusion comme on le verra aux chapitres 3 et 8. Il s'agissait avant tout de la mise en place d'un régime de taux de change fixe comme pour l'Argentine sans avoir réformé au préalable l'économie.

De nombreux travaux sur les programmes de stabilisation des taux de change ont montré leur efficacité à limiter une forte inflation, mais également leurs dangereux effets secondaires surtout lorsqu'on retarde des réformes essentielles. Ces programmes peuvent être utilisés comme des mesures d'urgence à court terme par un État en quête de marges de manœuvre pour réformer son secteur public ou améliorer la situation de l'offre. Hélas, une trop forte confiance dans ce mécanisme survient souvent car les indicateurs économiques des premières années de mise en œuvre sont généralement bons. Ce fut certainement le cas en Argentine et en Grèce. L'enchaînement classique est le suivant :

1. appréciation réelle du taux de change ;
2. explosion des investissements et de la consommation ;
3. détérioration des comptes extérieurs[1].

---

1. M. Kiguel et N. Liviatan, «The Business Cycle Associated with Exchange Rate Based Stabilization», *World Bank Economic Review*, 6, 1990, p. 279-305 ; voir également C. Vegh, «Stopping High Inflation: An Analytical Overview», *IMF Staff Papers*, 39, 1991, p. 626-95. Une vue d'ensemble utile nous est donnée par l'analyse de Walter Molano : «Argentina: The Political Economy of Stabilization and Structural Reform», *BCP Securities*, janvier 2000. Disponible en ligne sur http://papers.ssrn.com/sol3/papers.cfm?abstract_id=203857.

L'ARGENTINE : LES ORIGINES DE L'ANCRAGE AU DOLLAR

En janvier 1991, la météo estivale sur le Lake District au Chili est idéale. Des milliers de touristes, parfois européens mais pour la plupart argentins, profitent des panoramas exceptionnels sur les lacs miroitants, les montagnes verdoyantes et les volcans enneigés dans les stations pittoresques d'Osorno, de Puerto Montt et de l'île Chiloé. Le soleil est au rendez-vous pour l'année anniversaire du retour de la démocratie après la dictature de Pinochet. Pourtant, un jour, les stations sont soudainement presque toutes désertées. Rien dans la météo ni dans le contexte politique du Chili n'avait pourtant changé, mais les plages et les hôtels sont étrangement vides. Perplexes, les touristes européens et nord-américains encore présents interrogent le personnel : les Argentins ont dû rentrer chez eux car la chute de la valeur de leur monnaie, l'austral, ne leur permet plus de payer des vacances à l'étranger ne serait-ce qu'un jour de plus[2].

Ce choc n'est pourtant pas le pire exemple d'hyperinflation qu'a pu connaître ce pays d'Amérique du Sud : deux ans plus tôt, les prix à la consommation à Buenos Aires avaient augmenté de plus de 5 000 %[3]. On estime qu'à la date de création du nouveau peso (remplaçant l'austral) en 1991, un nouveau peso valait 100 000 000 000 pesos d'avant 1983[4]. Le tournant du millénaire a été témoin de la chute dramatique d'un des pays les plus prospères d'Amérique du Sud et d'un des dix pays les plus riches de la première moitié du XXe siècle. Dans les années 1980 et 1990, une vague d'Argentins, descendants d'immigrés italiens, sont retournés en Italie pour y chercher du travail dans un renversement poignant du voyage que leurs parents et grands-parents entreprenants avaient fait vers l'un des pays les plus prometteurs du « Nouveau Monde ».

---

2. Extrait d'une conversation avec un touriste présent au Chili pendant cet épisode.
3. P. Blustein, *And the Money Kept Rolling In (And Out)*, New York, Public Affairs, 2005.
4. Information disponible en ligne sur http://en.wikipedia.org/wiki/Hyperinflation.

Certains Argentins confesseront qu'à la fin du XXe siècle, leur économie avait l'air d'un nain «*con una cabeza gigante pero un cuerpo pequeño*» («avec une énorme tête, mais un petit corps»). L'aéroport et la capitale étaient certes dignes d'une économie développée mais il manquait toute l'ossature des petites et moyennes entreprises ainsi que des *clusters* performants qu'on trouve aux États-Unis, en France, en Allemagne ou au Japon. Elle avait des ambitions de puissance régionale à la Yankee basée sur une économie confédérée et avec pour principales sources de revenu l'agriculture et les commodités. Lorsque Carlos Menem est élu président de l'Argentine en 1989, le pays est traumatisé par l'hyperinflation, un problème récurrent apparu avec le retour de la démocratie six ans plus tôt. Des mesures anti-inflation grossières ont d'abord été mises en œuvre telles que la confiscation des dépôts bancaires à court terme et à haut rendement, et leur remplacement par des obligations à long terme. Cependant, les effets de ces mesures n'ont pas duré longtemps et, à la fin des années 1990, l'inflation revient, accompagnée d'un effondrement du taux de change précipitant le retour des touristes argentins au pays pendant leurs vacances d'été.

Début 1991, Menem réagit. Bien que d'orientation péroniste et donc protectionniste, Menem surprend ses détracteurs en appliquant à la lettre les principes de l'orthodoxie du consensus de Washington : d'importants programmes de privatisation, la fin des tarifs et des politiques monétaires de lutte contre l'inflation sont mis en œuvre. Fin janvier 1991, il nomme Domingo Cavallo ministre de l'Économie et des Finances et décide d'engager une expérience monétaire audacieuse destinée à juguler l'inflation. L'idée était d'une simplicité brutale : dans une adaptation moderne de l'étalon-or, l'Argentine introduit la convertibilité. Un peso est égal à 1 dollar US. Ce nouveau système, inauguré en avril 1991, exige de la banque centrale qu'elle conserve suffisamment de dollars ou d'or en réserve pour garantir le montant total de pesos en circulation. Ce mécanisme reflète la volonté argentine de s'inscrire dans un leadership régional et répond aux récentes inquiétudes sur la valeur de la monnaie. L'un des experts consultés par

Cavallo, Horacio Liendo, a écrit sa thèse de doctorat sur les situations d'urgence économique et sociale. Dans son bilan de la crise, Paul Blustein souligne que Liendo avait été frappé par l'apparent succès des règles de change adoptées par le gouvernement argentin entre 1899 et 1929, à savoir pendant les « Trente Glorieuses » de l'histoire de l'Argentine[5].

Certains biais cognitifs sont ici à l'œuvre. Liendo a pu être induit en erreur par une apparente corrélation entre l'adoption de l'étalon-or et le développement économique du pays. Ce n'était pourtant rien d'autre qu'une coïncidence. Cela semble être un *biais de confirmation* (la tendance qu'ont les individus à interpréter les informations de façon à confirmer leurs idées préconçues) et un *problème d'induction* (une inférence dangereuse à partir d'une apparente corrélation). La combinaison de l'arrivée massive d'immigrants, de l'augmentation de la productivité agricole ainsi que l'essor des exportations vers une Europe en guerre et en pleine révolution peut également expliquer ces « Trente Glorieuses ». Un mécanisme de change peut soutenir une économie solide mais il ne peut en créer une. Nous retrouverons plusieurs fois cette illusion narrative tout au long de ce livre. Cela aurait pu être une fausse corrélation.

Le clientélisme : l'héritage du péronisme et l'équivalent hellénique

L'un des facteurs de la crise en Argentine et en Grèce est le phénomène de « clientélisme » : des groupes d'intérêts se posent comme *clients* vis-à-vis des hommes politiques et exigent d'eux des privilèges, souvent indépendamment de leurs propres contributions à l'économie. Ce phénomène existe dans toutes les sociétés mais, pour des raisons historiques, il est particulièrement présent dans ces deux pays. Dans le cas de l'Argentine, le clientélisme est inextricablement lié au péronisme. Appréhender ce phénomène argentin est essentiel à notre compréhension à la fois de l'hyperinflation dans les années 1980, de l'ancrage de la monnaie qui a suivi dans

5. Cité dans Blustein, *And the Money Kept Rolling In (And Out)*.

les années 1990 et des problèmes de réforme observés au cours de cette décennie. Malheureusement, l'image de l'Argentine en Occident a été déformée par la vision romantique d'Eva Perón dans le tube sentimental *Evita.* La réalité est un peu plus compliquée….Juan Domingo Perón est élu pour la première fois en 1946, sur un programme mixte de soutien aux ouvriers pauvres, de protectionnisme, de patriotisme et de nationalisation. Il cherche une «troisième voie» entre les États-Unis et l'URSS en pleine guerre froide. Il s'efforce de créer une industrie aéronautique et automobile par des nationalisations. Ce programme extrêmement ambitieux ne pouvait pas réussir en neuf ans – tout un développement industriel qui a pris des dizaines d'années à l'Amérique du Nord. L'État a essayé de jouer le rôle que tient la classe sociale entière des industriels et des financiers dans une économie développée[6].

Malgré l'échec des initiatives de Perón, la pratique des subventions en faveur de certains groupes d'intérêts perdure. Le péronisme finit par n'être rien d'autre qu'une distribution d'aides et ne contribue pas à créer de la richesse. Sous Perón et les dictatures militaires, l'État contrôle les entreprises en imposant des permis de création, des licences d'importation, etc.[7].Cela encourage la corruption et la création de conglomérats. Les concessions de Perón aux syndicats dans les années 1940 créent un marché du travail rigide où il est difficile de licencier. Cette situation se prolonge jusqu'aux réformes conduites par le président Carlos Menem à la fin des années 1990 dans la perspective d'instaurer un régime de change fixe avec le dollar. Dans une économie développée, la richesse est créée par des industries regroupées au sein de *clusters*, d'entreprises du même secteur. Une partie de cette richesse finance parfois certains mouvements politiques. Avec le péronisme et les autres formes de clientélisme, l'argent circule dans l'autre sens : les hommes politiques ponctionnent de l'argent sur une

6. E. Galeano, *Las Venas Abiertas de America Latina*, Siglo Veintiuno Editores, 1971 ; *The Open Veins of Latin America* (trad. Cedric Belfrage), New York, Monthly Review Press, 1997.

7. Blustein, *And the Money Kept Rolling In (And Out).*

multitude de sources – pétrole, exportations de soja, emprunts sur les marchés des capitaux – et le distribuent à certains groupes d'intérêts pour acheter des votes. Bruxelles et le FMI ont totalement ignoré l'existence de cette relation inversée et, dans le cas de l'Argentine et de la Grèce, cette négligence est une erreur historique. Elle s'explique par la priorité donnée à l'analyse des principales informations financières au lieu d'étudier les dynamiques économiques sous-jacentes. Une véritable convergence économique est essentielle à la création d'une zone monétaire optimale puis d'une union monétaire, comme je le développerai dans le prochain chapitre. La composition hétéroclite du péronisme (une étrange combinaison de démocratie sociale, de communisme et de fascisme) en fait un phénomène difficile à comprendre pour l'Europe de l'Ouest et l'Amérique du Nord. Et, en effet, le mouvement sera repris par des courants à la fois de droite et de gauche. Il n'a pas su créer de terrain propice au développement d'un secteur privé fort, mais le pire était à venir. Les problèmes économiques, le conflit avec l'Église catholique et la défiance des classes supérieures ont contribué au coup militaire de 1955. Jusqu'à la chute de la junte militaire en 1983, l'Argentine souffre de dictatures brutales et d'un déclin économique relatif. En 1950, le pays connaissait un développement économique analogue à celui de l'Australie et du Canada. Le PIB argentin par habitant s'établissait à 84 % de la moyenne des pays développés. En 1973, ce chiffre diminue à 65 % et, en 1987, à 43 %. Les Grecs devraient tenir compte de cet avertissement de l'Histoire : les indicateurs de richesse relative peuvent tout autant se dégrader qu'augmenter. La Grèce avait un PIB par habitant de 11 580 $ en 2000 puis de 31 954 $ en 2008[8]. En 2009, selon l'Organisation de coopération et de développement économiques (OCDE), le PIB grec par habitant s'établissait à 88 % de la moyenne de la zone euro[9]. Il est probable que ce niveau ne soit pas de nouveau atteint avant de nombreuses années.

8. Données de l'ONU : http://data.un.org/CountryProfile.aspx?crName=Greece

9. Données de l'Organisation de coopération et de développement économiques (OCDE) : http://stats.oecd.org/Index.aspx?DataSetCode= DECOMP.

Les conséquences du péronisme sur les entreprises

Gerardo Saporosi, homme d'affaires argentin dont l'activité de franchise a survécu aux bouleversements économiques de ces 15 dernières années, affirme que les conséquences du péronisme et des dictatures ont été désastreuses pour l'industrie de ce qui était autrefois un pays entreprenant :

> À la fin du XIXe, début du XXe siècle, l'Argentine était une puissance industrielle. Elle était l'équivalent du Canada ou de l'Australie. Le pays était en passe de devenir une grande puissance – plus avancée que le Brésil, la Russie, l'Inde ou la Chine, les fameux « BRIC » d'aujourd'hui. Le processus a été brutalement stoppé par l'apparition du péronisme et des dictatures de droite, rétrogrades et nationalistes. Le pays s'est fermé au monde et continue à le payer chèrement.
>
> De même, durant les années 1960 et 1970, l'Argentine était, comme les autres pays du monde, un terrain d'affrontement entre les États-Unis et l'URSS qui y ont mené leurs opérations de terrorisme de gauche et de contre-révolutions de droite. Résultat : fuite des capitaux étrangers et de l'épargne locale pendant les 40 dernières années. Les industries ne pouvaient pas réinvestir au taux de dépréciation de leurs actifs et ont été progressivement liquidées. La politique de convertibilité dans les années 1990 a achevé celles qui restaient.
>
> Le pays est très ambitieux et ses entrepreneurs également. Cependant, il se passera plusieurs dizaines d'années avant que l'Argentine ne reçoive suffisamment d'investissements étrangers pour redémarrer un processus d'industrialisation. Je doute que l'argent de la diaspora argentine exilée ne revienne jamais.

Le péronisme a encore de l'influence. Pendant les 18 années d'exil de Perón entre 1955 et 1973, des hommes politiques de toutes tendances se sont réclamés de son héritage. Son parcours électoral sans faille (il a été élu à deux élections générales, dont la deuxième avec une victoire écrasante) donne à son héritage une légitimité supérieure. Sa femme et lui sont des figures quasi mythiques, bien que son personnage continue à fortement diviser.

Il est possible de reconnaître en Grèce la marque du péronisme. Il y existe un schéma similaire de circulation inversée de l'argent des hommes politiques vers des groupes d'intérêts spécifiques au lieu d'une richesse générée de façon durable par les entreprises à dimension internationale.

Acheter la paix sociale

Raul Alfonsin, le premier président argentin élu démocratiquement en 1983, dirigeait le parti de gauche, l'Union civique radicale. Cette responsabilité le plaçait dans l'opposition au gouvernement de Perón mais lui a permis de revenir au pouvoir après la dictature. Dans la même veine que le péronisme traditionnel, il favorise alors naturellement les électeurs qui ont souffert du régime. Entre 1984 et 1989, les syndicats organisent 13 grèves générales et réclament des augmentations de salaire et de meilleures conditions de travail. Les entreprises et les agriculteurs réclament à leur tour des privilèges. Répondre à ces demandes met une très forte contrainte sur les finances publiques : le déficit augmente et la monétisation de la dette crée de l'hyperinflation. Entre 1975 et 1989, la dette publique explose, passant de 14 % du PIB à 66 % du PIB dont la plus grosse partie est due au régime d'Alfonsin. Selon le vétéran du FMI, Vito Tanzi, conseiller auprès de plusieurs gouvernements argentins, Alfonsin connaissait mal l'économie et était motivé par une vision purement politique[10]. Cette période d'aggravation du déficit public et d'hyperinflation a contribué à la fuite des capitaux. On estime qu'au cours de l'été 1990, près de 3 milliards de dollars d'avoirs argentins ont été placés dans des banques uruguayennes[11].

L'État argentin, après des décennies de clientélisme et de dictature, était hautement corrompu et dysfonctionnel, marqué par l'héritage du péronisme. En d'autres termes, l'utilité sociale et économique des dépenses publiques était faible. Au même moment, en Grèce, on observe la même tentative d'acheter la paix

---

10. Vito Tanzi, *Argentina: An Economic Chronicle*, New York, Jorge Pinto Books, 2007.

11. Molano, *Argentina: The Political Economy of Stabilization and Structural Reform.*

sociale : le gouvernement de gauche Pasok d'Andreas Papandreou (1981-1989) distribue des privilèges analogues aux syndicats et à d'autres groupes d'intérêts. Il s'assure également d'un soutien à son parti en multipliant les nominations politiques dans le secteur public. En Grèce, les années 1980 ont ainsi vu la naissance d'un secteur public ruineux, dépensier et corrompu.

La corruption en Argentine

Le clientélisme implique de monnayer des privilèges et n'a rien à voir avec une rémunération honnête. La ligne est ténue entre clientélisme, recherche de rentes et pots-de-vin. La corruption en Grèce a été institutionnalisée pendant des décennies, au plus haut niveau. Elle s'est développée de la même façon en Argentine pendant les années du péronisme et de régime militaire. Vito Tanzi rapporte un épisode symptomatique de cette période. Un de ses étudiants lui raconte qu'un membre haut placé de l'armée a approché son père pour lui proposer d'acheter des panneaux publicitaires. Le prix de ces panneaux était relativement faible car ils n'étaient pas placés face au trafic sur une voie à sens unique. L'officiel se faisait fort d'inverser ensuite la direction de la circulation et proposait de partager avec lui les immenses profits qui en résulteraient. « Avec le temps, je suis devenu de plus en plus conscient de l'existence de la corruption en Argentine », déclare Tanzi[12].

La corruption se poursuit dans les années 1990. La vente des actifs de l'État *via* les programmes de privatisation, pourtant destinés à améliorer l'efficacité économique, est propice à la pratique de la corruption. Le bilan des privatisations en Argentine est mitigé. Au cours du premier mandat présidentiel de Carlos Menem, les principales sociétés publiques et de nombreuses autres entreprises ont été privatisées. Dans le cas du secteur des télécommunications, cela a permis d'investir massivement, de moderniser et d'améliorer le service au bénéfice du pays entier. Mais, d'un autre côté, on se rappelle du cas tristement célèbre de l'homme d'affaires Alfredo Yabran accusé d'avoir utilisé ses contacts au sein du

12. Tanzi, *Argentina: An Economic Chronicle.*

gouvernement Menem pour organiser à son profit un monopole des services postaux. Yabran a été suspecté d'avoir commandité l'assassinat du photographe José Luis Cabezas, qui avait pris la première photo de lui diffusée dans les médias. Cabezas est depuis devenu le symbole de la liberté de la presse et Yabran se serait suicidé. Ses relations avec l'ancien régime militaire ne semblent pas l'avoir aidé[13].

Carlos Menem lui-même a souvent fait l'objet d'accusations de corruption qu'il a toujours niées. En décembre 2008, l'entreprise multinationale allemande Siemens est condamnée par la SEC (*Securities and Exchange Commission* – Autorité des marchés financiers aux États-Unis) à payer une amende de 800 millions de dollars pour l'utilisation de caisses noires destinées à sécuriser des contrats dans le monde entier. Parmi les charges les plus importantes retenues par la SEC figurent le paiement de pots-de-vin en Grèce et en Argentine ; ils visaient dans le cas de l'Argentine à décrocher le contrat sur les cartes d'identité pendant l'administration Menem[14].

Le péronisme hellénique

La Grèce applique sa propre version du péronisme. Alors qu'en Argentine, le sens du clientélisme a été forgé en grande partie par un seul dirigeant charismatique, en Grèce, il s'est lentement développé par de multiples influences. Nous en analyserons les origines aux chapitres 3 et 4.

Comme l'Argentine, la Grèce a souffert d'une dictature militaire de droite pendant plusieurs années. Le coup d'État des colonels a fait suite à des années de guerre civile et d'occupation nazie dans les années 1940, durant lesquelles la Grèce a perdu 13 % de sa population, soit le taux de perte le plus élevé de tous les pays occupés. Par rapport à ces décennies de cauchemar, l'intégration

13. Blustein, *And the Money Kept Rolling In (And Out)*.

14. « SEC Charges Siemens AG for Engaging in Worldwide Bribery », communiqué de presse de la SEC (Securities and Exchange Commission) n° 2008-294, 15 décembre 2008. Disponible en ligne : http://www.sec.gov/news/press/pressarchive/2008press.shtml.

à l'Union européenne en 1981 puis à la zone euro en 2001 ont été des processus progressifs et fluides. On comprend sans mal que les Grecs aient été sensibles aux bénéfices à court terme que leur a apportés l'adoption de l'euro à partir de 2002.Les Grecs considèrent que l'UE est un refuge sûr. Le raisonnement est le suivant : « Nous sommes dans l'UE, donc nous sommes trop gros pour faire faillite. Si cela se produisait, les Européens nous aideraient. C'est notre filet de sécurité. » Cela renvoie à un comportement opportuniste : si vous avez de l'argent de côté, vous serez moins incité à travailler très dur au bureau. La même chose s'applique au gouvernement grec qui a manqué de motivation parce qu'il croyait bénéficier d'un filet de sécurité indestructible. C'est donc sans surprise que les réformes en Grèce se sont nettement ralenties une fois l'euro adopté.

L'impunité de la classe dirigeante

Un autre point commun entre la Grèce et l'Argentine est la difficulté et/ou la lenteur à juger l'élite pour des crimes graves. Le 20 avril 2010, au moment où la crise de la dette en Grèce s'amorce, l'ancien dictateur argentin Reynaldo Bignone est condamné à 25 ans de prison pour crimes contre l'humanité (dont disparitions forcées et tortures commises sur des opposants politiques) pendant la dictature militaire à la fin des années 1970 et au début des années 1980. Pour la première fois, un ancien membre de la junte admet officiellement le meurtre des « disparus » (8 000 personnes ont connu ce sort). Une si longue impunité a rendu difficile la mise en œuvre de mesures d'austérité, une fois la démocratie restaurée.

Le système judiciaire américain a sans doute beaucoup de défauts, mais il s'appuie sur un principe sacré : l'égalité de tous devant la loi. L'indépendance de la justice par rapport aux pouvoirs exécutif et législatif proclamée par les Pères fondateurs est une réalité et a passé l'épreuve du temps. Une procédure d'*impeachment* a été engagée contre le président Nixon. Le milliardaire Bernie Madoff est en prison. Des actions judiciaires sont engagées dans le cadre de la crise des *subprimes* contre des banques pour fraude et manipulations comptables. Les autorités aux États-Unis et en Grande-Bretagne ont poursuivi des individus et des entreprises pour corruption auprès d'hommes politiques grecs et argentins. Mais, à ce jour, en Grèce, seules quelques rares personnes sont en prison ou sont engagées dans des procès pour corruption ou autres scandales.

La structure oligarchique des entreprises

Au-delà du clientélisme, il existe une autre différence entre des pays comme la Grèce ou l'Argentine et des économies développées : l'existence de conglomérats tenus par des oligarques. Face à tant de corruption et de bureaucratie, il faut être gros, avoir de l'influence sur le gouvernement et les avocats et leur payer des pots-de-vin. Il n'y a pas de libre concurrence ; le jeu est truqué avec des monopoles semi-protégés, etc.

La relation entre État et groupes d'intérêts est très différente en Europe du Nord. La Russie et la Turquie présentent en revanche ces mêmes caractéristiques. Les oligarques possèdent souvent les journaux et les chaînes de télévision. Ils peuvent ainsi influencer les hommes politiques et l'opinion publique. Ils ont leurs propres banques et peuvent donc s'autofinancer. Ils appartiennent à un groupe industriel. Ils s'inscrivent dans des organisations fondées sur de proches contacts avec le politique et permettant d'acheter des privilèges.

Des études ont analysé dans quelle mesure les économies en transition sont plus sujettes à la corruption et en particulier comment la libéralisation partielle de l'économie « s'articule avec un État qui continue à jouer un rôle fort dans l'économie. Cette combinaison multiplie les occasions pour les entreprises et les fonctionnaires de se livrer à des pratiques de collusion à grande échelle »[15].

15. J. Van Loo, *Political Clientelism and the Political Economy of Corruption in Transition Economies*, New York, Duke University, 2002.

Le cluster, caractéristique d'une économie développée

Une économie développée est tout à fait différente d'une économie dominée par des oligarques. Michael Porter, dans son analyse des caractéristiques d'une économie développée, souligne le rôle du *cluster* d'entreprises spécialisées[16], c'est à dire de pôle de compétitivité. Pour aboutir à une économie réellement solide, ces *clusters* se développent à la faveur de quatre paramètres que Michael Porter définit dans son « modèle diamant » :

- des facteurs structurels, tels qu'une main-d'œuvre qualifiée, des ressources naturelles et des infrastructures, nécessaires pour être compétitif dans une industrie donnée ;
- des conditions de demande ;
- l'existence de sociétés de soutien ou connexes compétitives sur le plan international ;
- une stratégie, une structure et une compétition industrielles.

Bien entendu, les *clusters* sont quasiment inexistants en Grèce…

16. M. Porter, *The Competitive Advantage of Nations*, 2e éd., Basingstoke, Palgrave Macmillan, 1998.

2

Coup de chance

> Pour avoir du succès, continuez à avoir l'air bronzé, vivez dans un immeuble chic (même si vous habitez dans la cave), soyez aperçu dans des restaurants élégants (même si vous n'y buvez qu'un verre) et quand vous empruntez de l'argent, empruntez-en beaucoup.
>
> Aristote Onassis

En 2001, l'économie grecque est loin d'être réformée lorsqu'elle adopte la toute jeune monnaie unique européenne. Cette intégration est alors justifiée par des raisons essentiellement politiques et s'appuie sur des indicateurs économiques faussés. Elle est également réalisée à un moment où les dirigeants de l'UE poussent pour la création d'une union monétaire la plus vaste possible.

La Grèce connaît en 2004 une *annus mirabilis* : après trois ans d'adhésion à l'euro, le berceau de l'olympisme accueille à nouveau les Jeux olympiques ; la croissance est au rendez-vous et, pour couronner le tout, l'équipe nationale de football époustoufle le monde sportif en remportant pour la première fois les Championnats d'Europe.

Dix ans plus tôt, l'Argentine connaissait un optimisme similaire. En 1994, le PIB affichait une solide croissance avec une hausse de 5,8 % et l'inflation, avec 4,2 %, était à un niveau exceptionnellement bas compte tenu de l'histoire récente du pays. Par ses privatisations et ses réformes de marché, l'Argentine était devenue pour le FMI un modèle à suivre. C'était l'« enfant modèle ».

Tableau 2.1 Principaux indicateurs économiques au cours des premières années d'ancrage du peso sur le dollar : Argentine, 1991-1995

	Croissance du PIB (en %)	Solde du secteur public (en % du PIB)	Dette publique (en % du PIB)	Balance commerciale (en milliards de dollars US)
1991	10,5	–	34,8	–0,4
1992	10,3	–0,4	28,3	–6,5
1993	6,3	0,1	30,6	–8,0
1994	5,8	–1,4	33,7	–11,1
1995	–2,8	–3,2	36,7	–5,2

Sources : base de données du FMI et extraits du « Global Development Finance » publié par la Banque mondiale. Voir « Le FMI et l'Argentine », *Rapport d'évaluation 2004.*

La situation de l'Argentine semblait bonne, à l'exception d'une détérioration inquiétante de sa balance commerciale et de l'absorption de la croissance économique par les importations.

Tableau 2.2 Principaux indicateurs économiques des premières années d'adoption de l'euro : Grèce, 2001-2005

	Croissance du PIB (en %)	Solde du secteur public (en % du PIB)	Dette publique (en % du PIB)	Balance commerciale (en milliards de dollars US)
2001	4,2	–3,7 (révisé à –6,1 %)*	103,7	–8,4
2002	3,4	–3,8	101,7	–7,9
2003	5,9	–4,6	97,4	–7,3
2004	4,6	–6,9	98,6	–6,4
2005	2,2	–4,5	100,0	–7,9

Sources : OCDE, Eurostat, Economist Intelligence Unit.

* Les données sur la Grèce ont été revues, mais les différentes sources ne concordent pas parfaitement entre elles. En 2009, le Conseil pour les affaires économiques et financières (conseil Ecofin), le Conseil de l'Union européenne rassemblant les ministres des Finances des États membres, demande à la Commission européenne de préparer un rapport sur les statistiques budgétaires de la Grèce. Cela incluait une révision des données du déficit public de 2008 passant de 5 % du PIB à 7,7 % et des prévisions d'alors pour 2009 passant de 3,7 % à 12,5 %. Voir « Report on Greek Government Deficit and Debt Statistics », Commission européenne, janvier 2010.

Quand une économie peu diversifiée a de la chance

L'Argentine au début des années 1990 et la Grèce au début des années 2000 expérimentent toutes les deux les conséquences typiques de la mise en place d'un programme de stabilisation du taux de change, à savoir une appréciation réelle du taux de change et une explosion des investissements et de la consommation. Les taux de croissance observés sont solides et l'inflation est contrôlée, et ce, malgré des économies structurellement dysfonctionnelles. Par chance cependant, ces économies ont profité d'un contexte économique mondial favorable alors qu'elles étaient faiblement diversifiées et peu technologiques.

L'Argentine

L'économie de l'Argentine est en croissance tout au long des années 1990. La libéralisation du commerce sous le premier gouvernement Menem stimule à la fois les importations et les exportations. L'économie est profondément dépendante du secteur agricole, mais les agriculteurs argentins sont parmi les plus productifs au monde et les conditions internationales sont favorables. On estime que 58 % des revenus issus des exportations du pays sont alors générés par l'agriculture[1] dans un contexte où les prix mondiaux ont augmenté de près de 40 % au cours de la première moitié des années 1990.

- *Exportations de soja :* la demande mondiale de soja est en croissance et l'Argentine est le premier producteur mondial d'huile de soja. La production de soja triple au cours des années 1990 pour atteindre 3 millions de tonnes en volume et 1,2 milliard de dollars en valeur. Le soja devient la première source de recettes d'exportation du pays[2]. En 1996, le prix du soja s'envole même jusqu'à atteindre presque 8 $ le boisseau (voir figure 2.1).
- *Blé et maïs :* dans les années 1990, l'Argentine cultive environ 75 % de tout le blé produit en Amérique du Sud et s'impose comme le cinquième exportateur mondial de blé avec une production de 14,5 millions de tonnes. Le pays est également le quatrième plus grand producteur de maïs au monde, avec une production de 13,2 millions de tonnes[3]. Les prix du blé et du maïs grimpent au milieu des années 1990 pour atteindre respectivement près de 4 et 3 $ le boisseau (voir figure 2.1).
- *Taux de change :* le peso est aligné sur le dollar, mais celui-ci ne s'apprécie pas pendant la plus grande partie des années 1990, soutenant ainsi les exportations.

---

1. Informations fournies par le Département d'État des États-Unis. Disponible en ligne : http://www.state.gov/r/pa/ei/bgn/26516.htm.
2. Données du ministère de l'Agriculture de l'Argentine.
3. «Encyclopedia of the Nations», accessible en ligne : http://www.nationsencyclopedia.com/Americas/Argentina-agriculture.html#ixzz0yjsf14qu.

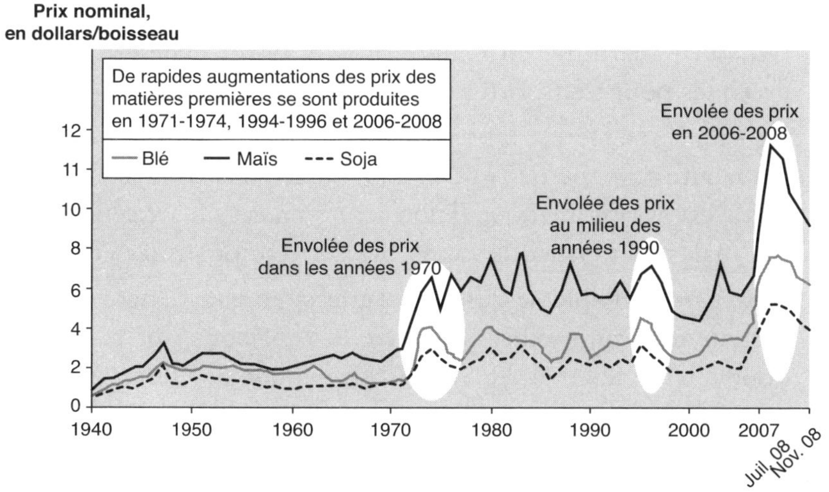

Figure 2.1 Pics des prix du blé, du maïs et du soja au milieu des années 1990.

Source : « *National Agricultural Statistics Service* » et « *World Agricultural Supply and Demand Estimates* », USDA, 2008.

La Grèce

La Grèce bénéficie d'un état de grâce similaire dix ans plus tard. Au début des années 2000, l'économie grecque est significativement dépendante du tourisme, du transport maritime, de l'agriculture et de l'immobilier. On observe peu d'investissements dans le secteur des nouvelles technologies, et rares sont les *clusters* qui se développent dans d'autres domaines. Mais, au cours de cette période, l'économie grecque a de la chance :

- *Tourisme :* il s'agit de la principale source de recettes en matière d'exportation du pays. Ce secteur bénéficie au début des années 2000 du « facteur Al-Qaïda » : après les attentats du 11 septembre 2001, les touristes désertent les pays musulmans et se reportent massivement sur des pays comme la Grèce qui accueille jusqu'à 17 millions de touristes par an (contre 10 millions auparavant).
- *Transport maritime :* ce secteur génère des milliers d'emplois bien payés et exige des services à forte valeur financière, juridique

et technique. La Grèce profite directement de l'explosion du transport maritime en Chine, prête à payer cher les flottes grecques pour transporter des matières premières.

- *Agriculture :* ce secteur représente 12,5 % de l'emploi grec contre 3,5 % en moyenne dans l'UE-25 (source : Eurostat 2006). Ce poids est symptomatique d'une économie à faible valeur ajoutée, mais cela permet de capter des subventions européennes.
- *Immobilier :* la faiblesse des taux d'intérêt en euros encourage le secteur de l'immobilier. Les prix des maisons ont plus que doublé entre 2000 et 2008 (source : Banque de Grèce, *Rapport annuel 2008*).

Lorsqu'un contexte commercial aussi favorable se combine avec des premiers effets trompeusement positifs d'un régime de change fixe avec une devise forte, les gouvernements finissent par croire que leurs économies sont solides. Et pourtant, pour les deux pays, ces premières années de stabilisation n'ont été que le prélude à une croissance ruineuse des dépenses et de l'emprunt public.

Il est plus judicieux pour un particulier, une entreprise ou un pays d'investir l'argent emprunté dans des capacités productrices afin d'assurer de futurs revenus. C'est quelque chose que l'Argentine dans les années 1990 et la Grèce dans les années 2000 n'ont pas fait. En réalité, les deux pays suivent des schémas et des habitudes de fonctionnement qui rendent ce genre d'investissements extrêmement improbables. Par ses réformes, l'Argentine a fait quelques progrès en particulier sous le premier gouvernement Menem (1989-1995) mais l'État grec est resté profondément dysfonctionnel, profitant du bouclier de l'euro. Aucune réforme n'a été entreprise ni au cours des préparatifs à l'adoption de l'euro ni après.

EMPRUNTER, EMPRUNTER, EMPRUNTER

Les indicateurs économiques de l'Argentine et de la Grèce après l'instauration d'un régime de change fixe étaient en apparence rassurants. La possibilité d'emprunter beaucoup d'argent dans une monnaie forte et l'envie de la communauté internationale d'investir dans de nouvelles obligations d'État ont ainsi coïncidé. C'était une dangereuse tentation pour des économies dysfonctionnelles et clientélistes.

En Argentine, l'emprunt public a été contenu pendant un temps. Dans son article « A Bravo New World » publié en 1996, Goldman Sachs déclare : « La confiance accordée par les citoyens argentins et les investisseurs aux promesses du gouvernement commencent à porter ses fruits. » Mais tous croyaient que l'économie était profondément réformée. La position budgétaire du gouvernement commence à se détériorer après la réélection de Menem. Malgré la tendance à la hausse des marchés financiers et une certaine nervosité du FMI qui ne voulait pas renier son histoire d'« enfant modèle » (un cas classique de *biais de confirmation* et de *biais d'excès de confiance*), les dépenses et les emprunts se sont poursuivis. L'Argentine a même reçu la récompense de « l'émetteur de l'année » en 1998 par le magasine *Latin Finance*.

En 1997, le déficit du secteur public représente 1,6 % du PIB. L'intégralité de ce déficit est due aux charges d'intérêts, mais il y avait un léger surplus du budget primaire. Cependant, parce qu'il est (réellement) en dollars, l'emprunt est surévalué par rapport à la capacité de production de l'économie réelle. Le gouvernement aurait dû utiliser ce surplus comme tampon pour amortir les risques futurs, mais il passe à côté de cette opportunité pendant les années de boom (1996-1998). Les politiques, les comportements et les décisions étaient lourdement procycliques.

L'économiste Mario Teijeiro, à la tête d'un institut de recherche basé à Buenos Aires, sonne l'alerte. En 1996, il signale que le gouvernement minimise la taille du déficit en excluant de ses calculs les engagements de retraites et les dettes fournisseurs[4].

Peu après la mise en place de la convertibilité, Vito Tanzi prévient Menem que cette amélioration est entièrement due à une augmentation des revenus et qu'il est nécessaire de renforcer en parallèle le contrôle des dépenses publiques. Il s'inquiète en particulier des transferts en hausse de ressources vers les provinces et

---

4. P. Blustein, *And the Money Kept Rolling In (And Out)*, New York, Public Affairs, 2005.

du coût élevé des retraites[5]. Selon lui, l'économie argentine « a eu de la chance » mais reste fortement vulnérable à un retournement de conjoncture. Les incitations perverses de l'utilisation de références encouragent encore davantage le recours à l'emprunt. Paul Blustein, auteur de *The Money Kept Rolling In (And Out)*, décrit ce processus et comment au moins un des spécialistes des marchés émergents, Desmond Lachman de Salomon Smith Barney, avait prédit un défaut de l'Argentine bien avant tout le monde. Pourtant, de telles analyses restent officieuses. En public, les banques d'investissement affichent un discours positif, motivées par les millions de dollars à gagner en vendant des obligations. Au-delà de ce conflit d'intérêt, il est intéressant de noter que, dans un article publié en janvier 2010 dans le *Financial Times*, Lachman alerte cette fois publiquement sur le défaut inévitable de la Grèce[6].

L'indice EMBI-Plus suit les valeurs et les rendements des obligations d'État sur les marchés émergents. Il calcule pour chaque pays un pourcentage pondéré qui dépend des montants d'obligations déjà émises. Au cours de la majeure partie de la période 1996-2001, la pondération moyenne de l'Argentine était la plus importante (23,3 %). Même si sous-investir dans des obligations argentines signifiait simplement que votre portefeuille contient moins de ces obligations que la moyenne des investisseurs, l'*instinct de troupeau* a conduit les investisseurs à ne pas s'éloigner de la norme de marché. En d'autres termes, d'importants montants ont encore été prêtés. Blustein écrit : « L'habitude de coller à l'indice (…) force virtuellement ces investisseurs à prêter beaucoup d'argent à l'Argentine même s'ils ont peur que le pays fasse défaut à long terme[7]. »

Au moment où les prix des obligations chutent en 2001, certaines institutions de Wall Street font des bénéfices en prenant des positions courtes. Le même phénomène s'est produit en Grèce. Du milieu à la fin des années 1990, l'Argentine est considérée

---

5. Vito Tanzi, *Argentina: An Economic Chronicle*, New York, Jorge Pinto Books, 2007.
6. D. Lachman, « Greece Looks Set to Go the Way of Argentina », *Financial Times*, 12 janvier 2010.
7. P. Blustein. *And the Money Kept Rolling In (And Out).*

comme un marché émergent peu risqué. La Grèce, après 2002, grâce à l'euro, n'est même pas qualifiée de « marché émergent ». Pour les marchés, il s'agit d'un « pays développé ». Cette situation se rapproche de la crise des *subprimes* qui a eu pour effet de surestimer certaines hypothèques présentées comme des placements sans risque parce qu'elles étaient incorporées dans des produits complexes. De même, la monnaie unique est réputée être une devise forte même si les économies qui la composent sont de qualité variable. Cette union monétaire qui nécessitait une discipline monétaire et budgétaire *renforcée* de la part de tous ses participants s'est alignée sur *le plus petit dénominateur commun* à cause d'un *biais d'excès de confiance.*

Tout comme dans la crise des *subprimes*, les agences de notation ont joué un rôle crucial. Leur mode de fonctionnement réactif ajoute énormément à la nature procyclique des bulles et des krachs. Le rendement des obligations d'État grecques ne commence à diverger de celui des obligations allemandes que début 2010. Et comme à chaque bulle spéculative, la situation avait l'air merveilleuse juste avant l'explosion.

Exubérance irrationnelle et rhétorique procyclique

Depuis l'instauration du régime de taux de change fixe et jusqu'au début des années 2000, les banques d'investissement n'ont été que trop contentes de croire au scénario optimiste du gouvernement et des agences de notation. Elles sont loin d'avoir tiré les leçons du cas argentin et de la crise de la dette en Amérique latine, et cette exubérance irrationnelle atteint de nouveaux sommets au début des années 2000 pour se reporter sur l'euro.

L'euphorie est alors partagée par tous au niveau international et personne n'écoute les avertissements que certains tentent de faire passer. En 2005, Paul Krugman interpelle Alan Greenspan dans le *New York Times* et l'alerte sur les conséquences de sa gestion laxiste du déficit budgétaire américain et sur une imminente bulle immobilière. Lorsque Alan Greenspan, désormais président de la Réserve fédérale, se met à son tour à prêcher la prudence, Krugman ironise : « C'est comme s'il avait suggéré de laisser la porte de la grange entrouverte puis avait donné, une fois le cheval enfui, une conférence sur l'importance de garder les animaux correctement enfermés[8]. » Depuis 2000, le gouvernement des États-Unis joue à la fois la carte des réductions fiscales et celle de l'augmentation des dépenses, générant ainsi un déficit considérable.

Depuis des décennies, les économies occidentales gèrent des monnaies fiduciaires sans lien de convertibilité avec une valeur refuge comme l'or. Cela facilite l'expansion du crédit. Les hommes politiques y voient un raccourci vers la croissance et les banques l'opportunité de générer des bénéfices sur des opérations de crédit. Les perdants directs sont les épargnants et ceux qui ont des revenus faibles ou fixes. Un crédit facile renforce le risque de phénomènes d'expansion-récession. Cette mécanique est déjà très déstabilisante pour une économie développée avec des *clusters* solides. Cela peut se révéler dévastateur pour des économies émergentes. Nous en analyserons les détails au chapitre 8.

Entre 2002 et 2009, le gouvernement et les ménages grecs n'étaient pas seuls à s'endetter. Poussés par des taux d'intérêt faibles, les gouvernements, les entreprises et les ménages de plusieurs pays du G7 ont emprunté et dépensé bien au-delà de leurs moyens. Pour entretenir cette tendance, l'industrie a multiplié les euphémismes inventifs : on parlait de « leviers », de « nouveau paradigme », de « grande modération », etc. On avait l'impression que c'était sans danger. La quête générale de rendements a amoindri l'aversion au risque dès 2002, entraînant une hausse généralisée des prix des biens. Dans de nombreux pays, les banques ont prêté contre ces actifs qui valaient plus et ont adouci les conditions de prêt (sur l'apport personnel et les revenus des ménages). Les particuliers ont ainsi pu acquérir des maisons que beaucoup ont fini par ne plus pouvoir rembourser. Le *Glass-Steagall Act* a été abrogé sans qu'on se demande pourquoi on l'avait promulgué à l'origine. Tous pensaient que « cette fois-ci la situation était différente ».

---

8. Paul Krugman, « Greenspan and the Bubble », *New York Times*, 29 août 2005.

Ce n'était pas simplement un problème anglo-saxon. Le Canada et l'Australie n'ont pas cédé à cette tentation, alors que de nombreuses institutions françaises et allemandes étaient bien contentes d'encourager l'emprunt en Grèce si cela se traduisait par des commandes pour les usines françaises et allemandes (voir chapitres 3 et 5). Les dirigeants de l'Union européenne, satisfaits d'avoir créé l'euro, étaient incapables de questionner la pertinence d'emprunter autant surtout quand cette pratique enjolivait les indicateurs de PIB dans la périphérie de la zone euro. Les hommes politiques, les banques centrales, tous les acteurs des marchés financiers ont collectivement cédé à un *biais d'excès de confiance*, à un *biais de confirmation* et à *l'instinct de troupeau*. Cela a rendu plausible la fiction d'une économie grecque robuste avec des obligations aussi fiables que les obligations allemandes. Tous ont encouragé avec enthousiasme des comportements d'endettement et de consommation frénétiques.

N'importe quel homme politique, quels que soient son pays et sa couleur politique, peut un jour être tenté de céder à des manœuvres dilatoires : distribuer assez de privilèges à court terme et laisser à son successeur le soin de rendre des comptes. Simplement, ce comportement s'est rencontré plus souvent en Argentine et en Grèce qu'ailleurs. Avec le même opportunisme, les banques d'investissement ont encaissé des honoraires en structurant des dettes puis se sont ensuite enrichies en prenant des positions courtes sur les obligations d'État au moment où leurs prix chutaient. Bien que les dirigeants européens aient publiquement dénoncé ces comportements spéculatifs, ils y ont contribué en mettant sur pied des prêts à court terme au nom du « renflouage ». Et ce, dans une logique digne d'une chaîne de Ponzi où le gouvernement grec n'était capable de rembourser ses créditeurs qu'en contractant de nouvelles dettes. La croissance observée au début des années 2000 n'a été soutenue que par un crédit facile et un niveau élevé d'endettement des particuliers. Cet état des choses était positivement perçu. Certaines expressions insouciantes reviennent dans les discours politiques et la presse. On évoque « la fin du cycle d'expansion-récession», «le tigre celtique», «la locomotive de l'Europe du Sud-Est» et bien d'autres formules qu'il vaut mieux reléguer à l'histoire. Le terme classique grec d'*hybris* (la démesure, l'orgueil) a mieux survécu. Mais il ne fait aucun doute que de nouvelles variantes du «tigre» et de la «locomotive» referont surface ailleurs dans le monde où de l'endettement alimentera une prétendue «croissance».

Beaucoup de choses ont été écrites sur les prêts hypothécaires de la crise des *subprimes* et l'insuffisance de fonds propres des banques pour amortir les chocs. En réalité, les incitations des banques d'investissement et des courtiers en hypothèques sont profondément procycliques. L'influence de la rhétorique procyclique est un facteur sous-estimé. C'est visible dans le cas de l'immobilier. L'investissement d'importantes sommes, publiques ou privées, dans des briques et du mortier produit une illusion de richesse qui confond le jugement parfois même des plus intelligents. Cette fiction est d'autant plus forte qu'elle joue sur des sentiments profondément humains. La dette publique contribue à alimenter les bulles immobilières. Dans le cas de la Grèce, les nombreux fonctionnaires ont vu leurs salaires augmenter tous les ans et ont rapidement souhaité posséder un endroit agréable où vivre.

Cette attitude s'enracine dans notre attachement émotionnel à nos maisons, à la promesse de sécurité et au niveau social qu'elles symbolisent, à l'enrichissement patrimonial qu'elles permettent. En cas de bulle économique, il existe une tendance des marchés à voir, sans conteste, dans l'augmentation des prix de l'immobilier un signal positif. Par exemple, pour décrire une nouvelle hausse des prix de l'immobilier, on parle de «ressaisissement» ou de «reprise» même si le coût de l'immobilier devient totalement hors de portée des salaires moyens (soit les caractéristiques mêmes d'une bulle). Même après l'effondrement du système bancaire en 2007-2008, la légère augmentation des prix de l'immobilier encouragée par une réduction des taux d'intérêt a été décrite comme un «rétablissement», comme si le marché n'avait rien appris. Ce qui est visiblement le cas.

DÉPENSER, DÉPENSER, DÉPENSER

La situation de l'Argentine en 1991 est comparable à celle de la Grèce en 2001 : un endettement dans une monnaie forte, des conditions d'emprunt favorables, le sentiment partagé par toute la population d'avoir des droits en compensation des années terribles de la dictature. Toutes les conditions d'un cycle d'expansion-récession étaient réunies. Ajoutez à cela un enthousiasme partagé par tous les gouvernements, les investisseurs institutionnels et les agences internationales telles que le FMI et l'Union européenne. Qui restait-il pour freiner le mouvement ? Ainsi et sans surprise, dès que l'Argentine (en 1990) et la Grèce (dans les années 2000) ont eu accès à des financements importants, elles ont fait exploser leurs dépenses publiques et leur consommation. Cela a duré dix ans avant de s'achever dans une débâcle économique cataclysmique.

Le président «péroniste» Carlos Menem a donné l'impression de mettre un terme aux politiques traditionnelles, mais les vieilles habitudes subsistaient. Les réformes en faveur d'une économie de marché étaient superficielles et la production ne s'est pas développée (elle était de toute façon négativement affectée par un taux de change surévalué). Dans ce contexte, les programmes d'endettement et de privatisation étaient une aubaine irrésistible pour des hommes politiques dont les instincts étaient profondément péronistes.

Tout comme cela allait se produire en Grèce dix ans plus tard, la combinaison des privatisations, de l'endettement et de l'explosion de la consommation, soutenue par une devise provisoirement «forte», ont permis au pays d'afficher au début des indicateurs économiques au beau fixe. Goldman Sachs s'émerveillait : «Persuadés que les Argentins préfèrent un taux plus élevé de chômage au cycle bien connu de la dévaluation – inflation – dévaluation, le président Menem et le ministre des Finances Domingo Cavallo non seulement ont tenu leurs promesses mais ont également accéléré les efforts de réformes économiques[9].»

---

9. Extrait de «A Bravo New World», un rapport interne diffusé par Goldman Sachs à ses clients en 1996, évoqué dans Blustein, *And the Money Kept Rolling In (And Out)*.

De tels rapports ont massivement incité les marchés financiers à prêter encore plus, comme nous l'avons déjà vu. L'homme d'affaires argentin Gerardo Saporosi en garde un souvenir un peu différent :

> Cavallo a été nommé au moment de l'expérience de la convertibilité. Il a alors connu un «instant de grâce». Presque par magie, du jour au lendemain, l'inflation et le chaos avaient disparu. Ils avaient trouvé «la panacée» et cela allait durer dix ans. Pourtant, peu ont compris que cette expérience allait être désastreuse pour l'industrie nationale, avec les conséquences que nous connaissons encore aujourd'hui, dix ans après la désactivation de la bombe de la convertibilité. La correction du marché a été sans pitié. Une économie comme celle de l'Argentine, qui était bien moins productive que celle des États-Unis, avait une devise équivalente. Inutile d'avoir fait un doctorat à Harvard pour réaliser que c'était une situation complètement intenable qui allait exploser d'un moment à l'autre.
>
> Les marchés, comme la nature, ne se trompent pas. Le régime de change fixe entraîne des importations massives à des prix ridicules. Pour cette raison, les années 1990 resteront dans les mémoires comme la décennie de la disparition de l'industrie argentine. Le chômage a ensuite commencé à croître dans des proportions extraordinaires.

Walter Molano, spécialiste de l'Argentine, convient :

> Les programmes de stabilisation du taux de change sont souvent associés à des importations massives. Ces biens diminuent la pression sur les prix des biens domestiques contribuant ainsi à contenir le taux d'inflation. La stabilisation rapide des prix à la consommation et l'appréciation réelle de la devise fournissent aux salariés une augmentation rapide de leurs salaires réels. L'élimination de la soi-disant taxe d'inflation souvent entraîne une explosion de la consommation ce qui attire encore plus de biens étrangers. La demande sans cesse croissante pour des biens durables exacerbe le niveau de consommation. Malheureusement, la baisse de l'inflation n'est pas instantanée. Par conséquent, il y

a un décalage entre la baisse des salaires réels et des prix. Le résultat est une appréciation réelle de la devise et un déséquilibre qui s'ensuit dans la balance des paiements[10].

Du côté de la demande, les consommateurs argentins ont profité d'un plus grand pouvoir d'achat mais l'offre était en train de disparaître. Le Paraguay, l'Uruguay et le Brésil étaient plus attractifs pour les investissements étrangers. L'Argentine a délocalisé son activité textile au Paraguay, de la même façon que de nombreuses usines textiles grecques ont été transférées en Bulgarie et en Turquie après l'adoption de l'euro.

En Argentine, vers la fin du mandat présidentiel de Menem, l'explosion de la consommation liée à la convertibilité s'achève. Le président Menem doit ensuite gérer une montée du chômage et la « crise Tequila » au Mexique en 1994 qui a eu un impact récessif sur l'Argentine.

Menem n'avait alors mis en œuvre que la moitié de son programme de réformes. Il était désormais plus occupé à préparer sa réélection en 1995 en tentant d'amender la constitution. À cette occasion, ses réflexes péronistes de clientélisme ont refait surface. Avec une devise flottante, cela aurait pu ne pas être désastreux mais, avec une parité fixe au dollar, le seul ajustement possible face aux problèmes de compétitivité passait par les coûts internes, à savoir les salaires. Et même cette variable d'ajustement devient inopérante au moment où Menem décide d'abandonner la réforme du marché du travail afin de s'assurer du soutien des syndicats pour sa réélection. Avec un chômage en hausse, il renonce également à faire les coupes budgétaires qui auraient limité le déficit. Ainsi, le gouvernement et les provinces continuent à distribuer de l'argent aux groupes d'intérêts[11]. Le FMI mentionne les exemples « des paiements ordonnés par les tribunaux en compensation de

10. Walter Molano, « Argentina: The Political Economy of Stabilization and Structural Reform », *BCP Securities*, janvier 2000. Accessible en ligne : http://papers.ssrn.com/sol3/papers.cfm?abstract_id=203857.

11. *Ibid.*

la réforme de la sécurité sociale du début des années 1990 ainsi que le paiement d'arriérés aux fournisseurs[12] ».

Menem avait déjà privatisé les secteurs clés. Il ne pouvait plus en tirer de revenus substantiels. Il se tourne vers les marchés obligataires internationaux. Au lieu d'analyser le profil de risque de l'Argentine, les banques d'investissement se contentent d'y voir un marché émergent plein d'opportunités. Les dépenses publiques commencent à augmenter juste après l'abandon des réformes économiques.

Dix ans plus tard, la Grèce profite elle aussi d'une explosion de la consommation qui n'est pas tenable et importe massivement. Les conditions économiques du début des années 2000 lui donnent une opportunité unique de consommer abondamment. Le déficit public fait aujourd'hui la une des journaux et se trouve au cœur de la crise actuelle, mais l'endettement était également privé. Les ménages ont tout autant participé à la folie de l'emprunt après l'arrivée de l'euro grâce aux conditions laxistes de prêts. Cette situation contrastait avec les taux d'intérêt plus élevés et la stricte régulation bancaire d'avant.

Contre toute attente, la Grèce est un des pays d'Europe où les propriétaires sont les plus nombreux. Pendant le boom à la consommation, les gens ont acheté des maisons, des résidences secondaires et des maisons de vacances. L'impression que toutes les hypothèques seraient honorées a créé une illusion de richesse.

Les voitures étaient un objet de consommation de luxe par excellence. Au cours des années 2000, la Grèce est devenue le plus grand acheteur par habitant de Porsche Cayenne. En 2006, le journaliste freelance Nikos Michaelian révèle que les ventes de voitures de sport et de 4 × 4 de luxe ont doublé en cinq ans malgré la flambée des prix du pétrole et la raréfaction des places de parking à Athènes, surtout en centre-ville. Les données de l'Association des représentants des sociétés importatrices de véhicules motorisés

12. « Lessons from the Crisis in Argentina », article préparé par le Département des politiques et de l'évaluation du Fonds monétaire international, approuvé par Timothy Geithner, 8 octobre 2003. Disponible en ligne : http://www.imf.org/external/np/pdr/lessons/100803.htm.

(AMVIR, *Association of Motor Vehicles Importers-Representatives*) montrent que les ventes de voitures de sport en 2005 ont atteint le nombre record de 9 288 contre 4 010 en 2001[13]. Comment toutes ces voitures étrangères ont-elles pu être financées ? En 2010, les encours de crédits auto s'élevaient à 8 milliards d'euros (soit 3,5 % du PIB) en Grèce[14]. Or contrairement à la France, la Grèce n'a pas d'industrie automobile nationale. Ces importations ont directement affecté la balance des paiements courants. Les faibles taux d'intérêt en euros ont permis ces dépenses disproportionnées. Les voitures de luxe et de sport n'augmentent pas la productivité d'un pays ou sa capacité à générer des flux de trésorerie disponible susceptibles de rembourser les dettes. Sans surprise, une fois le marché du crédit gelé, les ventes de voitures se sont effondrées. Elles étaient en 2010 de 65,3 % plus faibles qu'en 2008[15].

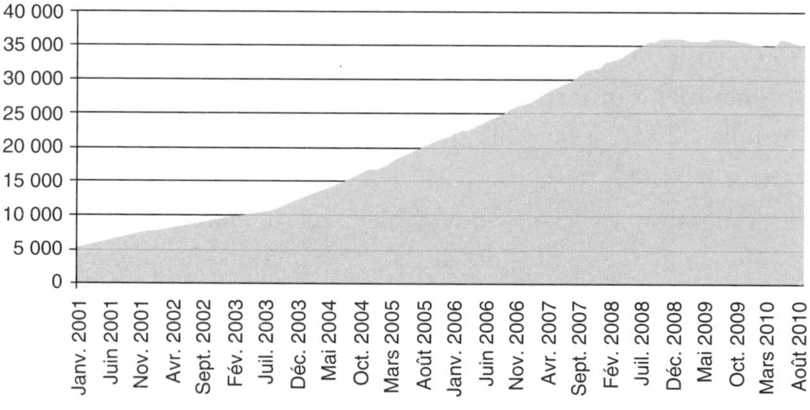

Figure 2.2 Crédit bancaire grec aux ménages (en millions d'euros).

Source : Banque de Grèce.

13. Nikos Michaelian, « Luxury Car Mania Grips Greece », *Kathimerini*, 11 novembre 2006.

14. « Δανειστήκαμε 8 δισ. Ευρώ… για αγορά Ι.Χ. », *Capital*. Disponible en ligne : http://www.capital.gr/News.asp?id=1091873.

15. Rapporté par Hellenic Resources Network en ligne ; voir l'entrée n° 7. Disponible en ligne : http://www.hri.org/news/greek/apeen/2010/10-10-15.apeen.html.

Un autre signe de cette opulence est le nombre d'enfants grecs nés dans des cliniques privées : 54 % d'entre eux sont nés dans des structures dont le coût varie entre 1 600 € et 11 500 €[16].

La Grèce et l'Argentine ont toutes les deux profité de facteurs exogènes sans lien avec la performance de leurs économies respectives. Elles se sont juste trouvées au bon endroit au bon moment. Ce sont les caractéristiques d'une économie de bulle. Au lieu d'en réfréner le développement, les observateurs occidentaux et locaux ainsi que les agences officielles telles que l'Union européenne ou le FMI ont gobé cette fable et se sont convaincus de la prétendue performance économique de ces deux pays en ne regardant que certains indicateurs.

Le secteur privé n'a pas été le seul à connaître un niveau aussi insoutenable de dépenses. Les gouvernements argentin et grec ont également profité des conditions favorables de prêts pour distribuer leurs largesses. Le contrôle des dépenses publiques était faible. La Grèce s'est engagée dans de gigantesques programmes d'infrastructures pour accueillir les Jeux olympiques. En juillet 2007, à la veille de la crise des *subprimes*, le *Financial Times* analyse :

> L'adhésion à l'euro a entraîné des taux d'intérêt bas qui ont alimenté une explosion de la construction de logements. L'amélioration apportée aux infrastructures à partir de 2004 pour les Jeux olympiques d'Athènes, grâce au financement de l'Union européenne, a modernisé le système de transport en commun de la capitale. Les fonds actuels de l'UE aideront à améliorer le réseau d'autoroutes, ce qui devrait accélérer le développement du marché des résidences secondaires pour les Grecs et les habitants d'Europe du Nord.
>
> Des investissements dans des complexes touristiques hauts de gamme sont en cours afin de répondre à une demande de services améliorés. Les armateurs, revenus à Athènes, rapatrient de plus en plus leurs revenus issus de l'expansion du transport de matières premières vers la Chine et l'Inde.

16. *Proto Thema*, 11 avril 2010.

> Le gouvernement s'appuie sur l'expertise du secteur privé *via* des partenariats public/privé. Le ministère des Finances a dû gérer des appels d'offres pour des projets valant 3 milliards d'euros pour construire des écoles, des hôpitaux et des bureaux pour les services de l'État[17].

L'adhésion à l'Union européenne est attractive pour des pays pauvres du fait des fonds structurels pour le développement (Fonds de cohésion pour les transports) qui accompagnent ce processus. La Grèce a également eu recours à de l'endettement pour moderniser ses réseaux de transports et de communications. Nombreux sont les pays à la périphérie de l'Europe à posséder les infrastructures les plus modernes au monde et à afficher les taux d'endettement les plus élevés, prisonniers d'une devise surévaluée. Le chômage de masse coexiste avec des aéroports flambant neufs, des trains à grande vitesse et de nouveaux réseaux d'autoroutes.

La Grèce avait encore plus à cœur de moderniser ses infrastructures dans la perspective des Jeux olympiques en 2004. À chaque fois qu'une ville accueille les Jeux olympiques, la pression du prestige national et d'une date limite fixe de réalisation met les autorités de la ville et du pays en position de faiblesse dans leurs négociations avec les fournisseurs. Toutes ces dépenses étaient impressionnantes dans un contexte de gaspillage endémique dans tout le secteur public.

L'économie productive grecque était structurellement dépendante du tourisme, du transport maritime, de l'agriculture, de l'immobilier et de dépenses de consommation non soutenables. Elle n'avait pas industrialisé son économie. Ses principales exportations sont restées des produits à faible valeur ajoutée, demeurés compétitifs grâce aux précédentes dévaluations. Les Grecs vendaient des tomates pour acheter du Louis Vuitton et croyaient que cela durerait toujours. La Grèce était bloquée au milieu du gué, coincée entre les pays à fort contenu technologique, comme la France ou l'Allemagne, et des pays à bas salaires, comme la Bulgarie, la Roumanie et la Turquie.

---

17. Kerin Hope, «Forest Fires Point Up Challenges», *Financial Times*, 13 juillet 2007.

Comme dans le cas de l'Argentine, l'instauration d'un régime de change fixe permet dans les premiers temps d'afficher de bons indicateurs économiques et d'améliorer la situation économique en contenant les phénomènes d'hyperinflation. Les chiffres de la croissance s'améliorent mais la détérioration de la balance courante est inquiétante. Dans les deux pays, l'emprunt est utilisé pour maintenir le niveau des dépenses publiques, en partie au profit des groupes d'intérêts. À la fin des années 1990 pour l'Argentine et des années 2000 pour la Grèce, les finances publiques des deux pays et la balance courante se sont dégradées comme l'indique le tableau 2.3.

Tableau 2.3 Principaux indicateurs économiques au cours des dernières années d'ancrage de la devise

Argentine, 1996-2001

	Croissance du PIB (en %)	Solde du secteur public (en % du PIB)	Dette publique (en % du PIB)	Balance commerciale (en milliards de dollars US)
1996	5,5	–2,9	39,1	–6,8
1997	8,1	–2,1	37,7	–12,2
1998	3,8	–2,1	40,9	–14,5
1999	–3,4	–4,2	47,6	–11,9
2000	–0,8	–3,6	50,9	–8,8
2001	–4,4	–6,2	62,2	–4,5
Grèce 2006-2009				
2006	4,5	–2,9	97,8	–9,3
2007	4,5	3,7	95,7	–14,1
2008	2,0	–7,7 (révisé)	99,2	–14,0
2009	–2,0	–12,5 (révisé)	115,1	–12,0

Sources : OCDE, Eurostat, Oxford Economics. (Voir la note 1 dans ce chapitre. Les chapitres 3 et 7 incluent une discussion sur la façon dont les données sur les déficits publics et la dette ont été gravement minimisées par rapport à la réalité.)

La dévaluation de 30 % du réal brésilien en 1999 exacerbe les faiblesses sous-jacentes de l'économie argentine. Une augmentation aussi brutale des prix à l'exportation vis-à-vis de son principal partenaire commercial a un effet dévastateur sur un pays emprisonné dans sa parité avec le dollar. Cela, combiné à des niveaux élevés de dette, à un marché du travail peu flexible et à des réformes du secteur public, précipite les choses. La dette du pays explose. Le régime de change fixe instauré entre le peso et le dollar entraîne une déconnexion du taux de change avec l'économie réelle. Lorsque le dollar s'apprécie en termes relatifs, la surévaluation du peso s'accroît et le coût réel de la dette publique augmente, devenant de plus en plus difficile à financer.

Les données du tableau soulignent à quel point la situation commerciale et budgétaire de la Grèce est pire que ne l'était celle de l'Argentine. Les dirigeants européens ont raison : «la Grèce n'est pas comme l'Argentine», elle est pire. Sa dette publique dépasse de loin les 100 % alors que la récession n'est pas finie. Un rapport publié en février 2011 par *Oxford Economics* estime que le taux de change réel effectif du pays est de 20 % surévalué. L'ajustement que ce décrochage implique est immense[18]. Si la crise en Argentine est comparable à un accident de voiture, alors celle de la Grèce est de l'ampleur des attentats du 11 Septembre.

Leçons apprises et oubliées

Peu après l'entrée de la Grèce dans la zone euro en 2003, le FMI publie un article sur le défaut de l'Argentine. «Lessons from the Crisis in Argentina» paraît le 8 octobre 2003, approuvé par Timothy Geithner. À certains endroits, le rapport est subtil, au bord de l'euphémisme et plein d'exemples des biais cognitifs dont sont familiers les décideurs économiques. Dans d'autres parties, le ton est candide et contrit. La phrase «avec le recul» se répète. Malheureusement, ce fameux recul n'aura été d'aucune utilité. Des sections entières décrivent les erreurs de politiques qui se sont répétées dans le cas de la Grèce dix ans plus tard.

18. «Is Greece Heading for Default?», *Oxford Economics*, février 2010.

Par exemple, au paragraphe 2 :

> Le déroulement de la crise, qui a imposé des privations au peuple argentin, est particulièrement troublant lorsqu'on considère la solide performance passée du pays. Moins de cinq ans plus tôt, l'Argentine était largement acclamée comme un modèle de réformes économiques réussies : l'inflation (…) augmentait peu, la croissance était impressionnante et l'économie avait surmonté avec succès la crise Tequila au milieu des années 1990.

Ce paragraphe illustre ce que peut être la construction d'une histoire illusoire où les données économiques sont censées tout raconter. Du coup, les auteurs n'ont pas réussi à analyser la réalité de l'économie. Cette erreur est très courante et repose toujours sur les mêmes éléments : une forte performance apparente, une histoire qui arrange tout le monde mais des tendances sous-jacentes effrayantes. En ne changeant que cinq mots à cet extrait, vous obtiendrez ce qu'écrira le FMI dans sa nécrologie de la Grèce.

Au paragraphe 6, on trouve :

> (…) [M]ême si l'interaction entre la politique budgétaire et le «*currency board*» a joué un rôle central dans la transformation de l'Argentine d'un pays vedette à un pays en crise, d'autres facteurs, incluant des développements externes non favorables, étaient également à l'œuvre. Bien que le «*currency board*» ait d'abord joué un rôle essentiel pour contrer la désinflation, il est ensuite devenu intrinsèquement risqué. Après avoir été un facteur de confiance, il s'est transformé au fil du temps en facteur d'instabilité (…). Lorsque l'économie est entrée en récession, le «*currency board*» est devenu un handicap dans un contexte d'augmentation d'une dette publique non négligeable et libellée dans une devise étrangère. Non seulement le gouvernement a été contraint de mettre en œuvre une politique monétaire d'austérité en plein effondrement mais en plus les vulnérabilités du bilan ont dramatiquement augmenté le coût du régime de change fixe existant.

Pour décrire la situation grecque, il suffit de remplacer l'expression «*currency board*» par «euro».

Et cela continue.

Paragraphe 8 :

> Le Plan de convertibilité de l'Argentine en 1991 semblait annoncer une ère nouvelle de croissance forte et d'inflation faible, fondée sur une politique de discipline macroéconomique et sur une réforme structurelle en faveur de l'ouverture au marché. La croissance du PIB réel (...) a rebondi de plus de 10% pendant les deux premières années du programme de stabilisation et de plus de 5% au cours de la période 1993-1994.

L'expérience et les indicateurs économiques de la Grèce étaient tout aussi bons au cours des premières années d'adoption de l'euro.

Au paragraphe 9 (j'insère ici mes commentaires entre crochets) :

> Sous cette performance apparente se dissimulaient des faiblesses et des vulnérabilités de plus en plus importantes notamment dans le domaine budgétaire, le secteur financier et le marché du travail [tout comme en Grèce] (...) La gestion budgétaire était immodérée même si cela ne se voyait pas [et c'est bien pire en Grèce] (...) Les principales mesures de gestion du déficit étaient constamment sapées par des dépenses hors bilan [cela s'est également produit en Grèce] (...) Les exportations (...) n'ont pas suivi l'allure de l'augmentation de la demande en importations [tout comme en Grèce].

Paragraphe 10 :

> Le «*currency board*» a apporté des bénéfices significatifs (...). Cela impliquait également des restrictions sur l'utilisation de la politique monétaire et du taux de change comme outil d'ajustement. L'obligation de stabilisation en passait donc nécessairement par la politique budgétaire et exigeait une flexibilité nominale de l'économie, en particulier du marché du travail, pour absorber des chocs externes.

Une fois encore, cela s'est observé en Grèce.

Paragraphe 11 :

> (...) Les finances publiques se sont détériorées au cours de la [décennie]. Cette dégradation a été le résultat d'un déficit en apparence modéré mais combiné à des dépenses hors bilan persistantes (...).

Le paragraphe 13 émet cette recommandation :

> Une position budgétaire prudente pendant cette période aurait pu fortement améliorer les dynamiques de la dette publique et probablement éviter à l'Argentine un éventuel défaut.

Cette recommandation est aussi valable pour la Grèce. Cependant, l'expérience du FMI n'a pas suffisamment été martelée ni entendue.

Au paragraphe 14, le FMI reconnaît son «erreur d'interprétation sans doute la plus grave» :

> (...) Une vision excessivement optimiste du potentiel de croissance de l'Argentine. Une forte croissance succédant à une stabilisation macroéconomique au début des années 1990, accompagnée de réformes structurelles et d'une inflation peu élevée, ont conduit la plupart des observateurs – au FMI, dans le monde académique ou sur les marchés privés – à croire que la croissance potentielle de l'Argentine allait augmenter de façon permanente.

C'est cette même illusion que l'on rencontrera plus tard dans le cas de la Grèce : croire que les effets stabilisateurs superficiels des premières années générés par un régime de change fixe sont les manifestations d'une meilleure performance économique.

Dans la même veine, le paragraphe 15 souligne :

> Avec le recul, le développement de l'économie de l'Argentine pendant les années 1990 semble être due, en grande partie, à des *facteurs temporaires* [j'ai moi-même mis ces termes en italique][19].

Il en sera de même en Grèce.

Les économistes ne peuvent sans doute qu'évaluer les situations «avec du recul», dans la mesure où leurs analyses sont très largement fondées sur des données et que les données sont par nature historiques. Le *problème d'induction* fait que les économistes réfléchissent à partir de *prévisions* alors qu'ils devraient plutôt analyser les risques et considérer différents scénarios. L'hypothèse tacite

19. «Lessons from the Crisis in Argentina», Département des politiques et de l'évaluation du Fonds monétaire international.

que les «prévisions» publiées reflètent les seules (ou les plus probables) séquences d'événements est extrêmement dangereuse. Il existe toujours un éventail de résultats possibles et le fait que l'un deux ressemble à quelque chose qui s'est déjà produit ne le rend pas plus probable. Cependant, l'attrait qu'exerce l'outil de la prévision construit sur des extrapolations est presque irrésistible. Le fait que les États puissent emprunter beaucoup d'argent et se payer des données favorables, même temporairement, rend cet attrait extrêmement risqué.

Toutes ces leçons n'ont pas vraiment été utiles à une meilleure compréhension notamment de la gestion macroéconomique. Elles n'ont compté en rien dans les analyses des dirigeants de l'Union européenne qui, au moment de la publication de ce rapport par le FMI en 2003, venaient tout juste de s'embarquer dans une aventure encore plus périlleuse. Ils ont répété les mêmes erreurs et les ont propagées cette fois-ci à plusieurs pays. Cela pourrait tout aussi bien se répéter encore.

La Grèce, comme l'Argentine, a profité d'une explosion des dépenses, au moins dans les secteurs que le taux de change surévalué n'entravait pas. Les deux pays ont eu de la chance. Le drame argentin nous renseigne déjà sur ce que va connaître la Grèce. Le projet de l'euro s'apparente à la mise en place d'un régime de taux de change fixe en Argentine. La Grèce n'a pas seulement ancré sa devise, elle est en train de prendre part à un tournant dramatique du projet européen.

3

L'euro : vente forcée ou vente mensongère ?

> La nature de l'euro n'est absolument pas économique. C'est une avancée purement politique (…) La signification historique de l'euro est de construire une économie bipolaire dans le monde. Les deux pôles sont le dollar et l'euro. C'est le sens politique de la monnaie unique européenne. Il s'agit d'un premier pas qui en ouvre une série d'autres. L'euro est juste une mise en bouche.
>
> Romano Prodi
> Président de la Commission européenne
> CNN, 1er janvier 2002

L'introduction de la monnaie unique européenne en 1999 puis la mise en circulation des pièces et des billets à partir du 1er janvier 2002 constituent des moments de fierté pour les dirigeants de l'Union européenne. La participation de 11 pays membres à la première zone euro en 1999, puis de la Grèce deux ans plus tard ainsi que la promesse que d'autres comme la Suède, le Danemark, la Grande-Bretagne suivraient, a donné l'impression d'un pas décisif vers le vieux rêve des «États-Unis d'Europe».

On ne peut pas comprendre la signification politique de l'euro et de la participation de la Grèce sans se pencher sur la nature même de l'Union européenne : ses fondements, les principes et les ambitions de ceux qui l'ont administrée ainsi que les visions et les desseins parfois conflictuels de ses principales puissances.

L'UNION EUROPÉENNE : ORIGINES ET OBJECTIFS

L'Union européenne est née des cendres de la Seconde Guerre mondiale. Elle s'est construite sur une volonté de réconciliation et de partenariat en Europe occidentale. Le texte fondateur de la construction européenne est la déclaration Schuman. Le 9 mai 1950, le ministre des Affaires étrangères français Robert Schuman proclame dans un discours les idéaux de la coopération européenne, fondée sur les principes de coopération économique et de paix. Il établit les objectifs de la communauté :

- Toute guerre entre États membres est « non seulement impensable mais matériellement impossible ».
- Encourager la paix mondiale.
- Intégrer l'Europe au travers d'un processus politique graduel, y compris les pays d'Europe de l'Est dont la plupart sont alors sous contrôle communiste.
- Créer une autorité supranationale anticartel.
- Créer un marché unique au sein de la communauté.

Il déclare : « L'Europe naîtra de tout cela, une Europe solidement unie et fortement charpentée. Une Europe où le niveau de vie s'élèvera grâce au groupement des productions et à l'extension des marchés qui provoqueront l'abaissement des prix[1]. »

En 1951, six pays fondateurs – la France, l'Allemagne de l'Ouest, les Pays-Bas, la Belgique, le Luxembourg et l'Italie – instituent la Communauté européenne du charbon et de l'acier (CECA), une organisation supranationale dont l'objectif initial est de mettre en commun la production de matières premières, en commençant

1. Le célèbre discours de Robert Schuman est disponible en ligne : http://www.schuman.info/9May1950.htm.

par celles indispensables à l'industrie de l'armement. L'idée est qu'une nation qui n'a pas seule le contrôle de la production de charbon et d'acier ne sera pas en capacité de financer une guerre contre un autre pays.

Ce premier niveau d'intégration économique est modeste mais, en filigrane de la déclaration Schuman, l'idée de la création des « États-Unis d'Europe » transparaît (par un gouvernement commun et une monnaie unique). Au gré des élargissements de la communauté, de nombreuses questions ont fait débat : quel équilibre entre élargissement et approfondissement de l'Union européenne ? L'élargissement est-il l'objectif ultime ? Si oui, quel degré d'intégration cela implique-t-il ? Dans quelle mesure une union politique et monétaire complète est-elle nécessaire ?

Le principe de libre circulation des personnes et des marchandises est acté en 1957 par l'adoption du traité de Rome, signé par les six pays fondateurs de la Communauté économique européenne (CEE). Ces principes sont renforcés en 1987 par l'Acte unique européen (AUE) qui fixe l'achèvement du marché intérieur européen au 1er janvier 1993.

Ces mesures ont fortement aidé le développement du commerce en Europe, et la Direction générale de la concurrence de la Commission européenne a contribué à l'ouverture des marchés par sa législation anticartel. En 2002, l'UE indique que le commerce des services a presque doublé depuis l'achèvement du Marché commun en 1993, passant de 194 milliards d'euros à 362 milliards d'euros. Dans le secteur secondaire, les échanges sont passés de 670 milliards d'euros à plus de 1 000 milliards d'euros. Ce rapport souligne également qu'il existe encore certaines barrières qui affectent en particulier les services financiers et qui nécessitent une action de l'UE[2].

En termes macroéconomiques, l'engagement de l'Europe de l'Ouest après la Seconde Guerre mondiale dans une économie mixte, des élections libres et le libre-échange a été rempli avec

---

2. « Functioning of EU Product and Capital Markets – Summary of European Commission Report », *Mémo de la Commission européenne*, n° 02/303, 23 décembre 2002.

succès. Au tournant du siècle, l'Europe est à la troisième place des régions les plus riches du monde (en termes de PIB par habitant), derrière les États-Unis et le Japon. Les pays fondateurs de la CEE sont en tendance plus riches que les nouveaux entrants, qu'il s'agisse des pays d'Europe centrale qui ont connu des régimes communistes ou des pays d'Europe du Sud (Portugal, Espagne, Grèce) qui ont fait l'expérience de dictatures de droite.

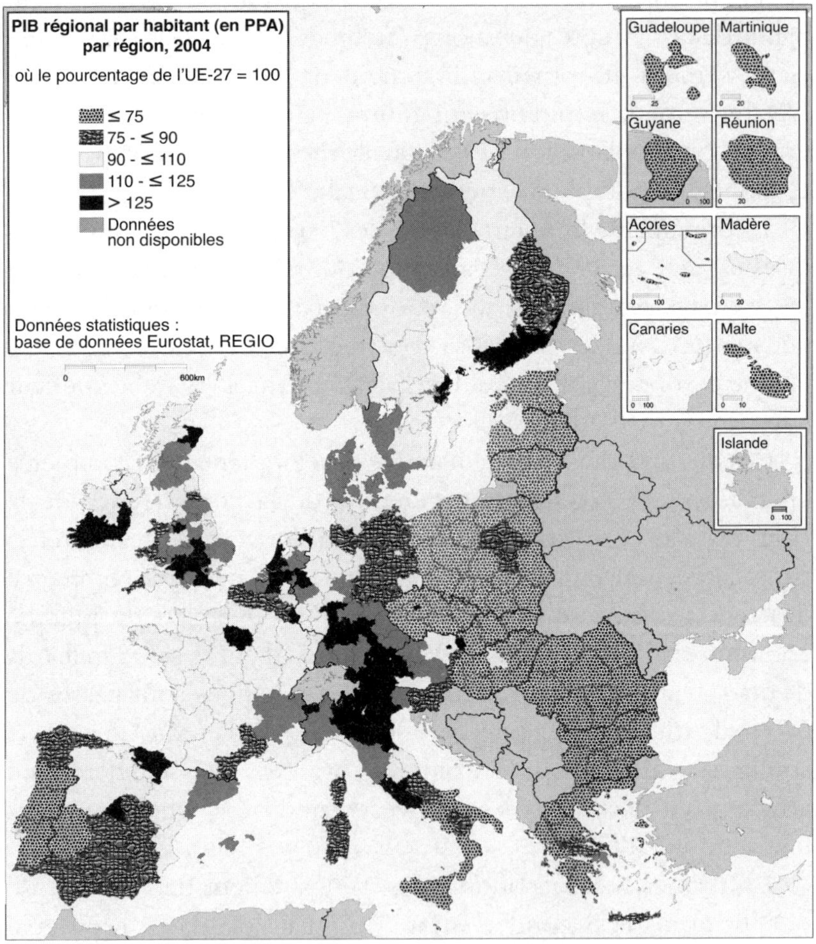

Figure 3.1 PIB par habitant en parité de pouvoir d'achat (PPA) en pourcentage de la moyenne de l'UE à 27

D'un point de vue géopolitique, l'intention explicite du Marché commun, qui deviendra par la suite l'Union européenne, est de lier le sort de l'Allemagne à celui de la France. En moins d'un siècle, ces deux pays du cœur de l'Europe se sont combattus au cours de trois guerres, dont deux guerres mondiales et une occupation du territoire français au cours de la dernière. Le sentiment partagé par tous était : plus jamais ça. D'après les propres mots de Schuman : «Le rassemblement des nations européennes exige que l'opposition séculaire de la France et de l'Allemagne soit éliminée.»

Dans ce contexte, l'allusion du président Nicolas Sarkozy – au plus fort de la controverse sur le déficit grec en mai 2010 – à une éventuelle rupture de l'axe franco-allemand au profit d'un rapprochement avec l'Espagne et l'Italie, voire une sortie de l'euro, a créé une onde de choc. Cette insinuation a été vigoureusement démentie par l'Élysée.

En dépit des divergences autour du «projet européen», les véritables europhiles n'ont aucun doute : l'objectif est bien de créer l'équivalent des États-Unis avec une monnaie unique et des États fédérés. Pour certains même, la rivalité avec la superpuissance du capitalisme anglo-saxon joue le rôle de principal moteur émotionnel et politique.

Pour ne pas heurter les sensibilités nationalistes et concrétiser le projet petit à petit, on a utilisé des euphémismes et des subterfuges. Chaque traité a poussé l'engagement un peu plus loin. Cette méthode explique sans doute les échecs des référendums, les clauses de sortie («*opting-out*») et les compromis.

Du point de vue économique, la réalité est que, dans les années 1970, l'Allemagne de l'Ouest devient la locomotive de l'Europe. Elle transforme ses industries au lendemain de la guerre et de l'occupation alliée, et devient ainsi la première économie du continent et le premier exportateur. Les industriels britanniques en viennent à bougonner : «Nous avons gagné la guerre mais nous avons perdu la paix.» Cette renaissance économique est soutenue à partir de 1957 par la puissante Bundesbank, gardienne de l'«*ersatz de Kaiser*», le Deutsche Mark (voir ci-dessous). Bien qu'elle ne rende de compte à aucun électeur, la Bundesbank bénéficie d'un fort soutien du peuple, hanté par le souvenir de l'hyperinflation des années 1920.

Depuis, la plupart des négociations sur l'avenir de l'Europe menées par la France et le reste de l'Europe cherchent surtout à tirer parti de l'opulence économique allemande tout en réfrénant ses ambitions. Dans l'ensemble, ce modus vivendi s'est révélé mutuellement bénéfique.

La monnaie unique et le projet européen

L'union monétaire a longtemps été le rêve des dirigeants de l'Union européenne (anciennement Communauté européenne et Communauté économique européenne). Les avancées concrètes incluses dans le traité de Maastricht en 1991 ont causé un certain choc dans l'opinion et fait enrager les eurosceptiques de tout le continent. Pourtant, l'idée n'était pas nouvelle. Schuman fait déjà allusion à une union politique et monétaire en 1950 et, la même année, l'économiste français Jacques Rueff, grand adversaire de l'hégémonie américaine, déclare : « L'Europe se fera par la monnaie ou ne se fera pas. »

Le projet de créer une monnaie unique remonte aux années 1960. Lors de la signature du traité de Rome en 1957, des mesures de contrôle des mouvements des capitaux existent et les principales économies fonctionnent en conformité avec les accords de Bretton Woods : toutes les monnaies sont indexées par rapport au dollar, et seul le dollar est convertible en or. Il n'existe encore aucune ambition pour créer une monnaie européenne. Le sommet de La Haye en 1969 définit formellement un nouvel objectif à la construction européenne : l'Union monétaire et économique (UEM). Le rapport Werner en prévoit la mise en place en dix ans, ambition qui sera contrariée par le choc pétrolier des années 1970. Le rapport jalonne le processus de trois étapes clés : réduction des marges de fluctuation entre les monnaies des États membres, libéralisation totale des mouvements des capitaux et fixation irrévocable des taux de change entre les différentes monnaies.

En 1971, la décision de laisser flotter le dollar sonne le glas des accords de Bretton Woods. Tout au long des années 1970, les monnaies fluctuent fortement entre elles. En tendance, le Deutsche Mark se renforce face au franc et à la livre sterling. Certaines entreprises opérant au sein de la CEE, en particulier les grandes sociétés d'exportations de petits pays comme la Belgique ou les Pays-Bas, pouvaient plus gagner (ou perdre) sur les fluctuations des taux de change que sur la valeur même des biens vendus. En 1972, la dynamique de l'intégration monétaire est relancée par la création du « serpent monétaire », fondé sur une marge autorisée d'oscillation maximum de + ou –2,25 %. Ce dispositif durera jusqu'en 1979. Au moment de sa mise en place, trois nouveaux pays rejoignent la CEE : l'Irlande, le Royaume-Uni et le Danemark. À l'origine, leurs monnaies font partie intégrante du « serpent monétaire » mais elles finissent par quitter le dispositif, au même titre que le franc et la lire italienne. En 1977, cette union est complètement dominée par le Deutsche Mark et n'inclut plus que l'Allemagne, la Belgique, les Pays-Bas, le Luxembourg et le Danemark.

En 1978, le chancelier allemand Helmut Schmidt et le président français Valéry Giscard d'Estaing lancent un nouvel accord : le Système monétaire européen (SME), fondé sur le mécanisme de change européen (MCE). Ce dernier est destiné à stabiliser les cours des devises européennes. Le SME est introduit en mars 1979. Chaque devise peut fluctuer autour d'une valeur pivot dans une marge autorisée. Les gouvernements et les banques centrales interviennent pour protéger les limites prédéfinies des taux de change.

Très rapidement, le système est mis sous pression. En France, François Mitterrand est élu président de la République en 1981 grâce au rassemblement de la gauche et nomme des membres du parti communiste au gouvernement. Des pratiques restrictives et l'augmentation des coûts pour les entreprises portent préjudice à l'économie française, et le Deutsche Mark poursuit son ascension. Les dévaluations répétées du franc (quatre fois au cours des années 1980) sont présentées, par euphémisme, comme des moyens de contribuer à la « réévaluation » du Deutsche Mark au sein du SME. Cette pratique disparaîtra avec la mise en place d'une politique du « franc fort ».

Bernard Connolly, ancien fonctionnaire de la Commission européenne devenu franchement eurosceptique, porte un regard ironique sur le Système monétaire européen. Il ne serait devenu « rien d'autre qu'un mécanisme pour créer des turbulences sporadiques sur les marchés financiers et retarder les inévitables mouvements des taux de change. Il n'a rien fait ou presque pour promouvoir la "convergence" que le Conseil européen à Bruxelles attendait tant[3] ».

Comme souvent dans l'histoire des initiatives européennes pour figer ou limiter les mouvements des taux de change, on constate que la « convergence » fait figure d'aspiration suprême à leurs différentes expérimentations. On a l'impression que les dirigeants européens ont dû imaginer progressivement les mécanismes d'une union monétaire fonctionnelle ou d'un ancrage de devise. Pourtant, il existait déjà à l'époque de nombreuses publications universitaires sur les conditions d'existence d'une zone monétaire optimale (ZMO). Aussi, avant de dérouler l'histoire du SME et de la monnaie unique, il n'est pas inutile de résumer les caractéristiques d'une ZMO.

Une zone monétaire optimale

Les principaux critères d'une zone monétaire optimale développés par les économistes Robert Mundell, Ronald McKinnon et d'autres dans les années 1960 sont désormais bien établis[4]. La recherche universitaire décrit les caractéristiques d'une ZMO :

- **Flexibilité du marché du travail.** Les salaires suivent les conditions de marché. Leur augmentation correspond à une augmentation similaire de la productivité. Dans une ZMO, la mobilité du travail est également nécessaire afin de minimiser

3. Bernard Connolly, *The Rotten Heart of Europe*, Londres, Faber & Faber, 1995.
4. Ronald McKinnon, « Optimal Currency Areas », *American Economic Review*, 52, 1963, p. 717-25 ; voir également Robert Mundell, « A Theory of Optimum Currency Areas », *American Economic Review*, 51, 1961, p. 657-65.

le chômage et d'éviter les pénuries de compétences pour des industries en croissance rapide dans des zones prospères.

- **Flexibilité des marchés des biens et des capitaux.** Une économie doit être capable de générer de nouveaux emplois et services, au travers de la concurrence, de l'innovation et de l'entrepreneuriat. La flexibilité des marchés de biens accroît le dynamisme des économies, permettant aux entreprises de se développer plus facilement sur les marchés existants et d'en créer de nouveaux. Les marchés des capitaux doivent être liquides et flexibles.
- **Intégration des zones économiques participantes.** L'intégration doit se faire dans les domaines des services, du travail, du capital et du commerce de biens. Plus les économies sont intégrées, moins il est probable qu'elles divergent.
- **Diversité.** Les économies ne doivent pas dépendre excessivement de secteurs en particulier. Les économies en Argentine et en Grèce étaient peu diversifiées, mais ont bénéficié d'un « état de grâce » pendant quelques années. Une zone monétaire optimale nécessite des secteurs spécialisés et développés ainsi qu'une certaine diversité afin qu'une baisse d'activité dans un secteur n'affecte pas gravement l'intégralité de l'économie.
- **Un gouvernement central fort avec des politiques budgétaires saines.** Des transferts budgétaires au sein de la zone monétaire peuvent réduire l'impact de chocs économiques dans une région donnée, par exemple le déclin naturel d'une industrie. Dans le cas d'une zone monétaire supranationale, les pays membres doivent adopter les mêmes orientations en termes notamment de priorités par rapport à la croissance, à l'inflation, etc. Ils doivent également être capables de coopérer étroitement.
- **Des taux d'inflation proches.** Des déséquilibres peuvent être créés par des différences persistantes entre les taux d'inflation nationaux. Ce point est probablement lié au degré d'intégration observé sur les autres critères.

- **Priorité donnée à la croissance.** L'existence d'une zone monétaire optimale est facilitée lorsque les gouvernements nationaux appliquent des politiques monétaires orientées croissance. Au sein d'une union monétaire, un pays ou une région ne peut compenser une perte de compétitivité que si ses coûts salariaux unitaires (les coûts du travail ajustés des améliorations de la productivité) augmentent moins que dans les autres États membres[5].

Un dernier point à souligner : tous ces critères ou presque doivent être respectés. Trois ou quatre ne suffisent pas à rendre l'union monétaire suffisamment solide sur de longues périodes. L'expérience et la théorie le confirment. Le dollar américain fonctionne, en dépit de fortes disparités économiques entre les États de l'union, parce qu'il existe une mobilité du travail dans le pays *et* parce que le gouvernement fédéral est fort *et* parce qu'il existe une réelle concurrence *et* parce que la culture des entreprises est favorable à la création d'emplois, etc. Il n'y a qu'une banque centrale. Ainsi, si des emplois disparaissent dans le Michigan, on s'attend à ce que les gens déménagent en Arizona.

La recherche récente se concentre sur quatre caractéristiques clés : l'amplitude des échanges, la similarité des chocs et des cycles, le degré de mobilité du travail et le système de partage de risques, au travers typiquement des transferts budgétaires. Les données historiques sont insuffisantes pour élaborer un avis sur la convergence vers une zone monétaire optimale étant donné que le simple fait de rejoindre l'union génère lui-même un impact économique[6].

Il est hautement improbable que la constitution d'une zone monétaire unique en tant que telle affecte les chances de réalisation d'une ZMO. Au chapitre 8, je passerai en revue l'historique

5. Francesco Paolo Mongelli, «New Views on the Optimum Currency Area: What is EMU Telling Us?», *Document de travail de la Banque centrale européenne*, 138, 2002. Voir également Simon Tilford, «Will the Eurozone Crack?», Centre for European Reform, septembre 2006.

6. Jeffrey A. Frankel et Andrew Rose, «The Endogeneity of the Optimal Currency Area», *Economic Journal*, 108, n° 449, 1997, p. 1009-25.

de la monnaie unique et j'analyserai comment, bien que certains de ces six critères aient été remplis, on s'est éloigné du chemin de la « convergence ».

Cependant, la mise en œuvre est difficile. Par exemple, certains des critères sont compliqués à mesurer – la « convergence » peut être un élément subjectif. Robert Mundell, l'un des pionniers de la théorie des zones monétaires optimales, souligne au début des années 1960 l'importance de la mobilité du travail et du capital et remarque également qu'il s'agit « davantage d'une question empirique qu'économique »[7]. Une question de priorité se pose également : la flexibilité du marché du travail est-elle plus importante que la convergence des taux d'inflation par exemple ? Cependant, la recherche indique clairement qu'une convergence raisonnable sur presque tous les critères listés ci-dessus est nécessaire au bon fonctionnement d'une union monétaire. Les économistes de la Commission européenne et de la Banque centrale européenne (BCE) le savaient.

Notons également que les ZMO ne coïncident pas nécessairement avec les frontières nationales. Par exemple, en 1990, les pays du Benelux ainsi que l'Allemagne de l'Ouest étaient bien plus proches d'une ZMO que ne l'étaient l'Allemagne de l'Ouest et l'Allemagne de l'Est. Et pourtant la réunification des deux Allemagne a été privilégiée en instaurant la parité entre le Deutsche Mark et le Mark est-allemand (Ostmark). En pratique, cette décision provoqua une très forte hausse de l'endettement public, portée par la partie occidentale du pays réunifié.

La loi de Pareto soutient les économies spécialisées

La revue des principes d'efficacité des ZMO mérite d'être complétée par un rappel du principe de Pareto. Cette loi est inspirée des observations de l'économiste italien Vilfredo Pareto et fait référence à la manière dont les situations efficaces sont optimales : l'optimum est atteint lorsqu'il est impossible d'améliorer le bien-être d'un individu sans détériorer celui d'un autre. Il s'ensuit de ce

7. Mundell, « A Theory of Optimum Currency Areas ».

principe que les pays devraient se spécialiser où ils ont un avantage compétitif : l'Allemagne dans l'industrie lourde et les biens de consommation ; la Grèce dans le transport maritime, les services et le tourisme.

Dans une zone monétaire optimale, il est nécessaire d'avoir une spécialisation. Cela accroît la richesse collective. Pour ce faire, des transferts budgétaires s'imposent pour lisser les effets des baisses économiques que peuvent traverser certains secteurs. Cependant, ce levier n'existe pas en Europe.

Au même titre que la question de savoir si la convergence devrait avoir lieu avant ou après l'Union monétaire européenne, la question de la nature et du degré de la convergence se pose.

Otmar Issing, un des membres fondateurs de la BCE, est en phase avec les éléments soulevés dans ce chapitre et sur les conditions *sine qua non* à la création d'une ZMO effective. Après l'adoption de l'euro mais avant le début de la crise de la dette au début 2010, il écrit :

> Plus le système de prix (au sens large du terme) porte la charge de l'ajustement, moins la perte des instruments que sont le taux de change national et la politique monétaire est importante et plus grands sont les bénéfices d'une monnaie unique. Ces bénéfices s'accroissent avec la taille de la zone monétaire et des interdépendances économiques entre les zones formant l'union monétaire. Cela s'applique à la fois au commerce des biens et des services ainsi qu'à l'intégration des marchés financiers.

Il mentionne que des études dans les années 1990 ont «tenté d'évaluer quels groupes de pays en Europe rempliraient le mieux les conditions d'une zone monétaire optimale. Seul un groupe relativement restreint de pays satisfaisait à ces conditions au sein d'une sorte de "DM-bloc". Ces pays sont ceux qui avaient lié depuis un certain temps leurs taux de change au Deutsche Mark et ceux dont l'économie entretenait des liens étroits avec celle de l'Allemagne».

Otmar Issing ajoute : «Cela n'était pas le cas du groupe des 11 pays. En un mot, la zone euro qui a été créée le 1er janvier 1999 était loin de remplir les conditions d'une zone monétaire optimale[8]. »

À la lumière des événements actuels, cette révélation de l'état des connaissances à l'époque est relativement surprenante. Pour la théorie économique, la notion d'une monnaie unique commune à près de 11 pays en 1999 puis 12 (la Grèce incluse) en 2001 n'avait pas de sens.

SME… R.I.P !

Selon la théorie économique, seul un petit nombre d'économies européennes peuvent former une zone monétaire optimale. Mais qu'en est-il en pratique ? La mise en place du Système monétaire européen (SME) offre matière à analyse. Successeur du « serpent monétaire » et précurseur de l'union monétaire, le SME est un système de taux nominaux fixes entre devises européennes.

En septembre 1992, la livre sterling britannique est forcée de sortir du SME à la consternation du gouvernement conservateur mais pour le plus grand plaisir des eurosceptiques du même parti. La lire italienne quitte le SME au cours du même mois et, en novembre, la peseta espagnole et l'escudo portugais sont dévalués de 6 % par rapport aux autres monnaies. En janvier 1993, la livre irlandaise est dévaluée de 10 %. En mai, la peseta et l'escudo sont une nouvelle fois dévalués. En août 1993, les ministres des Finances prennent la décision d'élever les marges de fluctuation à 15 %[9].

Le principal objectif du SME – forcer ou encourager la convergence économique dans la perspective d'une monnaie unique européenne – est un échec total après 14 ans d'existence. Au moment même où le « projet euro » est présenté à tous les parlements du continent, le prototype se désintègre à la surprise générale. J'attire particulièrement l'attention sur le mot « surprise » : Georges Soros

---

8. Otmar Issing, *The Birth of the Euro*, Cambridge, Cambridge University Press, 2008.

9. « European Parliament Fact Sheet 5.2.0 – The EMS and the ECU », Parlement européen, 20 novembre 2000. Disponible en ligne : http://www.europarl.europa.eu/factsheets/5_2_0_en.htm.

et quelques rares autres financiers ont bâti leurs fortunes en pariant sur l'effondrement du SME, car ils étaient les seuls à anticiper un tel échec.

Cet événement pose de sérieuses questions. Les critères plus stricts qu'implique une union monétaire complète permettent-ils de réaliser la convergence économique qui a manqué au SME ? La Commission européenne a-t-elle tiré les leçons de l'échec de cette expérience entre 1979 et 1993 ? La crise actuelle est-elle simplement une répétition du SME à une échelle bien plus terrible ? Comment s'est-on assuré que les taux de change d'entrée dans la zone euro étaient mieux évalués que ceux du SME ? Le verrouillage automatique de ces taux les rend-il plus appropriés ? L'échec théorique puis empirique donne l'impression qu'un projet politique a été déguisé en projet économique. Après le SME, la monnaie unique allait devoir conquérir un public sceptique.

L'EURO : UNE VENTE INADAPTÉE À UN PUBLIC SCEPTIQUE

La désagrégation du prototype de la monnaie unique en 1992 et 1993, au moment même où les dirigeants européens trouvaient un accord sur les étapes à suivre vers l'union monétaire, était problématique.

Le sommet clé s'est tenu dans la ville hollandaise de Maastricht en décembre 1991. Il ne pouvait pas y avoir d'endroit plus approprié pour illustrer les bénéfices concrets de la monnaie unique pour des économies convergentes. Maastricht est une belle ville médiévale fortifiée construite sur les berges de la Meuse, Maas en néerlandais, sur une étroite bande de terre au sud des Pays-Bas avec l'Allemagne à l'est et la Belgique à l'ouest. Avant la création de l'euro, certains bars de la ville acceptaient et rendaient la monnaie sur les monnaies des trois pays. Vous pouviez commander des boissons en florins, en Deutsche Mark ou en francs belges.

Le traité de Maastricht est signé en février 1992 et ouvre la voie à l'euro. À cette époque, les différences entre les économies d'Europe du Nord et du Sud étaient considérables et clairement visibles pour les touristes. Au début des années 1990, il était moins coûteux de visiter l'Europe du Sud que l'Europe du Nord. Un citoyen de Maastricht en vacances en Grèce allait connaître un très agréable train de vie.

Malgré les apparents bénéfices de l'union monétaire, le soutien populaire demeure timide. La ratification du traité de Maastricht est laborieuse, à cause notamment de la proposition d'une union monétaire. Le parti conservateur britannique au pouvoir est devenu de plus en plus eurosceptique, comme l'illustre le « discours de Bruges » de Margaret Thatcher en 1988. John Major, le successeur de Margaret Thatcher et Premier ministre à partir de 1990, tente de réconcilier les deux ailes de son parti. Il remporte deux ans plus tard les élections législatives et le Parlement du Royaume-Uni ratifie le traité de Maastricht en 1993 à une courte majorité grâce à l'attribution de clauses d'exemption (sur les droits des salariés et l'adhésion à l'euro notamment).

Au Danemark, le gouvernement soumet le traité de Maastricht à référendum en juin 1992. Le peuple danois étonne le reste de l'Union européenne en ayant l'audace de voter « non ». Comme pour le Royaume-Uni, les Danois négocient des clauses d'exemption. Huit ans plus tard, la question de l'adhésion à l'euro est à nouveau soumise au vote populaire par référendum. À 53,2 %, le peuple danois choisit de conserver la couronne.

Le « non » du Danemark est le premier rejet de toute une série de votes négatifs aux traités européens dans plusieurs pays. À plusieurs reprises, les dirigeants choisiront de resoumettre au vote une version révisée du Traité qui sera ensuite approuvée.

La France fait partie de ceux qui préfèrent ratifier le traité de Maastricht par référendum. Le résultat est un étonnant « *petit oui* ». Seuls 50,7 % de la population d'un des pays fondateurs de l'UE et membre du célèbre « axe franco-allemand » se prononcent en faveur de l'euro. La méthode du référendum n'a été appliquée qu'au Danemark, en Irlande et en France.

Le projet de l'euro est de plus en plus critiqué au cours des années qui précèdent la mise en circulation de la nouvelle devise. Les sondages d'opinion de nombreux pays, en particulier en Finlande et en Allemagne, enregistrent fréquemment une certaine opposition. Le 9 février 1998, 155 économistes allemands publient une lettre ouverte intitulée «L'euro arrive trop tôt». Ils sonnent l'alerte sur les progrès insuffisants faits en matière de contrôle des finances publiques et sur le manque de réformes des marchés du travail. Ils affirment leur attachement au principe d'union monétaire mais en appellent clairement à ce que le projet soit différé à moyen terme, le temps que des critères stricts de convergence soient mis en place.

Quatre universitaires allemands, Wilhelm Hankel, Wilhelm Nölling, Karl Albrecht-Schachtschneider et Joachim Starbatty, font appel de l'adhésion de l'Allemagne à l'euro devant la Cour constitutionnelle du pays. Leur plainte est fondée sur un arrêt de 1993 sur le traité de Maastricht qui définit l'objectif de stabilité comme critère de l'union monétaire et suggère que la participation de l'Allemagne est conditionnée à cette stabilité. Dans le cas contraire, l'Allemagne serait contrainte de sortir. Les quatre universitaires ont repris leur action en justice en 2010 au motif que la clause de «non-renflouement» (*no bail-out*) n'a pas été respectée[10].

Dans son livre, *The Birth of the Euro* (*La Naissance de l'euro*), Otmar Issing fait allusion aux résultats fluctuants des sondages d'opinion concernant l'adhésion à l'euro. Il rappelle la signification historique de la relation des Allemands au Deutsche Mark : dans les années de l'après-guerre, le Deutsche Mark était considéré comme le meilleur rempart contre le risque d'hyperinflation par une population traumatisée par le souvenir des années 1920. On se référait même parfois à la monnaie nationale comme à un «*ersatz de Kaiser*». Compte tenu de ce contexte, Otmar Issing reconnaît que les Allemands ne soutenaient que mollement le passage du précieux Deutsche Mark à l'euro. En 1995, seul un tiers des Allemands est en faveur de l'euro et 45 % s'y opposent. Même à son plus haut, au moment du lancement de l'euro en 1999, avec les garanties apportées par le Pacte de croissance et de stabilité, le taux de soutien n'atteint que 55 %. Au sein de la principale écono-

10. Voir Roger Boyes, «Eurosceptic Legal Challenge to Stop Germany's Greek Bailout», *Times*, 8 mai 2010.

mie de la zone euro, le soutien populaire à la monnaie unique était soit faible soit conditionnel.

Josef Joffe, rédacteur en chef du journal *Die Zeit*, résume l'accord entre le président français François Mitterrand et le chancelier allemand Helmut Kohl sur l'adhésion de l'Allemagne à l'euro au moment des négociations sur la réunification allemande : « Bon, Helmut, voici ce que nous allons faire. Tu prends toute l'Allemagne et je prends la moitié du Deutsche Mark[11] ». Même en prenant ce trait d'esprit pour une critique, il n'y a aucun doute que l'Allemagne a vu son abandon du Deutsche Mark et du contrôle de la Bundesbank comme un prix à payer pour que le reste de l'Union européenne approuve la réunification allemande.

En 1995, l'ancien commissaire européen Bernard Connolly, devenu eurosceptique, déclare : « Comme l'a martelé à maintes reprises la Bundesbank, une union monétaire ne peut pas survivre sans une union politique. Mais il n'existera jamais d'union politique suffisamment solidaire pour placer les intérêts de "l'Union" au-dessus des intérêts nationaux. Le SME en est une illustration. Par conséquent, la monnaie unique européenne sera certainement plus faible que le Deutsche Mark et probablement plus faible que n'importe quelle devise actuelle[12]. » Au moment de cette déclaration, le projet d'inclure des pays périphériques comme la Grèce, l'Espagne, l'Italie, l'Irlande et le Portugal n'existe pas encore.

Nous analyserons aux chapitres 7 et 9 la réalité des opinions populaires et si la façon dont l'euro leur a été présenté était un cas manifeste de vente forcée. De toute façon, le peuple allemand n'a pas été véritablement consulté puisque ni le traité de Maastricht ni l'adhésion à la monnaie unique n'ont fait l'objet d'un référendum.

On a promis au peuple allemand un Deutsche Mark en plus solide, mais l'accord secret amputait déjà le Deutsche Mark de moitié. De plus, le manque de convergence économique nécessaire à toute zone monétaire optimale mettait sérieusement en péril ce qu'il restait du Deutsche Mark. Suite aux événements de 2010, on

---

11. Cité dans Issing, *The Birth of the Euro.*

12. Connolly, *The Rotten Heart of Europe.*

demande désormais aux Allemands de faire preuve de solidarité au nom d'un grand projet sur lequel on n'a même pas daigné leur demander leur avis.

CONVERGER MAINTENANT OU PLUS TARD ? IL NE FAUT PAS VENDRE LA PEAU DE L'OURS…

Otmar Issing et d'autres avaient conscience que les membres de la zone euro étaient bien loin de remplir les critères d'une zone monétaire optimale. Selon lui, cela signifiait simplement que l'euro allait connaître des débuts difficiles et qu'il était de toute façon possible de réformer *après* sa mise en place. « Les optimistes étaient confiants qu'avec une politique monétaire unique le besoin en réformes pour accroître la flexibilité deviendrait tellement évident que les décideurs seraient tenus de réagir », remarque-t-il[13].

Cela illustre la tension entre idéalisme politique et pragmatisme économique. Quelle vision allait primer ?

Les dirigeants européens ont manifesté sur ce sujet les signes classiques d'une dissonance cognitive, c'est-à-dire la difficulté à accepter des informations factuelles et logiques qui contredisent leurs croyances. Pour le dire autrement : on a tôt fait de croire ce que l'on désire. Le projet européen est noble ; il *doit* avoir conduit à la convergence politique et économique après un demi-siècle d'existence. Par conséquent, cela *doit* être le bon moment pour la mise en place d'une monnaie unique et les États membres *doivent* être suffisamment *communautaires* pour faire preuve de suffisamment de solidarité afin de procéder aux ajustements nécessaires au bon fonctionnement d'une monnaie unique (mais on n'osera pas leur demander s'ils le sont réellement). Le premier président de la BCE, Wim Duisenberg, commente : « L'euro est bien plus qu'une simple devise. Il est le symbole de l'intégration européenne dans tous les sens du terme. » Lorsque même le président de la banque centrale place l'idéalisme politique au-dessus du pragmatisme économique, on ne peut pas considérer que l'aventure commence sur des bases saines.

---

13. Issing, *The Birth of the Euro.*

Les années 1990 voient se multiplier les débats au sein et entre les institutions et les pays. Les Allemands et les Hollandais soutiennent qu'une plus grande convergence économique doit d'abord être réalisée. Les Italiens préfèrent s'en tenir au calendrier sous prétexte qu'une union irréversible forcera la convergence. La Commission européenne aspire à une union fiscale et budgétaire complète, mais ne parvient pas à convaincre les chefs de gouvernement. Jacques Delors lui-même, qui avait rédigé le rapport d'analyse dans la perspective du traité de Maastricht en tant que président de la Commission européenne, considère qu'une monnaie unique doit être soutenue par une coordination fiscale explicite pour l'Europe entière.

John Palmer, membre du Conseil de direction de l'*European Policy Centre* et rédacteur en chef pendant 20 ans du journal londonien le *Guardian*, raconte que paradoxalement ceux qui s'étaient engagés à créer l'euro n'avaient pas vraiment les leviers pour influencer les dispositions concrètes de la monnaie unique. De leur point de vue, union budgétaire et union monétaire allaient de pair mais les États membres, et en particulier l'Allemagne, s'y opposèrent.

> Lorsque le traité de Maastricht était en cours de négociation, la plupart des personnes qui travaillaient intensément sur le Pacte de stabilité et de croissance ainsi que sur les mécanismes de gouvernance ne doutaient pas qu'il doive contenir un degré plus élevé d'union budgétaire plutôt que de simplement reposer sur le pilier monétaire. La majorité des États membres comprenaient cet argument, mais l'Allemagne pensait que ça allait trop loin. Elle ne pensait pas en être un jour victime. Si vous vous souvenez bien [le chancelier allemand Helmut] Kohl était en lutte avec la Bundesbank. La Bundesbank s'est opposée [à la monnaie unique] jusqu'au bout. Formellement, elle affichait son soutien au projet mais, en réalité, ses interventions étaient très critiques [dans les années 1990].

Le résultat final est un accord typiquement européen, un compromis mou. Mais ce compromis ne porte que sur la structure, pas sur le fond. On avait déjà pressé le bouton «démarrer».

Dans les années 1960, 1970 et 1980, un compromis en demi-teinte avait rarement de graves conséquences. Il s'agissait d'une façon pragmatique de résoudre certaines questions comme les horaires de travail ou les politiques de pêche. Cela pouvait générer un certain mécontentement mais ne menaçait en aucun cas l'avenir de l'union ou le fonctionnement des économies. À l'inverse, avec l'euro, les enjeux ne pouvaient pas être plus importants.

La métaphore qui trompe : le « grand voyage en train »

L'euroscepticisme des pays du nord de l'Europe est souvent accusé de nationalisme, de conservatisme et de préjugés. L'émergence de l'Union européenne suivrait un schéma à «deux vitesses» avec un ensemble de pays en première ligne récoltant les fruits de l'intégration et des traînards comme le Danemark, la Suède et le Royaume-Uni qui languiraient en périphérie. Mais leur résistance à l'euro relève-t-elle vraiment de la xénophobie ou juste d'un scepticisme pratique ? Est-ce que les bénéfices d'une plus grande transparence des prix, d'une aire commerciale plus vaste et d'une monnaie unique l'emportent sur la perte du contrôle de la politique monétaire ? Ont-ils eu raison – pensée hérétique – de ne pas adhérer ?

Il existe du nationalisme dans tous les pays mais certaines des objections à l'union monétaire étaient pragmatiques, fondées sur l'expérience du SME. La pression pour garder les monnaies rattachées à un Deutsche Mark en hausse a conduit à des taux d'intérêt relativement élevés. C'est une des causes de la récession à l'origine de taux de chômage important dans tout le monde industrialisé pendant la période 1990-1992. La principale objection à la création d'une union monétaire plus vaste qu'une zone optimale tourne autour des conséquences d'un taux d'intérêt unique applicable à tous les pays. L'inquiétude a ressurgi (mais cette fois-ci parce que les taux d'intérêt étaient trop faibles) au cours des premières années de l'euro.

Cependant, les éléments les plus xénophobes et l'ignorance des militants eurosceptiques sont à juste titre critiqués. Ils accusent Bruxelles d'« imposer » ses lois alors que c'est en réalité le Conseil des ministres qui décide. Ils généralisent hâtivement sur la prétendue paresse et la dépendance des autres peuples. Leurs arguments finissent par discréditer la critique constructive de l'Union européenne.

On retrouve ici à l'œuvre tous les types de récits erronés et de généralisations.

Ainsi, les sceptiques les plus durs affirment que l'UE est une conspiration retorse conçue pour détruire l'État-nation par divers subterfuges et transmettre le pouvoir politique à une oligarchie non élue de bureaucrates qui n'a d'autres objectifs que de détruire la liberté individuelle.

Les intégrationnistes, quant à eux, proclament que l'UE a été créée pour éviter la guerre, que par nature ce projet conduit à une plus grande intégration et que remettre en question les prochaines étapes de cette intégration revient à soutenir la guerre et la division.

Malheureusement, les dirigeants de l'UE fournissent aux sceptiques et aux xénophobes des arguments supplémentaires. Par exemple :

> L'obstruction et la dissimulation délibérée ont compliqué le débat fondamental [sur l'avenir de l'Europe]. Certains dirigeants politiques ont conclu que la meilleure façon de réaliser des progrès vers un résultat plus fédéraliste est d'appliquer la méthode « des petits pas ». Faites une avancée politique et si l'électorat ne le remarque pas alors considérez qu'il s'agit de votre nouveau point de départ pour la prochaine avancée. Cela discrédite l'UE et donne aux électeurs l'impression d'une conspiration d'une certaine élite.

Ces commentaires sont formulés par l'eurosceptique Chris Patten, ancien commissaire de l'UE et partisan de la monnaie unique dans un article du *Financial Times,* publié le 3 juin 2010.

Face à ces deux extrêmes, il est souvent difficile, presque tabou, de critiquer les prochaines étapes de l'intégration européenne par peur d'être étiqueté nationaliste. Le soutien à l'euro devient totémique. Si vous ne soutenez pas avec enthousiasme la date ambitieuse d'un lancement en 1999, avec de nombreux pays, peut-être n'êtes-vous pas un croyant sincère. Le problème du croyant sincère est qu'il peut céder à la *pseudo-certitude* : la conviction que dire une chose la rend réelle et que toute manifestation de doute est le signe d'une mauvaise intention. Contre toute attente, lorsque la crise commence à menacer la viabilité de la monnaie unique au début de 2010, les déclarations de *pseudo-certitude* se multiplient. Cela n'aura servi qu'à décrédibiliser des porte-parole, comme je l'analyserai aux chapitres 7 et 9.

L'autre conséquence d'un *comportement moutonnier* (penser en croyant absolu et non en agnostique) est le manque de diversité d'opinions. Un autre point commun à la monoculture du troupeau est la *focalisation*, cette aptitude à ne se concentrer que sur les paramètres et les histoires bien connus et ne pas être préparé à «l'inconnu inconnu». L'histoire familière souvent se cristallise au point qu'on la prend pour la réalité. On finit par tenir pour vraies des métaphores. Ainsi, au lieu d'engager un débat rationnel, de nombreux partisans enthousiastes de l'intégration économique et monétaire ont eu l'impression de participer à un grand voyage. C'était comme si un très long moment s'était déjà écoulé depuis la déclaration de Schuman en 1950 et le rapport Werner en 1970.

Leurs campagnes ont comme d'habitude pris une tournure métaphorique reprenant l'image notamment d'un train qui quitte la station. En 1997, par exemple, le ministre des Affaires européennes italien Piero Fassino déclare : «Les pays qui prendront part [à la monnaie unique] seront au cœur de l'Europe et la dirigeront. Les pays qui resteront en retrait risquent de perdre de l'influence (...) L'[E]uro [E]xpress partira à l'heure : il est toujours préférable de monter dans le train lorsqu'il en est encore temps. Si vous essayez de le prendre à la prochaine station, il y a toutes les chances qu'il sera bondé et qu'il n'y aura plus de sièges disponibles. Vous pourriez même le manquer[14].»

14. Publié par la BBC : http://news.bbc.co.uk/1/hi/business/35886.stm.

Il est important de souligner la férocité avec laquelle la campagne pro-euro a été menée. Les gouvernements et les peuples qui s'interrogeaient sur la possibilité de sortir de l'union monétaire ont été menacés de déclin politique et économique. En 1997, Jacques Santer, alors président de la Commission européenne, prévenait que tous les pays «dehors» devaient bien réfléchir au prix politique à payer s'ils refusaient de rejoindre ce qu'il avait appelé «l'équipe gagnante».

On promettait aux pays adhérents monts et merveilles. De nouvelles perspectives s'ouvriraient à eux en tant que partenaires à part entière de la nouvelle superpuissance économique mondiale (l'un des deux pans d'un monde bipolaire pour reprendre les mots de Romano Prodi), défiant le dollar. Il est étrange de voir comment l'Asie n'apparaît nulle part dans la vision occidentale du monde économique. Pourtant, au cours des dix premières années d'existence de l'euro, la Chine a dépassé la France, la Grande-Bretagne et l'Allemagne en taille économique et est devenue la deuxième puissance économique mondiale.

La citation de Fassino illustre l'image du voyage en train, très souvent utilisée dans les années 1990 pour mettre sous pression les eurosceptiques. Le choix du train est révélateur. Si vous montez à bord, la conséquence est que vous suivrez *inévitablement* le même chemin que les dirigeants. Si vous êtes resté sur le quai, vous ne le rattraperez *jamais*. Cette exclusion est permanente et irrévocable – à la différence d'une course de voitures où un démarrage lent peut vous permettre de rattraper le groupe de tête au 30e tour ou vous laisser à l'arrière s'ils sont déjà bien trop loin.

Cette métaphore est très certainement incapable de refléter la complexité d'un tel sujet, mais je ne voudrais pas risquer d'être considéré comme eurosceptique ou pire. À ce stade, je souhaiterais donner ma position personnelle. Dans la mesure où je critique durement les décisions, les politiques et les institutions de l'UE dans cet ouvrage, je tiens à affirmer clairement que je ne suis pas eurosceptique. J'adhère à la vision d'une Union européenne de libre-échange avec une libre circulation des personnes et du capital. L'achèvement du marché unique en 1993 a apporté d'immenses bénéfices pour les entreprises et les citoyens. Je ne cultive aucune inclination philosophique ou nationaliste anti-euro. L'euro est une bonne chose mais a été mal mis en œuvre.

RATTRAPAGE : EN CROISANT LES DOIGTS...

Les banques centrales et les conseillers économiques éprouvent les plus grandes difficultés à démêler causes et conséquences. De plus, ils surévaluent l'impact de leurs décisions. Au chapitre 1, je mentionnais comment Horacio Liendo, conseiller auprès de Domingo Cavallo, avait remarqué que les « Trente Glorieuses » en Argentine coïncidaient avec l'adoption de l'étalon-or et avait conclu à une relation de cause à effet, sans prendre en compte les dynamiques propres de l'économie productive. Otmar Issing, un membre fondateur de la BCE, fait la même observation sur l'Allemagne d'après-guerre : « Sans aucun doute, avoir une devise stable a été, dans une large mesure, à l'origine de la reconstruction économique de l'Allemagne après la Seconde Guerre mondiale. » Aucune mention n'est faite du plan Marshall ni des énormes bonds en avant de la productivité de l'industrie allemande qui ont permis à des entreprises comme Bosch, Bayer, BMW, Volkswagen, Audi, etc. de conquérir des parts de marchés à grande échelle au cours des années d'après-guerre. Rien non plus des dividendes de la paix dont ont profité le Japon et l'Allemagne en étant démilitarisés...

Issing n'ignore pas l'économie « réelle », mais c'est pour lui un sujet à part à traiter avec le thème de la convergence après l'intégration monétaire. En 2008, il écrit :

> Le Traité [de Maastricht] définit les conditions d'entrée – au moins formellement – uniquement en termes nominaux [c'est lui qui souligne ce terme]. Cependant, il existait des différences considérables de niveau de vie et/ou de productivité entre les 11 membres fondateurs. Ainsi, le Traité élude la question de savoir jusqu'où une politique monétaire unique peut poser problème pour les pays les plus pauvres en termes de processus de rattrapage. Ce processus fait partie intégrante du projet d'ensemble. Avec les élargissements de l'Union européenne et des

divergences encore plus fortes des conditions de vie, cette question a pris une tout autre dimension[15].

Arrêtons-nous un instant. Analysons le *biais d'excès de confiance* et les contradictions de politique que cette déclaration révèle. Le processus de « rattrapage » pour les pays les plus pauvres est à la fois partie intégrante du projet et n'est pas prévu dans les plans. C'était simplement censé se produire. En croisant les doigts. J'étudierai plus en détail aux chapitres suivants ce qui s'est produit en Grèce pendant cette période de « rattrapage ».

Le développement de l'économie réelle et l'amélioration de la compétitivité ont été traités dans la stratégie de Lisbonne adoptée par le Conseil européen au Portugal en mars 2000. Elle envisage une série de réformes radicales pour développer en Europe les capacités de recherches, la création d'entreprises et l'utilisation des technologies de l'information.

Neuf ans se sont écoulés depuis le sommet de Maastricht, et le lien entre ce programme et le projet de l'euro n'a pas été fait formellement. En 2004, le rapport Kok décrit les progrès limités du processus de Lisbonne. Il évoque des « résultats décevants » dus à « un agenda surchargé, une faible coordination et des priorités conflictuelles ». Le rapport regrette le manque de volonté politique des États membres.

CONVERGENCE : ESSAYONS DE TROUVER DES CRITÈRES

Comment la convergence est-elle censée se produire ? Pour les optimistes, la libéralisation encourage l'amélioration de l'offre. La suppression de la possibilité de procéder à « une dévaluation compétitive » (un terme lourdement péjoratif dans les cercles de l'UE) implique une discipline qui doit forcer les pays les plus faibles à améliorer leur performance économique. La logique économique de l'Union monétaire européenne (UME) est la suivante : en interdisant les dévaluations compétitives, on supprime une source d'instabilité économique et les pays n'ont d'autres choix

15. Issing, *The Birth of the Euro.*

que de réformer leurs marchés du travail et d'ouvrir leurs économies à plus de concurrence.

En l'absence d'une intégration complète, l'UE a sérieusement tenté d'harmoniser les budgets en définissant des critères de convergence pour l'adhésion à la monnaie unique. Ces critères sont à la base du Pacte de stabilité et de croissance qui a pour but d'imposer une discipline au sein de la zone euro.

Il est intéressant de voir comment les cinq critères de convergence du traité de Maastricht trahissent *une illusion de contrôle*, une affliction psychologique grave fréquente chez le personnel des banques centrales. Les règles que les ministres des Finances des pays membres de l'UME se sont engagés à respecter ne sont pas toutes du ressort des gouvernements. Ces règles sont les suivantes :

- Un déficit public annuel supérieur à 3 % du PIB est interdit.
- Une dette publique totale supérieure à 60 % du PIB est proscrite.
- Le taux d'inflation d'un État membre donné ne doit pas dépasser de plus de 1,5 % celui des trois États membres présentant les taux d'inflation les plus faibles.
- Les taux d'intérêt à long terme ne doivent pas excéder de plus de 2 % ceux des trois États membres présentant les taux d'intérêt les plus bas.
- Les taux de change doivent rester dans les marges de fluctuation « normales » du SME.

Ces critères ne sont pas des critères de mise en œuvre ; ce sont déjà des résultats. Ils résultent de politiques intérieures mais également d'événements extérieurs. Les banques centrales et les gouvernements nationaux peuvent tendre vers ces critères, mais il leur est difficile de les garantir. Certains chocs externes peuvent avoir sur eux un impact considérable comme l'a démontré la crise bancaire de 2007-2009. Ces indicateurs sont par nature volatils dans la mesure où même l'Italie, la Belgique (pendant la période préparatoire à l'adhésion) puis la France et l'Allemagne (en 2003-2004) ne les ont pas respectés – la Grèce, l'Espagne et l'Irlande ne sont pas les seules concernées comme dans la crise actuelle.

Aucun des critères ne prend en compte la balance commerciale. Au début de l'euro, le Portugal et la Grèce affichent les déficits commerciaux les plus importants (respectivement 7 % et 3 % du PIB)[16]. La discipline qu'induit l'utilisation d'une monnaie unique allait-elle déclencher un immense « rattrapage » ? Au chapitre 7, nous verrons si une convergence des performances commerciales s'est véritablement produite.

La possibilité d'une divergence des économies *après* le lancement de l'euro n'a pas été envisagée en dépit de l'expérience du SME entre 1979 et 1993. En réalité, le respect des principes du Pacte de stabilité et de croissance (successeur des critères de convergence de Maastricht) a *décliné* une fois l'euro lancé. Et les États-nations ont compris qu'ils pouvaient ignorer ces règles en toute impunité.

Entre 1993 et 1999, l'effort de convergence à accomplir est très important. Les dirigeants de l'Union européenne fixent à 1999 l'achèvement de la troisième phase du traité de Maastricht. Le prototype avait échoué, mais le Traité les engage juridiquement à réaliser une union monétaire.

Quel accomplissement si vous réussissez à créer en seulement six ans le type de convergence que le SME n'avait pas réussi à réaliser en 14 ans ! Et si l'union monétaire est totale, à la différence du SME, il n'y aura pas d'autre issue. Les économies devront converger, n'est-ce pas ?

La loi de Goodhart : lorsque la cible devient problématique

Le problème de fixer des objectifs comme ceux du Pacte de croissance et de stabilité est que le simple fait de les fixer affecte déjà les choix des décideurs. Il s'agit d'un phénomène bien connu et communément observé. On y fait parfois référence sous le nom de loi de Goodhart. Dès qu'un indicateur devient un instrument de politique, il cesse d'être significatif d'une réalité sous-jacente et

16. Calculs de la Banque centrale européenne à partir de données de la Commission européenne ; voir également le tableau 7.2 au chapitre 7 de cet ouvrage.

devient inutilisable. Dès lors, l'application de mesures précises, accompagnées d'un suivi détaillé à court terme, peut créer de grandes distorsions. Cette loi porte le nom de Charles Goodhart, ancien conseiller en chef de la Banque d'Angleterre. Il observe : « Toute régularité statistique observée disparaît dès qu'on s'attache à la contrôler[17]. »

Les parties intéressées qui ont des motivations personnelles de réalisation des objectifs s'efforcent surtout de respecter l'objectif chiffré et en oublient la réalité sous-jacente. Paradoxalement, des informations considérées comme « solides » peuvent ainsi s'avérer bien moins pertinentes qu'une description qualitative des dynamiques sous-jacentes, supposée « molle » ou « subjective ». Certains économistes vont même plus loin. La critique de Lucas conclut au manque de fiabilité des données historiques et encourage les analyses approfondies des sous-jacents. La loi de Campbell stipule que les mesures quantitatives de paramètres sociaux favorisent la corruption.

L'adage espagnol « *hecha la ley, hecha la trampa* » (« les lois sont faites pour être violées ») illustre un comportement proche de celui de la loi de Goodhart.

Les critères de convergence ne sont que des données : vous pouvez respecter ces chiffres sans converger économiquement. Vous pouvez mettre un corset à quelqu'un, il n'en sera pas plus svelte pour autant.

SURPRISE, SURPRISE : LA CONVERGENCE RÉALISÉE EN 18 MOIS !

Vous pouvez analyser la question des critères d'adhésion sous différents aspects ; le résultat n'en est pas moins binaire. Soit vous adhérez, soit vous n'adhérez pas. Le 3 mai 1998, le Conseil européen juge que la Grèce ne remplit pas les critères de convergence (déficit public excessif). Cependant, le 10 novembre 1999, la Commission européenne annonce formellement qu'elle recommande l'abrogation de cette décision. Le Conseil des ministres

17. Voir http://en.wikipedia.org/wiki/Goodhart's_law.

soutient finalement cette recommandation un mois plus tard. En mars 2000, le gouvernement grec annonce formellement sa candidature pour entrer dans la troisième phase de l'UEM. La Commission européenne et la BCE commencent alors leur analyse du degré de convergence atteint par l'économie grecque. À cette occasion, les progrès d'un autre pays (la Suède) sont également évalués.

Deux mois plus tard, la Commission rapporte :

> Sur la base du rapport de la BCE (adopté le 27 avril 2000) et de son propre rapport de convergence de 2000, la Commission conclut que la Grèce remplit les conditions nécessaires à l'adoption de la monnaie unique et propose une décision du Conseil abrogeant la dérogation de la Grèce concernant ses obligations de réalisation de l'Union monétaire et économique. La dérogation sera abrogée avec effet au 1er janvier 2001. Ce rapport a été approuvé par le Parlement européen le 18 mai.
>
> La Commission récapitule les principales conclusions sur les progrès réalisés, pour chacun des deux États membres sur la base des différents critères mentionnés à l'article 121(1) du traité de la Communauté européenne. Cette évaluation conduit à conclure que la Grèce a réalisé un haut degré de convergence durable, justifiant l'abrogation avec effet au 1er janvier 2001 de sa dérogation. La Commission remarque, d'un autre côté, qu'il n'y a pas matière à modifier le statut actuel de la Suède[18].

Que s'est-il donc passé entre ces deux dates ? Dix ans plus tard, on commence seulement à revenir sur cet épisode bien que tout soit en accès libre depuis longtemps. Les minutes de la Commission indiquent que seul le déficit du secteur public exprimé en pourcentage du PIB empêchait la conformité de la Grèce aux critères de convergence. La dette publique totale était supérieure au «plafond» des 60 % du PIB, mais l'UE avait tempéré cette exigence par l'article 104c(b) qui exigeait simplement que la dette soit en cours de réduction afin qu'elle revienne «à la valeur de référence (60 %) à un rythme satisfaisant». Cela confirme que

18. «EU Bulletin 5», Commission européenne, 3 mai 2000, points 1.3.4 et 1.3.5. En ligne : http://ec.europa.eu/economy_finance/emu_history/legalaspects/part_c_1_i.htm.

l'entrée dans la zone euro est plus politique qu'économique. L'adhésion était vue comme une récompense à l'intention des gouvernements *communautaires*.

Ainsi, tout ce que le gouvernement grec a eu à faire était de réduire le déficit du secteur public en dessous de 3 %. Ou faire comme si.

La manipulation des chiffres : le grand secret ?

Grâce aux règles de convergence et au Pacte de stabilité et de croissance, les pays désireux de rejoindre le club élitiste de l'UEM connaissaient clairement les objectifs à atteindre. D'importantes distorsions sont créées par le fait même de fixer de tels objectifs et d'associer une date butoir serrée à la réalisation d'un processus présenté comme irréversible. Un autre effet pervers est que, naturellement, presque toute l'énergie est dépensée à atteindre ces objectifs plutôt qu'à réaliser une véritable convergence économique et structurelle.

D'après les nombreuses analyses récentes, la « véritable » nature du déficit structurel de l'État grec n'était pas connue avant l'élection d'octobre 2009 lorsque le nouveau parti Pasok annonce que le déficit n'est pas à 6 % mais à 12 % du PIB. Cette déclaration inaugure la partie visible de la crise actuelle.

Les précédents gouvernements ont-ils vraiment dissimulé la manipulation de données secrètes pendant dix ans ? Pas vraiment. La convergence miraculeuse de la Grèce en à peine 18 mois aurait dû en alerter.

Certains des officiels de la Commission européenne se sont en effet méfiés de ce revirement de situation, mais le partage d'informations (désormais encouragé par la Commission européenne) – la soumission des budgets nationaux à la Commission pour approbation par exemple – n'était pas autorisé à l'époque. John Palmer du *Centre for European Studies* commente :

> Certaines personnes à Bruxelles avaient de sérieuses réserves sans avoir les pouvoirs de surveillance obligatoire. Elles ne pouvaient pas y aller et demander à voir les comptes.

> Tout cela [le débat sur la candidature de la Grèce] donnait l'impression suivante : ils ont eu recours à des conseils bancaires très sophistiqués de la part de banques d'investissement sur la façon la plus appropriée de présenter les comptes. À cela s'est ajoutée une période de croissance assez forte. L'économie grecque semblait bien s'en sortir et il y avait une très forte volonté de récompenser les pays qui s'étaient fidèlement engagés dans le processus d'intégration. Il y avait un désir politique d'être utile.

Difficile de ne pas conclure à la volonté de construire un véritable empire par la maximisation de la taille économique et géographique de la zone euro. Cela a permis aux dirigeants européens de faire des comparaisons avantageuses avec la zone dollar (en termes de PIB agrégés, de population, etc.). On retrouve ici l'ambition géopolitique exprimée par Romano Prodi en 2002 : « Les deux pôles sont le dollar et l'euro. C'est le sens politique de la devise européenne. »

On se doute bien qu'une évaluation pointue de la réalité de la convergence économique et la double vérification des statistiques étaient bien moins attractifs que de planifier la grande ouverture d'une immense zone économique et de rédiger des discours.

En réalité, on savait que certains pays avaient rempli les objectifs par des subterfuges. Ce n'était pas un secret. Le magazine *Risk*, par exemple, évoque l'accord entre Goldman Sachs et l'État grec en 2003, fondé sur le modèle du guide de comptabilité de 2002 d'Eurostat. En 2001, un rapport de l'universitaire italien Gustavo Piga pour le *think-tank US Council on Foreign Relations* (Conseil américain pour les relations internationales) et l'*International Securities Market Association* (Association internationale des marchés des titres) fait référence à cet accord : il en appelle à « la mise en place d'un cadre comptable national solide pour traiter ces transactions d'habillage de bilan ». Un exemple est le *swap* mis en place en 1996 sur les obligations italiennes à trois ans[19]. Ces accusations

19. Les règles d'Eurostat décrivent le *swap* de « type grec » dans *Risk Magazine*, 18 février 2010.

d'« habillage » des déficits publics par certains pays de l'eurozone sont reprises par le magazine *Risk* en janvier 2002.

Les ministres des Finances ont régulièrement débattu de ce sujet lors des Conseils pour les affaires économiques et financières (conseils Ecofin). Dès 2000, les ministres approuvent le plan d'action pour les exigences statistiques dans le cadre de l'UEM. Un an plus tard, le conseil Ecofin approuve une liste d'indicateurs clés européens pour fournir « un éventail plus complet de variables et de séries rapidement et fréquemment ». Cependant, ces actions ont toutes eu lieu *après* la fixation des taux de change et les évaluations de la convergence. Un article du conseil Ecofin en mars 2003 souligne qu'un « bond quantitatif » est encore nécessaire pour que « le système statique européen produise des statistiques macroéconomiques de qualité comparable (...) à celle des États-Unis ». Deux ans plus tard, le conseil Ecofin rapporte certains progrès mais remarque également que les indicateurs économiques européens sont « encore loin derrière les indicateurs des États-Unis et que d'importants efforts sont encore nécessaires[20] ».

En l'absence de statistiques complètes, il semble que des hypothèses généreuses aient été faites sur la position budgétaire réelle. Et ce, même si la pratique de placer une partie de la dette publique en hors bilan était déjà bien établie. Rappelons qu'en Argentine, les niveaux de déficit des provinces ont été un des facteurs de complication de la crise de la dette.

Le *swap* mis en place par Goldman Sachs était sans précédent : il s'agissait d'un *swap* entre devises liées à la dette sous-jacente de la Grèce en dollars et en yens. Un tel mécanisme peut être légitimement utilisé pour transférer la devise d'une obligation afin de réduire la charge totale. Ce genre de *swap* est normalement conclu à prix *spot* pour « fermer la position » sur un taux de change favorable. Dans le cas de l'accord entre la Grèce et Goldman Sachs, le *swap* était « hors marché » c'est-à-dire que le niveau plus faible de l'euro par rapport au dollar ou au yen a permis de réaliser un paiement *upfront* au gouvernement grec mais à des taux d'intérêt plus

20. « Status Report on Information Requirements in EMU », *Ecofin 334*, EFC, 28 octobre 2005.

élevés. On estime que ce *swap* de changes passé en 2002 a permis à la Grèce de lever un milliard de dollars supplémentaire. Cet emprunt, lucratif pour Goldman Sachs, hors de prix sur le long terme pour la Grèce et les contribuables de la zone euro, était comptabilisé en hors bilan. Cette manipulation est proche du *mega-canje*, réalisé en Argentine en 2001, à la seule différence que cette opération financière n'était pas secrète. Lorsque le magazine *Risk* relate cette histoire en 2003, le gouvernement grec et Goldman Sachs refusent tout deux de commenter.

DES CÉLÉBRATIONS PRÉMATURÉES

Ainsi, en 2002, les réserves de nombreux économistes, des électeurs ordinaires et même de la Commission européenne ont été ignorées au moment où 12 économies célébraient à la Saint-Sylvestre la mise en circulation de nouveaux billets et de nouvelles pièces. L'île de la Réunion a été la première à utiliser les euros, suivie par la Grèce et la Finlande sur le continent européen. À Athènes, une pyramide d'euros décorait la place Syntagma.

Au passage à la nouvelle année, la BCE à Francfort fêtait l'événement dans ses locaux à l'extérieur desquels de grandes images de l'euro étaient affichées.

Le déploiement pratique (fonctionnement des distributeurs, etc.) a été réalisé progressivement. Une fois les facteurs de risques associés au basculement disparus, la nouvelle devise a gagné de la valeur par rapport au dollar. Le président de la BCE Wim Duisenberg affirme dans une conférence de presse : « Nous pouvons d'ores et déjà déclarer que ce changement sans précédent est un immense succès. Le 1er janvier à minuit, l'introduction des billets de banque et des monnaies en euros a marqué non seulement l'achèvement de l'Union économique et monétaire (…) mais également l'une des principales si ce n'est *la principale* avancée dans l'histoire de l'intégration européenne. Je suis convaincu que le 1er janvier 2002 restera dans les livres d'histoire de tous nos pays comme le point de départ d'une nouvelle ère en Europe. »

Les optimistes, croyant dur comme fer dans « l'après-convergence », ont célébré ce moment. Dans les prochains chapitres, j'analyserai le contexte de l'entrée de la Grèce dans l'euro sous l'angle de son histoire particulière et décrirai la réalité de la période de « rattrapage ».

4

La marque de l'Occident et l'héritage de l'Orient : un pays à la frontière de deux mondes

« Il est trop tôt pour se prononcer », réplique le dirigeant communiste chinois Zhou Enlai lorsqu'on lui demande dans les années 1970 ce qu'il pense de l'influence de la Révolution française après presque deux siècles. Il faisait très certainement référence aux théories de Marx sur l'histoire et les révolutions, mais sa réponse aurait pu, par inadvertance, être le reflet d'une judicieuse mise en perspective de la façon dont l'histoire des peuples se forge. Les *événements* de 1789 ont fait de la France un pays très différent de la Grande-Bretagne ou de l'Allemagne à de nombreux points de vue : la structure de son administration territoriale, l'identité particulière de sa république, etc. Il ne fait aucun doute que ces influences ont également contribué à modeler sa perception de l'Union européenne.

En Grèce, il est peut-être trop tôt pour se prononcer sur l'influence du passé byzantin de la Grèce et de son occupation par l'Empire ottoman (1458-1821) sur la collecte des impôts, la gestion du secteur public, les dépenses militaires, les tensions en mer Égée et le sort de la monnaie unique.

Comme nous l'avons analysé au chapitre précédent, la candidature de la Grèce s'est appuyée sur la croyance en la convergence économique et sur des statistiques manipulées. La Grèce a cependant profité de la force de sa renommée. La philosophie grecque, la mythologie et le grec ancien ont contribué à la formation de la pensée occidentale. Il ne s'agit pas d'une contribution mineure mais d'un apport fondamental. On s'y réfère avec respect. Dans les pays anglophones, les mots d'origine anglo-saxonne sont utilisés dans le langage courant. Les personnes éduquées se targuent de parler français et utilisent des termes comme *genre* ou *rapprochement*. Certaines d'entre elles ont même quelques rudiments de latin. Mais seule une élite triée sur le volet comprend le grec parce qu'elle a suivi le prestigieux enseignement des « humanités ».

L'Occident tient en très haute estime la culture grecque. Supposons qu'un homme politique anglo-saxon doive prendre une décision difficile. S'il veut se mettre à la portée de tous, il avouera être pris entre « le marteau et l'enclume ». Mais s'il écrit dans le *Times Literary Supplement*, il reconnaîtra « tomber de Charybde en Scylla ». Dans un article populaire, il préviendra que « l'orgueil précède la chute » mais, dans le *Financial Times* ou dans *Harvard Business Review*, il fera référence aux dangers de l'*hybris*. L'interprète Elvis Costello a une fois inclus le mot « euphémisme » dans une chanson populaire. Il est depuis considéré comme un auteur-compositeur intello.

L'illusion de Byron

La Grèce tient une place à part dans le cœur des poètes romantiques du XIXe siècle. Percy Bysshe Shelley écrit :

> Mais la Grèce et ses fondations sont
> Construites sous le flux de la guerre,
> Installées sur la mer cristalline
> De la pensée et de son éternité ;
> Ses citoyens, son esprit impérial,
> Règnent sur le présent depuis le passé[21].

21. Percy Bysshe Shelley, *Hellas*, 1821-1822, t. II, p. 696-701.

Il existe de nombreux autres exemples. Le poète romantique Lord Byron est célèbre pour être mort en Grèce après avoir embrassé la cause des Grecs dans leur lutte pour l'indépendance. Un commentateur du journal britannique le *Telegraph* remarque : « Il existe une merveilleuse et presque divine ironie dans le fait que la Grèce, de tous les endroits, soit le talon d'Achille de l'Union européenne. »

Il ajoute :

> Le fait que la Grèce ait été autorisée à rejoindre l'euro à tout prix alors qu'elle ne satisfaisait pas aux conditions d'adhésion s'explique par ce que l'on peut appeler « l'illusion de Byron ». Lorsque Lord Byron décide de combattre au côté des Grecs dans leur guerre d'indépendance au XIXe siècle et y laisse la vie, il n'y va pas pour un peuple vivant mais pour une idée morte, une idée magnifiée par des générations élevées dans les humanités (...). Les Grecs ont joué sur l'attrait de leur passé pour adhérer à l'euro, un charme auquel sont sensibles les dirigeants européens, nombreux à avoir reçu une éducation classique[22].

Ainsi, la Grèce a eu le flamboyant Byron. Les États-Unis ont peut-être été mieux servis par un autre intellectuel exilé, Thomas Paine, qui défend dans son ouvrage *The Rights of Man* l'idée qu'un peuple se constitue aussi par ses lois écrites.

Une « image de marque » peut cependant se révéler fausse. La Grèce n'est pas un pays occidental. De culture orthodoxe, elle a fait partie de l'Empire byzantin puis de l'Empire ottoman pendant plus de 300 ans. Nous n'avons connu ni de mouvement comparable à celui de la Réforme comme en Occident, ni le développement d'une large classe moyenne, ni l'émergence d'une philanthropie conservatrice et libérale comme en Europe de l'Ouest et du Nord ou en Amérique du Nord. Robert Kaplan dans le *New York Times* attire l'attention sur « l'ordre social inflexible dans lequel les classes moyennes se sont développées bien plus tard qu'en Europe du Nord et qui a mené à des pathologies économiques et politiques comme l'étatisme et l'autocratie ». Il résume

22. « Greece and the Illusion of Europe », *Daily Telegraph*, 5 juillet 2010.

avec pertinence : «La Grèce [moderne] est bien plus l'enfant du despotisme byzantin et turc que de l'Athènes péricléenne[23].»

L'Empire byzantin a duré plus de mille ans et a laissé une forte empreinte sur la Grèce moderne. On ne peut pas mettre sur le même plan la culture de l'Empire byzantin et le despotisme ottoman. Il existe cependant une certaine permanence des pratiques byzantines économiques pendant la période ottomane et qui sont encore observables aujourd'hui comme le choix de favoriser les petites propriétaires afin de se prémunir de pratiques féodales occidentales[24].

Le grand nombre de petites entreprises familiales, ainsi que l'éclatement des propriétés immobilières et foncières, est significatif des différences qui existent avec des économies organisées en *clusters*, où la spécialisation sectorielle et/ou les économies d'échelle jouent un grand rôle.

Pendant la guerre des Balkans, mes compatriotes grecs ont été tentés de se rapprocher de leurs cousins orthodoxes de Serbie. Dans les années 1990, pendant que l'on préparait en grande pompe l'avènement de l'union monétaire conçu comme un rempart face à la guerre, l'Europe du Sud était en proie à un conflit sanglant. Les peuples allemand et grec ont soutenu des camps opposés sur le même schéma que les alliances conclues pendant la Seconde Guerre mondiale. Curieusement, ce détail ne figurait pas dans les critères de convergence du traité de Maastricht.

Histoire, doléances et droits

Être le berceau d'une civilisation est à la fois un héritage dont nous sommes fiers mais également une lourde responsabilité. Le label «grec» s'accompagne du poids de l'histoire et des attentes qui y sont associées. Nous assumons l'héritage d'être des guides intellectuels et, même si la Grèce continue à produire de grands

---

23. Robert Kaplan, «A Family Portrait of a Greek Tragedy», *New York Times*, 25 avril 2010.

24. A. E. Laiou et C. Morrisson, *The Byzantine Economy*, «Cambridge Medieval Textbooks», Cambridge, Cambridge University Press, 2007.

penseurs, l'histoire récente est tellement traumatisante, le développement de l'État et des devoirs civiques tellement faible et l'ingérence de puissances étrangères tellement forte qu'il est difficile de vivre avec une telle notoriété.

L'histoire ancienne de la Grèce est bien connue à l'Ouest, ce qui n'est pas tout à fait le cas de l'histoire récente. J'ai déjà décrit aux chapitres précédents en quoi l'économie grecque se rapproche plus d'une économie émergente que d'une économie développée. Ce point n'est que l'un des nombreux malentendus de la part des dirigeants de l'Union européenne. Le «péronisme hellénique» et la culture de droits qui en découle ont traversé plusieurs moments historiques que je vais m'efforcer de résumer :

- le sentiment d'être le berceau de la civilisation ;
- la trahison de l'Ouest en Asie mineure en 1921 ;
- la Seconde Guerre mondiale ;
- la trahison sur le cas de Chypre en 1974.

Nous sommes le berceau de la civilisation !

Nous, les Grecs, sommes extrêmement conscients de notre héritage culturel et nous en jouons. Le Parthénon qui surplombe les places centrales de notre capitale est un symbole de l'héritage qui nous domine. Nous avons l'intime conviction que le monde nous est redevable : nous lui avons donné la philosophie, la démocratie, l'éducation, la géométrie. Dans le domaine sportif, l'événement le plus célébré est les Jeux olympiques où on court encore le *marathon*. Si vous souhaitez rester en forme, vous allez au gymnase. Il existe même les termes de «philhellénisme» et «mishellénisme» pour décrire l'amour ou le rejet de la culture grecque. Il est bon d'être fier de son histoire. Malheureusement, combinée aux événements de notre histoire récente, cette fierté renforce notre conviction que l'on nous doit quelque chose.

La « grande catastrophe » ou le rejet des Grecs d'Asie mineure

Il existe en Grèce le sentiment que l'Ouest a trahi entre 1920 et 1923 lors de la « grande catastrophe », au cours de laquelle la Grèce a perdu la moitié de son territoire historique et a subi de lourdes pertes humaines. Le Premier ministre britannique David Lloyd George avait promis de donner des terres à la Grèce en échange de son soutien dans le démantèlement de l'Empire ottoman. Le traité de Sèvres, conclu à la fin de la Première Guerre mondiale, accorde à la Grèce des gains territoriaux significatifs mais cette décision est abandonnée dans le cadre du traité de Lausanne en 1923, signé au terme de la guerre d'indépendance turque.

Les tensions entre la Turquie et la Grèce se poursuivent aujourd'hui. La Turquie viole fréquemment l'espace aérien et maritime grec. Les dépenses militaires grecques se situent au-dessus de la moyenne européenne en pourcentage du PIB (ce point sera détaillé plus loin dans ce chapitre).

La Seconde Guerre mondiale

Winston Churchill a exprimé sa dette à la résistance grecque : « Nous ne dirons plus désormais que les Grecs combattent tels des héros mais que les héros combattent tels des Grecs. » Il a également déclaré : « S'il n'y avait pas eu la vertu et le courage des Grecs, nul ne sait comment se serait achevée la Seconde Guerre mondiale. » Même Adolf Hitler a exprimé son admiration envers « les soldats grecs [qui], au-delà de tout, ont combattu avec le plus grand courage », lors de son discours au Reichstag le 4 mai 1941[25]. L'opération Barbarossa fut repoussée de six semaines après que les Grecs aient mis en échec l'invasion par les Italiens. Ce retard a ensuite permis à l'hiver russe d'achever l'armée allemande. Joseph Staline a déclaré : « Le peuple russe sera toujours reconnaissant aux Grecs

25. Une liste d'hommages à la résistance grecque, incluant Winston Churchill, Adolf Hitler, Albert Camus, Josef Staline et d'autres est donnée à l'adresse suivante : http://en.wikipedia.org/wiki/User:Hectorian#cite_note-4.

d'avoir retenu suffisamment longtemps l'armée allemande pour que l'hiver s'installe, nous donnant ainsi le temps précieux dont nous avions besoin pour nous préparer. Nous n'oublierons jamais.»

Les Grecs ont essuyé de très grandes pertes : on estime que 13 % de la population a péri, soit en proportion plus que n'importe quel autre pays occupé. La famine a frappé le pays en 1941-1942.

La mémoire reste marquée malgré les apparences et le ressentiment perdure. En février 2010, le vice-premier ministre grec Theodoros Pangalos déclare : «Ils [les nazis] ont volé l'or des Grecs en vidant la Banque de Grèce ; ils nous ont pris notre argent et ne l'ont jamais rendu.»

Cela donne un aperçu de l'atmosphère politique qui régnait au moment où la solidarité européenne, et notamment allemande, était absolument nécessaire pour tenter de sauver l'euro. Pour riposter, le mois suivant, deux hommes politiques allemands chrétiens-démocrates, Josef Schlarmann et Frank Schaeffler, ont suggéré à la Grèce de vendre certaines de ses îles pour rembourser sa dette. En retour, nombreux étaient ceux qui en Grèce considéraient que «ce qu'ils n'ont pas pris militairement, ils le prendront par l'économie».

La partition de Chypre en 1974

L'invasion de Chypre par les Turcs en 1974 provoque un désordre immense et pousse des milliers de Chypriotes grecs à quitter le nord de l'île. L'île reste coupée en deux.

L'HÉRITAGE OTTOMAN

La Grèce n'est pas – loin s'en faut – le seul pays à avoir été occupé. Cependant, l'occupation ottomane se distingue de l'occupation espagnole des Pays-Bas ou de l'occupation nazie en France par sa très longue durée. Elle s'étend sur trois siècles, depuis la chute de l'Empire byzantin au XVe siècle jusqu'à la naissance de l'ère moderne au lendemain des guerres napoléoniennes. Un véritable mode de vie s'est développé autour de la notion de survie et de résistance. Pour paraphraser Zhou Enlai, il est probablement trop tôt pour dire quelles en seront les conséquences à long terme, en particulier en ce qui concerne les impôts et les tensions avec la Turquie.

Sous le régime ottoman, les Grecs se faisaient un point d'honneur à ne pas payer leurs impôts. Pendant trois siècles, ils ont été assujettis à l'*haratzi*, l'impôt islamique imposé aux chrétiens. Ils devaient porter en permanence un reçu pour preuve du paiement du *jizya* ou risquaient la prison. Plus sinistre était la pratique du *devsirme*, ou παιδομάζωμα (*paidomazoma*) en grec, qui imposait aux communautés grecques de donner un enfant sur cinq pour qu'il soit converti de force à l'Islam et incorporé à l'infanterie des janissaires de l'armée ottomane. En 1705, les rebelles grecs tuent un représentant officiel envoyé à Naoussa en Macédoine pour recruter plus d'appelés. Les rebelles ont été décapités et leurs têtes exposées à Thessalonique[26]. D'autres récits du folklore grec racontent l'histoire d'une mère qui a volontairement estropié son enfant pour empêcher qu'il ne soit enrôlé. Parfois, les familles corrompaient les officiels pour s'assurer que leurs enfants deviennent officiers[27].

Le contraste avec les autres peuples européens est aigu. Chez la plupart des pays d'Europe du Nord, l'histoire de l'impôt est étroitement liée à celle du renforcement de l'indépendance nationale. Personne n'aime payer des impôts, mais si cela permet d'être en sécurité et, plus récemment, de bénéficier d'un État providence, alors le soutien populaire est plus fort. Par exemple, au Royaume-Uni, l'impôt sur le revenu, introduit en 1798, était à l'origine une mesure temporaire pour financer la coalition contre les révolutionnaires français et résister aux forces napoléoniennes. L'impôt sur le revenu a été systématisé pendant la Seconde Guerre mondiale pour financer la lutte contre l'Allemagne

26. Voir http://en.wikipedia.org/wiki/Ottoman_Greece#Taxation_and_the_.22tribute_of_children.22.

27. Une fois encore, voir http://en.wikipedia.org/wiki/Ottoman_Greece#Taxation_and_the_.22tribute_of_children.22, citant Stanford J. Shaw, *History of the Ottoman Empire and Modern Turkey*, vol. I, Cambridge, Cambridge University Press, 1977.

nazie. Ainsi, les racines de la fiscalité britannique reposent sur un réflexe de défense nationale ou d'extension de la souveraineté (payer pour le *HMS Victory* ou les *Spitfires*). Il existe un monde de différences entre cette histoire et l'héritage qu'assume un pays occupé où l'impôt était perçu comme illégitime. Évidemment, presque deux siècles se sont écoulés depuis l'effondrement de l'Empire ottoman. Mais depuis, la Grèce n'a profité de sa souveraineté démocratique que sporadiquement. Des puissances étrangères lui ont imposé ses rois et ont délimité ses frontières, puis le pays a été occupé par les nazis et a connu une guerre civile et une dictature militaire.

Cet héritage détermine radicalement la façon dont l'État fonctionne et la perception que la population en a. Dans le monde anglo-saxon, l'État a émergé comme garant de certains droits tels que le droit de propriété ou les droits contractuels. Ce cadre a permis l'essor d'une société dominée par une classe possédante. En Grèce, ce sont les anciens percepteurs des impôts qui ont pris le pouvoir après la chute de l'Empire ottoman. Ces personnes ont vu dans l'État non pas un moyen de garantir le droit de propriété mais une source de revenus. Ainsi, dès le XIXe siècle, les conditions du clientélisme étaient en place. À la fin des années 1880, on comptait 214 fonctionnaires pour 10 000 habitants contre 126 en Allemagne et 73 en Grande-Bretagne. À cette époque, l'aristocrate français Arthur Gobinau observait : « En Grèce, toute la société semble considérer que dans la mesure où seul l'État a de l'argent, il est préférable d'en tirer profit en travaillant comme fonctionnaire[28]. » 125 ans plus tard, rien n'a changé sauf que les emplois fictifs dans le secteur public se sont multipliés avec les importantes subventions de l'UE et l'expansion de la dette publique au début des années 2000.

En dépit de sa longue histoire, la Grèce est une jeune nation dominée par des puissances étrangères. D'après le journaliste

28. Citation extraite de Takis Michas, « A Cracked Greek Vase », 2010. Disponible en ligne : http://www.unfreemedia.com/manbitesdog/2010/05/a-cracked-greek-vase.html. Michas est l'auteur de *Putting Politics above Markets: A Greek Tragedy*, Washington D.C., Cato Institute, 2010.

Chronis Polychroniou, les Grecs sont « en retard quant à l'appropriation d'une culture moderne organisée en démocratie constitutionnelle ainsi que d'une connaissance et d'une éducation citoyennes[29] ».

Interférence externe : un roi bavarois

Ces griefs soulignent dans quelle mesure la Grèce est restée une quasi-colonie même après avoir conquis son indépendance de l'Empire ottoman au XIXe siècle. Tout d'abord, la Grande-Bretagne et plus tard les États-Unis ont exercé une influence considérable sur les affaires politiques grecques en défendant leurs propres intérêts stratégiques. Cette ingérence était la bienvenue au moment de la lutte contre les puissances de l'Axe, mais elle a eu pour conséquence d'émousser tout sentiment d'autonomie nationale. La guerre civile et la dictature l'affaibliront davantage.

Au cours du XIXe siècle et d'une grande partie du XXe siècle, la Grande-Bretagne et les États-Unis ont contrôlé le pouvoir. Palmerston, ministre des Affaires étrangères de la Grande-Bretagne, impose à la Convention de 1832 en concertation avec les autres « grandes puissances » (la France et la Russie) un régime monarchique à la Grèce. Un prince bavarois, Otto (ou Othon) est proclamé roi.

« Démocratie » est un mot grec. Au cours de son histoire moderne, la Grèce a mis en pratique ce régime politique à l'exception des périodes d'occupation nazie et de dictature militaire (1967-1974). Cependant, d'un point de vue culturel, il s'agit d'un type de démocratie très différent de ce que l'on peut rencontrer en Europe du Nord, en particulier dans les nations protestantes. Après son indépendance en 1821, la Grèce a donné le droit de vote à presque tous les citoyens mâles. C'était novateur à l'époque, mais cela ne s'est pas accompagné d'une lutte des classes comme on l'a observé dans les pays occidentaux dans la transition d'un système féodal à un système démocratique. En Occident, cette bataille a permis

29. Chronis Polychroniou, « Political Culture and Corruption in Greece: A Synergistic Relationship », *Online Journal*, 4 février 2008.

d'établir un équilibre des pouvoirs qui s'est développé dans le temps. Le modèle démocratique grec était un modèle sans véritables industriels, sans capitalistes locaux compétents, truffé de bureaucrates mal formés, construit sur une logique de clans habitués à voir l'État comme une agence à distribuer des privilèges.

Les économies développées avec leurs *clusters* économiques spécialisés sont soutenues par une classe entière d'investisseurs, de marchands et d'industriels. Idéalement, cette classe est appuyée par une fonction publique incorruptible qui construit les infrastructures et investit dans le capital humain.

En Grèce, l'adoption rapide du droit de vote, combiné à un système de clans, a intensifié les relations directes très proches entre les élus locaux et les citoyens, appelés en grec des *pelatiaki* (clients). Cela a créé une forme de «péronisme hellénique», propice au développement d'une culture de droits et d'un secteur public démesuré.

La guerre civile, 1946-1949

Juste après la Seconde Guerre mondiale, pendant que l'Union soviétique prend le contrôle de l'Europe de l'Est et laisse l'Europe de l'Ouest aux Alliés, la Grèce est le théâtre d'une bataille féroce entre capitalisme et communisme. Sur fond de soutien international, la résistance grecque se divise en courants de droite et de gauche. Le gouvernement pro-occidental, financé par les États-Unis et la Grande-Bretagne, se bat contre l'Armée démocratique de la Grèce (DSE), une milice formée par le parti communiste grec (KKE).

À l'origine, l'EAM (*Ethniko Apeleftherotiko Metopo*) ou Front national de libération est un puissant mouvement antinazi fondé par différentes mouvances d'extrême gauche et fortement soutenu par la population grâce à ses actions sociales pendant la Secondaire Guerre mondiale et la famine. L'EAM contrôle des pans entiers du pays et forme un gouvernement provisoire en 1944, vers la fin de l'Occupation. Dans les faits, la direction de l'EAM est noyautée par le parti communiste. De violents combats l'opposent à l'armée et la milice officielles, au gouvernement anticommunisme ainsi qu'à une grande partie de l'Église même si certains religieux sont des sympathisants de gauche. Les élections de 1946 se déroulent dans un climat de peur, à cause des manœuvres d'intimidation des groupes de droite. Le parti communiste s'abstient. Le gouvernement conservateur nouvellement élu s'emploie à détruire l'emprise des communistes sur les syndicats et les coopératives agricoles.

L'armée officielle intègre dans ses rangs d'anciens collaborateurs des nazis, ce qui complique les choses et pose un problème éthique. Cette armée se retrouve à lutter contre une guérilla dont les combattants ont prouvé leur valeur patriotique pendant l'Occupation. Le gouvernement contrôle les villes, ce qui lui permet de facilement emprisonner ou mettre sous surveillance les soutiens des communistes actifs dans ces zones. Les communistes se trouvent dans une impasse. Pour des raisons peu claires (le partage de l'Europe ?), Staline ne leur envoie pas d'aide, à la différence de Tito à la tête de la Yougoslavie. De nombreux combattants de gauche étaient pieds nus et manquaient de munitions. Malgré cela, la menace soviétique paraît suffisante aux États-Unis pour que la lutte contre le communisme en Grèce devienne l'une de leurs priorités. À cela s'ajoute l'importance de protéger les routes commerciales du détroit du Bosphore et du canal de Suez. En mai 1947, le président Truman valide une aide massive du Congrès au gouvernement conservateur. La doctrine Truman d'endiguement du communisme est peu regardante sur les sommes engagées. Cela finit par entraîner la défaite des communistes. Un fort sentiment anti-américain et anti-entreprise persiste encore aujourd'hui au sein de la gauche en Grèce. L'aide américaine contribue à reconstruire les infrastructures, à accroître la taille de la flotte marchande et le nombre de véhicules et à moderniser l'agriculture. Les communistes continuent à défier le pouvoir pendant encore deux ans, mais ils manquent de puissance de feu et de soutien international pour prendre ou tenir les grandes villes. Leur résistance se révèle finalement vaine[30].

30. David H. Close, *Greece since 1945: A History*, Harlow, Longman, 2002.

Après la victoire du gouvernement, la police et l'armée prennent des mesures très dures pour empêcher la résurgence de l'activité communiste. La loi martiale est utilisée contre tout communiste suspecté. À la fin de la guerre civile, presque 3 000 d'entre eux sont emprisonnés et condamnés à mort. Les représailles ne sont pas aussi massives qu'en Espagne sous Franco mais les mouvements de gauche sont presque totalement éradiqués. Le KKE et la démocratie sont bannis jusqu'en 1974. Dans les années 1950, les principaux dirigeants communistes Nikos Beloyannis, Nikos Ploumpidis et plusieurs de leurs partisans sont exécutés en vertu de la loi martiale. Les autres sont incarcérés. De nombreux activistes de gauche émigrent en particulier en Europe de l'Est. Le Comité central des réfugiés politiques grecs estime à 50 000 le nombre d'exilés grecs politiques pendant les années 1980. Certains sont revenus après la restauration de la démocratie en 1974[31].

L'après-guerre est une période d'émigration de masse et d'exode rurale. Entre 1955 et 1971, environ 1,5 million de personnes quittent la campagne grecque : environ 900 000 partent à l'étranger et 600 000 vont vivre dans les grandes villes[32].

Au moment où l'Europe de l'Ouest, grâce au plan Marshall, profite des dividendes de la paix et se repeuple (dans de plus grandes proportions qu'après la Première Guerre mondiale), la Grèce est en guerre et la pauvreté persiste. L'Espagne a vécu une guerre civile brutale. Le reste de l'Europe occidentale a connu la Seconde Guerre mondiale. La Grèce a eu les deux. Le putsch militaire et la dictature de 1967 à 1974 sont directement liés à la crainte que la population n'élise un gouvernement communiste. La similitude avec les putschs militaires en Amérique du Sud est frappante.

C'est dans ce contexte que les efforts d'Andreas Papandreou pour acheter la paix sociale dans les années 1980 doivent être compris.

31. *Ibid.*

32. Christos Lyrintzis, «The Power of Populism: The Greek Case», *European Journal of Political Research*, 15, 1987, p. 667-86.

Quelles sont les traces de cet héritage historique aujourd'hui ? Parce que les communistes ont perdu, on ne saura jamais comment ils se seraient comportés au pouvoir. Ils peuvent crier haut et fort que les élections de 1946 ont été truquées et qu'ils n'ont perdu la guerre civile qu'à cause de l'intervention impérialiste des États-Unis. Leur combat héroïque pendant l'occupation nazie et contre les dictateurs militaires leur garantit une image positive que le mouvement n'a pas dans la plupart des pays occidentaux. Le parti communiste officiel continue à recueillir un nombre respectable de voix aux élections nationales (environ 7 % en 2009 par exemple). Seule la France a présenté une situation comparable. Les communistes y ont joué un rôle de premier plan dans la Résistance à un moment où le gouvernement conservateur collaborait avec les nazis. Ils ont ainsi recueilli environ 10 % des votes aux élections nationales pendant plusieurs décennies après la guerre. Cependant, à la différence de la France, les communistes grecs ont continué à bénéficier d'un soutien significatif même après la chute du mur de Berlin.

En Grèce, l'attitude fortement anticapitaliste du mouvement communiste influence toujours la culture et les politiques des syndicats. En particulier, cela a contrecarré tout effort pour flexibiliser le marché du travail. Or, la libéralisation est essentielle pour permettre un ajustement effectif des prix au sein d'une Union européenne de libre-échange et en particulier au sein d'une union monétaire.

Le régime des colonels

L'Argentine et la Grèce ont toutes deux souffert de régimes dictatoriaux à peu près au même moment (de 1973 à 1983 pour l'Argentine et de 1967 à 1974 pour la Grèce).

Le « régime des colonels » est instauré en 1967 suite à un coup d'État dans un contexte de forte instabilité politique où le parti de centre-gauche de Georges Papandreou, l'Union du centre, risquait de ne pas obtenir la majorité aux élections du 28 mai et de devoir former une coalition avec la gauche démocratique unie, soupçonnée de couvrir les activités du parti communiste pourtant banni.

La célèbre journaliste Oriana Fallaci fournit une excellente description du bilan des années de dictature dans son roman *Un homme*. Ce livre est une biographie du chef de la résistance Alexandros Panagoulis connu pour avoir planifié l'assassinat du dictateur Georges Papadopoulos en 1968. Panagoulis est condamné à mort par la junte. La sentence n'a pas été exécutée à cause de la pression internationale bien qu'il ait été brutalement torturé en prison.

Après la restauration de la démocratie, Panagoulis devient député mais il décède dans un mystérieux accident de voiture en 1976, juste avant de rendre publics ses dossiers sur la junte militaire. Ces dossiers contenaient les preuves d'une collaboration entre des hommes politiques en vue et la junte, et n'ont jamais refait surface. Pendant son court mandat au Parlement, il a multiplié les accusations de cette nature.

Comme ce roman l'illustre, les méthodes de torture utilisées étaient particulièrement cruelles et comme en Amérique du Sud, la junte les «justifiait»par la lutte contre la menace communiste. Par un effet boomerang, le communisme en est sorti encore plus populaire. Là encore, il existe des similitudes avec l'Amérique du Sud : par exemple, sous Pinochet, de nombreux leaders de la résistance chilienne se sont vu offrir l'asile politique par l'Allemagne de l'Est d'Erich Honecker cultivant une image positive du communisme d'Europe de l'Est dans les esprits des nombreux électeurs de la région du Cono Sur. Les violences criminelles des régimes militaires anticommunistes ont fortement contribué à la persistance d'un soutien populaire au marxisme jusqu'à la fin du XXe et au début du XXIe siècle.

La dictature était profondément conservatrice, interdisant les minijupes, imposant des processions religieuses le dimanche, etc. L'historien David H. Close écrit : «Dans tous les domaines, ces politiques étaient aux antipodes de la modernité : en termes d'organisation politique, d'économie, d'éducation, de relations industrielles et de relations homme-femme.»

Il remarque également : «Le régime était trop dépendant des investissements étrangers et du soutien des États-Unis pour essayer de créer un mouvement ultranationaliste comme le fascisme l'avait fait. De ce point de vue (...), il s'apparente à deux autres dictatures militaires contemporaines, tout aussi économiquement semi-périphériques par rapport aux pays industrialisés développés : le Chili et l'Argentine[33]. »

Les manifestations se poursuivent pendant la dictature. Un étudiant nommé Kostas Georgakis s'immole sur la place Matteoti en septembre 1970 en criant des slogans antijunte comme « Longue vie à la Grèce libre » et « À bas les tyrans ». Il décède quelques heures plus tard de ses blessures. Un an plus tôt, Jan Palach, un étudiant tchèque, avait fait le même sacrifice pour protester contre le régime prosoviétique. Ces deux cas ont suscité un fort soutien international et des monuments ont été érigés à la mémoire des deux jeunes hommes dans leurs pays respectifs.

En 1973, l'équipage d'un bâtiment de la marine militaire grecque, le *Velos*, refuse de retourner en Grèce après des exercices de l'Otan en signe de protestation contre le régime. Le capitaine Nicholaos Pappas justifie sa position en se référant aux principes fondateurs de l'Otan de défense des démocraties souveraines et des libertés associées. Fin 1973, la révolte de l'École polytechnique d'Athènes entraîne des répercussions majeures. Elle pousse la junte à mettre un terme à sa politique de libéralisation limitée et à se radicaliser. Un coup d'État interne s'ensuit. Mais la tentative de coup d'État de Dimitrios Ioannides, tenant de la nouvelle ligne dure en 1974 contre l'archevêque Makarios de Chypre, entraîne l'invasion de l'île par la Turquie. Le régime militaire s'effondre. Étrangement, la junte argentine connaîtra le même sort suite à sa défaite militaire aux îles Malouines, face aux Anglais, huit ans plus tard.

Le fait que les dictatures militaires en Argentine et en Grèce aient été des régimes de droite a eu des conséquences à long terme : le mouvement communiste, avec sa culture axée sur les droits et son hostilité au secteur privé, est apparu comme héroïque et a capté le soutien populaire alors que les gens souffraient du régime.

33. Close, *Greece since 1945*.

Après la chute de la dictature, la démocratie est restaurée. Cette période de transition démocratique est appelée en grec la *metapolitefs*. Les élections de novembre 1974 donnent une claire majorité à Konstantinos Karamanlis, à la tête du nouveau parti Nouvelle Démocratie. Peu de temps après, lors d'un référendum, les électeurs grecs se prononcent pour la fin de la monarchie et l'instauration de la Troisième République hellénique.

L'HÉRITAGE GÉOGRAPHIQUE ET LA COURSE À L'ARMEMENT

La mer Égée est une zone de friction entre plaques tectoniques politiques. La Grèce se trouve directement entre l'ancienne Yougoslavie et le Moyen-Orient, deux des régions les plus violentes de l'histoire récente. Son voisin limitrophe est la Turquie, qui tente depuis des années d'adhérer à l'UE mais en vain, certainement parce que sa population est largement musulmane. L'empressement avec lequel la Grèce a rejoint l'Union européenne et la monnaie unique témoigne d'un philhellénisme sincère dans les capitales d'Europe de l'Ouest. Cet engouement a joué pour beaucoup dans le soutien occidental pour l'indépendance vis-à-vis de l'Empire ottoman au début du XIXe siècle. Évidemment, la rivalité entre la Grèce et Troie existe depuis la nuit des temps, ainsi que le célèbrent les fameux poèmes d'Homère.

En revanche, l'Ouest ne semble guère apprécier la poursuite de ces tensions aujourd'hui. Fréquemment, des bâtiments de guerre turcs croisent dans ou à proximité des eaux grecques ; leurs avions traversent l'espace aérien grec. L'invasion de Chypre n'est vieille que d'une génération. À l'époque, de nombreux Grecs craignaient que les autres îles grecques et le continent ne soient également envahis. Le budget de la Défense de la Grèce est plus élevé en proportion du PIB que dans n'importe quel autre pays de l'Union européenne. Selon une liste publiée par la CIA (*Central Intelligence Agency* – Agence centrale du renseignement des États-Unis), le budget représente 4,6 % du PIB ce qui place la Grèce à la 24e place dans le monde, au même rang que la Chine et juste derrière les États-Unis. Le suivant sur la liste en Europe est Chypre (3,8 %) puis la France (2,6 %). La place prépondérante des pays voisins de la Grèce dans ce classement est frappante. La Turquie dépense en réalité plus que la Grèce (5,6 %) ; l'Ancienne République yougoslave de Macédoine (ARYM), l'Arménie et la Bosnie-Herzégovine ne sont pas en reste. Les pays qui dépensent le plus ne sont pas tous hostiles à la Grèce, mais cette liste nous indique que beaucoup de l'équipement militaire mondial se concentre dans une zone géographique relativement petite et instable[34].

Le fait que la Grèce et son rival militaire, la Turquie, soient membres de l'Otan soulève la question du leadership des pays occidentaux et d'une alliance militaire qui considère pourtant qu'une attaque armée contre l'un de ses membres constitue une attaque dirigée contre toutes les parties. Malgré ce principe fondateur, l'Occident est quasiment aveugle à cette course à l'armement. À titre d'exemple, le 19 juillet 2010, suite à des mois d'inquiétude rampante à propos d'incursions dans les eaux territoriales grecques, le site Kathimerini fait le rapport suivant :

> La Grèce a émis des inquiétudes concernant la Turquie pour la deuxième fois suite aux activités menées par un navire de recherche turc à proximité des eaux territoriales grecques. Quelques jours après, le *Piri Reis* a été repéré entre Rhodes et Kastelorizo, motivant une plainte officielle du ministre des Affaires étrangères auprès d'Ankara ; le ministre suppléant des Affaires étrangères, Dimitris Droutsas, a exprimé les inquiétudes de la Grèce concernant les activités du navire au ministre turc des Affaires étrangères Ahmet Davutoglu (…) Le bateau (…) n'est pas dans les eaux territoriales grecques mais navigue au-dessus de ce que la Grèce considère comme étant sa plaque continentale sur laquelle Athènes réclame des droits sur des réserves potentielles de minerais et de combustibles fossiles[35].

---

34. Données fournies par *CIA World Factbook*. Disponible en ligne : https://www.cia.gov/library/publications/the-world-factbook/rankorder/2034rank.html.

35. « Greece Stresses Turk Ship Concern », *Kathimerini*, 19 juillet 2010.

Malgré cela, le lendemain, le *Financial Times* dans un article important sur l'essor de la Turquie en tant que puissance politique régionale, parle au passé des tensions avec la Grèce ! Il y est écrit : « [Le ministre des Affaires étrangères turc] Ahmet Davutoglu a enchaîné plus de 100 voyages à l'international. Cette hyperactivité reflète les prétentions de la Turquie à jouer le rôle de puissance régionale émergente (...) M. Davutoglu cherche à offrir une médiation dans des conflits que ce soit dans les Balkans ou à Bagdad et utilise l'influence économique en plein développement d'Ankara pour faire progresser de nouvelles amitiés, soit avec des puissances émergentes comme la Russie ou le Brésil soit avec d'anciens voisins ennemis comme la Syrie, l'Iraq ou la Grèce[36]. »

Ce sujet fait partie des silences radio inexpliqués que l'on rencontre de temps en temps dans les médias occidentaux : une histoire récurrente potentiellement dangereuse, mais complètement ignorée par les journalistes et les rédacteurs en chef. Occasionnellement, la BBC relaie l'information dans la section Europe de son site Internet. Par exemple, en mai 2010, elle mentionne dans un podcast : « La Turquie conteste les limites des eaux territoriales et de l'espace aérien de la Grèce et en teste les défenses, parfois plusieurs fois par jour. Ces querelles pour le contrôle de la mer Égée, invraisemblables entre deux pays censés être alliés au sein de l'Otan, constituent un poste de dépenses majeur pour les finances grecques[37]. » Ce genre d'analyse est rare. En général, cette course à l'armement et ces tensions récurrentes sont très peu couvertes par la presse des principaux membres de l'Otan.

Par ailleurs, les autres pays européens, principalement la France et l'Allemagne, tirent profit de la vente d'armes dans la région de la mer Égée. En 2010, le gouvernement grec et l'entreprise française DCNS étaient en négociation sur l'achat de six frégates pour un coût total estimé de 2,5 milliards d'euros. En juin 2008, le président français, Nicolas Sarkozy, s'est rendu en visite officielle à

---

36. « Turkey: The Sentinel Swivels », *Financial Times*, 20 juillet 2010.

37. « Greece and Turkey Increasingly Hostile Over Territory », podcast de la BBC, 14 mai 2010. En ligne : http://news.bbc.co.uk/1/hi/world/europe/8681835.stm.

Athènes pour confirmer un accord de défense et de sécurité entre les deux pays. À l'agenda de cette visite figuraient les discussions autour de la vente de frégates ainsi que le remplacement de 20 des Mirage de la force aérienne grecque, construits par la compagnie française Dassault.

Rafale International, la coentreprise regroupant Dassault, Thales et Snecma, a annoncé en mars 2008 l'ouverture d'un bureau à Athènes et son intention de voir le Rafale omnirôle s'inscrire dans la « continuité naturelle des livraisons françaises pour répondre aux besoins de l'armée de l'air grecque ». Cette décision faisait suite à la livraison en novembre 2007 de 15 Mirage 2000-5 à la Grèce[38].

Au même moment, l'Institut international de recherche sur la paix de Stockholm (Sipri, *Stockholm International Peace Research Institute*) classe la région de la mer Égée parmi les régions dans le monde qui suscitent des inquiétudes : « La Grèce reste parmi les cinq plus grands acheteurs d'armes conventionnelles sur la période 2005-2009, ce qui constitue une amélioration par rapport à la période 2000-2004 où elle occupait la troisième place. »

Seuls la Chine, l'Inde, la Corée du Sud et les Émirats arabes unis (EAU) ont acheté plus d'armes que la Grèce au cours de la période 2004-2009. Parmi ces pays, les trois premiers ont une population et un PIB bien supérieurs à ceux de la Grèce, qui se place ainsi en sommet de classement une fois corrigé du poids de la richesse et de la population[39].

Le Sipri ne dispose pas de données exactes sur les prix réels des transactions. L'évaluation est complexe dans la mesure où une partie importante de l'équipement est achetée à crédit et où l'information sur les taux d'intérêt n'est pas toujours disponible.

---

38. « Rafale International Moves a Step Forward in Greece by Reinforcing its Presence in Athens », communiqué de presse de Dassault Aviation, 4 mars 2008. En ligne : http://www.dassault-aviation.com/en/aviation/press/press-kits/2008/rafale-international-moves-a-step-forward-in-greece-by-reinforcing-its-presence-in-athens.html?L=1.

39. « Trends in International Arms Transfers », *Sipri Fact Sheet*, 15 mars 2010. En ligne : http://books.sipri.org/files/FS/SIPRIFS1003.pdf.

Ainsi, les classements sont fondés sur une évaluation de la valeur de marché agrégée des armes achetées. Le classement suivant est extrait des données du Sipri («Trend Indicator Values»), en millions de dollars américains, aux prix de 1990 :

Tableau 4.1 Importations d'armements 2004-2009

	Millions de dollars US
Chine	13 972
Inde	10 625
Corée du Sud	8 073
EAU	7 760
Grèce	6 143

Source : www.sipri.org/databases/armstransfers.

Les données du PIB et de la population sont les suivantes :

Tableau 4.2 Données du PIB et de la population

	PIB (en milliards de dollars)	**Population**
Chine	4 330	1,33 milliard
Inde	1 160	1,17 milliard
Corée du Sud	929	48,6 millions
EAU	199	4,9 millions
Grèce	356	10,7 millions

Données de 2008 : données du PIB en dollars US, extraites des bases de données de la Banque mondiale sur la population et du CIA World Factbook.

Ajustée à la taille de l'économie, la liste des principaux importateurs d'armes en 2004-2009 devient :

Tableau 4.3 Valeur des importations d'armes 2004-2009/PIB × 100, top cinq des importateurs par valeur agrégée

	Pourcentage
EAU	3,9
Grèce	1,7
Inde	0,92
Corée du Sud	0,87
Chine	0,32

Source : www.sipri.org.

Ajusté à la taille de la population, le classement est le suivant :

Tableau 4.4 Valeur des importations militaires en 2004-2009 par habitant, top cinq des importateurs par valeur agrégée

	(En dollars US)
EAU	1,58
Grèce	0,57
Inde	0,16
Corée du Sud	0,01
Chine	0,009

Source : www.sipri.org.

Siemon Wezeman, chercheur au Sipri, fournit une autre indication du volume disproportionné de dépenses en armement de la Grèce :

> En nombre de bateaux, la flotte grecque a la même taille que celles des Pays-Bas, du Danemark et de la Norvège *combinées*. Nous trouvons cela surprenant [la façon dont la Grèce dépense en armement]. C'est beaucoup d'argent – aussi bien en Turquie qu'en Grèce, surtout. C'est l'un des rares pays à avoir un nombre substantiel d'avions et une flotte importante. Le gouvernement continue à acheter alors que le reste des autres marines nationales sont en train d'être réduites.

Le rapport annuel du Sipri, publié en mars 2010, montre que l'Allemagne est le troisième plus grand exportateur au monde d'armes derrière les États-Unis et la Russie. Ses deux principaux clients sont la Turquie (14 % des ventes) et la Grèce (13 %). Ainsi, les partenaires commerciaux de la Grèce profitent allègrement de la course aux armements des deux côtés de la mer Égée[40]. Par exemple, en 2003, le gouvernement grec annonçait la signature d'un contrat pour la livraison de 170 tanks Léopard par l'entreprise allemande Krauss Maffei Wegmann.

Les grandes banques d'Europe du Nord ont assuré une grande partie des prêts à la Grèce pendant les années de croissance. Ces institutions, dont certaines sont basées en France et en Allemagne, prêtaient des milliards d'euros au gouvernement grec qui les a principalement dépensés en achat d'équipement militaire auprès de sociétés comme Dassault et Krauss Maffei Wegmann. Le rôle des banques françaises et allemandes dans l'octroi de prêts qui ont permis de financer les achats de biens manufacturés français et allemands par la Grèce à usages civil et militaire est un élément clé pour comprendre le creusement du déficit du secteur public en Grèce.

---

40. *Sipri Yearbook 2010: Armaments, Disarmaments and International Security*, Oxford, Oxford University Press, 2010.

La crise de la dette publique début 2010 a justifié l'intervention de l'Union européenne, soutenue par le FMI. Il revenait à l'UE d'orchestrer les efforts. Une autre alliance internationale basée à Bruxelles pourrait être amenée à jouer un rôle tout aussi décisif : il s'agit de l'Otan. Elle est en capacité de superviser un programme contrôlé de désarmement entre ses membres dans la région de la mer Égée, tout en offrant des garanties de sécurité nationale aux deux.

De la Géographie à la géopolitique

La géographie de la Grèce facilite l'essor de la navigation et du commerce, mais moins celui de l'industrie et de l'agriculture. Cela a ralenti le développement économique et a contribué à concentrer dans les mains de quelques riches familles le pouvoir. Cette caractéristique est essentielle à la compréhension de l'histoire grecque au même titre que le rapport de dépendance aux puissances étrangères, les divisions internes et la violence politique. La société Stratfor Global Intelligence publie une analyse à ce sujet en juin 2010 :

> Le manque de vastes terres arables combiné à la pauvreté des transports terrestres compliquent également la formation du capital (...). Les pays qui ont une faible croissance du capital et des coûts d'infrastructure considérables tendent à développer une distribution très inégale de la richesse. La raison en est simple : ceux qui ont accès au capital en viennent à construire et à contrôler les infrastructures vitales et ainsi à prendre des décisions dans la vie publique et professionnelle. Dans les pays qui doivent importer du capital, cet effet se renforce puisque ceux qui contrôlent les industries et les secteurs qui attirent des capitaux étrangers disposent d'encore plus de pouvoir que ceux qui contrôlent les infrastructures fixes qui peuvent toujours être nationalisées.

Cette structure influence fortement les développements politiques : «Lorsqu'une telle inégalité de distribution de la richesse est ancrée dans une société, une rupture grave entre travail et capital (ou, dans le contexte européen, une rupture gauche/droite) émerge. C'est pourquoi la Grèce est politiquement semblable aux pays d'Amérique latine qui font face aux mêmes problèmes d'infrastructure et de constitution du capital en particulier et aux mêmes périodes de dictature militaire et de scission récurrente et délétère entre travail et capital.»

Après la chute du mur du Berlin, la Grèce est devenue moins importante aux yeux de l'Occident :

> Elle a fait tout ce qu'elle a pu pour rester dans le club des principales puissances mondiales, empruntant d'énormes sommes d'argent pour dépenser dans les équipements les plus sophistiqués possibles et en produisant des états financiers falsifiés pour intégrer la zone euro.
>
> En fin de compte, la Grèce aurait besoin de trouver encore une façon de se rendre utile à une ou plusieurs grandes puissances (peu probable à moins qu'un conflit entre grandes puissances se reproduise dans les Balkans) ou de nouer une paix durable avec la Turquie et de commencer à apprendre à vivre dans la mesure de ses moyens géopolitiques.

La conclusion de Stratfor est effrayante mais il me paraît difficile de la contredire. Le rapport souligne comment les conditions d'austérité attachées au paquet de «sauvetage» de 110 milliards d'euros ont été «greffées au contexte géographique et social particulier de la Grèce, à l'opposition délétère droite/gauche qui la traverse et à une histoire de violence politique et sociale». Un défaut du pays sur sa dette immense est inévitable. Le rapport conclut :

> La question n'est pas de savoir si mais quand les Européens retireront leur soutien à Athènes. Cela se produira très certainement dès que la Grèce ne présentera plus un risque systémique pour le reste de l'Europe. À ce moment-là, sans accès au capital international ou à un nouveau plan de sauvetage, la Grèce pourrait faire face à un effondrement total du contrôle politique et de la violence sociale, inédit depuis la dictature militaire dans les années 1970. Le pays se trouvera alors en zone

inconnue. Pour la première fois depuis 1820, il ne pourra véritablement plus compter que sur lui-même[41].

Je considère qu'il existe d'autres options politiques possibles pour la Grèce. Je les analyserai dans le dernier chapitre. Néanmoins, je suis d'accord que le fameux « sauvetage » n'est qu'un pis-aller, qu'un défaut ou qu'une restructuration de sa dette est inévitable et que les risques politiques sont élevés et sous-estimés par Bruxelles.

L'adhésion à l'UE : les largesses commencent

Une autre date clé de l'histoire récente de la Grèce est 1981 lorsque le pays rejoint l'Union européenne. Cette adhésion permet de tourner la page des horreurs du milieu du XXe siècle. L'entrée dans l'UE (la CE à l'époque) symbolise la maturité de la démocratie et ouvre une ère nouvelle. La même année, Andreas Papandreou devient Premier ministre du gouvernement Pasok (socialiste).

Les noms de Papandreou et Karamanlis reviennent souvent dans l'histoire moderne de la Grèce, ce qui illustre le côté dynastique du leadership politique. Le concept de «*soi*», ou de clan, est très vivant dans l'élite politique. Ce phénomène est également observable dans d'autres pays (les Kennedy ou les Bush aux États-Unis), mais il est particulièrement fort en Grèce.

Avant la désignation de Lucas Papademos, ancien vice-président de la Banque Centrale Européenne, au poste de Premier ministre en novembre 2011, c'était Georges Papandreou le titulaire du poste. Il était lui-même le fils d'Andreas Papandreou et le petit-fils de Georges Papandreou senior, Premier ministre en 1944 et 1945 puis au cours de deux mandats courts dans les années 1960. Kostas Karamanlis, Premier ministre entre 2004 et 2009 et actuel chef du parti Nouvelle Démocratie, est le neveu de Konstantinos Karamanlis, fondateur du parti et Premier ministre pendant quatre mandats. Depuis 1981, les hommes politiques grecs ont construit

41. «The Geopolitics of Greece: A Sea at its Heart», Stratfor, 28 juin 2010. En ligne : http://www.stratfor.com/memberships/166008/analysis/20100627_geopolitics_greece_sea_heart.

leur visibilité sur des messages populistes portés par des leaders charismatiques plutôt que sur les classes sociales et une idéologie. Les adhésions de masse ont été limitées[42].

La drachme a connu des périodes de faiblesse au cours de la période 1974-1990. Le choc pétrolier et la fin du système de Bretton Woods au début des années 1970 ont entraîné des problèmes d'inflation et affaibli la devise. La drachme ne faisait pas partie du mécanisme de taux de change européen en vigueur entre 1979 et 1993. Deux dévaluations de 15,5 % et de 15 % ont eu lieu en 1983 et 1985 respectivement. Dans les années 1990, une politique de drachme forte a été adoptée, combinée à une politique de maîtrise de l'inflation plus dure. Ces politiques ont été soutenues par les principaux partis au pouvoir en tant que préparation à l'entrée dans l'union monétaire[43].

Andreas Papandreou a été élu au moment où la Grèce a rejoint la Communauté européenne. Son gouvernement a pu bénéficier ainsi des nombreuses subventions agricoles auxquelles les pays les plus pauvres de l'UE sont éligibles. Cela lui a permis de favoriser certains des groupes sociaux qui avaient souffert pendant l'occupation de l'Axe, la guerre civile et la dictature militaire. Le Pasok s'était opposé à l'adhésion à la CEE et à l'Otan. Il s'agissait d'un programme populiste destiné à créer un sens du « peuple » grec, corrompu par des forces externes, à savoir la droite autoritaire, l'intervention étrangère, l'impérialisme américain et les groupes privilégiés associés. C'était un *ethos* antioccidental. Cependant, comme la plupart des populistes, Papandreou senior s'est montré opportuniste. Élu en 1981, il décide d'abandonner toute opposition à la CEE (aujourd'hui l'UE) et à l'Otan[44].

La Grèce, en tant que pays pauvre, a ainsi pu bénéficier des généreux fonds de développement de l'UE et d'un emprunt à

42. Lyrintzis, « The Power of Populism », *European Journal of Political Research*, 15, p. 667-86.

43. T. Panagiotidis et A. Trampella, « Central Bank Independence and Inflation: the Case of Greece », *Document de travail*, n° 2005-7, Loughborough University Department of Economics, 2005.

44. Lyrintzis, « The Power of Populism », *European Journal of Political Research*, 15.

moindre coût grâce à son adhésion à la monnaie unique. À partir des années 1980, le «péronisme hellénique» s'impose de plus en plus. Cela se transforme en débauche d'emprunts et de dépenses après l'entrée dans l'euro en 2001. Si tout cet argent avait été dépensé en aide sociale, éducation et infrastructures, les conséquences auraient pu ne pas être aussi désastreuses. Malheureusement, des sommes délirantes ont été consacrées à l'achat de matériel militaire, au gaspillage administratif, à la corruption et au financement d'emplois fictifs pour les tenants du parti. L'inefficacité, la bureaucratie et le suremploi dans le secteur public se sont fortement développés et le gouvernement a préféré servir les intérêts des partis plutôt que ceux de la nation. Depuis 1981, tous les gouvernements ont joué la carte du populisme. Un des effets a été l'absence de corrélation entre prise de risque et niveau de rémunération. La prise de risque est devenue une activité moins mal vue dans une société habituée à des bénéfices récurrents et de confortables postes dans la fonction publique. La notion de bénéfices est devenue taboue depuis que seules les «relations» (et non l'esprit d'entreprise) permettent d'en générer.

5

Le pillage de la Grèce : scandale, corruption et administration hypertrophiée

L'économie grecque en quelques chiffres significatifs :

- **321 :** nombre de personnes décédées, âgées de plus 100 ans et touchant encore une retraite[1] ;
- **768 009 :** nombre total de fonctionnaires d'après les résultats préliminaires du recensement de juillet 2010, première tentative pour évaluer le nombre de salariés de la fonction publique ;
- **11 milliards de dollars :** coût total des Jeux olympiques d'Athènes en 2004, soit le double du budget initial ;
- **30 millions d'euros :** montant total des dépôts bancaires effectués en espèces par un seul médecin grec ;
- **324 :** nombre de ménages du nord d'Athènes déclarant aux impôts détenir une piscine ;
- **16 974 :** nombre de piscines résidentielles détectées par photographie satellite dans le nord d'Athènes ;

1. «Ένας Έλληνας, ίσον έξι Βρετανοί», *News 247*, 3 juillet 2010. En ligne : http://news247.gr/ellada/oi_aiwnovioi_ellhnes_syntaksioyxoi_einai_osoi_kai_oi_vretanoi.392726.html

- **53 :** nombre d'années qui se sont écoulées depuis l'assèchement du lac Kopais. Il existe encore un bureau en charge des affaires du lac dans lequel travaillent **30** fonctionnaires à plein temps.

De multiples influences ont forgé la société et l'économie grecques modernes : la période d'occupation ottomane, le traumatisme de la guerre civile, le sentiment d'avoir des droits à rattraper, l'importance de la famille et du clan (ou *soi*) ainsi que la soif de *voleutis* (confort). Le résultat est un monstre, une hydre des temps modernes à sept têtes : favoritisme, étatisme, népotisme, clientélisme, corruption, exclusion des travailleurs non syndiqués (pratique du «*closed shop*») et gaspillage. Il s'agit d'une dimension culturelle, systémique de la saga grecque et de quelques scandales isolés.

Ces pratiques sont institutionnalisées. Par exemple, les hommes politiques se sont octroyé une immunité qui les met à l'abri de la justice. Ainsi, l'article 62 de la Constitution accorde l'immunité aux membres du gouvernement : ils ne peuvent être poursuivis, arrêtés ou détenus sans autorisation préalable du Parlement[2]. Compte tenu de cette violation flagrante des principes fondateurs de la démocratie (personne ne devrait être au-dessus des lois et les pouvoirs législatif et judiciaire devraient être séparés), on peut s'interroger sur la véritable nature démocratique de la Grèce. De même, en 2003, la Cour suprême grecque statue qu'il n'est pas illégal de verser des pots-de-vin s'ils sont versés après que l'événement qu'ils sont censés influencer se soit produit ! Les «cadeaux de remerciement» sont donc autorisés[3]. Aucun ministre n'a jamais été condamné à des peines de prison au cours des 30 dernières années, la Grèce faisant figure d'exception en Europe. L'éthique des ministres grecs dépasse-t-elle celle de leurs homologues européens ou s'agit-il d'autre chose ? Pas de récompense pour celui qui trouvera la bonne réponse.

Les dirigeants européens, la société et les hommes politiques grecs n'ont aucune excuse pour avoir fermé les yeux sur la comptabilité permissive du pays, la corruption et les gaspillages

---

2. Article 62 de la Constitution grecque, en anglais, en ligne : http://www.hri.org/docs/syntagma/artcl80.html#A62.

3. Transparency International, *Global Corruption Report 2005*, Londres, Pluto Press, 2005. En ligne : http://www.transparency.org/publications/gcr/gcr_2005#download .

de l'administration. La plupart des informations étaient publiques. L'UE aurait pu s'éviter de croire que la Grèce était aussi honnête et efficace que les Pays-Bas rien qu'en exploitant les informations libres d'accès.

Les lois ne sont respectées que si l'élite politique et la société dans son ensemble s'y soumettent. Or, toucher des « dessous-de-table » est une pratique répandue, intégrée dans la culture économique. Respecter les lois anticorruption et payer ses impôts doit devenir la norme, pas l'exception. En Grèce, l'élite et la société en général sapent les efforts de ceux qui souhaitent être en conformité avec ces principes d'honnêteté et d'efficacité. L'hydre aux sept têtes reste active et bien vivante.

Le favoritisme

Dans toutes les sociétés, il existe des coteries et des cercles élitistes mais ce phénomène est écrasant en Grèce. Ce sont toujours les mêmes familles, sur plusieurs générations, qui occupent le poste de Premier ministre. Le manque de méritocratie dans le secteur public s'explique par le poids préjudiciable des clans et des contacts personnels au détriment du mérite.

Benjamin Broome, dans son livre *Exploring the Greek Mosaic*, raconte :

> Les hommes politiques [en Grèce] (...) fonctionnent selon un système de patronage que désigne le mot d'origine arabe *rousfeti* et qui signifie en gros « influence personnelle » (...) Presque aucun homme politique n'est élu sans les alliances formées par le *rousfeti* (...) Lorsqu'un haut responsable du gouvernement déclare : « En Grèce, l'emploi dans le secteur public a toujours fonctionné par copinage. Les subventions de l'État et les projets de travaux publics sont donnés à des amis. » Traditionnellement, c'est par le *rousfeti* que les emplois sont accordés à des proches, que les enfants des sympathisants accèdent aux meilleures écoles, que les procédures bureaucratiques sont plus courtes pour ceux à qui l'on doit un service et que l'on construit des

routes et des écoles dans des communautés isolées mais dont les députés sont originaires[4].

Après le retour de la démocratie, on a observé une tendance marquée au clientélisme bureaucratique avec pour conséquence la multiplication des emplois parasitaires destinés à la clientèle de l'élite au pouvoir en échange de soutien politique[5].

Les subventions de l'Union européenne puis les facilités de crédit en euros ont considérablement accru la valeur des avantages à distribuer. Lorsque le Parlement demande en septembre 2010 au vice-premier ministre, Theodore Pangalos, où tout l'argent est passé, ce dernier admet de façon détournée le gaspillage et les excès : « Nous avons tous "croqué" l'argent[6]. » En d'autres termes, les Grecs l'ont dilapidé par des recrutements inutiles dans la fonction publique et la mauvaise gestion des fonds publics.

En décembre 2009, Kerin Hope du *Financial Times* rapporte l'anecdote d'une fonctionnaire grecque qui se plaignait rarement de sa charge de travail. Employée dans une agence en charge de l'enregistrement des paiements de la TVA, ses supérieurs hiérarchiques considèrent avec indulgence les pauses-café à rallonge et les séances shopping. Si un membre de la famille tombe malade, elle reste à la maison. « Je ne me sens pas mal vis-à-vis de mes collègues car il y a toujours plein de collègues pour me remplacer, affirme-t-elle. Personne ici n'a trop de travail. »

L'article ajoute : « Les histoires d'une telle légèreté dans un secteur public considérable en Grèce inquiètent toute l'Europe[7]. » Et pour cause. Mais cet exemple n'est ni isolé ni nouveau. C'est une honte qu'une telle inefficacité n'ait pas « inquiété toute l'Europe » en 1999-2001 quand les responsables de l'UE, en quête désespérée d'une jolie histoire à se raconter, ont prétendu que l'économie grecque et

4. Benjamin Broome, *Exploring the Greek Mosaic: A Guide to Inter-cultural Communication in Greece*, Londres, Intercultural Press, 2000.

5. Christos Lyrintzis « Political Parties in Post-Junta Greece: A Case of Bureaucratic Clientelism? », *West European Politics*, 7, n° 2, 1984, p. 99-118.

6. « Πάγκαλος: Φάγαμε σε διορισμούς τα λεφτά! », *Enet News Report*. En ligne : http://www.enet.gr/?i=issue.el.home&date=22/09/2010&id=205496.

7. Kerin Hope, « Greece's Economic Burden », *Financial Times*, 2 décembre 2009.

le secteur public avaient suffisamment convergé avec le reste de l'Europe pour permettre une adhésion à l'euro.

Mark Dragoumis, chroniqueur au journal *Athens News*, signale que seulement 2 % de nos patriotes de fonctionnaires font vraiment tout leur travail – un effort héroïque pour eux. Même si c'est une exagération, il a raison sur un point : une étude de 2003 place la Grèce en bas d'une liste de 23 pays développés en termes d'efficacité du secteur public. Les quatre premières places sont occupées par le Luxembourg, le Japon, les Pays-Bas et l'Autriche[8]. Concernant les manifestations contre les « bas salaires », Dragoumis commente : « Si les fonctionnaires grecs étaient payés au prix du marché pour les services qu'ils rendent effectivement, le coût du budget serait de 27 % inférieur à celui d'aujourd'hui. Les contribuables grecs surpayent des services médiocres[9]. »

En juillet 2010, le régulateur de l'administration publique en Grèce rapporte plusieurs cas présumés de gabegie dans son sixième rapport annuel sur la mauvaise gestion du secteur public. En 2009, sur 4 000 contrôles fiscaux (*pothen esches*) de fonctionnaires par des inspecteurs d'État, plus de 900 ont débouché sur des poursuites judiciaires.

Un des cas impliquait un ancien vice-président d'une association des employés du ministère de la Culture, parti à la retraite, dont le compte en banque affichait 9 millions d'euros qu'il ne pouvait pas justifier par son seul salaire. Autre exemple : un chef de département du ministère de la Santé qui aurait siégé dans 19 comités différents, à chaque fois contre rémunération. Leandros Rakintzis, à la tête du service de régulation, souligne que ce genre de responsabilité ne doit pas être rémunérée[10]. En réalité, ces comités servent uniquement à se refiler entre copains des postes fantômes et lucratifs.

8. Antonio Afonso, Ludger Schuknecht et Vito Tanzi, « Public Sector Efficiency: An International Comparison », *Document de travail de la Banque centrale européenne*, 242, juillet 2003.

9. Michael Dragoumis, « Greece on the Couch », un recueil d'articles parus dans *Athens News*, 2004.

10. « Watchdog Points to Corrupt Officials », *Kathimerini*, 2 juillet 2010.

L'ÉTATISME

Mark Dragoumis donne un autre exemple de l'hydre dans son livre *Greece on the Couch*. Un homme rend visite à un député pour lui demander de l'aider à obtenir un poste pour son fils qui n'a pas de qualification particulière et qui n'a pas encore fait son service militaire. Il souhaiterait que cet emploi ne soit pas situé trop loin de la maison. En retour, il promet à l'homme politique son vote et celui de son *soi* (clan). Au bout d'une semaine, ils se rencontrent de nouveau. Le député expose deux possibilités : travailler comme gardien de nuit dans l'usine d'un de ses amis ou occuper une place dans un programme de formation du gouvernement. L'homme est consterné. «Je ne vous ai pas demandé un *travail.* J'ai demandé une nomination !», hurle-t-il en quittant la pièce[11]. J'espère que c'était une satire ou une caricature.

La certitude d'un emploi «sûr» dans la fonction publique et les migraines que causent la bureaucratie et le fisc dès qu'il s'agit de travailler dans le privé ou de monter sa société découragent ceux qui ont l'esprit d'entreprise et l'envie de créer de la richesse. La soif de *voleftis*, ou de confort, a créé une préférence culturelle pour les emplois publics, même les moins productifs. Cela s'oppose au *kerdoskopoi*, ou recherche de profit, devenu un terme péjoratif.

Des études, partant des années 1980, montrent qu'environ deux tiers des Grecs aspirent à travailler dans le secteur public, une proportion étonnamment élevée[12]. Entre 1971 et 1981, la part du secteur productif dans l'économie athénienne a chuté de 41,6 % à 34,2 % alors que celle des secteurs contrôlés par l'État augmentait de 23 % à 31 %[13]. De nombreux fonctionnaires complètent leurs revenus par des emplois non déclarés et contribuent à développer l'économie parallèle. Ainsi, en pratique, la

11. Dragoumis, «Greece on the Couch».

12. David H. Close, *Greece since 1945: A History*, Harlow, Longman, 2002.

13. K. Tsoukalas, *Kratos, Koinonia, Ergasia* (*State, Society, Labour*), Athènes, Themelio, 1986.

modernisation des services publics s'est effectuée contre l'intérêt d'une grande partie de la classe moyenne[14].

Les salaires annuels augmentent indépendamment de la productivité, et des situations cocasses de sureffectif (nous en détaillerons certaines dans ce chapitre) se sont produites régulièrement au moment des élections de 1981, puis après la crise des *subprimes* et la récession (et même jusqu'en 2009), enfin à la veille encore de la crise budgétaire générale. Par exemple, en 2008, Economist Intelligence Unit signale que le ministère de l'Économie et des Finances a décidé d'augmenter les salaires des fonctionnaires de 4,5 % et les retraites de 5 %. Au total, la facture des salaires s'alourdit de près de 8,9 %, avec des augmentations ciblées pour les juges, les professeurs, les officiers de police et les employés des hôpitaux. Dans le secteur privé, le plus grand syndicat, la Confédération générale des travailleurs grecs (GSEE), et les associations de salariés se sont mis d'accord sur des augmentations de salaire de 3,45 % à partir du 1er janvier 2008, de 3 % à partir du 1er septembre 2008 et de 5,5 % à partir de mai 2009[15].

Ces accords ont été conclus même si le déficit du secteur public commençait à prendre des proportions inquiétantes, bien au-delà des critères du traité de Maastricht. Ils n'ont été remis en cause que lorsque la Banque centrale européenne et le Conseil des ministres ont effectivement pris le contrôle de l'économie grecque en 2010.

Pendant des décennies, ni les gouvernements Pasok ou Nouvelle Démocratie n'ont voulu ou osé se confronter aux syndicats du secteur public. Difficile de dire si cela provient d'une réelle sympathie pour leurs objectifs, de la peur d'une perturbation généralisée comme une grève générale, à de la culpabilité du fait de leurs propres excès ou à la simple envie de se faciliter l'existence. Un mélange de tous ces facteurs probablement. Dans une culture de clientélisme et d'étatisme extrêmes, ce qui passe pour « normal »

---

14. Christos Lyrintzis, « The Power of Populism: the Greek Case », *European Journal of Political Research*, 15, 1987, p. 667-86.

15. « Country Briefing (Greece) from the Economist Intelligence Unit », *EIU ViewsWire*, 22 octobre 2008.

est très différent de la perception de la normalité dans les pays où la relation public/privé est plus équilibrée.

En décembre 2009, lorsque les proportions délirantes de la dette publique commencent à se voir, Georges Papandreou est en pleins «pourparlers» sur les retraites, en particulier avec des syndicats communistes qui pourtant rejettent la notion même de pourparlers dans leur lutte pour plus de droits. Et tout cela, dans un contexte où seules des coupes budgétaires pouvaient permettre d'éviter une faillite nationale. Si l'on ajoute les augmentations annuelles des retraites et des salaires sans amélioration de la productivité du secteur public, on a l'impression que lorsque la crise frappe de plein fouet le pays, les hommes politiques grecs ne comprennent pas son ampleur ni l'importance des mesures à prendre pour la juguler.

La possibilité d'emprunter indéfiniment sans se poser la question du remboursement est devenue une pratique addictive. Comme Valdis Dombrovskis, le Premier ministre de Lettonie, le regrette lors du sommet économique de Munich en avril 2010 : «Les véritables réformes commencent lorsque les caisses de l'État sont vides.»

Il est presque impossible de licencier des gens dans la fonction publique grecque. Cela est dû en partie aux réformes menées dans les années 1930 lorsque la fonction publique était entièrement politique et intégralement renouvelée à chaque nouvelle élection, sur le modèle du *Spoil system* américain. Cette mesure était justifiée à l'époque, mais les temps ont changé. À présent, ces emplois sont constitutionnellement garantis à vie. Et si vous ne pouvez pas licencier, pour éviter la baisse de productivité, vous avez besoin de fonctionnaires dotés d'une vraie conscience professionnelle et d'un sens profond du service public…

En août 2010, l'inspecteur général de l'administration signale les avantages et les bonus dont bénéficient les hauts responsables. Certains fonctionnaires haut placés perçoivent jusqu'à 18 allocations différentes. Un directeur général touche des indemnités pour siéger à 20 commissions, un autre à 17. Quelque 31 employés d'un bureau d'audit (quelle ironie !) se font payer le maximum d'heures supplémentaires possible : tous soumettent des feuilles de temps remplies au maximum. 80 officiers sont rémunérés sur la base d'un diplôme d'un niveau de troisième cycle qu'ils n'ont jamais obtenu. Des allocations sont versées à des « spécialistes en informatique » qui ne savent même pas utiliser un ordinateur[16]. J'ai moi-même observé d'autres exemples d'indemnités comme celles des travailleurs portuaires qui reçoivent des compléments de revenus pour vérifier les propulseurs et des employés de bureau qui sont indemnisés pour avoir à monter des escaliers ou récompensés s'ils sont à l'heure au travail.

Agrégées, ces allocations représentent des montants presque aussi importants que les salaires eux-mêmes. D'après les données les plus récentes, le coût total des salaires du secteur public s'élève à 7 milliards d'euros et celui des indemnités à 6 milliards d'euros, portant la facture totale à 13 milliards d'euros[17].

Enfin, un recensement des fonctionnaires

Jusqu'à l'été 2010, il n'y avait jamais eu de recensement formel du nombre de fonctionnaires au service de l'hydre. Au début du recensement, le site Internet *Kathimerini* rapporte : « Le gouvernement lance une initiative ambitieuse pour conduire un recensement en ligne des fonctionnaires du pays, dont on pense qu'ils sont entre 700 000 et 1 million, ce qui représenterait un fardeau significatif pour un État grevé de dettes. Cela a commencé hier plus fort que prévu : des centaines de milliers de fonctionnaires ont cherché à se déclarer sur le site Internet du ministère, faisant planter le site. Selon des sources ministérielles, le système a planté dans la matinée après qu'environ 200 000 fonctionnaires ont essayé de se connecter en même temps (...) On leur avait dit que s'ils ne s'enregistraient pas, on suspendrait leurs salaires[18]. » Quelques semaines plus tard, on recensait 768 009 fonctionnaires.

---

16. « Appointment of Athlete "Gardeners" », *Proto Thema*, 22 août 2010.

17. *Vima*, 30 août 2010.

18. « Civil Service Census Starts Shakily », informations en ligne de *Kathimerini*, 13 juillet 2010.

Préretraites et retraites

Une des principales sources de gaspillage de capital humain est l'absurde système de préretraite auquel ont droit les fonctionnaires. Des conditions de départ à la retraite qui dans d'autres pays ne sont offertes qu'aux militaires (comme le droit à une retraite pleine après 25 ans de service) sont proposées à de simples employés de bureau.

Les premières mesures d'austérité en 2010 ont repoussé l'âge de départ en retraite à 65 ans, y compris pour les femmes selon un programme en plusieurs étapes de 2011 à 2013. Cela faisait partie d'un paquet de réformes sur la sécurité sociale approuvé par le Parlement en juillet 2010 malgré des manifestations de taille. Le paquet inclut également une baisse des retraites et permet de licencier plus facilement. Les pressions économiques et la grande longévité de la population vont continuer à peser sur l'État, les régimes de retraite professionnelle ainsi que les niveaux des pensions pour les années à venir.

D'éminents économistes soulignent dans un rapport de 2010 que : « Les employés en Grèce peuvent partir à la retraite à l'âge de 58 ans avec une retraite à taux plein après avoir travaillé pendant 37 ans. Cet âge de départ à la retraite est significativement plus faible que la moyenne des pays de l'OCDE qui est à 63,2 ans. De plus, la pension moyenne en Grèce est significativement plus élevée que la moyenne de l'OCDE : elle représente 95,7 % de la moyenne des revenus touchés par un employé tout au long de sa vie (évalués au moment du départ en retraite et ajustés de la croissance des revenus à l'échelle nationale) contre 60,8 % en moyenne dans les pays de l'OCDE. »

Selon les auteurs, si le système de retraite en Grèce n'avait pas été réformé, cela aurait créé un déficit supplémentaire équivalent à 12,5 % du PIB en 2050 (OCDE 2009b). C'est plus élevé que le niveau du déficit entier (retraites incluses) en moyenne au cours de chacune des trois dernières décennies. C'est également plus que les dépenses d'éducation et de santé combinées[19].

---

19. C. Meghir, D. Vayanos et N. Vettas, « The Economic Crisis in Greece: A Time of Reform and Opportunity », août 2010. Résumé publié par le *Financial Times*, 23 août 2010 : « Greek Reforms can yet Stave off Default ».

Tableau 5.1 Âge de départ en retraite et niveau des retraites avant la réforme de 2010

	Âge officiel de départ en retraite	Retraite moyenne, en % de la moyenne des revenus reçus par un salarié tout au long de sa vie (taux de remplacement)
Grèce	58	95,7
Moyenne de l'OCDE	63,2	60,8

Source : OCDE.

La question des généreuses provisions passées par la Grèce pour assurer ses retraites a particulièrement indisposé l'Allemagne. Les contribuables allemands avaient la nette impression de les subventionner. Le *Frankfurter Allgemeine Zeitung* se fait l'écho d'une opinion répandue en Allemagne avec cette observation acerbe : «Les Grecs descendent dans les rues pour protester contre le recul de l'âge de départ à la retraite de 61 à 63 ans ( ) Cela signifie-t-il que les Allemands devront à leur tour passer de 67 à 69 ans pour que les Grecs puissent profiter tranquillement de leurs retraites ?[20]»

Voici d'autres comparaisons. Les données proviennent de sources diverses et les chiffres diffèrent légèrement des indicateurs de l'OCDE mentionnés ci-dessus, mais ils racontent tous la même histoire :

- années à travailler pour être éligible à une retraite à taux plein : 35 en Grèce ; 45 en Allemagne ;
- montant des retraites en proportion des revenus : 80 % en Grèce ; 46 % en Allemagne ;
- nombre de versements de retraite par an : 14 en Grèce ; 12 en Allemagne ;
- augmentation des retraites en 2004 : +3 % en Grèce ; 0 % en Allemagne ;
- augmentation des retraites en 2005 : +4 % en Grèce ; 0 %, en Allemagne ;

20. Éditorial dans *Frankfurter Allgemeine Zeitung*, février 2010. Également cité dans «Greek Debt Crisis: The View from Germany», *Guardian*, 11 février 2010.

- augmentation des retraites en 2006 : +4 % en Grèce ; 0 % en Allemagne[21].

En Grèce, le climat chaud et le régime méditerranéen font que même les citoyens à faibles revenus vivent longtemps… Les tentatives de réformes se sont toutes heurtées à une opposition farouche ces dernières années et les coûts cachés des engagements de retraite ont continué à croître.

Les retraites des morts

L'État grec n'a aucun moyen de vérifier automatiquement si un retraité est décédé. Si les proches ne déclarent rien, l'État continue à payer la retraite. On estime en dizaines de milliers le nombre de filles de fonctionnaires, célibataires ou divorcées, qui perçoivent les retraites de leurs parents morts. Environ 40 000 femmes bénéficient de ces allocations pour un coût annuel d'environ 550 millions d'euros[22].

La démocratie n'offre pas vraiment un contexte favorable au développement de phénomène comme l'étatisme ou son cousin le clientélisme du fait de l'existence de contraintes budgétaires : en effet, les bénéfices politiques retirés des fortes dépenses publiques sont contrebalancés par l'épreuve politique symétrique d'avoir à augmenter les impôts. Une façon de contourner ce mécanisme est d'en passer par de l'emprunt ou de tout concentrer sur de généreuses allocations de retraite, histoire d'en reporter le coût sur les générations futures et sur leurs futurs élus.

LE NÉPOTISME

En août 2009, le ministère du Développement rural a embauché en un seul week-end 269 personnes. C'était juste avant les élections générales. Parmi les heureux élus, on dénombre

---

21. Données disponibles en ligne : http://www.businessinsider.com/greece-germany-pensions-2010-4#proportion-of-wages-as-pension-greece-80-germany-46-2#ixzz0yMWPE6Dy.

22. « Five Areas of Greek Budget Waste », Reuters, 28 avril 2010, faisant référence au site Internet d'économie www.capital.gr.

18 membres de la famille du ministre du Développement, Konstantinos Hatzidakis. On y trouve également des gymnastes, des étudiants, des économistes, des anthropologistes, des constructeurs navals et des nutritionnistes[23].

Au musée de la Nouvelle Acropole, ouvert en juin 2009, la majorité des employés provient du village de Kalamata, situé dans le Péloponnèse. C'est Antonis Samaras qui a procédé à ces nominations lorsqu'il était ministre de la Culture sous le gouvernement Nouvelle Démocratie entre 2004 et 2009. Il est lui-même originaire de Kalamata.

Évidemment, toute nation a ses élites et son népotisme, mais c'est particulièrement marqué en Grèce. Une étude montre que, pendant la période d'après-guerre (1945-1965), plus d'un tiers des ministres en poste avait déjà soit leurs pères soit un autre membre de la famille en politique[24].

Le clientélisme

Les administrations Pasok et Nouvelle Démocratie se sont toutes deux inspirées des pratiques d'Andreas Papandreou dans les années 1980 qui consistent à distribuer des avantages à des groupes d'intérêts, surtout avant les élections.

Les agriculteurs considèrent à présent qu'il suffit de manifester pour obtenir gain de cause. En janvier 2009, ils ont organisé des barrages routiers et des manifestations dans tout le pays. Ils ont conduit leurs tracteurs jusque sur les routes de Kipi, à la frontière entre la Grèce et la Turquie et dans d'autres zones au nord du pays. Au total, environ 4 400 tracteurs ont bloqué différentes sections sur la route entre Athènes et Thessalonique, la deuxième ville du pays.

---

23. Comme révélé par le vice-premier ministre du Pasok, Theodoros Pangalos en juillet 2010. Nouvelle Démocratie n'a pas nié. Révélé par : http://www.tovima.gr/default.asp?pid=2&ct=32&artId=341584&dt=06/07/2010#ixzz0sseih8eS.

24. Sotiropoulos Bourikos, « Ministerial Elites in Greece, 1843-2001: A Synthesis of Old Sources and New Data », *South European Society & Politics*, 7, n° 2, 2000, p. 200. En ligne : http://www.ces.fas.harvard.edu/publications/docs/pdfs/SotiropoulosBourikos.pdf.

« Nous avons décidé de couper la Grèce en deux », précise un porte-parole des agriculteurs sur la radio Skai. Ils demandaient des prix minimaux garantis pour les produits agricoles, un gel des remboursements d'emprunts, de l'essence non taxée et des retraites plus élevées. En réponse, le gouvernement a composé un paquet incluant une promesse de 75 millions d'euros de subventions aux producteurs de coton, 100 millions d'euros aux producteurs de blé et 75 millions d'euros d'aide immédiate par le biais de la Banque agricole de Grèce contrôlée par l'État[25]. Ce cas est choquant mais n'est pas isolé. Ce schéma se répète tous les mois de janvier depuis 20 ans.

D'après les statistiques de l'UE, les agriculteurs grecs reçoivent une subvention de 570 € par hectare contre 250 € en moyenne dans le reste de l'UE et 70 € seulement en Lettonie[26]. 425 millions d'euros ont été alloués aux agriculteurs en 2008-2009 par le gouvernement grec[27]. Selon toute vraisemblance, la Politique agricole commune de l'UE a créé en Grèce un état de dépendance et a échoué à promouvoir une meilleure productivité. Lorsque les aides directes européennes ont commencé à décliner dans les années 1990, les agriculteurs se sont mis à manifester tous les hivers. Les producteurs de coton, d'huile d'olive et d'agrumes bloquent les principales routes avec des milliers de tracteurs pendant des semaines. Un oléiculteur admet : « Il est plus facile de manifester que de se remettre en cause[28]. »

Les gens ont pris l'habitude de voir leurs requêtes satisfaites s'ils manifestent, ce qui encourage d'autant plus ce genre de comportement de la même façon que payer des rançons encourage les prises d'otage.

La stratégie d'Andreas Papandreou dans les années 1980, fondée sur une généreuse rhétorique populiste, a été de donner aux personnes jusqu'alors privées de droits la chance de vivre dans

25. « Greece Offers EU 500 Million Farm Package, Roadblocks Continue », Bloomberg, 23 janvier 2009.

26. *Kathimerini*, 31 janvier 2010.

27. « EC Probes Farmer Cash: Government Must Recover Last Year's Handouts if they Turn Out to be State Subsidies », *Kathimerini*, 28 janvier 2010.

28. Close, *Greece since 1945*.

la classe moyenne, avec un fort soutien financier de l'UE. Mais cette « richesse » apparente n'était pas produite par le pays, et Nouvelle Démocratie, au pouvoir entre 2004 et 2009, a fait peu d'efforts pour réduire les coûts et augmenter les recettes de l'État[29].

Il était probablement nécessaire d'acheter la paix sociale après la chute de la dictature mais, après presque 40 ans, ces pratiques ne sont plus justifiées et de surcroît pas maîtrisées.

La corruption

Lorsqu'il existe un terme dans le langage courant pour désigner le phénomène de corruption, alors on peut considérer qu'il est devenu institutionnalisé et culturellement acceptable. En Grèce, nous en avons deux. Une *fakelaki* (traduction littérale : petite enveloppe) est une façon habituelle d'accélérer les procédures en Grèce. Le terme de *miza* s'applique aux pots-de-vin ou aux frais d'introduction, par exemple sur un marché public. Cela peut être une mallette pleine de billets ou un virement bancaire.

L'année dernière, plus de 1 million de citoyens ont payé un dessous-de-table (*fakelaki*) afin de s'assurer un service public de meilleure qualité selon la dernière étude du département grec de *Transparency International*. Le coût monétaire immédiat des *fakelaki* représente 787 millions d'euros en 2009, soit 39 millions d'euros de plus qu'en 2008[30]. Cette évaluation n'inclut pas le coût économique plus large des distorsions de marché, des contrats onéreux, etc.

Le problème ne s'améliore pas malgré les initiatives répétées du gouvernement. D'après *Transparency International*, une nouvelle loi a été votée en Grèce pour renforcer les mesures de contrôle et la transparence dans le domaine de la justice. Le crime de tentative de corruption à l'égard d'un juge est désormais lourdement puni et un nouveau code de conduite pour la police est instauré. Un an plus tard, certains progrès anticorruption sont

---

29. « Back Down to Earth with a Bank », *Kathimerini*, 3 mars 2010.

30. Dimitrios Vortelinos, « Bureaucracy and Corruption », juillet 2010 ; recherches demandées dans le cadre de ce travail.

soulignés par l'inspecteur général de l'administration[31]. Le rapport de 2009 mentionne la ratification en Grèce de la Convention pénale du Conseil de l'Europe sur la corruption et la Convention des Nations unies contre la corruption[32].

Pourtant, au même moment, la corruption s'est en réalité aggravée en termes relatifs. D'après l'indice de perception de la corruption 2009 (CPI, *Corruptions Perception Index*), le score de la Grèce est de seulement 3,8 sur 10 soit moins que le 4,3 enregistré en 2005. Il est vrai que la condamnation d'un seul haut responsable ou d'un ministre pour le scandale Siemens (dont nous reparlerons plus loin) aurait sans doute plus d'impact sur la corruption que la multiplication de nouvelles initiatives.

Le classement de l'indice de perception de la corruption place la Grèce au même rang que les pays Balkaniques et ceux d'Europe de l'Est et bien loin derrière les pays d'Europe du Nord comme les Pays-Bas (8,9), la Suède (9,2) ou le Danemark (9,3). Dans le classement international, la Nouvelle-Zélande et le Danemark sont en haut de la liste pour leur honnêteté dans les relations commerciales alors que la Grèce est à la 75e place sur 180 contre la 45e sur 159 en 2005[33].

Si cette dimension avait été prise en compte dans les critères de convergence de Maastricht, la décision d'admettre la Grèce et d'exclure la Suède aurait-elle été différente ?

Une étude de la Brookings Institution publiée en 2010 renvoie une image similaire. La corruption, le favoritisme et d'autres formes de corruption publique sont d'importants contributeurs à la dette publique de la Grèce. L'État grec aurait perdu l'équivalent d'au moins 8 % de son PIB chaque année à cause de ces pratiques, soit plus de 20 milliards d'euros (environ 27 milliards de dollars).

31. *Global Corruption Report 2005* et *Global Corruption Report 2006*, Transparency International. En ligne : http://www.transparency.org/publications/gcr.

32. *Global Corruption Report 2009*, Transparency International. En ligne : http://www.transparency.org/publications/gcr.

33. Voir http://www.transparency.org/policy_research/surveys_indices/cpi/200.9/cpi_2009. Voir également Vortelinos, «Bureaucracy and Corruption».

« Si la Grèce avait mieux contrôlé la corruption, sans atteindre non plus les standards suédois mais en essayant de faire aussi bien que l'Espagne, son déficit serait de 4 % inférieur en équivalent PIB en moyenne sur les cinq dernières années », affirme Daniel Kaufmann, chercheur à la Brookings et auteur de l'étude[34].

Les professions réglementées ou la pratique du « closed shop »

Les professions réglementées, voisines du clientélisme, ont défiguré le marché du travail et ont limité le développement de secteurs clés.

Les professions réglementées sont extrêmement nombreuses. L'une des principales industries en Grèce est le tourisme, or ce secteur est contraint par d'obscures restrictions sur l'emploi. L'industrie des croisières, qui n'a pas cessé de croître en dépit des fluctuations économiques des dix dernières années, a finalement peu profité au pays. C'est en grande partie dû aux restrictions à l'embauche d'équipage non grec opérant à partir des ports du pays : les règles du « cabotage » stipulent qu'au moins 10 % de l'équipage doit être grec. En 2010, les tentatives du gouvernement pour libéraliser le secteur se sont heurtées à la mobilisation du personnel syndiqué. Il a ainsi bloqué le principal port d'Athènes, le Pirée, en avril, et empêché les touristes d'accéder au bateau de croisière *le Zénith*. Cela s'est reproduit en juin. Les touristes ne pouvaient plus débarquer et la justice n'est pas intervenue. Le croisiériste *Celebrity* a fini par renoncer à utiliser le Pirée comme point de départ de six de ses circuits en 2011 et passe désormais par la Turquie. La perte estimée pour l'économie grecque est de 7,5 millions d'euros[35].

34. Cité dans « Tragic Flaw: Graft Feeds Greek Crisis », *Wall Street Journal*, 15 avril 2010. Voir également Daniel Kaufmann, « Can Corruption Adversely Affect Public Finances in Industrialised Countries ». En ligne : http://www.brookings.edu/opinions/2010/0419_corruption_kaufmann.aspx.

35. « Cabotage Reaction Costs Keep Growing », *Kathimerini*, 19 juillet 2010. En ligne : http://archive.ekathimerini.com/4dcgi/_w_articles_economy_0_19/07/2010_118446.

Voici d'autres exemples de pratiques restrictives parmi les 70 professions réglementées :

- La Grèce exige que les moniteurs de plongée et les professeurs d'anglais parlent grec même s'ils n'en ont pas besoin dans le cadre de leurs fonctions[36].
- Les électriciens doivent avoir une licence qui nécessite d'adhérer à un syndicat. Faire reconnaître une formation acquise dans un autre pays de l'UE peut coûter très cher. Un électricien britannique, Mike Bennett, basé en Crète, confie au journal *Athens News* en juillet 2010 que cela lui a coûté environ 10 000 livres sterling (soit 12 000 €), principalement en conseil juridique et en frais d'assurance et que cela a pris plusieurs mois[37].
- Le nombre de licences des chauffeurs de taxi est limité, ce qui accroît leur valeur au marché noir pour atteindre 250 000 €[38].

Ces exemples illustrent une pratique contraire aux directives de l'UE qui entérinent la mise en place d'un marché unique et la libre circulation des travailleurs. Le gouvernement grec avait jusqu'en décembre 2009 pour s'y conformer mais n'a commencé à s'y atteler que courant 2010.

Il ne fait pas de doute qu'une profession comme celle d'électricien nécessite un contrôle strict en termes de sécurité, mais cette réglementation devrait être adoptée au niveau de l'UE et un certificat unique devrait suffire.

Il existe un lien évident entre ces pratiques de «*closed shops*» et la diminution des recettes de l'État, puisque seuls les travailleurs enregistrés peuvent officiellement émettre des factures et payer des impôts. L'électricien britannique Mike Bennett ne connaît aucun autre citoyen non grec dans son village à être allé au bout du processus. Et pourtant, les artisans sont nombreux à travailler.

---

36. «Closed Professions to be Opened», blog anglo-grec, septembre 2009. En ligne : http://anglo-hellenic.blogspot.com/2009/09/closed-professions-to-be-opened-to-eu.html.
37. «EU Services Directive a Tough Sell», *Athens News*, 27 juillet 2009.
38. «Kiosks and Taxis in the Grip of Crisis», *Kathimerini*, 30 août 2010.

«Je pense que je suis le seul. Je connais beaucoup d'électriciens et de plombiers mais aucun n'a de permis de travail.» Un électricien polonais qui travaille depuis 13 ans à Athènes confirme ce constat. Il avait une licence en Pologne et a essayé «plusieurs fois» de faire reconnaître sa qualification en Grèce – en vain.

On ne peut que conjecturer sur les pertes de recettes de l'État qu'a entraînées cette pratique pendant l'explosion du BTP entre 2000 et 2009.

Une tentative de réforme du transport routier s'est soldée au cours de l'été 2010 par d'importantes manifestations : fermeture de la plupart des stations-service, pénuries dans les magasins et retards pour les touristes. Les conducteurs de camions protestaient contre la libéralisation de leur secteur : en effet, si le secteur s'ouvrait, leurs licences, payées des milliers d'euros, perdaient leur valeur[39].

Cette grève n'a pris fin que lorsque le gouvernement Pasok, en désespoir de cause, a fini par invoquer ses pouvoirs d'urgence et par déployer l'armée pour assurer les services de base. Le dimanche 1er août, le syndicat Fédération des transporteurs commerciaux terrestres a voté à une courte majorité la fin de la mobilisation et annoncé un retour au travail pour le lendemain.

Le gouvernement a déclaré : «Le marché du transport sera libéralisé ; cette réforme est nécessaire pour l'économie et les citoyens et c'est pour cette raison que la législation ira de l'avant[40].» Au moment où j'écris cet ouvrage, on ne sait toujours pas clairement si cela marque une rupture significative avec les pratiques de clientélisme et de «*closed shops*». La mise en conformité avec le droit européen devrait mettre fin à ces pratiques. Environ 70 professions comprennent des barrières à l'entrée en Grèce. Après la libéralisation de l'enregistrement des conducteurs de camions, il faudra libéraliser la profession d'avocat, de pharmacien (qui bénéficient d'une marge garantie de 35 %) et d'ingénieur civil.

---

39. «No Let-Up in Truck Strike», *Kathimerini*, 28 juillet 2010.

40. Articles incluant : «Greek Truckers End Strike», *Wall Street Journal*, 2 août 2010.

Le gaspillage et la bureaucratie

Dans une large mesure, le gaspillage et la bureaucratie sont des effets secondaires des maux que nous avons décrits plus haut, mais ces pratiques finissent par s'enraciner dans la société et devenir comportementales. Elles forment l'une des têtes de l'hydre à part entière. Lorsque des fonctionnaires incompétents sont nommés à des postes pour lesquels ils ne sont pas ou peu qualifiés, voire n'occupent aucun poste réel, ils inventent nécessairement des procédures bureaucratiques injustifiées pour donner l'illusion d'une activité et pour extraire une rente économique du reste de la société. Si en plus, ils attendent des pots-de-vin, cela crée une distorsion inévitable des tâches prioritaires au sein des organismes publics. Le copinage et les «*closed shops*» entraînent une mauvaise utilisation des énergies et des ressources.

Des centaines de procédures bureaucratiques asphyxient les entrepreneurs, entraînent des retards frustrants et injustifiés et génèrent des coûts additionnels. Pour créer une entreprise en Grèce, il faut en passer par 15 procédures pendant 38 jours à comparer à une moyenne de 6 procédures et 25 jours dans d'autres pays[41].

Prenons l'exemple d'une entreprise qui souhaite construire une installation de stockage. Cela va lui prendre 211 jours et lui coûter 10 600 € : 1 jour pour le notaire, 10 jours pour la rédaction d'une étude d'impact sur l'environnement et pour obtenir l'agrément anti-incendie, 15 jours pour l'autorisation de poser les fondations, 90 jours pour le permis de construire et 3 jours pour le code de sécurité sociale des travailleurs. À cela, il faut ajouter 1 jour pour obtenir l'autorisation de planification, 45 jours de raccordement au réseau électrique et encore 45 jours de raccordement au réseau de distribution d'eau et d'assainissement. L'entreprise passera ensuite 1 jour pour s'enregistrer auprès des autorités locales, 3 jours pour soumettre des formulaires à un département spécialisé dans l'embauche de personnel, 88 heures pour payer la TVA et 12 jours pour immatriculer la société[42].

---

41. Vortelinos, «Bureaucracy and Corruption».

42. *Kathimerini*, 19 mai 2010.

Le cas du complexe touristique de Costa Navarino offre une autre illustration de ces lourdeurs bureaucratiques. Si la Grèce souhaite rester compétitive vis-à-vis des pays du Moyen-Orient et d'autres pays de la Méditerranée orientale, elle doit se doter d'un tourisme haut de gamme et luxueux. Et pourtant, ce n'est qu'après 13 ans et 3 000 signatures (des autorités locales, des autorités de planification, de bureaux d'analyse d'impact environnemental, etc.) que le magnat du transport maritime et entrepreneur Vassilis Konstantakopoulos a finalement pu annoncer l'achèvement de l'un des plus gros complexes touristiques en Grèce, soit un investissement de 1,2 milliard d'euros. Même un homme d'affaires aussi riche et déterminé que Konstantakopoulos a trouvé qu'il était difficile de faire les choses les plus élémentaires. Dans le cadre d'un autre projet, le groupe Lorcos cherche à investir 2 milliards d'euros sur cinq ans. Il lui a pourtant fallu 500 signatures pour obtenir les permis appropriés et il estime qu'il lui en faudra encore près de 1 500 autres pour que la construction commence[43].

Un autre détail important : dans de nombreuses procédures, vous devez vous déplacez *en personne*. Impossible d'envoyer un formulaire complet par la poste ou par e-mail. De nombreux entrepreneurs en sortent encore plus frustrés sans parler des coûts supplémentaires que cela implique. Le développement économique s'en trouve clairement paralysé.

Les scandales

Ces sept têtes de l'hydre se combinent pour créer scandales et autres dysfonctionnements. En voici un florilège. La liste est loin d'être exhaustive. On aurait pu en sélectionner des centaines, peut-être des milliers d'autres, ni plus ni moins scandaleux, dans les entreprises du secteur public (DEKO), les organisations non gouvernementales (MKO), etc. Ce comportement est enraciné dans l'État et la société.

Les scandales retenus le sont à la fois par hasard et par effet de proximité. Mais si vous avez été impliqué dans d'autres scandales,

43. *Kathimerini* et *Proto Thema*, 25 août 2010.

plus importants et plus spectaculaires, et qui ne sont pas mentionnés ici, ne le prenez pas mal. Surtout, n'hésitez pas à nous envoyer un e-mail pour que nous en fassions mention lors des prochaines éditions.

Des Jeux olympiques ruineux

Presque toutes les villes qui ont accueilli les Jeux olympiques ont pâti de dépassements de budget. Cela a pris environ 30 ans à Montréal pour finir de payer les Jeux de 1976. Londres 2012 va probablement coûter trois ou quatre fois plus que ne le prévoyait le budget initial. La contrainte d'une date limite fixe de réalisation et le prestige de l'événement mettent les autorités dans une position de faiblesse pour négocier avec les fournisseurs. Cependant, lorsqu'il s'agit de faire sauter le budget, la médaille d'or revient sans aucun doute à Athènes 2004.

En novembre 2004, le ministre des Finances, Georges Alogoskoufis, admet que le coût total des Jeux atteint 9 milliards d'euros soit au moins deux fois plus que l'estimation initiale[44]. Depuis, les stades spécialisés sont vides ou sous-utilisés. Ils tombent en ruine ou coûtent des millions à entretenir. On estime à 12 milliards d'euros le coût final de l'événement. Ce sont les Jeux olympiques les plus dispendieux et les moins lucratifs en termes de revenus annexes pour le pays hôte[45].

Comme nous sommes en Grèce, il y a un post-scriptum. En 2010, le présentateur de télévision Ioannis Pretenteris révèle que l'agence Village Olympique créée pour gérer le village des athlètes pendant les Jeux de 2004 a recruté plus de 150 personnes à temps plein au cours de ces quatre dernières années. On y trouve des concepteurs

---

44. «Cost of Athens 2004 Olympics», communiqué de presse de l'ambassade américaine en Grèce à Washington D.C., 13 novembre 2004. En ligne : http://www.greekembassy.org/Embassy/content/en/Article.aspx?office=3&folder=200&article=14269.

45. Statistiques extraites d'un rapport officiel de la Commission européenne sur les Jeux olympiques, cité dans le reportage «Now They're Sorry: Athens' Owe-lympics», AOL News, 24 mai 2010.

graphiques, des experts en communication et des psychologues. Le montant total des salaires est de 23 millions d'euros[46].

L'obligation malhonnête de J.P. Morgan

En 2007, on apprend que quatre fonds de pension grecs ont significativement surpayé pour 280 millions d'euros d'obligations d'État grecques. À l'origine, la banque d'investissements J.P. Morgan a vendu des obligations à 92,95 % de leur valeur nominale à North Asset Management, un *hedge fund* basé à Londres. Mais J.P. Morgan a ensuite compensé cette perte en concluant une transaction avec le gouvernement, révèle une source à l'agence Bloomberg. La banque a acheté des obligations grecques à 100 % de leur valeur nominale puis a conclu un *swap* avec le gouvernement pour échanger des paiements à taux fixe contre des paiements à taux flottant. Le jour même où North Asset achetait les obligations, il les revendait dans la foulée à HypoVereinsbank, détenu en partie par UniCredit, à 99,9 % de leur valeur nominale, qui les a lui-même ensuite vendues à 99,95 % de la valeur nominale au *broker* athénien Acropolis Axepey, qui les a ensuite vendues aux fonds de pension pour 100 % de la valeur nominale.

J.P. Morgan dit avoir été persuadé que North Asset appliquait une stratégie d'investissement de type « achat-conservation ». Pourtant, au final, J.P. Morgan aura racheté les obligations à leur valeur nominale.

Suite à cette affaire, le Premier ministre Kostas Karamanlis a licencié son ministre du Travail, Savvas Tsitouridis. L'Autorité des marchés financiers grecque a révoqué la licence du *broker* Acropolis[47].

---

46. Données en ligne : http://www.philip-atticus.com/2010/06/greeces-corruption-non-scandal.html

47. « J.P. Morgan Offers to Buy Back Greek Bond After Pensions Probe », Bloomberg, 20 avril 2007 ; « J.P. Morgan Delays Greek Lawmaker Meeting on Bond Sale », Bloomberg, 22 mai 2007 ; « J.P. Morgan Greek Tragedy Sets "Hero" Banker Against Old Bosses », Bloomberg, 26 octobre 2007.

Des hôpitaux mal équipés et qui payent trop cher

Le secteur hospitalier, qui représente 10 % du PIB, a cruellement souffert du gaspillage de ressources. On pourrait consacrer un livre entier à l'ampleur de la mauvaise gestion dans ce secteur.

En voici déjà un exemple qui implique des « prix de transfert ». Les produits destinés aux hôpitaux ne sont pas directement importés du pays d'origine ; ils transitent par d'autres pays et leurs prix sont gonflés des marges des intermédiaires. L'existence même d'un tel circuit est un premier indicateur de corruption.

L'État grec a été victime d'une fraude sur la fourniture de matériel aux hôpitaux dont le prix de transfert pouvait atteindre 1 000 %. Approvisionnés par des sociétés localisées à Chypre, les hôpitaux grecs payaient des prix exorbitants pour leur matériel médical. Même constat pour le plasma sanguin : les contribuables grecs ont déboursé environ 11,2 millions d'euros pour la construction d'un laboratoire d'analyses. Achevé en 2002, le laboratoire n'a jamais bien fonctionné. La Grèce continue donc à envoyer pour analyse de grandes quantités de plasma à l'étranger[48].

Le Premier ministre lui-même, Georges Papandreou, a admis que les endoprothèses vasculaires utilisées dans les opérations du cœur coûtent cinq fois plus en Grèce qu'en Allemagne. Pour lui, les pots-de-vin qui touchent le circuit de fourniture du secteur hospitalier sont responsables de ces surcoûts[49].

Le cas Siemens, grand corrupteur

Le scandale Siemens est peut-être le cas le plus édifiant et le plus choquant de corruption au cœur de l'État grec. C'est également un exemple de la part de responsabilité de grandes entreprises allemandes dans la crise économique grecque.

Les sommes en jeu sont colossales. Ce sont les attentats du 11 Septembre aux États-Unis qui ont permis de découvrir les détails de cette histoire. En effet, suite aux attentats, même les juridictions bancaires les plus secrètes ont accepté de coopérer sur

48. Vortelinos, « Bureaucracy and Corruption ».

49. « Tragic Flaw: Graft Feeds Greek Crisis », *Wall Street Journal*, 15 avril 2010.

le plan international afin d'aider les forces de sécurité à surveiller le blanchiment d'argent par des groupes terroristes. Début 2003, les auditeurs d'une banque au Liechtenstein remarquent des transferts d'argent inhabituels sur les comptes d'une entreprise offshore, appelée Martha Overseas Corporation, et découvrent qu'elle est contrôlée par Prodromos Mavridis, un cadre dirigeant de Siemens en Grèce. Des millions d'euros sont versés sur un compte au Panama par une autre entreprise offshore, Eagle Invest & Finance SA, basée aux îles Vierges britanniques et contrôlée par Reinhard Siekaczek, cadre dirigeant de Siemens basé en Allemagne. En mars 2005, les procureurs suisses ouvrent leur propre enquête suite à un rapport de la Dresdner Bank concernant des versements suspects. En 2007, la Suisse gèle environ 200 millions d'euros sur des comptes bancaires appartenant à Siemens comme l'explique un article du *Wall Street Journal* fondé sur les documents du tribunal et sur des interviews des procureurs[50].

Le très sérieux journal allemand *Der Spiegel* commente : «Les enquêteurs en charge du dossier Siemens ont découvert que l'entreprise grecque disposait d'une caisse noire annuelle de 15 millions d'euros afin de financer les "commissions" nécessaires au géant allemand de la technologie pour sécuriser des contrats. Le seul contrat OTE (le réseau national de télécoms grec) lui aura coûté 35 millions d'euros de *miza* à la fin des années 1990 pour un contrat d'un montant total de 500 millions d'euros[51].»

La corruption est à la fois une affaire d'économie, de droit et de morale. La commission d'enquête parlementaire estime que cette affaire de corruption a conduit l'État grec à surpayer de 57 millions d'euros l'équipement en télécoms du pays[52]. La société de télécoms chinoise Huawei avait pourtant fait une offre 50% moins cher que Siemens pour ce contrat OTE, sans être retenue. On se demande pourquoi.

---

50. «Inside Bribery Probe of Siemens», *Wall Street Journal*, 28 décembre 2007.
51. «How German Companies Bribed their Way to Greek Deals», *Der Spiegel*, édition en anglais 11 mai 2010.
52. «Siemens Suspects Face Detention», *Kathimerini*, 18 mai 2009.

L'ancien responsable de Siemens en Grèce, Michael Christoforakos, a été arrêté en Allemagne en juin 2009 après avoir pris la fuite. Il était l'un des sept plus hauts dirigeants de Siemens « recherchés » par les procureurs grecs en lien avec le contrat OTE dans les années 1990.

L'Autorité des marchés financiers américaine (SEC, *Securities and Exchange Commission*) a condamné Siemens à payer une amende record de 1,6 milliard de dollars pour corruption afin d'obtenir des contrats dans plusieurs pays. La directrice de l'exécution de la SEC, Linda Thomsen, a déclaré à la presse en décembre 2008 : « D'importantes sommes d'argent en liquide étaient mises à la disposition des employés par les caisses de Siemens. Il leur arrivait de faire passer des mallettes aux frontières pour payer des pots-de-vin. Les autorisations de paiement étaient écrites sur des post-it que l'on enlevait ensuite pour ne pas laisser de traces. » Siemens a accepté de payer l'amende et de se voir imposer un contrôle externe pendant quatre ans, mais n'a jamais reconnu officiellement que ces versements étaient des dessous-de-table[53].

Christoforakos, qui a la double nationalité grecque et allemande, aurait dû être extradé en Grèce mais la Cour constitutionnelle allemande a bloqué la procédure en septembre 2009. En mars 2010, il a été condamné à une peine de prison avec sursis de dix mois par le tribunal de Munich[54].

Les deux principaux partis politiques grecs ont trempé dans le scandale Siemens et se sont couverts mutuellement. Les caisses noires ont été utilisées pour financer les élections. C'était une affaire institutionnelle colossale qui a duré des années. Cette affaire est un cas de corruption prouvée et pas simplement supposée. Il y a eu des poursuites et une amende record. Mais pas en Grèce. Une commission d'enquête parlementaire est en cours. Attendons

---

53. « Siemens Hit With $1.6 Billion Fine in Bribery Case », site Internet de la radio publique nationale en ligne : http://www.npr.org/templates/story/story.php?storyId=98317332.

54. « Former Siemens Manager Given Suspended Sentence, Focus Says », Bloomberg, 4 mars 2010, extrait de « Verfahren gegen Ex-Siemens-Manager eingestell », *Focus*, 3 mars 2010.

de voir si ce cas marquera un tournant. Mais le fait que les enquêteurs semblent traîner des pieds n'est pas bon signe[55].

Ferrostaal et Daimler, autres corrupteurs

Siemens n'est pas la seule entreprise allemande accusée d'avoir payé des « commissions » pour obtenir d'importants contrats en Grèce. Dans le cas de Ferrostaal, les questions d'achat de matériel militaire et de corruption se croisent. Des procureurs allemands ont ouvert une enquête sur le versement d'éventuels dessous-de-table au sujet d'un contrat passé entre l'entreprise allemande Ferrostaal et le gouvernement grec pour la livraison de deux sous-marins à la marine grecque. Par ailleurs, le niveau élevé des dépenses militaires dans un contexte d'austérité ainsi que des violations manifestes du droit de la concurrence européen et des soupçons de corruption ont convaincu les députés européens de demander à la Commission européenne de suspendre les ventes d'armements au sein de l'UE[56].

Le procureur public d'Athènes a assisté les procureurs allemands sur l'analyse des versements illicites par Ferrostaal. D'après lui, cela pourrait représenter 5 % du prix d'achat total qui est de 1,8 milliard d'euros[57].

Le département de la justice américain a formellement accusé le constructeur automobile allemand Daimler de corruption à l'égard de fonctionnaires dans 22 pays. La Grèce est sur la liste. *Kathimerini* révèle en mars 2010 que ces allégations à l'encontre de Daimler concernent en Grèce la corruption de fonctionnaires à Athènes pour l'achat de 6 500 Jeep de l'armée. L'enquête est en cours[58].

Der Spiegel résume ainsi la situation : « La corruption endémique en Grèce explique en partie l'état de l'économie du pays. Les entreprises allemandes ont tiré profit du système pendant des années

55. « "No Dawdling" in Siemens Inquiry », *Kathimerini*, 10 septembre 2010.
56. « Calls for EU to Halt Corrupt Defense Deals », Bloomberg, 27 juillet 2010.
57. « German Input Sought in Probes », *Kathimerini*, 11 juin 2010.
58. « Greece Set to Probe Daimler », *Kathimerini*, 29 mars 2010.

afin de s'assurer des contrats lucratifs. (...) Aucun des 450 cas les plus graves de corruption [en Grèce] ne s'est conclu par un procès ces dernières années[59]. »

L'EOT : l'organisation touristique grecque

L'EOT est une source sans fin de gaspillage, de corruption et de scandales. Un procureur d'Athènes examine actuellement les résultats de l'enquête menée par des agents de l'administration publique sur des abus de biens sociaux dans le cadre de fonds destinés à l'organisation de campagnes de promotion touristique en 2008 et 2009. Les montants en jeu s'élèveraient à plus de 70 millions d'euros. Le ministre de la Culture et du Tourisme, Giorgos Nikitiadis, a déclaré que ce cas serait soumis à l'examen du Parlement si l'enquête venait à impliquer des hommes politiques.

Il semblerait que les réseaux de promotion touristique à l'étranger n'aient pas vraiment vu la couleur de cet argent. Le gouvernement a refusé de publier la composition détaillée des dépenses.

Cette histoire ne date pas d'hier. Un audit approfondi a établi que 20 000 vacances communautaires (un système subventionné par l'État pour permettre aux plus pauvres de partir en vacances) ont été accordées à des personnes non éligibles pour un coût total de 1,8 million d'euros. En 2008-2009 près de 2,5 millions d'euros ont été dépensés pour des cravates, des chapeaux, des badges et des porte-clés pour la promotion du tourisme grec sans aucune facture, reçu ou bon de commande. On ne sait toujours pas où de telles quantités d'objets *a priori* bon marché ont bien pu être stockées, comment elles ont été utilisées ou pourquoi elles ont coûté si cher[60].

L'EOT a embauché trois employés en 2009 qui n'ont jamais montré le bout de leur nez. L'organisme fait également appel aux services de 36 cabinets d'avocats, dispose de 13 directeurs généraux et de consultants sans nombre. Embaucher des « consultants »

---

59. « How German Companies Bribed their Way to Greek Deals », *Der Spiegel*, édition en anglais 11 mai 2010.

60. « An Orgy of Waste », *Vima*, 10 avril 2010.

pour des « services » vaguement définis est une autre façon de détourner de l'argent[61].

Le Pasok et la Banque de Crète : l'affaire Koskotas

Le témoignage incroyable de Giorgios Koskotas, ancien propriétaire de la Banque de Crète, illustre l'illégalité et l'impunité de l'élite grecque même après la chute de la dictature. Incarcéré dans une prison du Massachusetts puis à Athènes, il est accusé d'avoir détourné plus de 200 millions de dollars à la Banque de Crète. Il a été libéré le 16 mars 2001 après avoir purgé 12 des 25 années de sa peine pour détournement, inscription de faux en écriture publique et obstruction à la justice.

Au cours des six interviews qu'il a accordées au journaliste Robert Ajemian du magazine *Time*, Koskotas affirme que, sous le gouvernement d'Andreas Papandreou, les responsables du Pasok ont demandé à des entreprises administrées par l'État de transférer d'importantes sommes d'argent à la Banque de Crète qu'il gérait alors. Il s'est ensuite arrangé pour enregistrer officiellement un taux d'intérêt bien plus faible sur les dépôts du gouvernement. Tous les intérêts perçus au-delà de ce taux de façade ont été siphonnés et envoyés directement à des hommes politiques. En un an, avoue-t-il au *Time*, il a confié à un proche du Papandreou une quarantaine de mallettes pleines de billets de 5 000 drachmes. Ces ponctions revenaient toutes les semaines, totalisant sur un an plus de 3 milliards de drachmes. D'après Koskotas, une demi-douzaine de responsables du Pasok auraient également reçu deux fois par mois des valises de billets pour un montant cumulé de 1,5 milliard de drachmes (environ 10 millions de dollars à l'époque)[62].

Au cours d'un procès en 1991-1992, Papandreou senior est accusé par le Parlement qui constitue alors une cour spéciale en charge de le juger. Papandreou refuse de coopérer et affirme que

61. « Γαλάζια ρουσφέτια στα Τουριστικά Ακίνητα », *Ta Nea*, 18 mai 2010.

62. Robert Ajemian, « Scandals The Looting of Greece », *Time*. Le site Internet indique la date du 24 juin 2001, mais cela a été publié une première fois avant le décès d'Andreas Papandreou en 1996.

les charges qui pèsent contre lui ne sont qu'une cabale politicienne. Il est acquitté par 7 voix contre 6. Il décède en 1996. Deux ministres subalternes sont condamnés à des peines de prison avec sursis : l'ancien ministre des Finances Dimitris Tsovolas pour le non-paiement d'une facture d'hôtel à l'État et l'ancien ministre des Transports Georges Petsos pour avoir accordé un permis de construire illégal à M. Koskotas[63].

800 000 maisons sans permis de construire

Le nombre impressionnant de constructions illégales en Grèce est un autre symptôme du non-respect de la loi qui règne dans le pays. Cette pratique a des conséquences sur le recouvrement de l'impôt par l'État, non seulement sur les propriétés foncières mais également sur les revenus des artisans comme les plombiers, les électriciens ou les maçons (voir la section consacrée aux impôts plus loin dans ce chapitre).

Par exemple, en août 2010, les tribunaux ont statué sur le cas de 157 propriétés bâties sans permis de construire sur les îles des Cyclades en échange de pots-de-vin, variant entre 15 000 € et 20 000 €, à des fonctionnaires pour prix de leur silence[64].

Autres scandales – morceaux choisis

- Ministère de l'Agriculture : un ministre, deux ministres délégués, un secrétaire général et un secrétaire spécial ont ouvert 64 lignes téléphoniques ! Personne ne sait combien Michael Karchimakis, secrétaire d'État au développement rural, a dépensé en relations publiques. La facture totale a totalisé environ 20 millions d'euros sur la période 2006-2008[65].

---

63. « Greek Ex-Premier Not Guilty in Bank Scandal », *New York Times*, 17 janvier 1992. En ligne : http://www.nytimes.com/1992/01/17/world/greek-ex-premier-not-guilty-in-bank-scandal.html.

64. « Cycladic Ring Exposed », *Kathimerini*, 30 août 2010.

65. « 20 εκατομμύρια ευρώ για ροζ τηλέφωνα σε υπουργείο! », blog d'Astelor Angel, 20 mai 2010. En ligne : http://edo-makedonia.pblogs.gr/2010/05/627232.html

- Les uniformes de police coûtent 4 000 € pièce : 1 091 uniformes pour 4 millions d'euros, c'est-à-dire plus chers que des costumes Armani[66].
- **ERT :** la radio publique grecque a dépensé 1 million d'euros pour concevoir de nouveaux logos[67].
- **Les champs de coton fantômes :** en mai 2010, un rapport parlementaire cité par *Kathimerini* révèle que : « Plus de 30 agriculteurs ont obtenu des subventions publiques pour des champs de coton qui n'existent pas à Skourta – une zone connue pour l'absence de terres arables. »
- **La société Macedonian Protein** détenue par trois entreprises offshore, dont le chiffre d'affaires est d'à peine 250 000 € et qui n'embauche aucun employé a réussi à obtenir une aide au développement de 8,5 millions d'euros au titre de la Loi de développement 3299/04. Signée par le ministre du développement de l'époque[68].
- **Un hôtel de 200 m^2 avec 17 chambres (et une petite aide de l'État) :** en Crète, le chef des municipalités Phanasis Karounsis a découvert quelques cadavres dans le placard. L'un des principaux scandales est la prétendue reconversion d'un bâtiment de 200 m^2 en hôtel « avec 17 chambres » dans la partie centrale d'Héraklion, pour un budget subventionné de 1,99 million d'euros.
- **L'Agence du lac Kopais :** créée dans les années 1950 pour superviser le drainage du lac et la construction d'une nouvelle route, l'agence a achevé sa mission en 1957. Pourtant, le chef du bureau d'audit Leandros Rakintzis déclare en 2010 : « Aujourd'hui, Kopais embauche 30 personnes à plein temps. Personne ne sait ce qu'elles font. Et tous les ans, ils annoncent

66. « The "Party" with the Procurement Contracts of Municalities », *Vima*, 8 août 2010. En ligne : http://www.tovima.gr/default.asp?pid=2&ct=32&artId=347554&dt=08/08/2010#ixzz0w6dWz5tf
67. « The Unravelling of ERT has begun », *Vima*, 3 août 2010. En ligne : http://www.tovima.gr/default.asp?pid=2&ct=1&artid=346653&dt=03/08/2010#ixzz0vY9MpEol
68. « Grant of €8.5 Million to a Ghost Company, via Mr Sioufas' Hand », *Proto Thema*, 23 mai 2010. *Vima* a relaté cette histoire le 14 mai 2010.

vouloir encore recruter. L'agence a un conseil d'administration, un président, et le président du conseil d'administration dispose d'un chauffeur à plein temps.»

- **Thessalonique, capitale culturelle de l'Europe en 1997 :** lorsque la deuxième plus grande ville de Grèce est choisie comme capitale culturelle de l'Europe en 1997, le gouvernement crée une agence pour superviser les activités culturelles de l'année. Elle existe toujours en 2010 et annonce avoir encore besoin de travailler sur le programme culturel.
- **Les péages :** un employé du ministère des Travaux publics a apparemment passé ses journées de travail à collecter des reçus des cabines de péage. Il devait ensuite les donner à son superviseur qui lui payait en liquide le montant agrégé des tickets, allant parfois jusqu'à 800 € (1 100 $) par jour. Les responsables utilisaient ensuite les reçus pour justifier de déplacements bidons et demander des allocations de transport journalières plus généreuses[69].
- **Olympic Airways :** pendant des décennies, les syndicats ont bloqué les tentatives du gouvernement de vendre la compagnie grevée de dettes Olympic Airways. Les membres des familles des employés pouvaient voyager gratuitement dans le monde entier. Olympic a été vendue en 2008, «mais seulement après que l'État a généreusement compensé ou réembauché les 4600 employés», rapporte Reuters. De nombreux anciens employés ont bloqué les voies de circulation d'Athènes parce qu'ils n'avaient pas touché l'intégralité de leur indemnisation[70].
- **Prestations d'invalidité :** en Thessalie, en Crète et en Grèce continentale, le nombre de personnes touchant des prestations d'invalidité est de 18 % supérieur au niveau national, voire de 35 % dans certains villages. Certains cas de fraude manifeste ont été identifiés incluant des personnes aveugles jouant au

---

69. Jason Koutsoukis, «Small-Time Corruption Greece's Big Problem», *Sydney Morning Herald*, 15 mai 2010.

70. «Five Areas of Greek Budget Waste», Reuters, 28 avril 2010.

backgammon, grimpant des échafaudages ou travaillant comme chauffeurs de taxi ou de camions de livraison[71].

Pour ceux qui n'ont jamais vécu ou travaillé en Grèce, je répète que les cas décrits ici ne sont que la partie émergée de l'iceberg. Les pots-de-vin, le gaspillage, le copinage, etc. font partie du quotidien de la vie publique en Grèce. L'absurde se banalise ; la kleptocratie devient un passe-temps.

IMPÔTS : LA GRANDE ÉVASION

L'évasion fiscale, tout comme les manifestations de rue, est un sport national en Grèce. Les deux se combinent parfois. En mars 2010, les conducteurs de taxi et les propriétaires de stations-service ont fait grève pendant 24 heures pour s'opposer à une mesure leur imposant de donner des reçus de TVA à leurs clients.

C'est un euphémisme de dire que le taux de perception des impôts en Grèce est faible. Dans de nombreux cas, le régime fiscal est extrêmement défavorable à certaines personnes qui n'ont pas de chance. Le système lui-même est hautement erratique et injuste, encourageant une évasion généralisée. Comme on l'a vu précédemment, depuis la période ottomane, l'évasion fiscale est profondément enracinée dans les habitudes culturelles de la Grèce. Une étude indique que 96 % des Grecs sont prêts à corrompre l'administration fiscale pour réduire leurs impôts[72].

L'évasion fiscale se pratique à une telle échelle qu'il existe dans les faits deux économies parallèles : l'économie formelle et l'économie grise. Mi-2010, un *trader* grec basé à New York produit une analyse qui sera largement diffusée par e-mail dans le petit monde du *trading*. Il y raconte les pots-de-vin, la corruption, le contrôle exercé par seulement 20 familles oligarchiques et la richesse croissante de l'oligarchie du Pasok depuis la victoire du parti aux élections de 1981. Il attire également l'attention sur les avoirs massifs,

---

71. «Μαχαίρι στις "μαϊμούδες" αναπηρικές συντάξεις», *Proto Thema*, 27 septembre 2010. En ligne : http://www.protothema.gr/economy/article/?aid=82703.

72. Vortelinos, «Bureaucracy and Corruption».

non imposés et les éléments hors bilan, détenus par les particuliers grecs et les entreprises :

> Nous, les Grecs, sommes parmi les plus riches au monde. D'après les statistiques officielles, nous figurons déjà confortablement au rang des 40 premiers PIB par habitant au monde. Mais cela ne s'arrête pas là. N'oublions pas que ce ne sont que les revenus déclarés. Ne citez pas mes statistiques apocryphes, mais je sais de sources sûres que seulement 6 Grecs ont déclaré plus de 1 million d'euros de revenus l'année dernière. Et ils sont exactement 85 à avoir déclaré plus d'un demi-million de revenus.

La direction générale des impôts a révélé que des médecins, des avocats et des hommes d'affaires ont transféré sur des comptes en Suisse jusqu'à 15 millions d'euros chacun, tout en ne déclarant que 40 000 à 80 000 € de revenus[73].

D'après le *Financial Times*, moins de 5 000 personnes ont déclaré des revenus annuels supérieurs à 100 000 €. Pourtant, plus de 60 000 ménages grecs ont des investissements en espèces et en titres pour plus de 1 million d'euros selon les estimations de la Banque de Grèce. On a observé une forte activité des revenus moyens début 2010 pour mettre leurs affaires fiscales en ordre dans la perspective des mesures répressives à venir[74].

En avril 2010, le ministre des Finances Georges Papaconstantinou annonce qu'il y a désormais plus de Grecs qui paient leurs impôts mais reconnaît également que cela reste encore bien en dessous du nombre total de contribuables potentiels. Dans un entretien accordé au journal britannique *Observer*, il déclare : « Si vous regardez les chiffres réels, vous verrez qu'il y a environ 15 000 personnes qui déclarent plus de 100 000 € par an. Personne ne peut croire un instant qu'il n'y a que 15 000 Grecs qui gagnent plus de 100 000 € par an dans ce pays[75]. »

Ilias Plaskovitis, secrétaire général du ministère des Finances grec, déclare au *New York Times* en 2010 : « De nombreuses personnes

---

73. « 2,000 Big Depositors Caught in Switzerland », *Proto Thema*, 22 août 2010.
74. « Greek Taxpayers Sense Evasion Crack-Down », *Financial Times*, 16 avril 2010.
75. « Super-Wealthy Investors Move Billions out of Greece », *Observer*, 7 février 2010.

possèdent une maison, une maison de campagne, deux voitures voire un petit bateau mais qui ne déclarent gagner que 12 000 € par an. Vous ne pouvez même pas chauffer une maison ou acheter de l'essence pour votre voiture avec ce genre de revenus. » Le gouvernement grec s'est fixé pour objectif de collecter au moins 1,6 milliard d'euros de plus que l'année dernière. Pourtant, M. Plaskovitis avoue que les responsables de l'UE ne l'ont pas laissé inclure cette donnée dans les projections de réduction du déficit. « Ils ont dit : "Oui, oui, nous avons déjà entendu cette rengaine mais cela ne s'est jamais produit[76]." »

Des transferts de richesse significatifs par des personnes très aisées vers l'étranger ont été signalés. Ces mouvements s'expliquent davantage par les craintes nourries à l'égard du système bancaire grec (défaut potentiel du pays ou expulsion de la zone euro) que par l'envie de ne pas payer d'impôts. Des transferts en espèces ont été réalisés sur des comptes bancaires en Suisse et à Chypre et l'immobilier à Londres est devenu encore plus attractif. En avril 2010, les acheteurs grecs représentaient 6 % de tous les achats de propriété au-dessus de 2 millions de livres sterling (soit 2,3 millions d'euros) dans la capitale britannique, selon l'agent immobilier Knight Frank :

> Au cours des quatre à six dernières semaines, beaucoup d'argent a été transféré à l'étranger ; j'ai entendu des chiffres incroyables, déclare l'analyste financier Kostas Panagopoulos dans un entretien en février 2010. Les gens transfèrent leurs fonds soit parce qu'ils n'ont pas confiance dans notre système bancaire et veulent se soustraire à une éventuelle taxation des dépôts soit parce qu'ils sont simplement préoccupés par le futur de notre économie[77].

Dans ce contexte d'évasion fiscale généralisée, ceux qui essaient de respecter les lois vivent parfois des moments difficiles. Un entrepreneur prospère basé en Grèce m'a dit dans une interview qu'il veut rester dans le pays et payer des impôts mais que s'il

---

76. Suzanne Daley, « Greek Wealth is Everywhere but Tax Forms », *New York Times*, 1er mai 2010.

77. « Super-Wealthy Investors Move Billions out of Greece », *Observer*, 7 février 2010.

déclare tous ses bénéfices, il sera taxé plus qu'il ne gagne. Il est connu des agents de l'administration fiscale et attire beaucoup leur attention. Dans une interview pour ce livre, il raconte :

> Le système fiscal est kafkaïen. C'est un vrai cauchemar. Vous devez toujours garder de l'argent dans un tiroir du bureau au cas où un agent des impôts viendrait prendre un café. À cause des nombreuses incohérences entre les différents articles de loi sur les impôts, il est impossible d'être 100 % irréprochable. Savez-vous que notre système fiscal est remanié plusieurs dizaines de fois par an ? Des livres énormes, de plusieurs centaines de pages chacun et contenant des modifications ou des mises à jour, sont publiés tous les mois et les comptables doivent suivre tout cela.
>
> Donc, pour un bénéfice de 100 $ réalisé cette année, vous paierez 100 $ d'impôts, en attendant de contrebalancer une partie de cet argent l'année prochaine. C'est pourquoi vous devez mentir. Vous devez répartir vos revenus et vos dépenses de façon à survivre au système fiscal. Mais il n'y a rien de légal là-dedans. Vous ne pouvez pas dire à un client : « Pouvez-vous me payer l'année prochaine s'il vous plaît ? »

DES MÉDECINS EN OR

Dans le pays qui a donné au monde le serment d'Hippocrate, le principe premier de « s'abstenir de tout mal » ne semble pas s'appliquer à la sauvegarde des finances publiques. L'évasion fiscale est devenue endémique dans la profession médicale.

En mai 2010, le ministre des Finances « a nommé et dénoncé publiquement » 57 médecins pour ne pas avoir payé leurs impôts. Il a également annoncé des amendes de plusieurs centaines de milliers d'euros pour 11 d'entre eux et averti qu'il confisquerait les comptes en banque de ceux qui doivent de l'argent à l'État.

En août 2010, le chef d'une agence du fisc a révélé qu'un médecin, dans le cadre du scandale DePuy, a transféré 4 millions d'euros en Suisse, soit infiniment plus que son revenu déclaré[78]. En lien

78. « 2,000 Big Depositors Caught in Switzerland », *Proto Thema*, août 2010.

avec l'affaire DePuy, les autorités fiscales grecques ont eu accès aux comptes de 12 orthopédistes et ont découvert qu'entre 2001 et 2008, ils y avaient déposé près de 31 millions d'euros[79].

Dans l'équivalent grec de la rue de Harley à Londres, on trouve 151 médecins. 34 d'entre eux déclarent gagner *moins* de 10 000 € et 30 entre 10 000 € et 20 000 €. 32 se situent dans la fourchette 20 000 € – 30 000 € et 19 dans la fourchette 30 000 € – 50 000 € ; 25 indiquent toucher entre 50 000 € et 100 000 € et seulement 11 reconnaissent avoir un revenu compris entre 100 000 € et 550 000 €. Un médecin a prescrit pour 25 000 € de médicaments parce qu'il reçoit des « honoraires au volume ». D'autres médecins montent des « coentreprises » avec des pharmacies particulières et leur envoient leurs prescriptions[80].

Le cercle vicieux de la fiscalité

Le recouvrement des impôts en Grèce est un cercle vicieux. Les autorités s'acharnent sur les quelques personnes honnêtes qui déclarent leurs revenus réels et laissent des milliers de hauts revenus s'en tirer en toute impunité. L'administration fiscale grecque doit commencer par encourager le respect de la loi et punir les fraudeurs.

Depuis mi-2010, le gouvernement a annoncé des progrès sur la lutte contre l'évasion fiscale des hauts revenus. En plus de dénoncer nommément les médecins fraudeurs, des poursuites ont été engagées contre le chanteur Tolis Voskopoulos, star en Grèce, au titre d'un non-paiement de 5 millions d'euros aux impôts. Cette affaire a entraîné des remous politiques au sein du gouvernement puisque sa femme est Angela Gerekou, ministre du Tourisme du gouvernement Pasok. Elle a nié avoir eu connaissance des affaires fiscales de son mari mais elle s'est sentie obligée de démissionner.

Le gouvernement a terriblement besoin que quelques hauts revenus soient condamnés ou lui remboursent les arriérés de paie-

79. « Doctors Probed », *Kathimerini*, 14 mai 2010.

80. *Kathimerini*, août 2010.

ment. Cela encouragerait le respect de la loi, augmenterait les rentrées fiscales, diminuerait la pression sur les personnes qui paient leurs impôts et les agents de l'administration fiscale excessivement zélés qui les harcèlent. On a besoin d'un système plus simple, plus juste avec des taux de base modérés qui encouragent le paiement des impôts et où les contribuables sont traités avec justice et dignité. Il s'agit d'un changement culturel, pas juste technique. L'élite doit se défaire de sa culture de l'impunité.

Les oligarques et les conglomérats

Un État clientéliste, dominé par une hydre à sept têtes comme en Grèce, crée des conditions favorables à l'émergence d'une oligarchie et non de *clusters* spécialisés comme dans les industries développées. L'univers opaque de l'oligarchie privilégie la constitution de conglomérats qui détiennent leur propre banque, leur journal, leur chaîne de télé et des entreprises industrielles. Dans ce système, la puissance économique est concentrée dans les mains de quelques-uns. Le réseau des industries de taille moyenne soutenues par des banques régionales, comme on peut le voir en Allemagne ou en France, n'existe pas.

Les oligarchies locales grecques ont constitué des réseaux de contacts lucratifs avec le gouvernement dans le secteur des travaux publics et beaucoup ont bâti toute leur existence là-dessus. La plupart de ces contacts sont extrêmement coûteux car ce système de concurrence entre les réseaux de « relations » ne s'intéresse pas à l'efficacité ni aux critères de coûts . Ces petits arrangements se focalisent sur l'importance d'établir des relations avec les autorités, voire avec les multinationales étrangères, mais délaissent par exemple l'innovation en matière de produits. De même, le contrôle des médias devient un prérequis pour diriger un business et non la recherche de la rentabilité.

Le magnat le plus célèbre de Grèce reste Aristote Onassis qui ironisait : « Ne jamais faire confiance à une personne qui refuse un pot-de-vin. »

Le poids de l'héritage

Le monstre à sept têtes qu'est le secteur public grec n'est pas qu'une conséquence de la difficile histoire économique de l'euro et de la crise de la dette souveraine. Il est responsable à part entière d'une grande partie de la crise : le gaspillage qu'induisent le favoritisme, la corruption et l'incompétence absolue coûtent des milliards d'euros.

C'est culturel. De trop nombreux hommes politiques grecs pensent être au-dessus des lois et confondent l'argent des contribuables avec le leur. Par effet de contagion, ces comportements influencent plus largement les citoyens dans leur rapport au respect du droit et des fonds publics. Les hommes politiques semblent s'offusquer que des enquêtes préliminaires puissent être déclenchées même lorsqu'il y a des débuts de preuves de corruption ou d'abus de biens sociaux par un individu. Cet héritage a plusieurs facettes : les dirigeants n'ont pas d'autorité lorsqu'ils en appellent au sacrifice des citoyens ordinaires ou exigent que les impôts soient payés ou que les hôpitaux locaux gèrent leurs budgets de façon responsable ou que les médecins prescrivent des médicaments en fonction des maladies à traiter et non de *fakelaki*. Leur irresponsabilité budgétaire génère de l'injustice et crée un risque politique.

Par exemple, dans une interview radiophonique en avril 2010, le chef du syndicat des dockers déclare : « Aujourd'hui, on demande aux gens de payer à nouveau pour l'argent que les hommes d'affaires ont pris. Nous ne devons rien à personne. Nous ne sommes pas responsables de la dette et pourtant on nous demande de payer pour cela. » Ce que ces paroles ne reflètent pas est que les dockers eux-mêmes ont profité de « *closed shops* » et des autres caractéristiques de l'hydre

Les dirigeants de l'Union européenne ont délibérément ignoré les questions de probité, d'audit, d'efficacité dans la perception des impôts, de culture nationale et de nature des dépenses publiques lorsqu'ils ont évalué la conformité de la Grèce aux critères d'adhésion à l'euro. Toute l'inutilité de forger un jugement économique uniquement sur des indicateurs agrégés apparaît clairement ici. Tous les déficits ne sont pas de même nature. Toutes les croissances et les emprunts non plus. Si l'État grec avait investi une partie des sommes colossales empruntées en euros au début des années 2000 dans de véritables projets (comme les 15 instituts de technologie créés en Inde par l'administration Nehru après l'indépendance et qui ont contribué à faire du pays un hub technologique), il se serait assuré d'une plateforme de croissance pour rembourser ses dettes.

Mais, après des années de cleptocratie et de gaspillage à grande échelle, que nous reste-t-il ? Un aéroport dernier cri, un réseau de métro, quelques autoroutes, des stades (parfois inutilisés), des enquêtes coûteuses sur des cas de corruption et de fraude qui n'aboutiront peut-être à rien et assez d'équipement militaire pour envahir un pays de taille moyenne. Mais à quoi bon avoir une défense nationale si nous perdons tout contrôle sur notre économie ?

Le pillage de la Grèce : un État sans loi

Pas de place pour les euphémismes dans cette saga grecque. Les scandales et la corruption ne sont pas de simples notes de bas de page à la tragédie de la Grèce et de l'euro ; ils font partie intégrante d'une culture du désordre cleptocratique qui a largement gaspillé les premiers bénéfices de l'adhésion à l'UE, pillé la richesse de la nation et mis en péril la monnaie unique.

Tous les Grecs sont responsables : à la fois la classe supérieure avec ses revenus minimisés et les masses avec leurs nombreux emplois fictifs et leurs pensions trop généreuses. Il existe une collusion tacite entre tous. La Grèce était une économie avec peu de rentrées fiscales, un service public faible caché derrière des fonds de cohésion de l'UE, des emprunts obligataires et une fuite des cerveaux grecs aspirant à la méritocratie. Cela a toujours été un système de Ponzi insoutenable. La seule question est de savoir pourquoi cela a pris aussi longtemps avant d'imploser.

L'UE était consentante. Les gouvernements successifs de la Grèce et les planificateurs de l'euro ont ignoré ces aspects de la culture nationale et ont eu l'air d'avoir réussi pendant dix ans un coup improbable : catapulter une nation en développement en première division de l'union monétaire et créer la prochaine devise mondiale. Tout cela ne pouvait que mal se finir.

6

Coup de malchance : tout s'effrite…

> C'est comme une sensation de déjà-vu, encore et encore.
>
> Yogi Berra

Lorsque la crise économique mondiale commence en 2008, l'économie grecque présente une impressionnante accumulation de handicaps : une dette publique élevée, un fort déficit commercial, un secteur public disproportionné, des syndicats très contestataires, une culture «péroniste», une corruption endémique, des recettes irrégulières, un accompagnement de l'UE complaisant, une monnaie surévaluée, des consommateurs en attente d'une amélioration de leurs conditions de vie et une adhésion à l'euro fondée sur des données falsifiées…

Quand ça tourne mal…

En 1998, l'Argentine était dans la même situation. Elle avait assez bien réussi à tempérer les conséquences des crises financières du milieu des années 1990 (crise Tequila, crise asiatique et défaut russe) de la même façon que la Grèce a semblé sortir indemne de la crise des *subprimes*. Cependant, la dette des pays d'Amérique du Sud, libellée dans une devise forte, a augmenté à la fin des années 1990 et leur compétitivité a pâti de plus en plus du rattachement au dollar. Les réformes intérieures ont fléchi et les dynamiques internes de clientélisme et d'un marché du travail rigide ont entravé la reprise économique. Par ailleurs, une partie significative du déficit du secteur public était inscrite hors bilan à cause des provinces.

L'Argentine en 1998 et la Grèce en 2008 étaient enchaînées à des régimes de change fixe qui excluaient formellement toute dévaluation. La Grèce était encore plus contrainte. Une dévaluation caractérisée aurait entraîné une reculade du ministère des Finances, une série de démissions ministérielles et un risque d'inflation. D'un autre côté, un départ de la zone euro signifiait une crise constitutionnelle et politique pour les 27 membres de l'Union européenne. Les traités internationaux seraient rompus tout comme les promesses faites à l'électorat. Pour les dirigeants européens, la préservation de l'euro est un objectif primordial. L'idée même d'un défaut et du départ d'un État membre est considérée comme une solution de dernier ressort absolu. Et dans l'esprit de beaucoup, ce n'est même pas envisageable du tout. Le traité de Maastricht qui a créé l'euro ne couvre pas le cas de l'exclusion d'un membre. Cet attachement à la monnaie unique comme pivot du projet européen, malgré l'absence d'une infrastructure complète pour la soutenir, a des origines lointaines et complexes.

Des données trompeuses : le graphique de la dinde

Les philosophes connaissent l'histoire de la dinde de Noël comme illustration du *problème d'induction*, du caractère imprévisible des événements et de l'inutilité d'extrapoler pour construire des prévisions. Si vous représentez sur un graphique l'état de santé et la courbe de poids d'une dinde dans la Sarthe aux mois d'octobre et de novembre, vous observerez une amélioration continue de ces paramètres. La dinde pourrait raisonnablement en conclure que l'être humain, notamment dans le canton de Loué, est bienveillant et qu'il continuera indéfiniment à la nourrir chaque jour. Le philosophe Bertrand Russell a débattu de ce problème, remis au goût du jour par Nassim Nicholas Taleb dans son livre *Le Cygne noir* où il souligne : « L'histoire d'un processus qui se déroule pendant mille jours ne vous dit rien de ce qui va se produire ensuite[1]. »

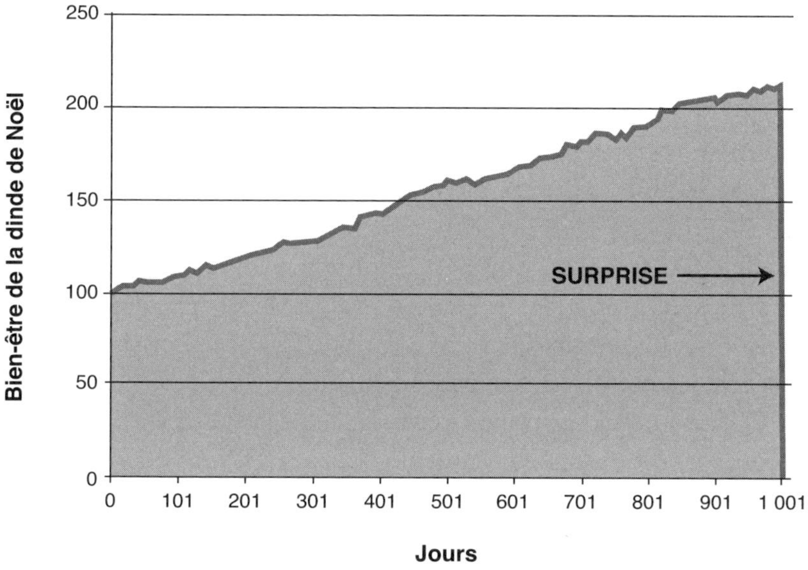

Figure 6.1 Le graphique de la dinde de Noël.
Source : Nassim Nicholas Taleb, *The Black Swan*, Allen Lane, 2007.

Au début des années 1990 et 2000 respectivement, les graphiques économiques de l'Argentine et de la Grèce ressemblaient à celui de la dinde.

Les indicateurs économiques peuvent être trompeurs, au moins lorsqu'ils ne font pas la distinction entre des dépenses alimentées par de l'endettement et un développement économique durable. Une analyse approfondie a montré que la croissance observée en Argentine dans les années 1990 et en Grèce dans les années 2000 n'était pas de nature pérenne. Les tendances en termes d'investis-

1. Nassim Nicholas Taleb, *The Black Swan: The Impact of the Highly Improbable*, Londres, Allen Lane, 2007.

sements, d'épargne et de balance commerciale s'aggravaient dangereusement. Cette situation a été financée par un niveau d'endettement problématique, essentiellement externe. L'ensemble fonctionnait comme une chaîne de Ponzi géante : sans modification des comportements ou sans réforme fondamentale, la «croissance» ne pouvait se poursuivre qu'avec plus d'endettement encore.

Comme dans tous les pays périphériques de la zone euro, la balance commerciale de la Grèce s'est détériorée dans les années 2000. C'était contraire aux prédictions des architectes de l'euro, et les conséquences ont été fortement déstabilisantes comme nous le verrons plus loin dans ce chapitre.

L'Argentine a connu exactement le même schéma dix ans plus tôt. Les déficits commerciaux étaient plus faibles, mais un taux de change surévalué, une base productive réduite, l'absence de réformes économiques à l'échelle nationale et une dépendance croissante aux emprunts externes pour financer la «croissance» ont créé les mêmes dynamiques instables.

C'est pourtant ce type de «croissance» à la Ponzi qu'a encensée le commissaire européen chargé des affaires économiques et monétaires, Joaquin Almunia, qui considérait que l'économie grecque était dans «une meilleure situation que la moyenne de l'UE». Je reviendrai au chapitre suivant sur l'analyse incroyablement erronée des dirigeants européens et sur son impact désastreux.

Des institutions pourtant plus sérieuses ont également sous-estimé les risques liés au fonctionnement de l'économie grecque. En 2007, un rapport de l'Organisation de coopération et de développement économiques note : «Contrairement aux attentes d'un effondrement après les Jeux olympiques, l'économie a continué sa progression rapide en 2005 et 2006 grâce à un assainissement budgétaire substantiel.» Il souligne également qu'après avoir atteint un pic de 7,75 % en 2004, le déficit public est revenu à un niveau estimé de 2,5 % du PIB en 2006. Pour être juste, il faut préciser que cette estimation a été réalisée avant la brutale révision des statistiques par le gouvernement fin 2009[2].

---

2. «Economic Survey of Greece 2007: Recent Performance and Key Challenges», Organisation de coopération et de développement économiques, 30 mai 2007.

En octobre 2008, une analyse pays dédiée à la Grèce de l'*Economist Intelligence Unit* souligne les accords salariaux et le fort déficit commercial mais s'achève sur une remarque positive : la croissance du PIB a ralenti passant de 4 % en 2007 à environ 2,6 % en 2008 ; les prévisions annoncent un repli supplémentaire avec une croissance du PIB en baisse à 1,4 % en 2009 avant de repartir à la hausse à 2,1 % en 2010[3].

La « grande modération »

Il existe une tendance humaine à supposer une certaine modération, surtout en économie, et à minimiser la possibilité d'un événement extrême (ou un « cygne noir ») qui surgirait alors que le contexte est en apparence favorable. Fondamentalement, notre espèce préfère gérer les problèmes à son échelle. Les montants en jeu dans la finance internationale sont tels qu'une erreur ou un glissement de politique peuvent avoir des conséquences qui dépassent largement notre seule capacité à y faire face. Tout cela crée parfois l'illusion qu'on se situe dans la partie supérieure du graphique de la dinde.

La notion de « grande modération » apparaît entre la fin des années 1990 et le début des années 2000 dans les cercles d'économistes. Cette expression malheureuse est extraite d'un discours de l'actuel président de la Réserve fédérale des États-Unis, Ben Bernanke, donné en 2004 lorsqu'il n'était que l'un des gouverneurs de la Réserve fédérale. Il faisait référence à « la profondeur accrue et à la sophistication » des marchés financiers, à la dérégulation, à la transformation d'un monde industriel en un monde de services et à la plus grande ouverture du commerce et des flux internationaux de capital. Pour être juste, il a également reconnu le rôle de la « chance » dans ce contexte et a averti qu'il n'y avait aucune garantie que de telles conditions modérées se poursuivent indéfiniment[4].

---

3. « Greece Country View », Economist Intelligence Unit, 22 octobre 2008.

4. Ben S. Bernanke, « The Great Moderation », Conseil de la Réserve fédérale, 20 février 2004. En ligne : http://www.federalreserve.gov/BOARDDOCS/SPEECHES/2004/20040220/default.htm.

Tout en reconnaissant que c'était «temporaire», il supposait que «les décideurs en matière de politique monétaire avaient une compréhension pertinente de l'économie et qu'ils prenaient les mesures les plus à même de promouvoir les meilleures performances économiques possibles». Pour lui, les chocs économiques étaient devenus mineurs et moins fréquents. Avec le recul, on sait désormais que les décideurs politiques n'avaient pas du tout une vision claire de l'ampleur des risques induits par l'accumulation d'hypothèques titrisées, par l'inscription hors bilan d'une partie de la dette (en particulier en Europe) et par la manipulation des statistiques en vue de l'adhésion de la Grèce à l'UE. Cela et d'autres facteurs cachés ont augmenté le risque d'un «cygne noir» même si le contexte économique avait l'air de s'améliorer à court terme. C'est un tel risque que minimise totalement la phrase réconfortante sur «la profondeur et la sophistication des marchés financiers». L'expression de «grande modération» est du même ordre que «cette fois-ci, c'est différent» ou «le nouveau paradigme». Quand on y pense un peu, le terme «sophistication» devrait plutôt inquiéter lorsqu'il s'applique au domaine de l'investissement bancaire.

La dinde aussi était totalement décontractée et repue avant d'être tuée.

En Argentine tout comme en Grèce, les indicateurs économiques se sont rapidement dégradés. La situation en Grèce était pire qu'en Argentine. Fin 2001, le ratio dette publique sur PIB de l'Argentine était de 62 %, contre 41 % en 1998. Fin 2009, celui de la Grèce était de 114 %. Le déficit public de l'Argentine était de 6,4 % du PIB en 2001 alors que celui de la Grèce était de 12,7 % en 2009. Personne n'a véritablement pris l'ampleur de l'effondrement de l'économie grecque jusqu'à ce que le nouveau gouvernement Pasok reconnaisse que les statistiques du pays avaient sérieusement minimisé le poids de la dette. Celle-ci a presque doublé d'un coup en pleine escalade de la crise de la dette souveraine dans la zone euro, et ce, même si cela faisait plusieurs années que la balance commerciale, l'inefficacité du secteur public et le profil de la dette extérieure s'aggravaient. La Bank of America / Merrill Lynch a calculé que le déficit public se décomposait de la façon suivante : une partie cyclique d'environ 2,5 % du PIB, un déficit principal de 6 % et des charges d'intérêts de 4,5 % du PIB[5].

La compétitivité des deux pays s'est érodée de 20 % en dix ans à cause d'un taux de change surévalué. En 2009, la Grèce avait un déficit extérieur courant représentant 11,2 % de son PIB alors que celui de l'Argentine en 2002 était de seulement 1,7 % du PIB[6].

Les faiblesses et les déséquilibres des économies (clientélisme, boom de la consommation et de l'emprunt, taux de change non compétitif pour l'industrie) ont rapidement créé un cercle vicieux, renforcé par l'impossibilité de dévaluer.

Des décennies de gestation

Le cas de la Grèce n'aurait dû surprendre personne. Les planificateurs de la monnaie unique n'avaient ni analysé la production intérieure, ni étudié les indicateurs de déficit public apparemment favorables, ni sondé les raisons d'une amélioration aussi rapide de la situation économique en 2001 malgré les avertissements. Trois universitaires en faveur d'un plan de sauvetage dès 2010 soutiennent qu'il est encore possible d'éviter un défaut de la Grèce tout en tenant compte de la nature systémique et de long terme du problème. Dans leur article, Costas Meghir, Dimitri Vayanos et Nikos Vettas affirment en effet :

> Même si la dette de la Grèce disparaissait comme par enchantement en une nuit (...) des réformes seraient encore nécessaires ou alors la Grèce connaîtrait bientôt un nouveau problème de dette.
>
> Quand ce problème d'accumulation de l'endettement public est-il apparu ? La dette a augmenté très fortement pendant les années 1980 et s'est accrue ensuite à un rythme plus modéré pendant les années 1990 et 2000.

---

5. « Is Greece Sustainable? », Bank of America / Merrill Lynch, 21 avril 2010.
6. Les données sur la compétitivité de l'Argentine sont extraites de : Peter Boone et Simon Johnson, « What Happened to the Global Economy and What Can we do About It? », The Baseline Scenario, 11 mars 2010. En ligne : http://baselinescenario.com/2010/03/11/the-coming-greek-debt-bubble/#more-6757. Le chiffre de 20 % de surévaluation de la monnaie en Grèce provient de « Is Greece Heading for Default? », *Oxford Economics*, février 2010.

> Comment la dette publique affecte-t-elle l'économie ? La dette a déclenché une diminution des investissements productifs et une augmentation de la consommation.
>
> Pourquoi la Grèce est-elle endettée auprès d'investisseurs étrangers ? Parce que les citoyens grecs ont consommé bien au-delà de leurs moyens avec l'argent que leur gouvernement empruntait auprès d'investisseurs étrangers[7].

Cela résume habilement les principales caractéristiques du développement de la crise, ignoré des dirigeants de l'Union européenne.

La Grèce n'avait d'autre choix que d'importer plus qu'elle n'exportait parce qu'elle empruntait à des investisseurs étrangers. Pendant les années 1990, le pays a emprunté une moyenne de 4,1 % par an. Ce taux est passé à 10,2 % dans les années 2000. La dette extérieure est passée de 42,7 % du PIB en 2000 à 82,5 % en 2009. Les transferts de l'Union européenne ont décliné au moment de l'intégration des pays d'Europe de l'Est, et les charges d'intérêts ont augmenté sur un niveau de dette lui aussi en augmentation. Il n'y avait plus assez d'épargne intérieure pour acheter des obligations d'État, d'où la progression de sa composante extérieure (d'à peine plus de 10 % au début des années 1990 à environ 80 % en 2009). La dette extérieure totale est passée de 42,7 % du PIB en 2000 à 82,5 % en 2009[8].

Tableau 6.1 Déficit public grec

Décennie	1960-1969	1970-1979	1980-1989	1990-1999	2000-2009
Déficit public (en % du PIB)	0,6	1,2	8,1	8,4	5,9

Source : OCDE.

7. C. Meghir, D. Vayanos et N. Vettas, « The Economic Crisis in Greece: A Time of Reform and Opportunity », août 2010. Résumé publié par le *Financial Times*, 23 août 2010 : « Greek Reforms Can Yet Stave Off Default ».

8. Meghir *et al.*, « The Economic Crisis in Greece », et Richard Koo, « Learning the Wrong Lessons From the Crisis in Greece », Nomura, 15 juin 2010.

Le tableau 6.2 montre le niveau de la dette publique à chaque fin de décennie, exprimé en pourcentage du PIB, alors que le tableau 6.3 montre la détérioration de l'investissement et l'augmentation de la consommation.

Tableau 6.2 Dette publique grecque

Année	1980	1990	2000	2009
Dette publique (en % du PIB)	26	71	101,5	115,1

Source : OCDE.

Comme on peut le voir, le déficit a commencé à se creuser à partir des années 1980 et, pendant qu'il poursuivait sur cette trajectoire, la dette a explosé et s'est accumulée pendant 20 ans.

Tableau 6.3 Consommation et investissement grecs

Décennie	1970-1979	1980-1989	1990-1999	2000-2009
Consommation (en % du PIB)	77,2	85,1	90,1	88,8
Investissement (en % du PIB)	30,7	23	20,6	22,6

Source : OCDE.

Comme on l'a évoqué au chapitre précédent, l'État grec ne pouvait pas justifier la nature de ses dépenses contrairement à des pays comme le Brésil et l'Inde qui ont investi plus substantiellement dans les capacités technologiques de leurs nations. Si l'emprunt avait financé la recherche et le développement ou toute autre forme d'investissements en capital humain, cela aurait amélioré la base productive et permis à l'économie d'avoir une croissance pérenne. Cette croissance aurait, avec le temps, réduit les déficits des secteurs public et privé. D'après un rapport :

> La majeure partie a été consacrée à l'augmentation de la facture des salaires dans la fonction publique, c'est-à-dire plus de

> fonctionnaires et des salaires plus élevés, et à l'augmentation de la facture des retraites, c'est-à-dire plus de retraités et des retraites plus élevées[9].

Pire, l'évasion fiscale et la corruption, généralisées et permanentes, ainsi qu'un marché du travail rigide ont étouffé toute opportunité d'activités à forte croissance et à forte valeur ajoutée. En effet, les entreprises qui pratiquent l'évasion fiscale ont plutôt tendance à rester petites et à avoir un contenu technologique faible. Pour combler les trous, le gouvernement a tendance à augmenter les impôts sur les entreprises plus grandes et à plus fort contenu technologique, ce qui entrave leur rentabilité. La corruption et la bureaucratie génèrent également des coûts supplémentaires pour les entreprises tout comme la pratique des « affiliation obligatoires ou « *closed shops* »[10]. Les sept têtes de l'« hydre » de la fonction publique grecque ont annihilé toutes les options de sortie face au problème de la dette.

> Les bénéficiaires de l'argent public ont consommé davantage grâce à leurs augmentations de salaires (…) L'investissement a diminué car il y avait moins d'épargne privée disponible pour le financer. En effet, le gouvernement levait des fonds en vendant des obligations aux citoyens grecs qui répartissaient en réalité toute leur épargne entre l'achat d'obligations d'État et d'obligations d'entreprises (…) Puisqu'une grande partie de l'argent emprunté par le gouvernement (…) n'était pas dépensée dans des infrastructures publiques, l'investissement productif agrégé réalisé par les secteurs public et privé a diminué[11].

UN DÉFAUT INÉVITABLE ?

L'Argentine a également souffert d'un décrochage brutal une fois la confiance des marchés perdue. Malgré quelques avertissements

9. V. Rapanos, « Μέγεθος και Εύρος Δραστηριοτήτων του Δημόσιου Τομέα », Foundation for Economic and Industrial Research (IOEB), Document de travail, 2009.

10. Meghir *et al.*, « The Economic Crisis in Greece ».

11. *Ibid.*

de certains observateurs à partir de 1996, la plupart des investisseurs sont longtemps restés confiants.

Par exemple, en septembre 2000, juste avant le défaut de l'Argentine, J.P. Morgan publiait un rapport intitulé : « Les dynamiques de la dette en Argentine : beaucoup de bruit pour rien ». ABN Amro se montrait également rassurante. Même chose de la part de certaines sociétés en plein conflit d'intérêt puisqu'elles touchaient des honoraires pour toute souscription d'obligations d'État. Walter Molano, directeur de la recherche chez BCP Securities, déclare début 1999 : « Une crise économique majeure ne se produira peut-être pas tout de suite mais elle est inévitable. » En décembre 2000, il met en lumière explicitement le conflit d'intérêt de certains acteurs des marchés financiers qui produisent des analyses totalement muettes sur la crise qui se profile :

> Pourquoi Wall Street était si positif sur l'Argentine un an avant pendant que le gouvernement Menem était en train de se lancer des lauriers ? Pourquoi Wall Street a pardonné tous les emprunts excessifs de l'Argentine entre 1997 et 1999 ? Pourquoi Wall Street a ignoré le manque de discipline budgétaire du pays au cours des quatre dernières années ? Cela n'a sans doute rien à voir avec le fait que l'Argentine a été l'un des principaux émetteurs d'obligations dans le monde pendant la même période[12].

Les premières réformes de Menem ont été bien menées mais n'ont pas été suivies d'effets. Elles ont également mis en lumière certains des problèmes de la convertibilité et de la dollarisation. Le plan de convertibilité a coïncidé avec la libéralisation de la balance courante et des mouvements de capitaux, permettant à du capital d'entrer dans le pays. La réforme du marché du travail et les réductions de tarifs ont coïncidé avec la création de la communauté économique du Mercosur.

Le plan de convertibilité a permis de contenir l'inflation, mais a eu certains effets négatifs en particulier sur la compétitivité des

---

12. Walter Molano, dans *The Latin American Adviser*, 15 décembre 2000 ; également cité dans P. Blustein, *And the Money Kept Rolling In (And Out)*, New York, Public Affairs, 2005.

entreprises argentines. Les réformes de marché n'ont pas suffi à mener le pays à bon port sur le long terme. L'administration Menem et le FMI, après avoir minimisé les conséquences négatives de la convertibilité, en ont ensuite gâché les avantages. Pendant tout ce temps, les annonces officielles continuaient à servir le discours fallacieux du progrès économique. Cet exemple illustre parfaitement les conclusions bien connues des travaux de recherches sur ce sujet : les parités entre devises ont un effet stabilisateur à court terme mais comportent un risque de complication à long terme, surtout lorsque les décideurs politiques font preuve de confiance excessive.

Constitutionnellement, Menem n'avait pas le droit de se présenter à un deuxième mandat. Au lieu de consolider et d'approfondir ses réformes économiques en soutien de l'économie réelle, endommagée par le taux de change, il a préféré consacrer toute son énergie à modifier la constitution en vue de sa réélection.

Malheureusement, le FMI s'est cramponné à son illusion d'« enfant modèle » même si la crise Tequila en 1995, la crise asiatique deux ans plus tard et le défaut russe lui donnaient de moins en moins de bonnes nouvelles à raconter. Tout cela sans compter que l'Argentine semble avoir remarquablement bien géré ces chocs économiques.

Buenos Aires et le FMI (suite)

Au chapitre 2, j'ai reproduit et commenté des citations d'un rapport du FMI de 2003 sur l'Argentine, rédigé après la crise, et qui se concentraient sur les questions budgétaires afin de souligner les étranges ressemblances avec la situation de la Grèce dix ans plus tard. Le rapport aborde également les aspects structurels et commerciaux. Par exemple, il souligne la part relativement faible des exportations dans l'économie de l'Argentine (à peine 10 %). Ce niveau est bien loin de la croissance des exportations au Chili soutenu par un taux de change compétitif (c'est le FMI lui-même qui fait cette constatation, pas moi).

Les ressemblances avec la Grèce concernent également le marché du travail. Par exemple, au paragraphe 26, le FMI remarque à propos du «*currency board*» (système de caisse d'émission qui cale la valeur d'une monnaie sur une autre, ici le peso sur le dollar) :

> Comme dans tout système de change fixe, le «*currency board*» a exigé que les prix et les salaires soient flexibles pour mitiger l'impact des chocs économiques sur la production et l'embauche. Historiquement, la régulation du travail en Argentine protège fortement les travailleurs individuels, impose des barrières au licenciement et garantie des avantages sociaux généreux. Par ailleurs, la négociation collective dans l'industrie a fortement diminué la flexibilité des salaires.

Le FMI pourrait reproduire exactement la même analyse dans son rapport sur la Grèce. Reprenons au paragraphe 74 avec mes observations entre crochets :

> La crise en Argentine est liée à des vulnérabilités qui existaient déjà (…) pendant les années de boom [exactement comme en Grèce] (…) les principaux éléments en jeu étaient les dynamiques de la dette publique, les contraintes sur la politique monétaire imposées par le «*currency board*» et les faiblesses structurelles. Il n'y avait pas vraiment de sentiment d'urgence [même sentiment de protection en Grèce après l'adoption de l'euro].

Paragraphe 76 :

> Le «*currency board*» [l'euro] a d'abord donné de la crédibilité à des politiques puis il est progressivement devenu un handicap à l'ajustement. D'un côté, le «*currency board*» a relativement bien réussi à contenir les effets de contagion du défaut de la Russie sur les marchés financiers [tout comme la Grèce a été épargnée en 2008 et 2009] (…) Cependant, (…) l'Argentine a perdu en compétitivité sous le «*currency board*» après la dévaluation brésilienne [la Turquie a dévalué sa monnaie de 30% après la crise des *subprimes*]. Enfin, en crédibilisant la parité peso/dollar, le mécanisme du «*currency board*» a permis au secteur public argentin de continuer à emprunter excessivement [Oui ! Ô combien !].

Paragraphe 79 :

> L'histoire de l'Argentine illustre nombre des leçons apprises au cours des crises précédentes.

Merci d'ajouter désormais la Grèce à la liste…

Paragraphe 84 :

> Les régimes de change fixe avec une monnaie forte ne sont pas aussi inamovibles qu'on le suppose souvent : *in extremis* un gouvernement peut liquider un «*currency board*» même si le prix est considérable pour le pays.

On trouve ici un cas classique de problème d'induction psychologique, où la possibilité même d'un événement de type «cygne noir» est inenvisageable.

Un peu plus loin :

> Le fait qu'un régime de change fixe avec une monnaie forte [comme l'adhésion à l'euro] assure véritablement une grande crédibilité est à double tranchant : la forte crédibilité du «*currency board*» en Argentine dans les années 2000 a permis au pays d'emprunter sur les marchés des capitaux à des *spreads* qui ne reflétaient pas complètement les risques. Cela a certes temporairement protégé le pays d'un retournement des marchés face à des politiques non soutenables mais a contribué à ce qu'un désastre encore plus énorme se matérialise[13].

Cela illustre les problèmes de points de référence, de comportements moutonniers, d'induction, de surabondance de crédit, de biais procycliques, de logique défectueuse des investisseurs qui, dans leur quête de rendement, ont cru qu'une fois dans la zone euro les risques de crédit de tous les pays étaient les mêmes. Tout cela s'est déjà produit en Argentine. Puis en Grèce, à l'identique.

---

13. «Lessons from the Crisis in Argentina», document préparé par le Département de la stratégie, des politiques et de l'évaluation (*Policy Development and Review Department*) du Fonds monétaire international, approuvé par Timothy Geithner, 8 octobre 2003. En ligne : http://www.imf.org/external/np/pdr/lessons/100803.htm.

Athènes et le FMI : retour à une confiance illimitée

Le FMI a-t-il appris la leçon ? Les risques en Grèce quelques années plus tard ont été gravement sous-évalués. En 2009, six ans après son *mea culpa* sur l'Argentine, le Fonds publie un rapport suite aux « stress tests » des banques en Grèce[14]. Le rapport fait référence à la « résilience » de la croissance malgré le degré de « ponzification » totale de l'économie. Le cas de l'Argentine aurait dû rappeler que les statistiques sur la croissance peuvent être trompeuses.

Sur le système bancaire, le rapport souligne :

> Les stress tests (conduits conjointement par la Banque de Grèce et le FMI) suggèrent que le système bancaire a suffisamment de tampons pour absorber les effets de la crise.

Cette phrase est un exemple d'illusion de connaissance.

Concernant le risque de marché :

> Bien que les instruments de négociations soient relativement faibles, la forte volatilité des capitaux, des obligations et des marchés de change étrangers pourraient entraîner des pertes.

C'est probablement l'euphémisme de l'année 2009...

Dans leurs « stress tests », les analystes du FMI ont pris l'hypothèse d'une augmentation des *spreads* d'État de +150 points de base, ce qui était largement sous-estimé puisque les *spreads* ont fait en réalité +1 000 points de base. Cette volatilité *ex post* « sans précédent » des obligations d'État grecques a écrasé tous les fonds propres des banques grecques le 6 mai 2010. Je suppose qu'ils étaient légèrement trop confiants.

Le FMI poursuit :

> Les stress tests suggèrent que les bénéfices, les réserves de capital (incluant l'aide du gouvernement) et les provisions accélérées devraient fournir assez de ressources pour absorber les pertes prévues. Même en supposant des chocs simultanés, certaines

14. « IMF Country Report Number 09/244 », FMI, août 2009.

institutions pourraient exiger jusqu'à un total de 2,9 milliards d'euros de nouveau capital (1,2 % du PIB) soit un montant relativement modéré. Les banques semblent disposer de fonds suffisants mais doivent préparer des stratégies de sortie graduelles pour réduire leur dépendance aux dispositifs de la BCE.

Bon, bon, bon, on sait tous ce qui s'est passé en mai 2010 : la BCE a revu à la baisse ses exigences en matière de garantie et les banques grecques n'ont plus eu d'autres bouées de sauvetage. Ce rapport faisait également allusion au mystérieux filet de sécurité que la monnaie unique était censée automatiquement assurer aux membres de la zone euro, indépendamment des fondamentaux économiques. Nous aborderons ce point au prochain chapitre.

Lorsque les chauffeurs de taxi connaissent les taux de rendement

Demandez à un chauffeur de taxi à Berlin ou à New York s'il connaît les *spreads* de crédit entre les obligations d'État et les autres, et il vous regardera avec des yeux ronds. Ceux de Buenos Aires et d'Athènes sauront sans doute vous répondre. C'est toujours inquiétant lorsque les rendements des obligations d'État font la une des journaux et ne sont plus cantonnés à la page Bourse des quotidiens financiers. En mai 2010, pour la première fois dans la crise de la dette publique en Europe, ce phénomène s'est produit en Espagne. Le rendement des emprunts d'État à court terme était de six fois supérieur à celui de l'Allemagne[15].

Si les chauffeurs de taxi et les vieilles tantes à la retraite connaissent la différence en points de base entre le coût de l'emprunt public aux États-Unis et en Allemagne, vous avez de sérieux problèmes économiques. Le terme espagnol *riesgo-pais* (traduction littérale du « risque pays ») est fréquemment revenu dans les gros titres des journaux en Argentine au cours des 20 dernières années.

---

15. « España paga seis veces más que Alemania por los intereses de su deuda a dos años », *El País*, 7 mai 2010. En ligne : http://www.elpais.com/articulo/economia/Espana/paga/veces/Alemania/intereses/deuda/anos/elpepieco/20100507elpepieco_1/Tes .

Pendant la plus grande partie des années 1990, il flirtait avec les +300 points de base par rapport au taux américain. C'était substantiel, mais pas ruineux. Puis, lorsque le gouvernement a perdu le contrôle de la dette, il a explosé avec un pic à +1 000 fin 1998 sans redescendre en dessous de +500 jusqu'au défaut de 2001.

Quand les gens commencent à connaître et suivre le niveau des *spreads*, c'est mauvais signe pour la solvabilité du gouvernement. Cela illustre aussi le lien entre les dieux économiques et le citoyen ordinaire, et montre que l'économie « réelle » commence à être touchée. C'est toute la différence entre les graphiques, les statistiques et les projections de croissance des décideurs politiques et des traders d'un côté et la réalité quotidienne des gens qui gèrent des entreprises et qui vont travailler de l'autre. En réalité, il n'existe pas d'autre économie que cette dernière. La finance et les sciences économiques sont réelles bien que comportementales. Tout est interconnecté. Pour les citoyens ordinaires, l'économie est généralement un sujet ennuyeux mais, avec la crise, tout le monde en parle dans toutes les classes sociales.

Les décideurs politiques, les représentants du FMI et les ministres vivent dans un univers de chauffeurs et d'hôtels cinq étoiles. Cela encourage la *pensée de groupe*, ce qui pose d'autant plus problème lorsque le discours commun est faux. Les décideurs sont coupés de l'économie « réelle » dans laquelle vivent les petits propriétaires de magasins, les salariés dans bureaux ou les usines, les exportateurs, etc. Les hommes politiques pourraient en apprendre beaucoup sur la nature de l'économie réelle et ses perspectives de croissance en prenant le temps de rendre visite aux entreprises et de parler avec les entrepreneurs des défis qui sont les leurs. Sur la feuille Excel d'un iPad dans un hôtel cinq étoiles, une croissance durable et une croissance par les dettes se ressemblent... À fonder ses décisions sur des feuilles de calcul, on commet des erreurs même sans le vouloir car on sous-estime la complexité et les interrelations avec l'économie réelle.

Les représentants de la Commission européenne et de la Banque centrale européenne n'ont jamais fait face aux électeurs et vivent également dans un monde à part. Nous ne comprenons le monde qu'au travers d'histoires et c'est souvent l'histoire la plus répétée ou la plus facile, et non la plus pertinente, qui retient notre attention. Dans une communauté fermée sur elle-même et puissante, cela se révèle dangereux. Ainsi, les histoires selon lesquelles «la monnaie unique encouragera la convergence économique» et «un euro faible est le résultat d'attaques sans scrupule des spéculateurs» ont été absorbées et structurent désormais la pensée. Les déclarations des dirigeants européens au moment où la crise de la zone euro s'aggravait en 2009-2010 n'avaient plus rien à voir avec la réalité, comme si les deux mondes n'avaient plus de contact (nous en reparlerons au prochain chapitre).

Ainsi, ni le chauffeur de taxi ni le président de la banque centrale ou le commissaire européen aux affaires économiques ne savent pourquoi l'économie est en crise. Mais au moins le chauffeur de taxi, lui, est compétent en conduite et connaît son domaine professionnel !

Dans l'économie productive «réelle», les trois principales sources de recettes d'exportation ont profité de conditions favorables au début des années 2000. Vers la fin de la décennie, la chance a disparu et un retournement de conjoncture a exacerbé les problèmes structurels de la Grèce.

- Dans le *tourisme*, l'effet «Al-Qaïda» qui dissuadait les gens de prendre des vacances dans les pays musulmans s'est estompé. Début 2010, le tourisme était encore le secteur le plus important en Grèce comptant pour près de 15% de l'économie et presque un emploi sur cinq selon le Conseil mondial du voyage et du tourisme. L'adhésion à l'euro a fait de la Grèce une destination relativement chère pour les touristes, et le pays n'a pas suffisamment utilisé les années de boom pour investir dans des complexes de luxe et des parcours de golf comme dans les pays concurrents tels que le Portugal et l'Espagne ou le Moyen-Orient. Les règles protectionnistes qui imposent de n'embaucher que des équipages grecs dans des bateaux non européens ont limité les bénéfices de l'industrie de croisières.
- Dans le *transport maritime*, la demande s'est effondrée de plus de 90% au début de la récession. Le Baltic Dry Index, indice de

référence des prix du transport océanique, est passé de 11 793 le 20 mai 2008 à 663 points le 5 décembre 2008. Il est remonté un peu depuis, mais pas aux niveaux élevés observés pendant l'explosion des exportations de la Chine quelques années plus tôt.

- L'*agriculture* a été affectée par la réduction des subventions européennes suite à l'entrée dans l'UE des pays d'Europe de l'Est, plus pauvres, dans les années 2000.

L'économie argentine, peu diversifiée, a également « eu de la chance » pendant une période qui a coïncidé avec la mise en place de régime de change fixe. Les indicateurs se sont fortement dégradés vers la fin de la décennie dans ses trois secteurs clés :

- *Exportations de soja :* l'Argentine était le premier producteur mondial d'huile de soja et a souffert de l'effondrement des prix du soja après le pic de 1996 (passant de 8 $ à moins de 5 $ le boisseau) [voir figure 2.1, chapitre 2].
- *Blé et maïs :* l'Argentine était le cinquième plus grand exportateur de blé et le quatrième de maïs. Les prix du blé et du maïs ont augmenté au milieu des années 1990 atteignant près de 4 $ et 3 $ le boisseau respectivement, mais se sont ensuite effondrés à environ 2 $.
- *Taux de change :* le dollar était faible pendant la plus grande partie des années 1990 soutenant les exportations. Il s'est apprécié vers la fin de la décennie. En 1999, le Brésil, le plus grand partenaire commercial de l'Argentine, a dévalué le réal de 30 %.

Un des points faibles de l'économie argentine était la dépendance excessive à l'agriculture qui comptait pour 60 % des recettes d'exportations. La dévaluation du réal brésilien a été particulièrement douloureuse, affectant la compétitivité de l'Argentine à la fois en tant que concurrent à l'export et en tant que marché clé. Les investisseurs étrangers et les entreprises argentines ont préféré délocaliser au Paraguay par exemple. Les investissements étrangers au Brésil ont triplé par rapport à l'Argentine depuis les années 1990[16].

16. « Brasil crece; la Argentina se achica », éditorial de *La Nación*, 29 mai 2010.

Pour la Grèce, l'euro s'est échangé à un taux élevé pendant la plus grande partie de la crise des *subprimes* car il était considéré comme une valeur refuge au moment où les États-Unis se débattaient avec le sauvetage des banques et l'effondrement de Lehman Brothers en 2008. La Turquie, la Roumanie et d'autres pays voisins ont gagné en compétitivité car leurs devises avaient été dévaluées de 25 %.

Ces crises sont cycliques et n'expliquent pas les dysfonctionnements des économies argentine et grecque, rongées par des problèmes structurels. Plus l'économie productive est diversifiée et équilibrée, moins elle est vulnérable aux facteurs cycliques. Un taux de change surévalué et fixe ou, dans le cas de la Grèce, l'absence de réformes internes ont maintenu l'économie dans un déséquilibre structurel.

QUAND LE RACHAT DEVIENT UNE ILLUSION

Tout comme dans le cas de l'Argentine, un effondrement économique et un défaut de la Grèce deviennent de plus en plus probables. Il n'existe aucune marge de manœuvre pour des mesures commerciales. Les marchés financiers attendaient des performances parfaites de l'économie grecque, qui ne pouvait pourtant pas absorber de choc négatif grave à cause de l'importance de ses politiques procycliques et du niveau d'endettement public.

Vers la fin 2008, l'euro était surévalué au pire moment du cycle. Et, exactement comme en Argentine, les décideurs politiques n'ont pas traité le problème du déficit public et ont empilé encore plus de dettes sur une économie affaiblie en appelant à un « renflouage » ou plan de sauvetage. Les dirigeants de l'UE ont innové sur un point par rapport à l'échec du gouvernement argentin et du FMI en 2001 : au lieu de confiner le problème à un pays, ils se sont assurés de bien l'étendre aux autres. Leurs discours fallacieux pleins d'optimisme (alimentés par *un biais de confiance excessive*, *un biais de consensus*, *un biais de contrôle*, *un biais de confirmation* et *un biais de statu quo*) ont créé un *syndrome de l'autruche* totalement paralysant : un déni complet.

On a donné de nombreux noms différents à la dette ces dernières années : croissance, liquidité, nouveau paradigme, etc. Il faut se méfier des métaphores. Lorsque les hommes politiques et les banques centrales commencent à prétendre que l'argent emprunté permet d'effectuer un « renflouage » ou de construire une « défense », il faut s'inquiéter. Les métaphores militaires sont particulièrement prisées par les hommes politiques qui considèrent que leurs devises chéries et leur endettement sont « attaqués ». Pendant l'épisode argentin, le terme *blindaje* (qui signifie « armure, blindage ») a été utilisé pour qualifier un nouvel emprunt. De la même façon, fin 2009, on parlait du besoin de « défendre » l'euro contre des « attaques spéculatives ».

Les dirigeants européens et grecs ont nourri la croyance qu'entrer dans l'euro conférait une protection au pays alors qu'en réalité cette adhésion, combinée à une gestion économique excessivement confiante, le rendait encore plus vulnérable. De la même façon, le problème de la dette en Argentine a empiré avec l'instauration de la parité avec le dollar.

Quand on parle de « sauvetage » pendant les crises de la dette en Argentine et en Grèce, on parle en réalité d'emprunts portant intérêts et non de subventions ou d'aides. En 2001 en Argentine, au moment où le gouvernement des États-Unis et le FMI s'échinaient à contrer la menace d'une crise, les institutions ont empilé encore plus de dette sur un pays en train de s'appauvrir au lieu d'évoquer l'idée d'un défaut ou d'une restructuration.

De la même façon, dans le cas de la Grèce, la majorité de l'argent du FMI reçu à ce jour est allé renflouer les créanciers étrangers, principaux détenteurs de la dette publique grecque.

On a observé pendant la crise grecque les mêmes effets de tromperie et d'autopersuasion mensongère qu'en Argentine dix ans plus tôt. C'est déjà suffisamment spécieux d'utiliser l'euphémisme de « sauvetage » dans les communiqués de presse officiels, mais les hommes politiques se fondent également sur cette présentation des choses pour prendre leurs décisions. Ils sont persuadés qu'un emprunt portant intérêts peut restaurer par un étrange tour de magie la confiance et la croissance économique. Le *megacanje*, ou «méga-*swap*», appliqué en Argentine en avril 2001 en est un exemple célèbre. Il a été conçu par le ministre des Finances Domingo Cavallo, architecte de la convertibilité et rappelé au gouvernement par le président De la Rúa pour gérer la crise, et par David Mulford, chef du département international du Credit Suisse First Boston. Le *megacanje* est une vaste opération de conversion de créances. Il réduisait les remboursements à court terme mais augmentait les montants dus sur des titres à échéance 2006-2030. Par exemple, les remboursements de l'obligation à échéance 2018 ne commençaient qu'en 2006, cinq après l'émission, mais le taux d'intérêt annuel était de 12,25 %.

Quelques personnes ont été dupées. Le *swap* s'est achevé le 3 juin 2001. Deux jours plus tard, une entreprise de recherche indépendante, CreditSights, publiait un rapport écrit par Peter Petas intitulé «L'échange d'Argentine : le pillage de Pedro pour payer Pablo». Il y est écrit : «Sans ambiguïté, les gagnants de l'échange sont les banques d'investissement. Et au bout du compte, les grands perdants sont le peuple argentin et n'importe quel investisseur suffisamment malchanceux pour détenir encore de la dette argentine lorsque la musique s'arrêtera (et il est certain qu'elle s'arrêtera) et que le pays n'aura d'autres choix que de faire un échange coercitif ou un défaut catégorique.» D'après les calculs de l'équipe de Michael Mussa au FMI, le *swap* devrait économiser des remboursements de la dette pour un montant de 12 milliards de dollars entre 2001 et 2005 mais alourdirait la facture de 66 milliards de dollars entre 2006 et 2030.

Après l'échec du *megacanje*, le gouvernement américain a lancé une autre tentative manquée de sauvetage. L'administration Bush avait été très critique à l'égard du Trésor sous Clinton. Dans un cas classique de biais cognitif *que nous n'inventons pas ici*, le secrétaire au Trésor Paul O'Neill a conçu une proposition complexe dont la principale caractéristique était de ne surtout pas ressembler à une proposition qu'un secrétaire au Trésor nommé par Bill Clinton aurait pu faire. L'accord impliquait un prêt du FMI de 8 milliards de dollars assorti d'une assistance du FMI pour aider à la restructuration de la dette. Chose curieuse, le libéral Glenn

Hubbard, chef du Conseil des experts en économie des États-Unis, qui proteste généralement contre les plans de sauvetage et les interventions, a déclaré que si une aide devait être donnée, autant ne pas lésiner pour qu'elle soit réellement utile. À cette époque, le montant total des dettes de l'Argentine était de 95 milliards de dollars[17].

L'ÉCONOMIE « RÉELLE » FAIT SOUDAIN IRRUPTION

Lorsque les hommes politiques se trompent gravement, coupés qu'ils sont du monde, à l'abri dans leurs bunkers, bercés d'histoires fausses et conditionnés par leurs habituels biais cognitifs (*perte de la mesure, biais de confirmation, biais de consensus,* etc.), l'économie « réelle » en pâtit sur tous les plans.

Un point intéressant est les différences de réaction aux programmes d'austérité dans les différents pays de la zone euro à partir de 2009-2010. Alors que des milliers de Grecs descendaient dans les rues pour protester, pacifiquement ou violemment, les Irlandais ont accepté les mêmes coupes budgétaires sans trop s'émouvoir. « Alors qu'Athènes s'enflamme, on observe une tout autre histoire de l'autre côté de l'Europe qui passe inaperçue : l'Irlande n'est pas secouée par un chaos politique et budgétaire », écrit Gillian Tett dans le *Financial Times* le 12 mai 2010.

Elle attribue cela en partie à une infrastructure juridique et politique plus forte. Entre autres, l'évasion fiscale des plus riches y est bien moins répandue qu'en Grèce. La cohésion sociale semble plus forte en Irlande. Le pays a connu une guerre civile sanglante mais c'était il y a presque un siècle. Par ailleurs, cette guerre a éclaté en lien avec les conditions d'indépendance du pays par rapport au Royaume-Uni, pas dans le cadre d'une lutte idéologique de la gauche contre la droite comme en Grèce et en Argentine. L'Irlande était unie dans son désir d'indépendance et, au cours de la période récente, l'Union européenne a soutenu ce projet. L'Irlande est ainsi l'un des membres les plus loyaux de l'UE à ce jour. Évidemment, il faut tout autant se méfier des prévisions politiques que des prévi-

17. Blustein, *And the Money Kept Rolling In (And Out).*

sions économiques. Ce n'est pas parce que les Irlandais ont été calmes jusqu'à présent qu'ils vont continuer à l'être. Leur « non » surprise au traité de Lisbonne en juin 2008 a contrecarré les attentes des partis les plus populaires (Fine Gael, Fianna Fáil et Labour), ceux des coalitions gouvernementales. La population ne suit pas nécessairement la volonté des architectes de l'Union européenne.

Il n'en reste pas moins que la réaction conciliante des Irlandais contraste fortement avec celle des Grecs. Cela s'explique probablement par le fait que l'Irlande n'a pas souffert de dictature militaire récemment. Depuis son indépendance en 1922, elle a continuellement été en régime démocratique, en dépit de périodes de chômage élevé et de pauvreté. La police et l'armée se comportent correctement et sont respectées. Par contraste, à chaque fois que la police anti-émeute descend dans la rue à Athènes ou à Buenos Aires, cela évoque pour la population des souvenirs cauchemardesques. Quand le gouvernement annonce des mesures d'austérité à l'encontre des travailleurs ordinaires en Grèce ou en Argentine, on entend : « Mais c'est impossible : nous ne sommes plus en dictature ! » Ce n'est pas qu'une question de subconscient. En décembre 2001, quand l'État argentin fait défaut faute de financement du FMI, les gens descendent dans les rues, y compris des personnes « ordinaires » des classes moyennes et pas uniquement les manifestants professionnels de la gauche trotskiste. Peu de temps avant, le gouvernement perd progressivement le contrôle de la situation et limite les retraits bancaires à 250 $ par semaine (*corralito*). Cette mesure entraîne des réactions furieuses des citoyens incapables d'avoir accès à leur propre épargne.

Le 20 décembre 2001, la population se rassemble spontanément sur la Plaza de Mayo, place symbole des manifestations des mères de disparus (les milliers de civils, capturés, torturés et assassinés par la junte dans les années 1970 et 1980) et scande : « La place appartient aux mères pas aux lâches. » Les manifestants tapent sur des poêlons et des casseroles comme pendant les manifestations sous la dictature en Argentine et au Chili en criant : « *La olla esta vacia* » (« La marmite est vide »). L'humiliation du président

De la Rúa, un social-démocrate, a sans doute été totale. Filmé et accessible en ligne sur YouTube, une mère de famille, apparemment ni extrémiste ni une habituée des manifestations, hurle à la police montée qui utilise des cravaches pour repousser les manifestants : «Nous ne vivons plus sous la dictature ! Vous êtes des idiots. Des babouins armés[18] !»

L'homme d'affaires Gerardo Saporosi se souvient de ces moments :

> Début 2002, après s'être enfui en hélicoptère, De la Rúa a démissionné. La suite de l'histoire est surréaliste. En trois jours, cinq présidents se sont succédé. Le dernier a organisé des élections et Kirchner a accédé au pouvoir avec seulement 22 % de votes. Le pays a été paralysé pendant un an et, dans tout le pays, il fallait servir des soupes populaires car presque plus personne n'avait de revenu régulier. Avant la crise, avec ses 50 % de classe moyenne, l'Argentine faisait figure d'exception sur le continent. Ce taux est soudainement passé à 30 %. En d'autres termes, le pays a souffert d'un processus vertigineux d'«américanisation latine» en un an seulement.
>
> Sans capacités de payer (l'Argentine a connu le plus gros défaut de l'histoire en un an) ni aucune recette du fait de la faible activité économique, de nouveaux impôts avec des effets de distorsion ont été inventés (comme l'incroyable impôt sur les chèques). Les provinces ont commencé à émettre leurs propres monnaies. En 2002, il y avait environ 20 monnaies différentes circulant en Argentine.

La Grèce a la même culture de manifestation de rue que l'Argentine. Avant même les mesures d'austérité, les tensions étaient importantes. L'hydre monstrueuse qu'est l'administration en Grèce, nourrie d'injustice et de l'impunité de la classe dirigeante, produisait déjà son effet délétère.

Au cours d'un incident sans rapport avec la situation économique, en décembre 2008, un adolescent de 15 ans, Alexandros Grigoropoulos, est tué par la police. Deux semaines de violences

---

18. En ligne : http://www.youtube.com/watch?v=rH6_i8zuffs&feature=related.

et de combats entre les jeunes Grecs et la police suivent. Pour le premier anniversaire de ce tragique événement, les manifestants ont lancé des pavés et des cocktails Molotov sur la police.

Début 2010, au moment où les écarts de rendement obligataires augmentent et des mesures d'austérité sont annoncées, les manifestations continuent et s'emparent cette fois-ci des thèmes économiques contre l'élite politique. Pourtant, sur le fond, les revendications sont bien moins féroces que l'attitude des manifestants. Les syndicalistes et les manifestants refusent de reconnaître qu'ils sont en partie responsables des problèmes de leur économie sclérosée.

Le 11 mars 2010, de nouvelles manifestations, sont organisées par les syndicats. Ainsi les fonctionnaires contestent les baisses de salaires. « On nous a baissé nos salaires de 4 % et maintenant de 7 %. Ils vont également nous sucrer une grosse partie de notre prime de Pâques », raconte un instituteur au *Financial Times*.

Indépendamment, ces manifestations sont ponctuées d'actes de violence. Des jeunes cagoulés attaquent des groupes de policiers à motos patrouillant dans les rues près de la place Omonia.

Cependant, comme nous l'avons mentionné aux chapitres précédents, les fonctionnaires ont bénéficié pendant des décennies de plusieurs augmentations de salaires jusqu'à la veille même des coupes budgétaires. On estime que les salaires du secteur public ont augmenté de presque 9 % en 2008 (voir chapitre 5). La baisse de 2010 était une première, après des décennies d'augmentation, et était bien plus modeste que les réductions observées en Irlande, pourtant accueillies sans forte contestation.

En Argentine et en Grèce, de dangereuses dynamiques économiques évoluaient juste en dessous de la surface : le problème n'était pas tant le niveau de la dette que sa nature ; ce n'était pas tant l'ampleur des dépenses que celle du gaspillage. La « dollarisation », appliquée en Grèce et en Argentine, contrairement à ce que veulent bien admettre les dirigeants de l'UE, a créé un excès de confiance et a inhibé les réformes dans un contexte de clientélisme politique. De nombreux gouvernements d'Amérique latine ont manqué de banques centrales fortes et indépendantes et de contre-pouvoirs capables de demander des comptes aux décideurs politiques. Il en est de même pour la Grèce. Pire, en stabilisant les indicateurs économiques à court terme uniquement et en offrant des opportunités d'emprunt sur les marchés internationaux, les régimes de change fixe ont séduit pernicieusement des hommes politiques qui n'ont d'yeux que pour les calculs de très court terme en vue des prochaines élections. Un mandat de quatre ans (bien court en ce qui concerne les décisions de long terme comme les retraites, les régimes de change, etc.) exacerbe cela.

Walter Molano remarque que les groupes qui recherchent des rentes « ne vont certainement pas abandonner leurs positions privilégiées pour un nouveau régime de change (…) Les économistes qui soutiennent une politique de dollarisation fondent souvent leurs perspectives de changement sur de simples espoirs[19]. »

En comparant la Grèce avec l'Argentine, je ne prétends pas que les deux économies soient identiques. Certaines forces différentes sont à l'œuvre comme le rôle du secteur agricole. Il y a des limites aux leçons que l'on peut apprendre en comparant des situations nées de contextes différents. Mon objectif est d'attirer l'attention sur le fait que l'UE n'a tiré aucune leçon de d'une expérience récente ou des recherches académiques quand elle a décidé d'admettre la Grèce dans la zone euro. Pourtant, le cas de l'Argentine, des autres régimes de change fixe, son propre mécanisme de taux de change européen ainsi que les études sur la dollarisation auraient dû alerter les décideurs européens sur les risques qu'ils prenaient.

19. Walter Molano « Addressing the Symptoms and Ignoring the Causes: A View From Wall Street on Dollarization », BCP Securities, mars 2000.

7

L'euro en pratique

Pour le dire clairement, je donne l'impression d'avoir toute la charpente qu'il faut mais pas de fondations. Mais j'y travaille.

Marilyn Monroe

Après l'adoption de l'euro, la Grèce s'est révélée moins attractive financièrement pour les touristes d'Europe du Nord. Le pays est devenu une zone de monnaie forte avec le niveau de prix qui va avec. L'Égypte et la Turquie se sont imposées comme des destinations moins coûteuses pour les touristes d'Europe du Nord et les acheteurs grecs ont commencé à faire leurs courses en Macédoine (ARYM) et en Bulgarie. Des villes situées à la frontière, comme Gevgalija en ARYM, se sont alors transformées en points de vente prospères. L'essence, les biens ménagers et les légumes y sont deux fois moins chers qu'en Grèce. Les habitants de villes du Nord comme Kilkis, Giannitsa ou Thessaloniki font leurs courses tous les mois, voire toutes les semaines, de l'autre côté de la frontière. Le journal *Kathimerini* rapporte qu'en juin 2010, lorsque la récession et les mesures d'austérité ont commencé en Grèce, on observait tous les dimanches une file de voitures en direction de la Bulgarie où les gens se rendaient pour faire des emplettes[1].

---

1. « All Svilegkrant in Evros and Edirne », *Kathimerini*, 6 juin 2010.

Dans toute l'Europe, les consommateurs se sont plaints de l'augmentation du coût de la vie depuis l'abandon de leurs monnaies nationales. En Irlande, les expéditions shopping vers les six comtés du Nord qui utilisent la livre sterling sont tellement institutionnalisées que la question « Avez-vous déjà traversé la frontière pour faire des courses ? » est une question classique de la rubrique « Mon argent et moi » du journal *Irish Times*.

Cette uniformité des prix dans toute la zone euro, du comté de Donegal à l'île de Chypre, du nord de la Finlande aux îles Canaries, est-elle une preuve d'intégration économique ? Cela a semblé être le cas dans la première moitié des années 2000. Cependant, l'un des dangers des programmes de stabilisation du taux de change (voir l'analyse des chapitres 1 et 6) est qu'avec un premier effet calmant sur l'inflation (souvent accompagné de croissance économique), les décideurs deviennent excessivement confiants. Évidemment, pour les dirigeants européens, la réalisation de l'euro et donc l'adhésion de la Grèce étaient bien plus qu'une simple « stabilisation du taux de change » comme a pu l'être l'instauration d'un régime de change fixe en Argentine. Il s'agissait d'une union monétaire à part entière entre économies européennes convergentes. Aussi étaient-ils peu enclins à s'inspirer de la recherche académique sur les initiatives de « stabilisation du taux de change ». La possibilité d'un parallèle entre les pressions sur l'économie grecque et sa position budgétaire avec les pressions similaires observées en Argentine dix ans plus tôt n'a jamais figuré à leur ordre du jour.

Comment savoir si les 12 pays de la zone euro originelle (17 aujourd'hui) constituaient une véritable zone monétaire ? Le dilemme entre assurer « la convergence avant » ou « la convergence après » la création de l'union monétaire a été tranché en faveur de la seconde option malgré de fortes inquiétudes, en particulier de la Commission européenne et de la Banque centrale européenne. Compte tenu de ce choix politique, dans quelle mesure a-t-on atteint une véritable convergence en 2012, après dix ans d'union monétaire ?

Zone monétaire optimale : comment l'a-t-on mesurée ?

Il a souvent été observé que toutes les unions monétaires initiées dans le passé ont soit éclaté soit abouti à la création d'un État-nation. La recherche et l'expérience pratique permettent de comprendre quels sont les facteurs de réussite d'une union monétaire. Cela inclut :

- des marchés du travail flexibles ;
- des produits et des marchés financiers flexibles ;
- l'intégration des zones économiques participantes ;
- la diversité de l'offre ;
- un gouvernement central fort avec des politiques budgétaires saines ;
- des taux d'inflation similaires ;
- l'accent mis sur la croissance.

Après les premières années d'union monétaire, en apparence sans heurt, comment les économies ont-elles évolué en profondeur ? La BCE a elle-même publié un document de travail sur les zones monétaires optimales en 2002. Les auteurs étaient trop polis pour souligner que l'union monétaire qui venait d'être réalisée n'en remplissait pas les critères. Les conclusions font apparaître en filigrane une certaine croyance qu'une « convergence après » pourrait se produire et serait même déjà amorcée : « L'expérience européenne montre que l'hétérogénéité, entre autres, des préférences en termes de politiques, d'institutions et de structures économiques diminue seulement graduellement. » Le rapport souligne que la zone euro « est maintenant une bonne zone monétaire à de nombreux égards ». Ce n'est pas vraiment une approbation tonitruante. L'article conclut avec ambiguïté que « l'intégration européenne a été le catalyseur d'une nouvelle recherche et a clairement mis en lumière les grands mérites mais également les limites de la théorie des ZMO (zones optimales monétaires)[2] ». Ce glissement

---

2. Francesco Paolo Mongelli, « New Views on the Optimum Currency Area: What is EMU Telling Us? », *Document de travail de la Banque centrale européenne*, 138, 2002.

d'analyse de la conformité de l'UE aux principes théoriques d'une ZMO à la remise en cause de la théorie elle-même relève étrangement plus de la déclaration politique que de l'analyse économique.

Le rapport de la BCE souligne qu'il est difficile de classer par ordre de priorité les caractéristiques clés d'une zone monétaire optimale, mais personne ne peut nier que l'intégration des zones économiques participantes et leur coordination budgétaire sont indispensables. Dans ce chapitre, j'analyse dans quelle mesure, dans ces deux domaines essentiels, non seulement la zone euro ne remplissait pas les conditions d'une zone optimale en 1999-2001 mais également comment une confiance excessive a conduit à la divergence et non à la convergence des économies après le lancement de l'union monétaire.

Les bénéfices : le développement du commerce et des investissements

L'élimination du risque de change est très certainement une avancée considérable pour les sociétés d'exportation. La transparence des prix et l'achèvement du marché unique ont aidé à stimuler le commerce. On estime à 5 % l'augmentation des échanges commerciaux directement liés à la seule introduction de la monnaie unique, sans compter l'impact des efforts parallèles pour sa mise en place. La monnaie unique a réduit les coûts de couverture et de transaction induits par des échanges dans une zone à devises multiples et a stimulé les ventes de biens nouveaux : les entreprises ont commencé à exporter une gamme plus large de produits dans la zone euro. L'euro a également eu un impact positif sur le volume des investissements directs étrangers, en particulier dans l'industrie. Les fusions-acquisitions se sont multipliées dans l'industrie[3].

3. Richard Baldwin, Virginia DiNino, Lionel Fontagné, Robert A. De Santis et Daria Taglioni, « Study on the Impact of the Euro on Trade and Foreign Direct Investment », *Analyse économique de la Commission européenne*, 321, mai 2008. En ligne : http://ec.europa.eu/economy_finance/publications/publication12590_en.pdf.

Le marché du travail a gagné en flexibilité mais de façon limitée. La langue reste une barrière évidente, en particulier dans le secteur des services, ce qui n'est absolument pas le cas aux États-Unis. Les systèmes juridiques, y compris les régimes fiscaux et de planification, se déclinent au niveau national ce qui restreint la mobilité des avocats, des comptables et des architectes. Dans le cas de la Grèce, l'échec à libéraliser certaines professions régulées jusqu'en 2010 a plus encore entravé la mobilité du travail. Selon les données de l'OCDE, certains pays ont dérégulé leur marché du travail contrairement à la France, à l'Italie et à la Finlande qui ont en réalité légèrement renforcé la régulation de professions clés dans les secteurs de la comptabilité, de l'architecture, de l'ingénierie et du droit (voir tableau 7.1). De nombreux pays continuent encore à négocier les salaires au niveau national, régional et sectoriel, ce qui entrave sérieusement les ajustements nécessaires dans une union monétaire. Par exemple, en Espagne, mi-2009, la réforme du marché du travail n'était encore qu'une simple proposition, formulée par une équipe d'économistes dirigée par Samuel Bentolila du Cemfi, une école supérieure à Madrid. D'après le journal *The Economist*, «pendant la majeure partie de la première décennie, certains hommes politiques craintifs se sont abrités derrière la stabilité économique donnée par l'euro. Sans crise, il est difficile de convaincre les électeurs de la nécessité d'un changement radical. Pourtant une récession est le pire moment pour conduire des changements susceptibles d'appauvrir certains groupes sociaux[4]».

Quand, un an plus tard, le gouvernement espagnol a tenté de flexibiliser le marché du travail et de réformer les retraites, une grève générale a éclaté. Le président José Zapatero a été accusé d'abandonner ses principes socialistes[5].

---

4. «A Special Report on the Euro», *The Economist*, 13 juin 2009.
5. «José Zapatero: No he traicionado mis principios con la reforma laboral», *El Pais*, 9 septembre 2010.

Tableau 7.1 : Régulation des services professionnels

	1996	2003
	Les données suivent l'échelle suivante : 0 = le plus libéral ; 6 = le plus restrictif	
Allemagne	4,2	3,1
Autriche	4,2	2,0
Belgique	2,2	2,1
Espagne	3,4	2,4
Finlande	0,8	1,0
France	1,8	2,0
Grèce	n/a	2,9
Irlande	1,2	1,3
Italie	3,3	3,6
Pays-Bas	1,4	1,6
Portugal	2,8	2,4

Source : indice de l'OCDE. Couvre les secteurs de la comptabilité, de l'architecture, de l'ingénierie et du droit.

Par contraste, les trois principaux pays qui n'ont pas adhéré à l'euro – le Danemark, la Suède et le Royaume-Uni – sont bien plus libéraux et enregistrent respectivement des indices de 0,8, 0,9 et 1,1.

Cependant, c'est par les domaines essentiels de la coordination budgétaire et de l'intégration économique que l'on peut juger de la réalisation effective d'une zone monétaire optimale. La création d'une union monétaire incite-t-elle les économies à converger et à se réformer ou conduit-elle à des niveaux risqués de confiance excessive ?

Règles budgétaires : la conformité s'affaiblit

Ironiquement, le domaine par excellence où des règles et des critères de convergence ont été prévus – la politique budgétaire – a été sans aucun doute l'un des points les plus faibles de la monnaie unique. Le Pacte de stabilité et de croissance a pour objectif de maintenir une discipline économique et budgétaire. C'est pourquoi il définit des plafonds stricts sur les déficits et la dette publics.

Lorsque la ministre des Finances française, Christine Lagarde, déclare en avril 2010 que le paquet d'aide à la Grèce prend du temps à organiser parce qu'il ne s'agit pas de faire « comme aux États-Unis où on traite à part la Californie », elle admet implicitement que l'UE a créé quelque chose qu'elle n'est pas capable de gérer. Il y a une monnaie unique certes, mais qui ne s'analyse pas dans un cadre politique et budgétaire unique.

Dès début 2003, des pays enfreignent la contrainte des plafonds spécifiques. Les premiers coupables n'ont pas été la Belgique et l'Italie, qui ont pourtant suscité beaucoup d'inquiétudes au moment du lancement de l'euro, mais la France et l'Allemagne. En pleine récession économique au début des années 2000, leurs déficits publics ont outrepassé la limite des 3 %.

Les dirigeants donnent le ton et influencent la conduite des autres. Cela s'observe dans les communautés locales et les organisations individuelles tout comme à l'échelle des États-nations : la Grèce, comme l'Argentine, a souffert d'une culture du mépris de la loi où la junte, d'autres hommes politiques et des personnes aisées ont bénéficié d'une impunité totale. Ce phénomène s'observe également au niveau international. Quand la France et l'Allemagne (« l'Axe » moteur de l'UE) n'écopent pas d'amendes alors qu'elles ont gravement enfreint le Pacte de stabilité et de croissance, cela crée un précédent malsain.

L'Italie, que l'on avait acceptée dans l'euro sans qu'elle ait ramené sa dette publique sous la barre des 60 % du PIB, a également vu son déficit passer le seuil des 3 %. La France et l'Allemagne ont totalement échappé à la critique. La Grèce et l'Italie ont été menacées de sanctions qui n'ont jamais été appliquées.

À l'automne 2005, le Pacte était presque inopérable. Voici ce que José Manuel González-Páramo, membre du directoire de la Banque centrale européenne, reconnaît :

> Le Portugal est le premier pays à franchir la valeur de référence des 3 % en 2001. L'Allemagne et la France suivent en 2002, les Pays-Bas et la Grèce en 2003 et l'Italie en 2004. À présent, 5 des 12 pays de la zone euro ont déjà ou projettent d'avoir des déficits supérieurs à 3 % et font l'objet de procédures pour déficit excessif.
>
> Cette performance budgétaire décevante de la part de certains pays exerce une pression considérable sur la mise en œuvre du Pacte. Et c'est devenu évident en novembre 2003 lorsque le Conseil des ministres Ecofin décide de suspendre les procédures pour déficit excessif à l'encontre de la France et de l'Allemagne. Cette décision a donné lieu à une opposition frontale entre le Conseil des ministres et la Commission européenne qui s'est soldée par un arrêt de la Cour de justice des Communautés européennes. À ce moment-là, de nombreuses critiques proclamaient que le Pacte était mort. Et certains le diraient probablement encore aujourd'hui[6].

L'habilité des gouvernements de Gerhard Schroeder et de Jacques Chirac à éviter toute sanction a consterné certains cercles, mais à l'époque cela ne semblait pas dangereux. Otmar Issing, membre du directoire de la Banque centrale européenne comme M. González-Páramo, remarque : « C'était déprimant de voir les gouvernements français et allemand bafouer le Pacte. Tout d'abord, l'Allemagne a eu ce qu'elle voulait et a empêché la Commission d'émettre l'avertissement qu'elle avait recommandé en janvier 2002 (sur le fait que le déficit prévisionnel "s'approchait dangereusement" de la limite des 3 %). Puis, en novembre 2003, les ministres des Finances ont cédé aux

---

6. Discours de José Manuel González-Páramo, membre du directoire de la BCE sur « New Perspectives on Fiscal Sustainability », Francfort, 13 octobre 2005. Disponible sur le site de la BCE : http://www.ecb.int/press/key/date/2005/html/sp051013.en.html.

demandes allemandes (et françaises) – ou à la pression – et ont rejeté la proposition de la Commission d'ouvrir la procédure interrompant ainsi tout le processus[7].»

Le chancelier allemand Gerhard Schroeder publie alors un article dans le *Financial Times* où il déclare que «Bruxelles» ne dictera pas sa politique budgétaire à l'Allemagne. Pourtant, accepter le Pacte de stabilité et de croissance signifiait exactement l'inverse. Issing rappelle que le prédécesseur de Schroeder, Helmut Kohl, seulement dix ans plus tôt, en novembre 1991, avait été applaudi par les représentants de tous les grands partis au Bundestag pour avoir déclaré : «Nous n'aurons de cesse de répéter ce message : l'union politique est la contrepartie indispensable à l'union économique et monétaire. L'histoire récente, et pas seulement celle de l'Allemagne, nous enseigne que soutenir de façon pérenne une union économique et monétaire sans union politique est une illusion.»

Le message n'a visiblement pas été assez martelé. En fait, on l'a très peu entendu ailleurs que dans le cercle restreint de la Commission européenne où le soutien pour une union budgétaire complète était important. L'euro n'a pas été construit sur les éléments fondamentaux d'une zone monétaire optimale. Il n'y a pas de gouvernement ni de politique budgétaire uniques, et la mobilité du travail est réduite.

En l'absence d'union budgétaire totale, les pays continuent à émettre leurs propres obligations d'État. Cela signifie également que l'effet des déséquilibres commerciaux est exacerbé. Si l'un des États des États-Unis est moins compétitif qu'un autre, des transferts budgétaires réels entre les deux sont opérés. Les États-Unis n'ont qu'une seule langue officielle et le travail est bien plus mobile. Les divergences en termes de coût du travail et de compétitivité qui se sont développées dans la zone euro pendant les années 2000 ont renforcé les déséquilibres.

La position budgétaire de la Grèce a toujours été la plus fragile, même après manipulation des comptes. Le déficit courant

7. Otmar Issing, *The Birth of the Euro*, Cambridge, Cambridge University Press, 2008.

permanent réel de la Grèce ainsi que l'accumulation de dette publique, à la base d'une croissance fondée sur des dépenses de consommation, n'étaient pas soutenables. Un autre facteur de déstabilisation est le basculement d'une dette nationale à une dette détenue par des investisseurs étrangers. En 1994, 85 % de la dette publique grecque était détenue par des institutions financières nationales. En 2007, ce ratio s'est presque inversé avec 75 % de la dette détenue par des investisseurs étrangers[8].

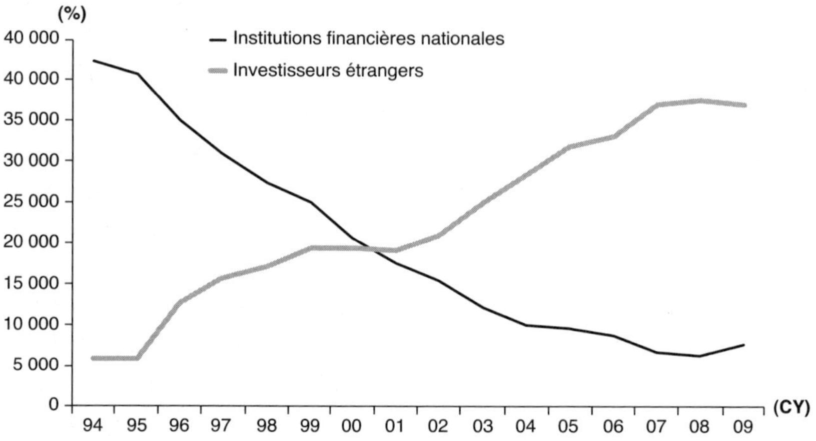

Figure 7.1 Les détenteurs de la dette publique grecque.
Source : Banque de Grèce.

Même s'il est facile de tenir pour responsable de la manipulation des chiffres de la dette tous les ministres grecs et Goldman Sachs, l'histoire est un peu plus compliquée que cela. Outre les dysfonctionnements nationaux décrits aux chapitres précédents, l'Europe souffre dans son ensemble de déséquilibres économiques structurels entre le Nord et le Sud, qui se sont creusés avec l'union monétaire comme on va le voir dans ce chapitre. Par ailleurs, les dirigeants de l'Union européenne sont coupables d'avoir voulu maintenir le *statu quo*, un simulacre de croissance et de succès, financé en grande partie par de l'emprunt. Il faut attendre mars 2009 pour voir la Commission européenne blâmer officiellement la Grèce du déficit

8. Richard Koo, « Learning Wrong Lessons from the Crisis in Greece », Note de recherche de Nomura, 15 juin 2010.

excessif enregistré en 2007 tout en soulignant que ce problème a été « révélé par la révision en octobre 2008 des données notifiées[9] ». Cette observation intervenait deux ans trop tard, et ce constat négatif ne s'est accompagnée d'aucune sanction.

D'un point de vue institutionnel, c'était probablement plus une question d'incompétence que de conspiration. Certaines parties de l'UE semblent s'être endormies au volant. L'ampleur du problème a également été sous-estimée ; les dirigeants ont échoué à comprendre qu'ils étaient en train de faire face à des sujets de très grande importance économique. Les termes « faiblesse » ou « asymétrie » étaient généralement utilisés quand les mots « danger » ou « incompatibilité » auraient mieux illustré le profil de risque sous-jacent. L'histoire de l'UE est marquée par la tendance à construire des compromis boiteux pour contourner les points d'achoppement non négociables entre États membres. Cette méthode est acceptable pour la régulation des conditions de travail ou des politiques de la pêche, mais pas dans le cadre d'un projet aussi ambitieux qu'une union monétaire à grande échelle et regroupant des économies très différentes.

La déclaration de la Commission européenne sur l'économie grecque en février 2009 appelant à davantage de réformes structurelles et une meilleure maîtrise du déficit ajoute :

> La Grèce a fait l'expérience d'une forte croissance économique à 4 % par an au cours des dix dernières années. En 2008, son PIB a augmenté bien plus que la moyenne de la zone euro et, en 2009, les prévisions de janvier de la Commission tablaient encore sur une évolution positive. Cependant, les déséquilibres internes et macroéconomiques se sont aggravés avec pour conséquence un développement très important de la dette publique externe. La crise économique et financière internationale est en train de prélever son écot sur l'économie et de mettre la pression sur le fardeau de la dette.

---

9. « Recommendation for a Council Recommendation to Greece with a View to Bringing an End to the Situation of an Excessive Government Deficit », Commission européenne, réf. SEC (2009) 565/2, mars 2009.

Voici les projections de la Commission, fondées sur des extrapolations et un *biais de confiance excessive* : « Le déficit budgétaire a dépassé les 3 % en 2007 et 2008 et, selon le Programme de stabilité grec, il atteindra 3,7 % en 2009 avant de tomber à 3,2 % du PIB en 2010 et 2,6 % en 2011[10]. »

La Grèce, mais pas uniquement, a considéré la monnaie unique comme une sorte de filet de sécurité. Tout le monde a supposé, parfois inconsciemment, que « l'Europe serait toujours présente pour nous renflouer ». Une culture de droits et le sentiment que l'Europe nous « est redevable » à nous, les Grecs, ont influencé l'attitude populaire envers la monnaie unique et la perception des bénéfices qu'elle était censée apporter. Tous avaient le sentiment implicite que c'était gratuit.

Au niveau de l'UE, la fusion d'entités légales et le lancement de l'euro comme principale devise ont été présentés comme une réussite en tant que telle. Cela ressemble aux fusions d'entreprises : souvent, la conduite d'une *due diligence* financière et juridique et la création d'une nouvelle entité sont présentées comme des succès alors que le véritable défi est dans l'intégration concrète des sociétés sur le terrain. Ainsi, lorsqu'on a organisé les célébrations et cérémonies pour la création de l'euro en 2001, c'était comme si on avait demandé à une équipe de football de faire un tour d'honneur pour avoir réussi à rester calme pendant l'hymne national.

De nombreux commentateurs s'en tiennent à la question des données, mais les problèmes de convergence étaient bien plus profonds que cela. Les analyses n'ont jamais pris en compte les dysfonctionnements extrêmes de l'économie grecque et ses différences avec l'Europe de l'Ouest (voir chapitres 3 à 5). Le Pacte de stabilité et de croissance a été conçu essentiellement par des Européens de l'Ouest qui n'ont pas compris qu'ils avaient en face d'eux un État oriental avec ses règles, ses normes et des préférences différentes. Ils n'ont pas perçu le rôle immense de l'État, l'esprit

---

10. « Commission Assesses Stability and Convergence Programmes of Ireland, Greece, Spain, France, Latvia and Malta; Presents Reports under Excessive Deficit Procedure », *Déclaration de la Commission européenne*, 18 février 2009. En ligne : http://europa.eu/rapid/pressReleasesAction.do?reference=IP/09/274&format=HTML&aged=0&language=EN&guiLanguage=en.

des Grecs, le droit assumé à tromper le système, les conséquences de l'évasion fiscale et la faible culture fiscale dont l'origine remonte à l'Empire ottoman.

Personne n'a compris par exemple qu'une régulation paneuropéenne écrite, transmise par des avertissements écrits ou des directives, ne suffisait pas. La liste des amendes payées par la Grèce pour violation du droit européen est longue. Par exemple, dans un arrêt de juillet 2000, la Cour de justice des Communautés européennes, la CJCE, sanctionne pour la première fois un État membre pour non-exécution d'un de ses précédents arrêts. La Grèce a été condamnée à payer une astreinte de 20 000 € par jour. La CJCE avait pris un arrêt pour éliminer dans la région de La Canée les déchets toxiques et dangereux. Un recensement des cas traités par la CJCE entre 2000 et 2004 montre que les trois premiers pays à ne pas respecter ses arrêts sont l'Italie (114 cas), la France (112 cas) et la Grèce (93 cas). Le Danemark, pourtant hors zone euro, n'a que 9 cas à son actif.

Une apparence de convergence

La taille de la zone euro et la participation d'économies fortes ont contribué à stabiliser l'euro et à en faire une devise importante du commerce. Le remplacement de la drachme, monnaie plus faible, par l'euro a fortement fait chuter les taux d'intérêt grecs : de 20 % en 1993, ils sont passés à tout juste 3 à 5 % au cours de la période 2001-2009. Le même schéma s'est produit dans d'autres pays périphériques. L'explication réside dans le fait que le risque d'inflation était perçu comme moins important dans une zone gérée par une BCE avec un style à la « Bundesbank ». De plus, l'adoption de l'euro a facilité l'achat d'obligations d'État par des investisseurs étrangers dans des pays périphériques, sans crainte pour un risque de change.

La figure 7.2 illustre l'évolution des rendements des obligations dans le temps (cela s'applique également aux taux d'intérêt) selon une courbe en « cuvette » dans des pays périphériques : les taux élevés commencent à chuter juste avant l'introduction de l'euro en 2001 pour se stabiliser pendant une grande partie de la décennie avant de remonter.

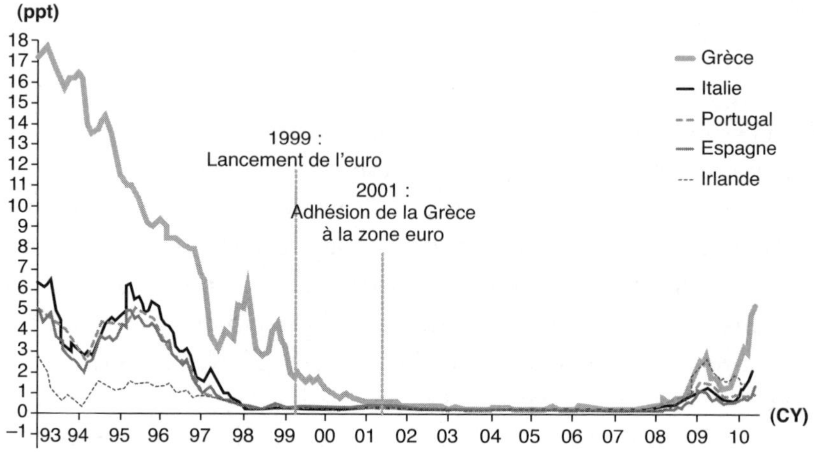

Figure 7.2 L'Allemagne vs les « PIIGS »[11]
(Portugal, Ireland, Island, Greece et Spain en anglais),
spread de rendement obligataire à dix ans.
Source : BCE, données de Bloomberg.

Alors qu'en apparence la zone euro convergeait sur des indicateurs agrégés positifs, les divergences étaient en réalité en train de s'accroître. La dette en hausse des pays périphériques était le revers de la médaille pour l'émergence d'une Allemagne fortement exportatrice au lendemain de la récession du début des années 2000.

COMMERCE : LE TRAIN SE DÉTACHE

Que dire à présent de la productivité et des performances commerciales, des éléments du projet euro jugés cruciaux à l'origine mais qui ont été totalement oubliés dans les critères de convergence ? Même la mesure la plus rudimentaire, à savoir un suivi du déficit de la balance courante, n'a pas été incluse dans le Pacte de stabilité et de croissance.

Les planificateurs de l'euro avaient espéré qu'en excluant les dévaluations compétitives, la monnaie unique forcerait effectivement les pays à réformer leurs marchés du travail, ouvrirait les économies et introduirait des gains de productivité continus.

11. PIIGS (d'après «pigs» ou «cochons») est l'acronyme injurieux employé par la presse anglo-saxonne pour désigner de façon péjorative ces pays à partir de 2008.

Toutefois, ce pari d'une « convergence après » est très risqué. L'histoire économique, comme le cas de l'Argentine, indique que la réalisation d'une « convergence d'abord » est le chemin le plus prudent. L'abîme entre la réalité économique et les conditions d'une zone monétaire optimale était immense à cause de la nature dysfonctionnelle de l'État grec, totalement ignorée pendant la préparation à l'euro et par les acheteurs d'obligations d'État. La corruption généralisée en est un exemple : la distribution de dessous-de-table par des Allemands à des Grecs pour s'assurer des débouchés commerciaux n'est pas seulement une question juridique ou éthique ; c'est également une distorsion énorme d'un marché supposé ouvert et concurrentiel. Les « *closed shops* » en sont un autre exemple : ils sont à l'opposé des principes d'un marché du travail flexible et sont très répandus en Grèce. Ce n'est qu'après dix ans passés dans la zone euro que le gouvernement grec a initié des réformes pour mettre un terme à ces pratiques.

Au début de l'euro, les pays qui présentaient les plus grands déficits commerciaux étaient le Portugal et la Grèce, avec respectivement environ 7 % et 3 % du PIB. En 2007, ces déficits se sont creusés, et l'écart entre les pays en excédent et en déficit est devenu immense (voir tableau 7.2).

Tableau 7.2 Balance courante, en pourcentage du PIB

	2001	2007
Pays-Bas	+2,4	+6,5
France	+2,0	–1,2
Allemagne	0,0	+7,7
Italie	–0,1	–2,6
Espagne	–3,9	–10,1
Grèce	–7,3	–14,1
Portugal	–9,9	–9,8

Source : base de données de l'OCDE.

Ce même schéma se répète sur le coût de la main-d'œuvre et la productivité en Grèce, les coûts augmentant avant toute hausse de productivité à l'inverse du reste de l'UE.

Tableau 7.3 Coûts unitaires du travail et productivité dans l'industrie en Grèce comparés à la moyenne de l'UE

		2000	2001	2002	2003	2004	2005	2006
		(changements annuels en %)						
Grèce								
Coûts unitaires du travail		5,1	0,3	2,8	1,2	2,3	2,4	2,4
Productivité du travail		1,6	1,3	1,5	1,0	1,7	2,5	3,2
Moyenne de l'UE								
Coûts unitaires du travail		–1,1	1,9	1,9	0,4	–1,0	0,0	0,3
Productivité du travail		4,3	1,3	1,5	2,7	3,7	2,5	2,6

Sources : base de données du « World Economic Outlook » et calculs du FMI ; rapport publié en Grèce : « Selected Issues, IMF Country Report », n° 07/27, janvier 2007.

En septembre 2010, Barclays Capital publie une analyse de la convergence dans la zone euro et établit une comparaison directe entre les 11 plus gros pays de la zone euro et les 11 plus gros États des États-Unis. Une certaine convergence des tendances des PIB en Europe depuis la création de l'union monétaire est observable, mais de plus grandes divergences qu'aux États-Unis subsistent en particulier dans les secteurs suivants :

- *Le marché du travail.* Comparée aux États-Unis, la divergence des taux de chômage entre pays de la zone euro est bien plus grande. Ces différences sont encore plus fortes entre groupes de pays au sein de la zone, reflétant certaines rigidités du marché du travail. L'Europe se caractérise par une législation protectrice à l'égard des travailleurs, de généreux avantages sociaux pour les chômeurs et des prélèvements marginaux plus élevés sur le travail. Le niveau de chômage de longue durée est élevé comparé à d'autres pays développés.

- *Les taux d'inflation.* Ils varient fortement en Europe. La différence la plus marquée s'observe entre les pays du cœur de la zone et les pays périphériques : « Si l'on ne retient que les cinq pays "centraux" ou même les "cinq pays centraux plus le Portugal et l'Italie", cette divergence est à peu près équivalente à celle observée aux États-Unis voire inférieure au cours des dernières années. »
- *La croissance réelle du PIB.* Cet indicateur est fortement divergent d'un pays à l'autre avec des économies en surchauffe et des économies déprimées. Les prévisions d'écarts de production – la différence entre le PIB réel et potentiel – se sont accrues entre le centre et la périphérie. Cela rend d'autant moins pertinent le principe d'un taux d'intérêt « unique pour tous ».

En conclusion, les économies du « centre » ont convergé vers une zone monétaire optimale mais ce centre a divergé de la périphérie. Les différences entre le cœur de la zone euro et ses marges se sont accrues depuis le début de la crise des *subprimes*[12].

La période de « rattrapage » qui aurait dû s'accomplir automatiquement – parce que les 12 pays de la zone euro étaient dans le même « train » – ne s'est pas produite. Elle ne s'était pas plus produite en Argentine après que le pays avait décidé de lier sa monnaie à une devise bien plus forte. De même, elle ne s'était pas produite dans le cadre du mécanisme de taux de change européen (MCE), et le prototype de l'euro a complètement échoué en 1993.

Au lieu de « rattraper », les pays du sud-est de la zone euro sont restés loin derrière, sur le quai de la gare pour reprendre la métaphore favorite des militants en faveur de l'euro. Ce qui n'était pas le cas des pays pourtant restés en dehors de la zone euro, à savoir le Danemark, la Suède et le Royaume-Uni. L'Europe des « deux

12. « Euro Themes: Comparing Euro Area and US Divergence », *BarCap Economics Research*, 22 septembre 2010.

tiers» que les apôtres de la monnaie unique n'ont eu de cesse de claironner pendant les années 1990 s'est finalement concrétisée : mais c'étaient deux tiers répartis *au sein* de la zone euro, pas entre les «*in*» et les «*out*».

L'erreur ne pouvait pas être plus grande mais ce n'était pas une surprise. Lorsque, dix ans plus tôt, l'Argentine a lié son économie au dollar, sa performance commerciale s'est détériorée et le pays est passé derrière le Brésil sur le plan du commerce international.

Un *biais de confiance excessive* malheureux a forgé la conviction que les économies finiraient de toute façon par converger. Cependant, les niveaux élevés d'endettement ont dissimulé pendant des années l'étendue des divergences. Le taux d'intérêt mal calibré – trop bas pour l'Irlande, la Grèce et l'Espagne pendant la plus grande partie de la décennie – a contribué à créer des bulles d'investissements, en particulier dans l'immobilier. Si l'on prend une base de 100 en 1997, les prix de l'immobilier grecs ont augmenté de 280 points à Athènes dans toutes les zones urbaines avec un pic en 2008. Des hausses encore plus fortes ont été observées en Espagne, en Italie et en Irlande, et les propriétés fantômes en Espagne et en Irlande sont les témoins de cette bulle.

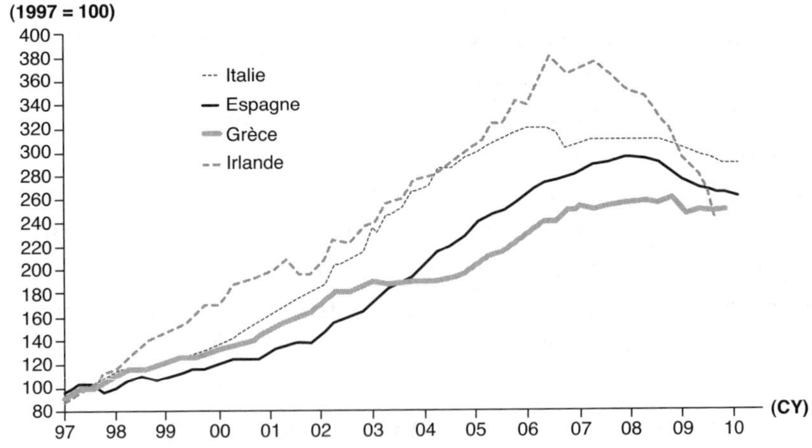

Figure 7.3 Les prix de l'immobilier en Grèce, Espagne, Italie et Irlande.

Source : agences immobilières nationales.

La disponibilité d'un crédit bon marché (voir la figure 7.4, qui montre comment le volume des encours hypothécaires grecs a été multiplié par 8) a provoqué l'augmentation des prix de l'immobilier dans des proportions bien supérieures aux gains de productivité de l'économie réelle.

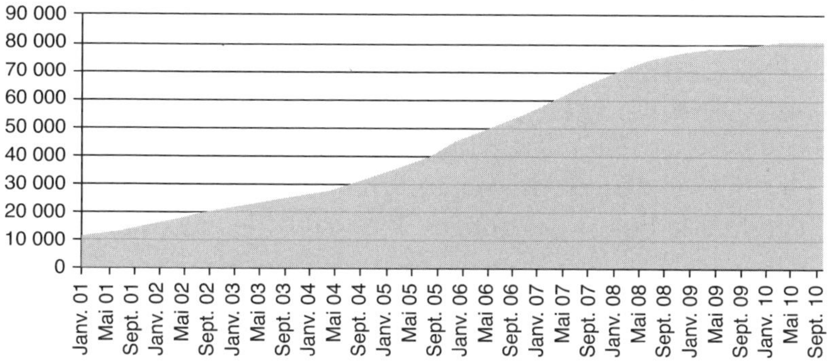

Figure 7.4 Encours de crédits immobiliers en Grèce (en millions d'euros).

Source : Banque de Grèce.

Richard Koo de Nomura décrit le contexte de cette époque où les taux d'intérêt étaient faibles, du début jusqu'au milieu des années 2000. Il rappelle que l'effondrement de la bulle Internet a tout autant affecté l'Allemagne que les États-Unis. Le Neumarkt, équivalent allemand du Nasdaq, a chuté de 98 %. Les particuliers et les entreprises qui avaient fortement investi dans les nouvelles technologies se sont retrouvés avec des actifs sans valeur et des dettes. Les entreprises allemandes ont emprunté et investi 6,9 % du PIB en 2000 mais en 2005 elles remboursaient des dettes représentant 2,2 % du PIB – une contraction nette de 9,1 % du PIB. C'était le parfait « manuel de récession du bilan ». Avec l'interdiction formelle d'atteindre un déficit supérieur à 3 % du PIB, le traité de Maastricht a appauvri la plus grande économie de la zone euro. D'après Koo, c'est ce contexte qui a contribué à tirer les taux d'intérêt vers le bas, jusqu'à 2 %. « Cela correspond à la période où le président de la BCE, Jean-Claude Trichet, se vantait que sous la direction des Français la BCE avait réussi à tirer les taux d'intérêt vers un niveau que la Bundesbank, bien que dirigée par des

Allemands, n'avait jamais réussi à atteindre. En réalité, les taux d'intérêt étaient faibles non pas parce que la BCE avait suivi de près l'inflation mais parce que l'Allemagne était confrontée à une récession de son bilan. »

Si la BCE n'avait pas autant diminué les taux d'intérêt, les bulles immobilières dans les pays périphériques ne se seraient pas autant développées et l'Allemagne aurait géré sa récession de bilan, peu sensible à un assouplissement de la politique monétaire. Les options possibles auraient été soit une dévaluation substantielle de la devise ou une relance budgétaire massive comme au Japon et plus tard aux États-Unis et au Royaume-Uni[13].

Pendant le boom des années 2005-2007, le taux d'intérêt réel n'était que de 0,8 %, la croissance était en moyenne de 2,5 % (au-delà de la tendance) et le crédit continuait à augmenter.

Les hommes politiques ne peuvent pas contrer les lois de l'arithmétique

Dans le contexte de la Grèce, de faibles taux d'emprunt pour les particuliers ont coïncidé avec des rendements obligataires artificiellement bas, ce qui a conduit à une explosion de la dette et des dépenses décrite aux chapitres précédents.

L'adhésion à la zone euro a réduit la pression sur les gouvernements de conduire les réformes nécessaires au succès de l'union monétaire. Par exemple, l'Italie n'a pas fait beaucoup d'efforts pour renforcer ses finances publiques ou flexibiliser son marché du travail. Sa productivité et sa compétitivité ont chuté alors que l'inflation restait au-dessus de la moyenne de la zone euro. L'impossibilité de dévaluer a entraîné une croissance faible et un problème d'endettement persistant. L'Allemagne aurait également dû s'ajuster. Avec l'interdiction des dévaluations compétitives, l'Allemagne a en réalité « dévalué » *via* le contrôle des salaires et la forte croissance de sa productivité, réduisant alors fortement la consommation et l'investissement. Il en est résulté, d'une part, l'amélioration de la compétitivité du pays et la diminution de la demande en biens d'importation ; d'autre part, le développement

13. Koo, « Learning Wrong Lessons from the Crisis in Greece ».

du commerce et de l'excédent de balance courante du pays. De la même façon que l'Italie n'a pas pu dévaluer sa devise, l'Allemagne, sans le Deutsche Mark, n'a pas pu apprécier sa monnaie.

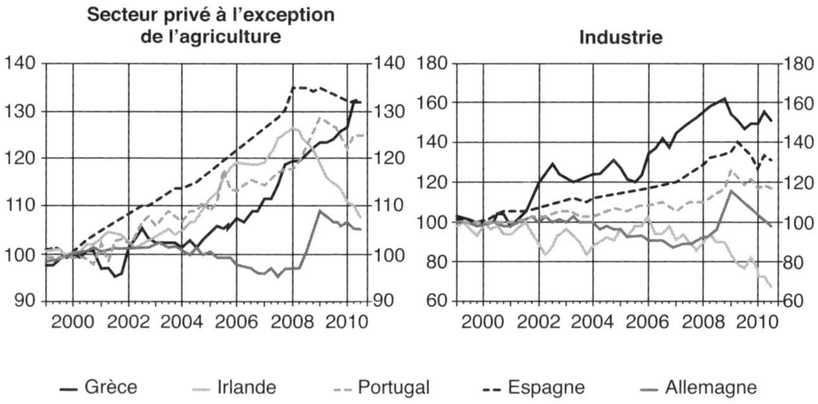

Figure 7.5 Développement des coûts unitaires du travail de 1999 à 2010.

Source : calculs de l'Institut Bruegel avec des données de l'OCDE*.

* Zsolt Darvas, Jean Pisani-Ferry et André Sapir, « *A Comprehensive Approach to the Euro-Area Debt Crisis* », Document d'orientation de l'institut Bruegel, n° 2011/02, février 2011.

À cela, il convient d'ajouter les prêts accordés par les banques allemandes et les pots-de-vin versés par des entreprises allemandes (et celles d'autres pays, ne nous leurrons pas !) pour stimuler plus de demande en biens d'exportation allemands vers l'Europe du Sud (voir chapitres précédents). La convergence a poussé les principales forces économiques de la décennie au déséquilibre sous le regard apparemment complaisant des décideurs politiques et des fonctionnaires européens de Bruxelles et Francfort.

Une autre mesure de la divergence croissante dans l'économie réelle nous est donnée par un indicateur des prix relatifs, le déflateur du PIB. Entre 2000 et 2009, le déflateur de l'Allemagne a augmenté de seulement 9 % alors que les salaires stagnaient et que le pays devenait extrêmement compétitif. Le déflateur de l'Espagne a augmenté quant à lui de 35 % et celui de la Grèce de 33 %. Ce n'est pas parce que des pays partagent l'euro que leurs niveaux de productivité ne peuvent pas être différents et leurs environnements concurrentiels hétérogènes. Les différences de régime fiscal, de législation sur le travail mais aussi de produits ont conduit à des évolutions différenciées des prix des biens et des services.

La « dévaluation compétitive », tant honnie par les dirigeants de l'Union européenne, est un instrument d'ajustement pertinent que la zone euro cherche désespérément à reproduire autrement. La raison tient au fait que les changements des prix à la production peuvent être plus « lourds » que les modifications du taux de change pour une devise flottante. Les producteurs ne rechignent généralement pas à augmenter les prix des biens et des services, mais sont toujours très réticents à les diminuer. En particulier, les prix des biens non exportables sont peu flexibles. Les dévaluations de devise sont relativement directes et permettent d'ajuster rapidement les prix relatifs tout en gardant des prix nominaux constants. Les pays « en dehors » de l'Union européenne profitent peut-être du meilleur des deux systèmes : du libre-échange mais des ajustements plus rapides et moins douloureux des prix lorsque c'est nécessaire.

En 2007, l'Allemagne affiche l'excédent commercial le plus important au monde. C'est principalement dû aux pays de la zone euro : l'excédent commercial de l'Allemagne avec les États-Unis a légèrement augmenté au cours de la période ; à l'inverse, le pays a creusé son déficit commercial avec les grands pays asiatiques.

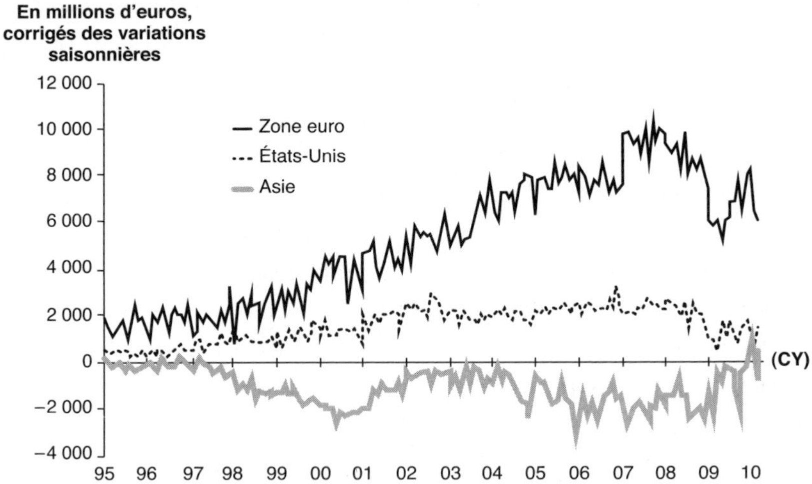

Figure 7.6 La balance commerciale de l'Allemagne.

Source : la Bundesbank allemande.

Par ailleurs, comme on l'a décrit aux précédents chapitres, les banques allemandes et françaises ont beaucoup prêté aux gouvernements grecs successifs et les fournisseurs d'armements allemands et français ont été les principaux bénéficiaires de cette fièvre de dépenses. Ce schéma où les banques allemandes et françaises financent un pays pour l'aider à absorber son déficit commercial est identique au recyclage économique par le Japon dans les années 1980 et la Chine aujourd'hui dans le cadre de leurs relations commerciales avec les États-Unis.

Ainsi, l'Allemagne est le pays qui a le plus profité de l'adhésion à la zone euro pendant la décennie 1999-2009. L'interdépendance des pays avec excédent et des pays avec déficit était presque totale. Ce schéma est devenu insoutenable lorsque les taux de change ont atteint des niveaux trop élevés et que les taux d'intérêt étaient trop faibles pour des pays périphériques avec une production peu développée.

Malgré cette croissance alarmante des divergences en dix ans, les dirigeants de l'UE ont continué à croire coûte que coûte à une éventuelle convergence des économies.

On a souvent entendu des hommes politiques exprimer leur espoir (malgré les résultats de la recherche académique et l'expérience) que la fusion d'économies divergentes au sein d'une zone monétaire unique ou des taux de change fixes encourageraient la convergence. Cela n'a pas été le cas. Au contraire, les différences se sont accrues et toutes les options de sortie ont été anéanties avec la réduction de la flexibilité. Il s'agit d'un des *biais de confiance excessive* les plus courants et les plus dangereux en politique : la croyance que vous pouvez court-circuiter le développement économique uniquement en pilotant la politique monétaire.

Même en 2010, alors qu'il était évident que toute convergence était impossible, la métaphore du train a refait surface. Josef Joffe, rédacteur de *Die Zeit*, commente : « Ainsi, le train de l'euro, avec ses 16 wagons nationaux, va-t-il finir par dérailler ? C'est possible, mais il est difficile de l'imaginer car personne ne souhaite que le train ne se découple. Les dirigeants de la zone euro ont bien plus à perdre à le laisser sortir de la voie », soutient-il. Il liste ainsi certaines des conséquences négatives de la sortie de la monnaie unique : instabilité économique, taux d'intérêt élevés et défaut des États[14].

C'est en partie juste mais il oublie un point. Bien sûr, personne ne veut que le « train » de l'euro ne déraille et les conséquences seraient considérables si cela devait arriver. Le problème est plus fondamental : l'euro n'est pas un train et il n'est pas sur des rails. C'est une expérimentation sous contrôle indulgent. Les architectes de l'euro voient dans leur projet un point culminant, obligatoire et irrévocable. En réalité, c'est tout sauf cela. Il s'agit d'un drame toujours en cours et dont les conséquences sont imprévisibles.

UNE DISSONANCE COGNITIVE

L'espoir d'une « convergence après » était vain. L'orgueil l'a rendue impossible. Le comportement des dirigeants politiques révèle des effets de dissonance cognitive et de faux discours. Ils en sont venus à croire à leurs propres campagnes de communication. De tels biais psychologiques peuvent sembler anecdotiques mais leurs conséquences sont immenses. Les dirigeants de l'UE ont clairement cru qu'ils avaient créé une union monétaire complète, fondée sur une zone monétaire optimale. En réalité, pour les pays périphériques, ce n'était rien de plus qu'un arrimage de leur devise comme en Argentine. La situation actuelle *est* différente de celle de l'Argentine mais le tableau n'est pas rassurant :

- Cinq pays sont impliqués et pas seulement un.
- Les niveaux d'endettement sont plus élevés en termes absolus et relatifs.
- La sortie est plus difficile.
- Il existe un risque de contagion à tout le système bancaire sur le continent.

La citation de Joffe ci-dessus et de nombreux autres du même calibre révèlent que *l'illusion de contrôle* est au cœur du projet de

14. Josef Joffe, « Germany Won't Let the Euro Train be Derailed », *Times*, 18 juin 2010.

l'euro. Les dirigeants de l'UE ont l'impression d'avoir la main sur la monnaie unique malgré les tentatives déstabilisatrices et sournoises des Anglo-Saxons. Ils imaginent également que la détermination et la confiance suffisent à garder le «train» sur les rails. Cependant, avec l'emprunt d'importantes sommes sur les marchés des capitaux internationaux, une grande partie de ce contrôle a été transférée aux créanciers. De même, avec le transfert des décisions de politique économique des gouvernements nationaux à la BCE, une partie du contrôle politique est passée du gouvernement à une technocratie non élue. Cette redistribution est contre-intuitive car l'opinion du peuple n'est plus prise en compte. Pourtant, les citoyens ont toujours le recours de ne plus voter pour des partis pro-UE aux élections générales. Et c'est d'ailleurs ce qui se passe avec la montée des partis eurosceptiques dans différents pays européens. Il est bien plus difficile de convaincre et de calmer les citoyens exaspérés que les responsables des partis perplexes mais fidèles au projet européen. Il ne reste plus à la BCE qu'à suggérer l'abolition des élections nationales pour se faciliter l'existence. Mais même avec un gros lobbying…

Un taux de change fort est la conséquence d'une économie réelle solide ; en aucun cas, il n'en est à l'origine. Les échecs de Domingo Cavallo – à utiliser un taux de change artificiellement élevé pour développer l'économie argentine dans les années 1990 – et de l'Europe – à parvenir à une convergence des économies *via* le mécanisme du taux de change européen (MCE) en 1979-1992 – auraient dû alerter les dirigeants de l'UE afin de ne pas reproduire les mêmes erreurs dans les années 2000. Pourtant, ils se sont encore laissé séduire par cette idée. Interviewé par le programme de la BBC «Today Programme» le 3 mai 2010, le député allemand Wolf Klinz déclare : «Pour une raison ou une autre, on a eu l'impression que peut-être si nous avions une monnaie commune alors automatiquement les pays allaient se rapprocher les uns des autres et cela renforcerait l'intégration.»

Nassim Nicholas Taleb suggère qu'une forme rudimentaire de darwinisme social imprègne l'esprit des Occidentaux qui cèdent à l'illusion selon laquelle les organisations et les économies tendent à s'améliorer. On minimiserait la possibilité d'une erreur et du hasard, et évidemment les certitudes qui accompagnent cette attitude rendent ironiquement les erreurs encore plus probables. Il écrit : «De nombreux [*traders*] (...) croient que les entreprises et les organisations sont, grâce à la concurrence (et la discipline du rapport trimestriel), irréversiblement sur la voie de l'amélioration. Le plus fort survivra, le plus faible s'éteindra. Les choses ne sont pas aussi simples que cela[15].»

Ce *biais de confiance excessive* s'applique tout aussi bien à la croyance au sein de l'Union européenne que les économies de la zone euro convergeraient «naturellement» qu'à la mise en place du marché unique où la libéralisation améliorerait les performances. En dehors du Pacte de stabilité et de croissance et de ses sanctions théoriques, aucune mesure n'a été prévue pour vérifier la réalité de ce processus de «rattrapage» des pays les plus pauvres.

ENDETTEMENT ET RELATIONS PUBLIQUES : ORGUEIL ET JOIE MAUVAISE

Cependant, l'euro a brillé sur deux plans entre 2002 et 2009 : il a permis d'emprunter à moindres frais et il a profité d'une excellente communication. La machine à relations publiques de l'euro a réussi d'impressionnants exploits, renforcés par les discours rassurants qu'induisaient certains biais cognitifs que j'ai décrits. Pendant les années de boom de la «grande modération» et d'expansion mondiale, on croyait que «les temps étaient différents» ; l'exubérance irrationnelle n'était pas seulement cantonnée aux *traders* sur des obligations adossées à des actifs (CDO, *Collateralised Debt Obligations*), aux vendeurs d'hypothèques du Nevada ou aux investisseurs immobiliers en Irlande. Les dirigeants de l'Union européenne ont aimé se congratuler sur le renforcement de l'euro et ont dédaigné les Cassandre qui prédisaient les difficultés de la jeune monnaie.

---

15. Nassim Nicholas Taleb, *Fooled by Randomness. The Hidden Role of Chance in Life and the Markets*, Londres, Texere, 2004.

Voici une sélection des observations et prédictions :

> Ma propre prédiction est qu'en 2002 l'Union monétaire européenne inclura ses 11 membres plus la Grèce, la Suède, le Danemark et la Grande-Bretagne. En 2005, la Slovénie, la République tchèque, la Pologne, la Hongrie et l'Estonie en feront également partie. Et, en 2010, si l'on suppose que tout se passe bien et que l'union monétaire soit prospère, aucun pays en Europe ne voudra ou ne pourra se permettre de rester en dehors.
>
> Robert Mundell,
> lauréat du prix Nobel d'économie en 1999

> Dans le futur, l'euro deviendra la principale monnaie d'échange sur les marchés internationaux (*et remplacera le dollar*), sur le marché pétrolier et sur n'importe quel marché (…)
>
> Loyola de Palacio,
> commissaire européen de l'Énergie et des Transports, 2003

> Bien sûr, il y a eu des oppositions. Je me souviens d'un économiste qui décrivait la création de l'euro comme «au mieux, un acte au mérite incertain» et un autre qui dénonçait ce projet comme une «grosse erreur». Dix ans plus tard, nous avons été capables d'évaluer la performance de l'UME au travers d'un cycle économique complet. Et je suis heureux de dire que l'euro se révèle être un succès économique.
>
> Joaquin Almunia,
> Commissaire européen pour les Affaires économiques et monétaires,
> discours à l'institut Peterson,
> Washington, 11 avril 2008

Il est ironique de voir que ceux qui critiquent l'opposition des xénophobes et des eurosceptiques à la monnaie unique peuvent afficher sans honte leurs sentiments anti-américains. Une ambition impériale ne cesse de transparaître dans les déclarations des concepteurs de l'euro. La monnaie unique était sur le point de jouer le rôle de monnaie de réserve mondiale, le pivot des « États-Unis d'Europe » qui devaient remplacer les États-Unis d'Amérique comme superpuissance occidentale. Les fanatiques de l'UE ont aimé prédire la fin du dollar américain comme monnaie de réserve. Cela confirme les soupçons que la zone monétaire unique a été élargie à un grand nombre d'économies différentes en toute hâte pour répondre à une ambition de rayonnement mondial, laissant la question de la convergence à l'arrière-plan. Cela explique que l'on n'ait pas regardé les statistiques de trop près.

D'ailleurs, le fait que l'euro relevait davantage d'ambitions impérialistes que d'un souci de performances économiques se trouve confirmé explicitement dans certaines déclarations. En 2002, Romano Prodi déclare que « la signification historique de l'euro est de construire une économie bipolaire dans le monde. Les deux pôles sont le dollar et l'euro ». Felipe González, alors président de l'Espagne, déclare en 1998 : « La monnaie unique est une décision à caractère essentiellement politique (...) Nous avons besoin d'une Europe unie. Nous ne devons jamais oublier que l'euro est un instrument pour ce projet. »

Soyons honnêtes, les analystes européens ne sont pas les seuls à avoir prédit la domination de l'euro sur le billet vert. Un pionnier de la zone monétaire optimale, l'économiste canadien Robert Mundell, a soutenu la monnaie unique. En 2008, le professeur Menzie Chinn de l'université du Wisconsin et le professeur Jeffrey Frankel de Harvard publient une étude positive remarquée aux États-Unis. Leur conclusion est que l'euro a pour vocation de remplacer le dollar comme principale monnaie de réserve dans les 10 ou 15 prochaines années, voire dès 2015. Cette analyse contenait les éventuels graphiques de projection où la part attendue des réserves internationales en euros dépassait celles du dollar entre 2010 et 2020[16]. Ce rapport paraît au début de la récession et de la crise bancaire mais, selon Wolfgang

16. Menzie Chinn et Jeffrey Frankel, « The Euro May over the Next 15 Years Surpass the Dollar as Leading International Currency », *e21*11, n° 1, 2008, p. 49-73.

Munchau, un journaliste du *Financial Times*, la crise « pourrait facilement accélérer les tendances qu'ils ont identifiées[17] ».

Ces analyses sont en partie vraies. La prédominance du dollar ne peut pas continuer indéfiniment, surtout lorsque l'on considère les immenses déficits jumeaux des États-Unis, mais la monnaie qui le supplantera viendra probablement d'Asie.

La zone euro ne disposait certainement pas de ces éléments sur son radar lorsqu'elle se réjouissait de la dépréciation du dollar au pire moment de la crise des *subprimes* en Amérique du Nord. Voyons les citations suivantes :

> Aujourd'hui, nous savons que l'euro est devenu de fait la deuxième monnaie la plus importante à l'international après le dollar américain (…) En fait, avec les taux de change actuels, le PIB de la zone euro est plus élevé que celui des États-Unis.
>
> Joaquin Almunia,
> commissaire européen pour les Affaires économiques
> et monétaires,
> discours à l'institut Peterson,
> avril 2008

> L'euro à dix est régional, stable et il est une source légitime de fierté dans l'accomplissement européen.
>
> Adam Posen et Jean Pisani-Ferry (éd.),
> *The Euro at Ten*,
> institut Peterson d'économie internationale,
> 2009

Le père de la pensée néolibérale anglo-saxonne, Milton Friedman, avait prédit que l'euro ne survivrait pas à sa première crise économique. Lorsque l'euro s'est apprécié par rapport au dollar après la

17. Wolfgang Munchau, « Why the Euro will Soon Replace the Dollar as the World's Reserve Currency », *Eurointelligence*, 24 mars 2008. En ligne : http://www.eurointelligence.com/article/article/why-the-euro-will-soon-replace-the-dollar-as-the-worlds-reserve-currency.html?L=1&tx_ttnews%5BbackPid%5D=755&cHash=8378f09d14be5fde62de597c410e5c0e.

faillite de Lehman Brothers et la crise bancaire en 2008-2009, les sentiments d'*hybris* (orgueil) et de *Schadenfreude* (mauvaise joie) ont atteint des sommets.

Le sous-titre de l'ouvrage collectif *The Euro at Ten* publié en 2009 était *La Prochaine Monnaie mondiale ?* Le point d'interrogation indique les incertitudes de certains des contributeurs, hommes politiques et économistes, sur le futur de l'euro en tant que monnaie de réserve. Pour d'autres, en revanche, cela ne faisait aucun doute.

Dans l'introduction, les rédacteurs déclarent :

> L'euro est à présent dans sa dixième année d'utilisation, remplit avec succès toutes les fonctions d'une zone monétaire pour les citoyens européens et assure une stabilité des prix dans la zone euro. L'union monétaire et sa banque centrale sont en train de passer le test avec succès d'une crise financière majeure et résistent bien jusqu'à présent.

Joaquin Almunia, principal promoteur de la monnaie européenne, était le plus enthousiaste. Alors que certains contributeurs étaient conscients des problèmes engendrés par la crise bancaire et les déséquilibres commerciaux internes et budgétaires de la zone euro, Almunia affirme sans crainte que l'euro est un « succès incontestable ». Ce n'est **pas** vrai. La controverse n'a jamais cessé et certains économistes sérieux comme Wilhelm Nölling ont avancé des arguments raisonnés et fondés. La déclaration d'Almunia est symptomatique de la tendance stalinienne qui prévaut parmi les commissaires non élus de l'UE ; une disposition à considérer qu'aucune controverse n'existe si on déclare qu'elle n'existe pas.

Voici une autre citation de l'étude avec mes observations en italique :

> L'euro (...) a permis une stabilité macroéconomique [*illusion de contrôle ici, comme si restaurer une façade permettait de dire que la maison est neuve*] et a entraîné des taux d'inflation et d'intérêt historiquement bas pendant la plus grande partie de la dernière décennie [*l'effet déflationniste de la réunification allemande et des importations à bas prix de la Chine ainsi que le boom de la liquidité ont peut-être également contribué à des taux d'intérêt et d'inflation faibles ?*]. Malgré le taux de croissance moins élevé que prévu de la zone euro [*erreurs de prédiction et vœux*

> *pieux*], dû largement à des réformes structurelles insuffisantes, la stabilité macroéconomique combinée à l'explosion du commerce et des investissements apportée par l'euro ont aidé à créer 16 millions d'emplois de plus qu'aux États-Unis à la même période.

Cependant, le fait qu'aucune convergence ne se soit produite, que l'euro ne soit pas devenu la monnaie de réserve mondiale et l'Europe la nouvelle superpuissance déconcerte les tenants de la monnaie unique. Par exemple, les auteurs de *The Euro at Ten* soulignent : « À l'origine, l'intégration monétaire devait enclencher une intégration financière dans la zone euro. Au lieu de cela, le centre financier de l'Europe est à Londres, pas à Francfort ou à Paris. » Aucune excuse n'est formulée envers les pays qui ont refusé de rejoindre l'euro alors que c'est précisément cet argument qui a été utilisé pour les effrayer et les pousser à faire partie de l'expérience de l'UME. Le 22 juin 2010, dans le premier budget de la nouvelle coalition gouvernementale conservateurs/libéraux-démocrates du Royaume-Uni, le chancelier George Osborne exclut toute adhésion à l'euro pour les cinq prochaines années et annonce la dissolution des unités de préparation du Trésor britannique à l'euro.

Danny Alexander, secrétaire en chef du Trésor britannique, est l'ancien responsable de la communication d'un groupe de pression britannique en Europe qui avait fait campagne en faveur d'une adhésion du Royaume-Uni à l'euro. Il déclare en septembre 2010 : « Dans les circonstances économiques actuelles, je suis soulagé que nous ne soyons pas dans l'euro (...) Je pense encore qu'une [adhésion] est possible à long terme mais il y a encore beaucoup de chemin à parcourir. Je pense que les flexibilités que nous avons dans l'économie aident notre économie à se rétablir[18]. »

Le fait que le monde économique n'ait pas suivi le scénario pourtant si précautionneusement préparé par les architectes de l'Union monétaire européenne a beaucoup irrité et consterné. Cela s'est aggravé lorsque la crise a commencé à frapper de plein fouet la zone euro en 2010.

---

18. « Decision not to Join the Euro was Right, Says Alexander », nouvelles en ligne de la BBC, 21 septembre 2010.

Swaps et falsification des données : la saga continue

La Grèce est certes coupable d'avoir maquillé ses statistiques entre 1999 et 2002 avec la complicité de Goldman Sachs, mais c'est une vision partielle de la situation : il n'y avait aucune volonté de l'autre côté de détecter des déficits cachés.

À la fin de la décennie, l'ampleur des manipulations des données sur les déficits publics a commencé à se voir. L'agence Eurostat basée au Luxembourg ne luttait pas à armes égales avec des gouvernements cyniques et pouvait difficilement produire une image fidèle de la réalité. À de nombreuses reprises, les ministres des Finances de l'Europe ont critiqué le fait que les informations chiffrées qui leur étaient transmises étaient moins pertinentes et communiquées moins fréquemment qu'aux États-Unis. Pourtant, personne ne s'est empressé de corriger la situation.

Peu à peu, il est apparu que des banques et des gouvernements avaient participé à cette dissimulation. Comme pour la crise des *subprimes* en Amérique du Nord, l'utilisation de produits dérivés financiers a contribué à masquer l'ampleur et le degré de risque liés aux niveaux de dette, dans ce cas de la dette souveraine européenne. En 2010, le *New York Times* publie : «Les instruments développés par Goldman Sachs, J.P. Morgan Chase et d'autres banques ont permis aux hommes politiques d'emprunter en Grèce pour masquer des emprunts additionnels en Grèce, en Italie et sans doute ailleurs[19].»

Pourtant, Bruxelles savait que les données étaient fausses. C'était dans l'intérêt à court terme de l'UE de laisser ce cycle d'emprunts et de dépenses se poursuivre. Les banques allemandes et françaises ont prêté aux gouvernements grecs successifs ; certaines entreprises allemandes ont versé des pots-de-vin à des fonctionnaires grecs ; des banques européennes ont prêté à des entreprises de travaux publics et à des organismes de prêts immobiliers ; les marchés obligataires internationaux ont prêté à des pays périphériques. Les données de la croissance à court terme avaient tout

---

19. «Wall St Helped to Mask Debt Fueling Europe's Crisis», *New York Times*, 13 février 2010.

l'air d'être favorables mais les déséquilibres sous-jacents se sont détériorés. L'euro est progressivement devenu une monnaie de réserve mondiale tout en s'éloignant de plus en plus des caractéristiques d'une zone monétaire optimale.

La garantie implicite : le scandale des subprimes de l'euro

Le plus ironique dans tout cela est que les dirigeants de l'UE, pourtant fortement anti-américains, sont coupables des mêmes erreurs que les banques nord-américaines. La crise des *subprimes* découle d'opérations de prêts à grande échelle à des ménages modestes, aggravée ensuite par la titrisation des créances. Et pendant que les hommes politiques de l'Europe continentale pointaient du doigt les excès anglo-saxons, si dangereux pour l'économie mondiale, un phénomène similaire se produisait en Europe. On a regroupé des pays aux solvabilités différentes et on a noté leur valeur d'investissement. Les CDO étaient présentés aux investisseurs sous la notation financière la plus sûre alors qu'ils contenaient des créances risquées. De la même façon, l'euro a été traité comme l'équivalent du Deutsche Mark alors qu'il ne comprenait qu'une seule devise de cet acabit. Et exactement comme dans le cas des CDO, ce niveau de «solidité» factice a été utilisé dans les transactions bien au-delà des réalités économiques.

Ce risque a été renforcé par le désormais bien connu *biais de confiance excessive* : gageons que toutes les performances s'aligneront sur la meilleure, sans véritables plans ou politiques pour y parvenir ou en vérifier l'accomplissement et fermons les yeux sur le fait que c'est exactement l'inverse qui est en train de se produire.

Ce comportement a induit l'un des aspects les plus dangereux de l'euro : la garantie implicite qu'il renflouerait, pourrait toujours renflouer, un membre plus faible, que l'adhésion à la zone euro conférait automatiquement un filet de sécurité financier. Les dirigeants de l'UE le croyaient. Les *traders* d'obligations dans le monde également. C'est ce qu'illustre la courbe en «cuvette» des rendements obligataires des pays périphériques par rapport à ceux des pays du centre. Pendant des années, les obligations grecques ont été vendues comme si elles avaient la même valeur que les obligations allemandes. Les dirigeants de l'UE ont nié l'étendue du problème jusqu'à ce qu'ils se décident à agir en mai 2010. S'il n'était pas réaliste de conduire une *due diligence* à grande échelle, quelques indicateurs auraient dû les alerter : un indice de corruption très inférieur à la norme européenne comme celui de *Transparency International* ou une proportion des dépenses publiques dédiées aux salaires deux fois plus élevée qu'en Allemagne (presque 70 % des dépenses publiques en Grèce contre 38 % en Allemagne selon les données 2009 d'Eurostat).

Ces dérives ont été possibles parce que la notion de filet de sécurité n'a jamais vraiment été explicitée. Pendant dix ans, les hommes politiques, les investisseurs et l'opinion publique dans toute la zone euro ont supposé tacitement que l'euro était assez important et audacieux pour faire face à n'importe quel problème. Cette garantie implicite est devenue tellement forte qu'elle s'est sapée elle-même en confortant l'arrogance collective au point d'atteindre des niveaux d'endettement et de déséquilibres commerciaux intenables.

En 2008, les courbes des *spreads* entre obligations de la Grèce et obligations des pays du Nord de l'Europe non membres de la zone euro se sont croisées. En novembre 2007, le *spread* des obligations grecques n'était que de +34 points de base plus élevé que celui de l'Allemagne. Celui du Royaume-Uni, qui ne « bénéficiait » pas de l'appartenance à la zone euro, était de +65 points de base. En décembre 2008, le *spread* grec était de +221 points de base ; celui du Royaume-Uni était redescendu à +5 points de base bien que la Grande-Bretagne ait enregistré un déficit public record. Les projections fondées sur des extrapolations étaient encore plus stériles que d'habitude !

La bonne réputation de l'euro a été un facteur de distorsion, mais elle s'est considérablement ternie depuis. La machine des relations publiques avait œuvré, mais son effet ne pouvait être que temporaire. Les marchés ont alors commencé à suspecter que les obligations d'État dans la zone euro n'étaient pas d'aussi bons investissements que les notations le laissaient supposer. Les agences de notation ont suivi la tendance. Le gouvernement grec a continué à «profiter» (ce terme n'est cependant pas tout à fait approprié puisque la conséquence fut encore davantage d'endettement) d'une bonne notation pendant encore quelque temps, alors que certains d'entre nous savaient déjà que la hausse de la dette publique atteignait des niveaux non soutenables.

Lorsque les effets à court terme d'un emprunt peu coûteux et d'une communication offensive se sont évanouis, les *spreads* de rendements obligataires et les dettes se sont détériorés. Les déséquilibres avaient clairement atteint des niveaux dangereux. Et pourtant, les dirigeants de l'UE sont restés dans un état de déni de fin 2009 à mai 2010, date de la première action politique. Deux options étaient envisageables : soit la rupture, la dévaluation et le défaut soit une vague d'emprunts massifs combinée à une intégration budgétaire rapide et une réforme du marché intérieur, avec ou sans le soutien des populations locales. Les deux étaient très risquées, mais les options peu risquées n'existaient plus au moment où les dirigeants de l'UE ont reconnu le problème et arrêté de croire dans leurs propres campagnes de communication. Ils ont choisi la seconde option : une entreprise monumentale.

Une mémoire sélective et court-termiste

Les sentiments d'*hybris* (orgueil) et de *Schadenfreude* (joie mauvaise) semblent avoir créé une amnésie collective. Les hommes politiques, les électeurs, les analystes ont oublié ou ignoré les divisions, les difficultés, les controverses, les compromis nécessaires à la signature du traité de Maastricht et à l'adoption de l'euro. Ces divisions étaient partout : dans les pays, entre les pays, dans les banques centrales, etc. L'euro n'existe que depuis dix ans, et pourtant l'histoire douloureuse de sa naissance semble avoir été oubliée.

Les pays européens ont été confrontés en 2002-2009 aux mêmes pressions et problèmes que pendant la période du mécanisme de taux de change européen entre 1979 et 1993. Pourtant, les décideurs politiques se sont comportés comme si c'était la première fois. Cela a été le cas de l'échec de la discipline monétaire pour diminuer les écarts entre les pays avec excédent ou déficit commerciaux et l'échec des gouvernements à maintenir une responsabilité budgétaire. Une fois encore, un taux d'intérêt «unique pour tous» a été source de complications. Cette fois-ci néanmoins, la difficulté résidait davantage dans un taux trop faible, et donc une croissance du crédit et des prix de l'immobilier, que des taux trop élevés sources de paralysie pour l'industrie, l'emploi et les acquisitions immobilières de certains pays. Tous croyaient que «cette fois, c'est différent» et que le MCE et sa chute honteuse étaient plus ou moins effacés de l'histoire de l'Union européenne.

Entre 1980 et 2000, la drachme s'est dépréciée d'environ 85 % comparée au Deutsche Mark, reflet de l'état des performances économiques de la Grèce par rapport à l'Allemagne. Comment a-t-on pu supposer que cette détérioration cesserait simplement en rejoignant la monnaie unique ?

À mesure que l'augmentation des rendements obligataires devenait flagrante, il est devenu évident que la croyance dans le filet de sécurité de l'euro avait pour effet de sous-évaluer encore plus ces rendements. Ainsi, la hausse des écarts de rendements entre Europe du Nord et Europe du Sud était en réalité bien moins importante que ne le suggéraient les données. En avril 2009, des évaluations gravement erronées ont circulé : les obligations ukrainiennes étaient vendues à un *spread* colossal de +6 000 points de base sur un ratio de dette/PIB de 12 % comparé à un *spread* de +200 points de base pour la Grèce sur un ratio de dette/PIB de 105 %. Le marché, comme la classe politique de l'UE, était encore dans un déni total concernant l'échelle du problème de dette publique comparée à la capacité productrice des économies dans les pays de la zone euro[20].

Cet excès de confiance sur les prétendues qualités «protectrices» de l'euro a fini par inquiéter le FMI. Dans son rapport pays de janvier 2007 sur la Grèce, il sonne l'alerte sur les déséquilibres croissants au sein de la zone euro et la compétitivité déclinante de la Grèce et mentionne l'évasion fiscale et l'économie souterraine

20. «Monthly Update», Dromeus Global Opportunities Fund, avril 2009.

du pays. Malgré cela, le FMI exprime sa conviction que la monnaie unique réduit ces risques (sans dire comment). En abordant la question des éventuels impacts des déséquilibres externes sur un pays de la zone euro, le rapport affirme : « L'adoption de l'euro a réduit l'importance du déficit de la balance courante et de l'endettement externe comme facteurs de risque[21]. » Comment ? Ce n'est pas décrit. Cette partie du rapport emploie des euphémismes populaires chez certains économistes. Il n'y a aucune analyse de *la façon* dont l'existence d'une monnaie unique réduit ces facteurs de risques. Peut-être est-ce une école d'économie à la Freddie Mercury : « *It's a Kind of Magic* » (« C'est une sorte de magie »). Les économistes du FMI semblent tout autant faire preuve des biais cognitifs qui poussent à croire dans la prétendue qualité protectrice et indéfinie de la monnaie unique.

MÉFIEZ-VOUS DU REMORDS DE L'ACHETEUR...

Quelques pays étaient plus réticents que l'Allemagne à abandonner leurs monnaies nationales.

La plupart des sondages d'opinion en Allemagne ne soutenaient pas le passage à la monnaie unique, vite surnommé le « *teuro* » par les Allemands, un jeu de mots avec « *teuer* » qui en allemand signifie coûteux. Le gouvernement n'a pas daigné organiser de référendum avant l'entrée dans l'euro parce qu'il redoutait un « mauvais » résultat.

L'Allemagne souffre actuellement d'un cas aigu et potentiellement dangereux de « remords de l'acheteur ». Il s'agit d'un phénomène bien connu en psychologie, particulièrement approprié à l'analyse des décisions d'investissement. Le psychologue David Bell le définit comme le fait de se focaliser sur des biens que vous auriez pu détenir si vous aviez pris la bonne décision. En matière d'investissement, cela peut s'appliquer de la même façon au stock que vous avez vendu juste avant qu'il ne s'apprécie ou au stock que vous aviez décidé de conserver. Supposons que vous ayez le choix entre participer à une loterie offrant 10 000 $ ou rien et

21. « Greece: Selected Issues », *Rapport pays du FMI 07/27*, janvier 2007.

toucher un cadeau garanti de 4000 $. Vous choisissez les 4000 $ mais découvrez plus tard que vous auriez gagné les 10000 $ à la loterie. Il est difficile d'éviter de regretter d'avoir manqué cette opportunité. Peter Bernstein, auteur d'un livre fascinant sur l'histoire de la compréhension humaine du risque et nos biais malheureux vers des théories fondées sur les jeux de hasard, commente : « Même si tout le monde sait qu'il est impossible de faire toujours les meilleurs choix, de nombreux investisseurs souffrent d'un regret de décision sur ces actifs passés. Je crois que cette forme d'insécurité émotionnelle a beaucoup plus à voir avec les décisions de diversifier que (...) les péroraisons [les plus] intellectuelles sur ce sujet[22]. »

L'Allemagne pensait qu'elle avait signé pour un Deutsche Mark en plus grand : une faible inflation, pas de monnaie de sauvetage, le soutien d'une BCE indépendante conçue explicitement sur le modèle de la Bundesbank, renforcée par le Pacte de stabilité et de croissance. Cet accord est à présent enterré. Que serait-il arrivé si nous avions conservé le Deutsche Mark ? Si vous ne vous êtes jamais posé cette question, ne serait-ce qu'une fois, c'est que vous n'êtes pas allemand et ne vivez pas non plus en Allemagne !

« Avec le recul... » – mais ils étaient avertis !

Lorsque les rapports officiels sur la dette de la zone euro seront rédigés, qu'ils soient ou pas un examen *post mortem* de la monnaie unique européenne, ils contiendront tous très probablement l'expression « avec le recul », répétée à l'envi. Elle revient fréquemment dans le rapport du FMI sur l'expérience de la convertibilité de l'Argentine (voir chapitres 1 et 6).

Dans le contexte de l'euro, l'expression « avec le recul » signifie en réalité « sans biais de confiance excessive ». De nombreux observateurs ont signalé le manque de convergence, les fausses statistiques sur la dette publique, le risque politique, le problème d'un taux d'intérêt unique pour tous, le manque de mobilité du travail,

22. Peter L. Bernstein, *Against the Gods: The Remarkable Story of Risk*, New York, John Wiley, 1996.

les systèmes budgétaires exclusivement nationaux. Et ce, bien avant le début de la crise et, dans de nombreux cas, bien avant l'adoption de la monnaie unique. Certains économistes allemands ont même intenté une action de contestation judiciaire à l'égard de la décision du gouvernement d'adhérer à l'euro, explicitement sur la base d'une protection inadéquate quant aux critères listés ci-dessus.

Même l'influence d'événements imprévus qui ont perturbé le projet n'est pas une excuse recevable puisque les planificateurs du projet eux-mêmes avaient supposé que de tels événements pourraient dévier le projet de sa route. Le plaisancier a mauvaise grâce de se plaindre d'un ouragan s'il a toujours été convaincu qu'un ouragan n'arriverait jamais et a balayé d'un revers de main les prévisions des météorologues.

De tous les commentaires malhonnêtes émis par les porte-parole de l'UE sur la saga de la monnaie unique, le plus honteux est celui du président Herman Van Rompuy le 25 mai 2010. Le chef de la Commission qui, pendant des années s'est montré faussement rassurant, a fait des projections plus qu'optimistes de «convergence» et a traité toutes les critiques avec dédain, a eu la témérité de dire (et je le cite intégralement) : «Nous sommes clairement confrontés à une tension dans le système, le dilemme infâme d'être une union monétaire et pas une union politique et économique à part entière. Cette tension était là depuis la création de la monnaie unique. Cependant, l'opinion publique n'en avait pas vraiment conscience[23].»

Voilà qui coupe le souffle, car c'est très exactement l'inverse qui s'est produit, malgré des campagnes de communication mensongères ! La Commission a quant à elle fait la sourde oreille. Pendant des années, les électeurs et de nombreux observateurs émérites n'ont eu de cesse de tirer la sonnette d'alarme sur les déséquilibres du système et sur le caractère incomplet des mesures de gestion de l'union monétaire. Les deux référendums menés

23. Herman Van Rompuy, «Summary of the Opening Address by Herman Van Rompuy, President of the European Council, to the Brussels Economic Forum 2010», 25 mai 2010. En ligne : http://www.consilium.europa.eu/uedocs/cms_data/docs/pressdata/en/ec/114623.pdf.

spécifiquement sur l'euro, en Suède et au Danemark, deux économies développées, ont abouti à un «non». Les avertissements étaient multiples, oraux, publics et souvent argumentés et cohérents. Ce n'était manifestement pas des théories provenant des xénophobes ou des traditionnalistes. Les 155 économistes allemands qui ont publié une lettre ouverte en 1998 ont ouvertement affirmé leur engagement en faveur du *principe* de monnaie unique mais déclaraient que le *timing* n'était pas bon et que la convergence était incomplète.

Simon Tilford du Centre pour une réforme européenne (*Centre for European Reform*), europhile, a publié une critique des déséquilibres et des faiblesses de la zone euro en 2006. Il avertit que, sans réforme des économies du Sud pour leur permettre de s'adapter et en l'absence de la possibilité de dévaluer, il existait un risque réel que de tels pays soient pris dans une spirale de compétitivité en baisse, de prémiums plus élevés sur la dette publique, d'un déclin du soutien politique et d'investisseurs qui commenceraient à se poser la question de la soutenabilité de la monnaie unique. Trois ans plus tard, il rappelle comment de tels avertissements, loin d'être entendus par les dirigeants de l'UE, ont suscité un torrent de critiques. «Certaines critiques sont même allées très loin et ont accusé [le Centre pour la réforme européenne] d'euroscepticisme. Mais ce n'est pas pro-européen que d'ignorer les mauvaises tendances, en particulier lorsque ces tendances peuvent faire de gros dégâts dans l'UE tout entière si elles mènent certains pays à quitter la zone euro. Le fait que nous avons mis en lumière ces inquiétudes n'était pas motivé par le désir de voir la monnaie unique échouer[24].»

Il rapporte que ses avertissements ont été traités par le dédain malgré sa réputation pro-européenne. Lapider le porteur de mauvaises nouvelles est un signe classique de *comportement moutonnier*, le symptôme d'une mentalité fermée. Tilford concluait que le scénario d'*excès de confiance*, d'une intégration politique accélérée

---

24. Simon Tilford, *The Euro at Ten: Is its Future Secure?*, Centre pour une réforme européenne, janvier 2009.

dans la zone euro et d'un mouvement vers un fédéralisme budgétaire, était le scénario le moins probable. Il reconnaît qu'avoir établi cette analyse au moment où l'euro était au plus fort par rapport au dollar et où la BCE était louée pour sa gestion de la crise n'a pas aidé : « Cela semblait étrange pour n'importe qui de soulever la question de la stabilité de la devise de l'Union. Mais l'euro est sur le point de passer l'épreuve du feu[25]. »

Nous traiterons au chapitre 10 la façon dont l'euro a traversé cette épreuve en 2009 et 2010. Auparavant, pour compléter l'analyse du contexte de la Grèce et de la crise de la zone euro, nous allons considérer la part de responsabilité des marchés internationaux des capitaux et les biais qui les animent.

25. *Ibid.*

8

Un flot de liquidité

> Nous ne voyons pas les choses comme elles sont, nous les voyons comme nous sommes.
>
> Anaïs Nin

COMMENT LA GRÈCE A-T-ELLE PU EMPRUNTER 500 MILLIARDS DE DOLLARS ?

En 2010, après dix ans d'un flot incontrôlé de liquidité, la plupart des pays de la zone euro ont vu s'élever dangereusement leur niveau de dette publique au moment même où l'économie mondiale luttait pour sortir d'une profonde récession. Pire, les principaux créanciers étaient des banques européennes ce qui induisait un risque systémique analogue à la crise des *subprimes* en 2007-2008. L'ensemble du continent avait l'air de vaciller au bord du précipice. Comment cela a-t-il pu se produire ? Comment la Grèce a-t-elle pu emprunter autant ? Pourquoi a-t-on hissé le drapeau rouge aussi tardivement ?

Pendant dix ans, les dirigeants de l'UE et la communauté des investisseurs ont collectivement prétendu que l'économie grecque était comparable à celle de l'Allemagne. J'ai déjà décrit comment les ambitions impérialistes des dirigeants de l'UE les ont poussés à privilégier la création de la plus grande zone euro possible par rapport à une zone certes plus petite mais convergente. Contre toute attente, nul ne s'était assuré que les pays adhérents remplissaient les conditions requises. En outre, les règles censées encadrer l'opération n'ont été que peu appliquées.

Mais, à l'ère de la finance mondialisée, pourquoi les investisseurs ont-ils avalé cette histoire ? Personne ne les a forcés à prêter aux gouvernements grecs successifs des sommes colossales en comparaison de la taille de l'économie productive. Personne ne les a forcés à considérer que l'économie grecque était aussi saine que l'économie allemande ou néerlandaise. Ce comportement s'explique par l'apparition de volumes considérables de liquidité, disponibles et prêts à être investis, sur les marchés mondiaux au début des années 2000 ainsi que par l'existence de croyances et de pratiques bien ancrées sur les marchés – tant côté vendeur que côté acheteur.

Ces croyances influencent les *benchmarks*, les habitudes et les usages d'un secteur entier. Le jargon et les acronymes confèrent une certaine mystique aux procédures, renforcée par la confiance des *traders*. Pourtant, ces croyances peuvent être suspectes ou fausses. Elles peuvent résulter d'un excès de confiance dans la compréhension que les *traders* ont de l'économie et de ses fluctuations. Les méthodes, les instincts et les pratiques des investisseurs peuvent provoquer une certaine instabilité économique.

Howard Marks, de Oaktree Capital, résume clairement les dynamiques qui conduisent à une mauvaise affectation du capital (ce qui inclut l'argent prêté à la Grèce). Il anticipe dès 2007 que « le cycle de crédit commencé en 2002 connaîtra l'un des pires effondrements jamais enregistrés ». En voici quelques extraits :

- *Trop de capital disponible fait que l'argent est investi à mauvais escient.* Lorsque les capitaux sont rares, une forte attention est prêtée à leur allocation ; lorsqu'il y en a trop, même les moins bonnes idées d'investissements sont retenues.

- *Lorsque le capital va là où il ne devrait pas aller, des problèmes surgissent toujours.* Lorsque l'argent est partout, des « emprunteurs non éligibles sont servis sur un plateau d'argent ».
- *Lorsqu'il y a une offre excessive de capital, les investisseurs se font concurrence pour réaliser des opérations et acceptent de faibles taux de rentabilité et une faible marge d'erreur.* Ce sont des enchères où vous annoncez que vous prendrez moins pour prêter votre argent.
- *Une indifférence généralisée vis-à-vis du risque crée un risque encore plus grand.* Les phrases suivantes sont révélatrices de ce phénomène : « Il y aura toujours quelqu'un pour me payer plus cher pour cela », « Si vous ne vous décidez pas rapidement, quelqu'un d'autre l'achètera » et « Rien ne peut mal tourner ».
- *Une vigilance insuffisante entraîne des moins-values.* La meilleure défense contre des pertes potentielles est de procéder à une analyse approfondie mais, dans des marchés en surchauffe, les investisseurs ont toujours peur de passer à côté d'une opportunité.
- *Des facteurs psychologiques et techniques peuvent primer sur les fondamentaux.* Sur le long terme, les marchés évoluent d'après des fondamentaux mais, sur le court terme, la psychologie des investisseurs ainsi que des facteurs techniques créent des distorsions considérables et affectent l'offre et la demande de certains biens[1].

La déferlante de liquidité au début des années 2000

La crise de la dette en Grèce et de la zone euro résulte d'un parfait concours de circonstances. Dans les chapitres précédents, j'ai analysé comment le secteur public grec, hypertrophié et dispendieux, a contribué à l'augmentation des dépenses sans améliorer le bien public. Nous avons également étudié comment les concepteurs de la zone euro ont « assoupli » les critères d'adhésion à leur zone monétaire optimale. Toutefois, la crise n'aurait pas atteint

1. Howard Marks, « No Different this Time », *Mémo à l'attention des clients d'Oaktree*, décembre 2007.

cette ampleur si des sommes colossales n'avaient pas été investies dans des obligations d'État de la zone euro.

Une succession de facteurs en est à l'origine.

Au tournant du siècle, les facteurs de risque répertoriés par Howard Marks se sont concrétisés. À cela se sont ajoutés des taux d'intérêt trop faibles dont l'objectif était de stimuler l'économie ainsi qu'une confiance excessive dans les agences de notation (ce problème particulier est traité plus loin dans ce chapitre).

Tous ces facteurs se sont combinés de façon aiguë au cours de la période 2000-2007. L'effondrement de la bulle Internet, l'endettement massif pour la construction d'un réseau de fibres optiques surdimensionné ont fortement mis en tension certaines entreprises et ont conduit à un retournement de marché dans un contexte de scandales comptables (Enron, par exemple). Notons également les attaques terroristes du 11 septembre 2001. La Réserve fédérale a tiré les taux d'intérêt vers le bas jusqu'à 1 %. Les taux d'intérêt étaient également faibles en Allemagne et au Japon. En Allemagne, l'effondrement du Neumarkt a contribué à la mise en place d'un régime monétaire assoupli et a favorisé les prêts aux pays périphériques de la zone euro.

Avec l'effondrement des rendements sur capitaux propres (entre 2000 et 2003, le Neumarkt a chuté de 98 %, le Nasdaq de presque 80 %, le Dow Jones de près de 40 % et le FTSE 100 a été réduit de moitié), les investisseurs ont cherché des taux plus élevés dans des domaines moins conventionnels (comme les marchés émergents) et des leviers et produits financiers innovants (tels que les actifs titrisés). Le profil de risque a augmenté.

Benchmarking, convergence et écarts de rendement

Une des citations les plus célèbres de la crise des *subprimes* émane de l'ancien P-DG de Citigroup, Chuck Prince : « Lorsque la musique s'arrête, en termes de liquidité, les choses commencent à se compliquer [mais] (...) tant qu'il y a de la musique, vous pouvez vous lever et danser. »

Cette seule citation nous amène très rapidement au cœur du problème : *comportement moutonnier* ; attitude procyclique ; *benchmarkings* paresseux ; imitation de ses pairs pour des objectifs de court terme. D'après Warren Buffet, un « impératif institutionnel » existe « lorsque le comportement d'entreprises d'un même secteur, que ce soit une extension, une acquisition, la rémunération des dirigeants ou autre, est imité de façon irréfléchie. Ce sont les dynamiques institutionnelles, et non la vénalité ou la stupidité, qui entraînent les sociétés sur ce chemin trop souvent malavisé ». Ainsi, les entreprises et les investisseurs se copieront les uns les autres sur les dernières tendances d'investissement au motif bien connu et formulé par Keynes : « C'est mieux de se tromper de façon conventionnelle que de réussir de façon non conventionnelle. » C'est la raison pour laquelle les investisseurs se ruent sur les mêmes catégories d'actifs ou de secteurs, ce qui pousse à la hausse les valorisations jusqu'à la surévaluation et obère les performances futures. C'est un « *effet de mode* » (« *bandwagon effect* »).

Les investisseurs institutionnels sur les marchés des titres à revenu fixe sont toujours à la recherche de meilleurs rendements. Dans le jargon financier, on parle de « gains nets de rendement » (« *yield pick-up* »). Il existe trois façons d'y parvenir : étendre la durée de l'investissement, diminuer la qualité des garanties et rendre l'investissement plus liquide. À court terme, ces méthodes améliorent le rendement, l'investissement et sa liquidité. À la fin du cycle, les investisseurs reviennent à la case départ, se relancent dans la recherche désespérée de rendements et acceptent de prendre un maximum de risques pour des taux de rentabilité plus faibles.

Au cours des années qui ont suivi l'effondrement de la bulle Internet et les attaques terroristes du 11 septembre 2001, Alan Greenspan, alors président de la Réserve fédérale, a gardé les taux d'intérêt proches de zéro. L'Europe faisait de même avec des taux à 2 % (voir chapitre 7).

Ces décisions ont engendré d'importants volumes de liquidité et un contexte favorable pour des opérations spéculatives sur écarts de rendements, les « *carry trades* ». Il s'agit des petits gains quotidiens que grappillent les investisseurs sur des différentiels de taux d'intérêt. Cependant, comme on le sait, tous les cinq ou dix ans, une crise survient et tous ces gains sont rapidement perdus. On retrouve ici le fameux *problème d'induction* et la tendance à extrapoler. Le « carry trade » revient à « ramasser les centimes devant un rouleau compresseur[2] ».

Alors, pourquoi les investisseurs sont-ils autant obsédés par les « *carry trades* » ? La théorie des perspectives établit que, face à un choix aux résultats risqués, on est deux fois plus averse aux pertes qu'attiré par les gains. Ainsi, les investisseurs aiment réaliser de petits gains. Ils souffrent deux fois plus de faire une perte, donc ils choisissent souvent d'investir dans ce qui semble être le plus sûr et ce qui génère de petits gains quotidiens. Les petites pertes quotidiennes sont, par contraste, trop douloureuses. Personne ne s'impose de discipline automatique pour analyser les risques à être sur la pente ascendante d'une bulle. Les clients veulent entendre une histoire de revenus en hausse, pas une analyse sérieuse des risques cachés.

L'horizon de temps joue également : les investisseurs acceptent plus de risques sur une plus longue période. Ainsi, le mimétisme fait que de nombreuses personnes s'en tiennent à de petits gains quotidiens qui semblent d'autant plus certains qu'ils sont acquis sur des horizons de temps plus courts. Et, comme on le verra, les horizons de temps s'écourtent de plus en plus[3].

Le TDAH ou la maladie du trader

Cette quête de rendements est difficile et souvent désespérée. Les investisseurs évoluent dans un environnement concurrentiel et

---

2. Nassim Nicholas Taleb, *Fooled by Randomness: The Hidden Role of Chance in Life and the Markets*, Londres, Texere, 2004.

3. La littérature sur la théorie des perspectives est très abondante. L'ouvrage de référence est celui de Richard H. Thaler, Amos Tversky, Daniel Kahneman et Alan Schwartz, « The Effect of Myopia and Loss Aversion on Risk Taking: An Experimental Test », *Quarterly Journal of Economics*, 112, n° 2, 1997, p. 647-61. Voir également James Montier, *The Little Book of Behavioral Investing*, Hoboken, NJ, John Wiley & Sons, 2010 ; et Michael J. Mauboussin, *More Than you Know*, New York, Columbia University Press, 2008.

sont jugés sur des performances à court terme (hebdomadaires, mensuelles et trimestrielles). Ils souffrent d'une forme de TDAH, ou trouble de déficit de l'attention avec hyperactivité : le besoin de faire preuve d'une constante action. James Montier remarque que la période moyenne de détention d'une action est à présent de six mois, comparée à plusieurs années dans les années 1950 et 1960. Il observe cependant : « Sur un horizon d'un an, une grande partie du rendement total s'explique par des changements de valorisation, soit en réalité les fluctuations aléatoires des prix. Cependant, sur un horizon de cinq ans, 80 % de votre rendement total dépend du prix que vous payez à l'investissement et de la croissance des flux de trésorerie sous-jacents. Ce sont ces aspects qui comptent pour un investisseur fondamental et qui ne jouent clairement que sur le long terme[4]. »

Cette obsession du court terme est problématique. La création de l'euro a coïncidé avec une politique mondiale de taux d'intérêt nuls ou quasi nuls. Les investisseurs, obsédés par leurs « *carry trades* » et leurs *benchmarks*, et persuadés à tort que l'Union européenne offrait une protection, ont laissé de côté leurs analyses de crédit et de différenciation et ont essayé de tirer les derniers bénéfices de la fameuse « industrie de la convergence européenne ». Tout cela était fondé sur la croyance implicite dans les qualités prétendument protectrices de la monnaie unique (dont parle même un rapport officiel du FMI ; voir chapitre 7) et dans le caractère inévitable d'un processus de convergence où l'inflation et les taux d'intérêt des pays périphériques européens convergeraient avec ceux de l'Allemagne. Les pays adhérents d'abord puis les pays restés en dehors de la zone euro. Peu de personnes ont anticipé un mouvement inverse.

Le lancement de l'euro a créé une nouvelle catégorie liquide d'obligations d'État. La convergence semblait un pari sûr. Les premiers bénéfices sur les obligations des pays PIIGS (Portugal, Italie, Irlande, Grèce et Espagne) ont nourri un faux sentiment de sécurité. Il s'agit d'un exemple classique de la façon dont un

4. Montier, *The Little Book of Behavioral Investing.*

environnement perçu comme favorable au crédit engendre un mécanisme d'achat multiplié et autoréalisateur. Cela s'observe dans la courbe en « cuvette » des rendements obligataires des pays périphériques, proche de la courbe des obligations allemandes au début des années 2000 mais qui s'en dissocient pour grimper en flèche à partir de 2009.

Robert Shiller décrit ces multiplicateurs de confiance dans sa « théorie de la rétroaction des prix ». Quand les prix augmentent, les investisseurs commencent à croire qu'ils leur donnent l'information que les PIIGS sont en train de performer et de converger ce qui justifie l'achat de nouvelles obligations et l'augmentation des prix. Il en résulte un cercle vertueux qui n'est pourtant rien d'autre que la formation d'une bulle. Le concept de convergence n'a de sens que dans une vision où les tendances économiques sont toujours constantes avec des prévisions fondées sur des extrapolations.

Cela affecte également les hommes politiques. Selon Desmond Lachman, une boucle de retour positive se produit lorsque des prix à la hausse et des rendements obligataires à la baisse persuadent les ministres des Finances que les fondamentaux économiques se sont améliorés. C'était certainement le cas de la Grèce et de l'Argentine dans les années 1990. Lachman ajoute que le court-termisme encourage cette tendance : « Le fait que l'argent des fonds communs de placement soit libre de toutes attaches explique le court-termisme des gestionnaires de portefeuilles actifs sur les marchés émergents et qui doivent attester de leurs performances tous les mois[5]. »

Dans le monde réel cependant, de telles tendances ne peuvent pas se poursuivre indéfiniment. À un moment donné, des concepts ennuyeux comme la valeur relative et l'analyse de crédit et de la capacité à rembourser reviennent sur le devant de la scène. Cependant, pendant dix ans, la ritournelle de « C'est la fête » a permis à la Grèce d'emprunter la somme colossale de 180 milliards d'euros

5. Desmond Lachman, « Chasing Yield », *International Economy*, printemps 2004.

entre 2000 et 2010. Aucune analyse raisonnable de la base imposable en Grèce, relativement petite et peu développée, ou de l'économie productive n'aurait permis que de telles sommes soient prêtées (voir chapitres précédents). Pourtant, les couvertures de défaillances (CDS, *Credit Default Swaps*) s'échangeaient à +10 points de base en 2007. Entre 2004 et 2007, la Grèce vendait ses obligations presque au même niveau que l'Allemagne. Cette compression des rendements obligataires a sous-évalué *de facto* les risques inhérents. Dans leur quête insatiable de rendements, les investisseurs pensaient qu'ils pourraient engranger de sympathiques petits gains *gratis*. Il aura fallu une contraction du crédit à l'échelle mondiale pour qu'ils commencent à retrouver leurs esprits.

L'une des croyances préjudiciables à l'origine de ce type de comportement est l'illusion du *ceteris paribus*, une locution latine empruntée aux sciences physiques et qui signifie « toutes choses étant égales par ailleurs ». Elle a contribué à faire croire à l'apparente stabilité de la zone euro. Malheureusement, dans le monde économique réel, le *ceteris paribus* n'existe pas, pas tant qu'il y aura des hommes. Tous les éléments économiques ne sont *jamais* égaux et ne peuvent *jamais* être constants.

La finance est comportementale. Lorsque vous êtes assis derrière votre écran, vous avez peur et vous êtes avide. Mon expérience m'a montré qu'on a tendance à prendre de mauvaises décisions lorsque les émotions s'emballent. De plus, quand on vous présente une situation, de multiples influences différentes interfèrent dans le processus de décision (un phénomène à la fois analytique et affectif) et en appellent à votre côté émotionnel. La perspective de gagner beaucoup d'argent alimente votre avidité.

Vous pouvez soutenir que les investisseurs ne devraient pas tous se ruer sur des activités à haut rendement sans étudier pleinement les risques. Il n'empêche que si votre concurrent agit ainsi et qu'il réalise des gains à court terme, vos clients vous jugeront incompétent, vous reprocheront de ne pas investir pareillement. Si vous ne faites pas comme lui, vous être en train de sous-performer *par rapport* à lui. Ainsi, tout le monde suit le marché en prenant de plus en plus de risques.

Le « déni collusoire » ou tous d'accord pour croire ce qui arrange tout le monde...

Analysons les comportements et les croyances qui se cachent derrière les erreurs désastreuses d'investissements observées sur les dix dernières années. Cette déferlante de liquidité est certes le résultat d'une politique de taux d'intérêt faibles, mais cette politique n'a pas engendré à elle seule les distorsions extrêmes que sont les bulles. Un argent bon marché ne force pas les gens à mal évaluer le risque et à ignorer les avertissements. Des convictions plus profondes et plus dangereuses sont à l'œuvre. L'extrait suivant illustre comment les bulles sont alimentées en période de forte liquidité. Il s'agit d'une lettre envoyée par une banque privée respectable :

> Chers Investisseurs,
>
> Veuillez trouver ci-joint une liste d'obligations de première qualité qui pourraient vous intéresser. Actuellement, le taux de rémunération des dépôts est presque nul et rien ne laisse supposer aujourd'hui qu'il augmentera à court terme. Ces obligations offrent une bonne alternative à des dépôts d'espèces. De même, l'écart de cotation des titres à revenus fixes des entreprises s'est resserré ce qui signifie que vendre des obligations pour des besoins de liquidité ne représente plus un coût d'opportunité.

La liste des obligations jointe par cette vénérable banque privée comprenait des obligations notées simple « A– » jusqu'au « BBB », avec des maturités de un à dix ans, certaines d'entre elles vendues à +110 % de la valeur nominale. Présenter ces obligations comme « une bonne alternative à des dépôts en espèces » me dépasse. De cette façon, les investisseurs s'exposent à de la volatilité future et à de sérieuses déconvenues (la volatilité de l'argent liquide est nulle). À la fin du cycle de primes de liquidité, l'analyse de crédit et la valeur relative sont sous-estimées. Cela repose sur l'hypothèse que l'offre de liquidité ne se tarira jamais et soutiendra les actifs et les survalorisations. Merci de remarquer que les « alternatives à des dépôts en espèces » mentionnées dans la liste ci-dessus ont perdu 50 % de leur valeur et les écarts de cotation ont progressé de plus de 10 %. C'est beaucoup de travail pour faire potentiellement 2 % à 4 % annuels.

Dans les économies de bulle, l'investisseur intelligent est dans une position très précaire. Soit il reste sur le bord de la route et suit la détérioration progressive des conditions macroéconomiques, soit il rejoint ses pairs et achète à contrecœur. On peut supposer que certains gestionnaires de portefeuille sous-investissent après avoir souffert du départ de clients, car ils performaient moins que leurs pairs à court et à moyen terme. Ce biais procyclique explique pourquoi les investisseurs accumulent des actifs risqués indépendamment des fondamentaux macroéconomiques. Et comme le dit Chuck Prince : « Et la danse continue ».

Les émetteurs ont profité de la situation en exploitant cette liquidité et en émettant toujours de nouvelles obligations. On a ainsi créé l'illusion que les fondamentaux étaient sains, les marchés des capitaux solides, et un schéma procyclique de Ponzi s'est développé au milieu des années 2000.

Ces dynamiques nourrissent également des *comportements moutonniers* où certaines stratégies d'investissements deviennent des modes puis des bulles, poussant toujours plus d'argent dans la mauvaise direction : que ce soit la crise de la tulipe dans la Hollande du XVIIe siècle, la bulle de John Law en Louisiane, la bulle Internet, les CDO (*Collateralised Debt Obligations*) ou les obligations de la zone euro. Keynes compare avec mépris les modes des marchés financiers à un concours entre journaux où les participants doivent choisir les six plus jolies photographies dans un lot de 100. Les gagnants sont ceux dont la sélection se rapproche le plus de la moyenne de toutes les sélections. Il ajoute : « lorsque le développement du capital dans un pays devient un sous-produit de casino, alors il est à parier que le travail sera mal fait ».

L'attrait du « haut rendement » (c'est l'expression utilisée pour présenter favorablement des perspectives « hautement risquées ») est en grande partie l'histoire de la crise de la dette grecque et de l'euro, mais aussi de la crise des *subprimes* et de la crise de la dette en Amérique latine dans les années 1980. Dans une crise de la dette, les prêteurs sont tout aussi responsables que les emprunteurs. Les investisseurs s'ennuient avec des produits peu risqués, des rendements faibles et de modestes bonus et les vendeurs en sont parfaitement conscients. La contradiction entre l'hypothèse de rationalité à la base de la vision idéologisée des banques d'investissement et l'attrait de l'irrationalité dans leurs campagnes marketing est flagrante. Des labels marketing accrocheurs comme «*subprimes*», «Alt–A», «haut rendement», marchés «émergents» sont utilisés pour séduire notre côté émotionnel et non analytique. Par conséquent, même si les investisseurs continuent de soutenir qu'ils ignoraient l'étendue de la dette grecque jusqu'à fin 2009, cet argument ne tient pas la route. Les premières inquiétudes sur la fiabilité des données remontent au moins à 2003, et rien ne peut excuser l'absence de vérification approfondie de la réalité de l'économie productive, de la corruption, du gaspillage et de la détérioration des positions commerciales *par rapport* à l'Allemagne.

Richard Koo, de Nomura, a raison de souligner : «Ces questions [de problèmes structurels dans l'économie grecque] existaient depuis des décennies. Pas étonnant que les Grecs se demandent "Pourquoi maintenant ?" Les créanciers étrangers, après tout, connaissaient tous ces problèmes lorsqu'ils ont prêté de l'argent (...) Je pense qu'une des raisons principales de la crise actuelle est que les prêteurs ont négligé de faire une *due diligence*[6].»

Il forge le néologisme de «déni collusoire» pour décrire la psychologie des emprunteurs et des prêteurs. Il ajoute : «Lors des dernières auditions du Congrès américain, Goldman Sachs a été critiqué pour avoir vendu des instruments financiers incorporant des hypothèques dont les prêteurs n'avaient pas vérifié la solidité (en analysant les revenus des emprunteurs). Si les problèmes structurels de la Grèce sont aussi graves qu'ils semblent l'être, les institutions financières d'Europe de l'Ouest, qui ont ignoré ces problèmes dans leur quête de hauts rendements, devraient sûrement porter une responsabilité similaire. En ce sens, je pense qu'une sorte de *déni collusoire* s'est produit entre les emprunteurs

---

6. Richard Koo, «Does Culpability for the Latest Greek Tragedy Rest Solely with Athens?», Note de recherche de Nomura, 11 mai 2010.

et les prêteurs. Les prêteurs ont pensé que la Grèce continuerait à se débrouiller malgré ses nombreux problèmes et la Grèce a supposé qu'il y aurait toujours des acheteurs pour sa dette même si elle continuait à avoir des déficits budgétaires substantiels.»

Relativité et prix du ketchup

La pratique du *benchmarking* illustre la tendance humaine à juger en relatif. On a vu aux chapitres 1 et 5 comment les investisseurs se sentaient contraints par l'orthodoxie du *benchmarking* (et les stratégies institutionnalisées d'achat *via* l'indice EMBI Plus) de continuer à acheter de la dette publique de l'Argentine alors même que la capacité de remboursement de Buenos Aires n'était plus certaine. La musique continuait à jouer et tout le monde dansait.

La relativité peut également être vue comme une question darwinienne : on se compare en permanence aux autres. On préfère gagner 33 000 $ par an si les autres gagnent 30 000 $ plutôt que de gagner 40 000 $ lorsque les autres en gagnent 43 000 $. Clairement, ce phénomène explique en partie la très forte hausse des bonus des banques d'investissement dans les années «*go-go*».

Les économistes et les investisseurs sont facilement tentés de ne regarder que les valeurs relatives et répugnent à se pencher sur les fondamentaux. C'est à l'évidence ce qui s'est passé dans le cas des marchés obligataires des pays périphériques de la zone euro. Par exemple, on compare le prix d'une obligation par rapport aux autres plutôt que de s'interroger sur la capacité de remboursement d'un État. De même, on compare le prix d'une maison par rapport à celles du quartier plutôt que de se pencher sur la moyenne des salaires dans la région. Larry Summers, qui a occupé des postes de conseiller économique principal dans les administrations Clinton et Obama, parle d'«économistes ketchup» : ces derniers démontrent que la moitié, soit les deux quarts, d'une bouteille de ketchup se vendent invariablement deux fois le prix d'un quart de bouteille de ketchup et en concluent que le marché du ketchup est parfaitement efficient.

Oubli du long terme et mépris des cycles économiques chez les politiques

On a vu comment le péronisme et ses équivalents dans d'autres pays (en particulier en Grèce) voient dans l'économie un moyen de s'approprier de l'argent pour le redistribuer sous formes de privilèges. Il en existe des déclinaisons atténuées, parfois inconscientes, dans tous les pays. Lorsque le rythme de la musique est entraînant, nos élus tapent tous du pied.

De même qu'ils déploient beaucoup de ressources pour leurs calculs court-termistes, les hommes politiques s'appuient sur des indicateurs économiques positifs à court terme non seulement pour faire pleuvoir des privilèges mais également pour exagérer leur propre influence. Ils ont même essayé d'éradiquer toute instabilité économique rien qu'en le décrétant. Par exemple, Gordon Brown, Premier ministre du Royaume-Uni, a un jour proclamé « la fin des bulles ». Comme l'orgueilleux roi Canut de la légende qui pensait pouvoir commander à la mer, il a cru qu'il pouvait commander aux cycles économiques de s'arrêter. De la même manière, les hommes politiques de la zone euro ont prôné les pouvoirs presque magiques de la monnaie unique, capable de créer de la « stabilité », et se sont félicités d'avoir assuré un faible taux d'inflation, ignorant tous les autres facteurs, comme les importations toujours croissantes de biens chinois bon marché par exemple.

Pendant cette période, les hommes politiques avaient la récession en horreur. Ils ont ainsi justifié par tous les moyens leurs politiques monétaires laxistes et les mesures afférentes, y compris lorsqu'elles engendraient du déficit. L'ironie dans tout cela est que ce n'était rien d'autre qu'une bulle, différente, mais potentiellement immense. Les faibles taux d'intérêt entre 2000 et 2005 ont semé les graines de cette crise. Les hommes politiques ont comblé d'éloges les « maîtres de l'univers » que sont les banques d'investissement, ajoutant à l'état d'arrogance général. Les taux faibles et les tentatives de modération de la volatilité ont tout simplement poussé les investisseurs à prendre encore plus de risques et de « *carry trades* », créant ainsi un faux sentiment de sécurité, comme l'illustre l'euphémisme de « grande modération ».

Les bulles sont d'autant plus importantes qu'elles sont activement encouragées par les décideurs. Alan Greenspan a contribué à gonfler la bulle immobilière aux États-Unis dans les années 2000. Fin 2004, le président de la Réserve fédérale commente avec suffisance : « Les économies locales expérimentent peut-être des déséquilibres de prix spéculatifs significatifs mais une distorsion nationale grave des prix paraît peut probable. »

Les cycles économiques, comme les marées, sont inévitables. L'activité économique s'envole puis chute. La bonne réponse pour les investisseurs et les hommes politiques est de prendre de solides mesures contracycliques en prévention. L'erreur est soit d'ignorer ou de souhaiter arrêter le cycle (hommes politiques), soit de se comporter d'une façon procyclique (investisseurs, trop fréquemment) ce qu'accentue la focalisation sur le court terme.

Les mythes de la « grande modération », du « Cette fois-ci, c'est différent. » ou de « la fin des bulles » sont devenus populaires parce qu'un cycle peut se poursuivre longtemps dans une même direction, plus longtemps que ne peut l'évaluer un simple observateur.

La volonté de comprendre les cycles économiques, en particulier leurs évolutions lorsque l'argent n'est pas cher, n'est pas nouvelle. James Montier rappelle que la définition de John Stuart Mill de 1867 est toujours valable : « Déplacement → Création de crédit → Euphorie → État critique/Désarroi financier → Rejet ».

Montier fournit une description claire de la façon dont les investisseurs et les entreprises, même intelligents, restent sur leurs positions et nient la réalité d'une récession imminente y compris lorsque les preuves s'accumulent. « Les analystes sont en retard sur la réalité. Leurs visions ne peuvent changer que lorsque la preuve irréfutable de leurs erreurs apparaît. Ils changent alors d'avis très doucement. Ce processus est appelé "ancrage" ou "ajustement lent"[7]. » Cet effet d'ancrage explique pourquoi tous les participants ont mis si longtemps à comprendre les termes de la crise grecque.

7. Montier, *The Little Book of Behavioral Investing.*

Croyance en des marchés efficients, hyperactivité et obsession du court terme

Ces dernières années, tout le monde était convaincu que l'économie de marché fixait des prix pertinents et allouait le capital efficacement. Ironiquement, les principaux tenants de cette croyance sont les responsables d'une mauvaise allocation du capital sur une échelle colossale : la bulle Internet, les scandales comptables, les hypothèques des *subprimes* et la crise de la dette souveraine.

La conviction que des forces abstraites mènent invariablement à une «convergence» ou à l'«équilibre» s'est substituée à toute analyse approfondie des dynamiques réelles du marché. Dans le monde réel, les prix ne tendent pas «automatiquement» à l'équilibre. Les marchés réels sont influencés par le libre-arbitre, parfois guidé par l'intelligence individuelle parfois par une stupidité alarmante, ainsi que par des dynamiques individuelles et collectives complexes. L'information est incomplète et ne reflète jamais l'avenir.

La focalisation institutionnelle sur des indicateurs de court terme est étroitement liée au besoin d'avoir toujours une histoire de croissance à raconter. En effet, tout comme la tendance à croire que les marchés se corrigent d'eux-mêmes et tendent vers l'équilibre et la convergence, il existe un désir d'action constante et de perpétuel mouvement vers l'avant. Les acteurs de marché n'ont pas le droit d'analyser le risque en profondeur ou de dire «les temps sont durs, attendons de voir». Ils ont besoin de sentir qu'ils font quelque chose tout le temps. L'hyperactivité qui en résulte est source de problèmes.

Warren Buffett écrit que le *comportement mimétique* et l'*hyperactivité* sont des causes courantes d'une mauvaise affectation du capital et du temps des dirigeants. Son concept d'«impératif institutionnel» désigne cette tendance à imiter les autres, à surestimer sa propre influence et à préférer l'action à une analyse calme et réfléchie.

L'hyperactivité va de pair avec la focalisation sur le court terme des marchés. Les directeurs raconteront en privé qu'ils avaient conscience de dégrader les perspectives de croissance à long terme de l'entreprise en ne se concentrant que sur le prochain rapport trimestriel. De la même façon, les investisseurs considéreront que les indicateurs récents d'une forte croissance constituent une preuve de potentiel de croissance – comme si la performance d'une entreprise ou d'une économie était un mouvement perpétuel, sans besoin de pause, ni d'investissement dans du capital humain et des capacités futures, ni d'adaptation aux limites physiques de la connaissance (comme la saturation d'un marché ou l'épuisement de ressources naturelles).

L'*excès de confiance* est lié à cette hyperactivité. Il y a une croyance dans la convergence et l'équilibre, dans l'autocorrection des organisations et les économies qui tendent vers une optimisation et de meilleures performances. S'il existe un risque de retournement de marché, les investisseurs se disent : « Ne faites apparaître que les bénéfices mensuels ou trimestriels et, quand le marché se retournera, il sera temps de prévoir une porte de sortie. »

L'hypothèse de marché efficient est devenue très populaire dans les années 1970 et 1980 malgré le choc pétrolier et le krach d'octobre 1987, signes d'une forte non-linéarité et imprévisibilité. Cela n'a pas suffi à entamer la croyance dans ce que Paul Krugman appelle la « belle idée » où les prix de marché sont parfaits, formés sur une information complète, et s'ajustent automatiquement[8]. Cela a servi à concevoir le célèbre « modèle d'évaluation des actifs financiers » (Medaf – ou CAPM, *Capital Asset Pricing Model*, en anglais) qui suppose que les investisseurs font une analyse rationnelle Coûts/Bénéfices y compris pour les produits financiers dérivés.

Propagande contre les détracteurs

Chaque fois qu'une cabale d'économistes et de disciples crée un « nouveau paradigme » où « cette fois-ci, c'est différent », un groupe de pression se forme pour décrédibiliser les voix dissidentes. C'est un *comportement moutonnier*. En 2005, lors d'une conférence tenue en l'honneur du président de la Réserve fédérale, Alan Greenspan,

8. Paul Krugman, « How did Economists Get it So Wrong? », *New York Times*, 6 septembre 2009.

Raghuram Rajan de l'université de Chicago présente un article où il alerte sur le dangereux niveau d'endettement atteint à cause de la politique monétaire laxiste mise en œuvre sous le mandat de Greenspan. Il a été raillé « par presque toutes les personnes présentes », selon Paul Krugman[9].

Dans la même veine, Nouriel Roubini, qui a alerté à maintes reprises sur la crise de la zone euro, a été surnommé « Docteur Catastrophe ». Toutes les critiques sur les déséquilibres de la zone euro et la crise de la dette souveraine ont été évacuées, comme on le verra en détail au prochain chapitre. Attaquer violemment les voix dissidentes est un symptôme classique d'un *comportement mimétique*. James Montier récapitule les principales caractéristiques de la *pensée de groupe* :

- illusion d'invulnérabilité ;
- rationalisation collective : balayer les avertissements et ne pas réviser les hypothèses ;
- croyance dans une moralité inhérente ;
- vues stéréotypées des groupes externes ;
- pression directe sur les dissidents : impossibilité, pour des membres sous pression, de faire état de leurs points de vue critiques ;
- autocensure ;
- illusion d'unanimité ;
- nomination de « gardiens de la pensée » pour protéger le groupe des informations en contradiction avec les croyances partagées[10].

De toute évidence, cela a affecté les dirigeants de l'UE tout autant que la communauté des investisseurs, comme on l'analysera au prochain chapitre.

9. *Ibid.*

10. Montier, *The Little Book of Behavioral Investing.*

Signaux et alarme restés sans effet

Les investisseurs sont friands de belles histoires de croissance (du PIB ou des bénéfices) et ne s'interrogent pas sur la soutenabilité de cette croissance. Comme on l'a vu aux chapitres précédents, une belle histoire de croissance du PIB peut se construire de toutes pièces en empruntant sur les marchés des capitaux internationaux.

Le blog Buttonwood de *The Economist* remarque en juin 2010 : «Les spéculateurs contribuent davantage à créer des bulles qu'à les faire éclater.» Le cycle s'est déjà répété de nombreuses fois. Le blog ajoute :

> Au début des années 1990, tout le monde croyait à la croissance en Asie ce qui a entraîné un afflux de capitaux dans la région. L'argent a été détourné vers des investissements spéculatifs, en particulier vers l'immobilier. Sans ce boom, l'effondrement n'aurait pas eu lieu. De la même façon, les spéculateurs que les hommes politiques européens condamnent aujourd'hui sont ceux-là mêmes qui ont parié sur «l'industrie de la convergence» dans les années 1990. Ils ont acheté les obligations de pays périphériques européens dans l'espoir que leurs rendements convergeraient avec ceux de l'Allemagne. Ce business a fonctionné. Les spéculateurs se sont fait de l'argent, les gouvernements ont profité de coûts d'emprunts réduits et personne ne s'est plaint[11].

Cette interdépendance entre investisseurs et gouvernements court-termistes est profondément déstabilisante. Les tensions actuelles entre ces deux groupes constituent quelque chose de l'ordre de la haine de soi.

Stabilité insaisissable et illusoire

Si la communauté des investisseurs recherche la convergence, des profits et une croissance continus, les banques centrales privilégient autre chose : la stabilité. Les deux sont imprégnées d'un *biais*

11. «The Problem is not the Shorts, but the Longs», *The Economist*, blog de Buttonwood, 10 juin 2010.

d'excès de confiance (croire dans une bonne histoire) et d'une *illusion de contrôle* qui les conduisent à penser qu'*elles* ont réalisé cet harmonieux état des choses. Du coup, personne n'investigue en profondeur les risques sous-jacents et tout le monde s'en tient à la conviction que « cela sera ainsi si nous le décrétons ».

Otmar Issing, membre fondateur de la Banque centrale européenne, déclare : « Ne pas savoir si les prix vont rester stables dans le futur entraîne de l'incertitude[12]. » Cette déclaration est typique d'une banque centrale. Elle est censée illustrer une relation de cause à effet mais est en fait une tautologie.

La politique de « stabilité des prix », si chère aux banques centrales, vient de l'idée que l'économie est un système simple avec des paramètres connus. En réalité, c'est un système complexe déterminé par les comportements humains, avec de fréquentes irruptions d'« inconnues inconnues ». Si vous figez des prix ou des taux de change, alors la mise en application même d'une telle mesure déstabilisera probablement un autre pan du système. Modifier une partie impacte le reste. Fixer des taux de change et des taux d'intérêt peut fonctionner dans des zones économiques où la production, la distribution, l'achat et les niveaux de salaire sont similaires (les États des États-Unis, les pays du Benelux avec les pays germanophones d'Europe). En revanche, il est peu probable que cela fonctionne dans des régions économiques très différentes (lier le peso argentin au dollar américain, lier les pays de la Méditerranée avec les pays du nord de l'Europe).

Endogène, exogène

Lorsque les économistes veulent paraître sérieux et académiques, ils utilisent des termes latins et grecs. Cette habitude, empruntée au droit (qui préfère le latin) et aux sciences physiques (qui préfèrent le grec), a pour objectif de donner un vernis de sérieux même lorsque (voire en particulier quand) le raisonnement sous-jacent est peu solide. L'expression latine *ceteris paribus* signifie

12. Otmar Issing, *The Birth of the Euro*, Cambridge, Cambridge University Press, 2008.

« toutes choses étant égales par ailleurs ». Elle s'applique dans un laboratoire mais certainement pas à la société, comme les économistes le prétendent. Deux autres termes d'origine grecque sont très populaires depuis quelques années : « endogène » et « exogène ». Ils ne sont pas plus valables que le concept théorique et assez inutile de *ceteris paribus*.

« Endogène » renvoie aux questions « internes » et désigne les facteurs en lien direct avec l'unité économique considérée. Dans le cas de la Grèce, cela comprend les niveaux de salaires, les dépenses publiques, etc. Les facteurs exogènes incluent les prix du pétrole et la politique étrangère de la Turquie.

Mettre ces deux termes sur un pied d'égalité pose problème, car cela dissimule le fait que les facteurs « exogènes » peuvent avoir un impact plusieurs milliers de fois plus grand que les facteurs endogènes voire que tout ce qu'on a vu auparavant. Cette séparation est artificielle et dissimule le fait que tout est interconnecté. En cela, ce raisonnement est proche des théories probabilistes sur les jeux de hasard qui écartent la possibilité d'« inconnues inconnues ». En économie, une inconnue inconnue peut totalement bouleverser l'environnement. Dans un jeu de hasard, certains résultats sont probables mais personne ne viendra modifier de façon inattendue toutes les règles du jeu. Malheureusement, notre espèce semble favoriser l'intérieur par rapport à l'extérieur, et ce, parce qu'on est familier de ce que l'on connaît et que l'on sous-estime l'impact probable de ce que l'on ne connaît pas. Avantager l'analyse des éléments « endogènes » conduit à *une illusion de contrôle* et à un phénomène de « focalisation » (se concentrer de façon disproportionnée sur ce que l'on connaît et ne pas être suffisamment préparé à des événements inattendus)[13].

13. Michael Mauboussin, *Think Twice: Harnessing the Power of Counterintuition*, Boston, Harvard Business Press, 2009 ; et Nassim Nicholas Taleb, *The Black Swan: The Impact of the Highly Improbable*, Londres, Allen Lane, 2007.

Le consensus de Washington

Dans les années 1990, l'Argentine était considérée comme un modèle de réformes d'économie de marché en ligne avec les principes du consensus de Washington qui ont fortement influencé le FMI, la Banque mondiale et la plupart des banques d'investissement au cours de ces 20 dernières années. Ses éléments clés sont :

- *Déréglementation.* On considère que la réglementation des marchés pose des barrières à l'entrée et limite la concurrence. Elle doit donc être minimisée à l'exception des questions de sécurité, de protection de l'environnement et des personnes et pour les institutions financières qui ont une vue d'ensemble.
- *Libéralisation* du commerce extérieur. Elle vous permet d'investir à l'étranger et aux investisseurs étrangers de venir investir dans votre propre pays.
- *Libre-échange.* La levée des tarifs, des quotas, etc. sur les importations et les exportations encourage la concurrence et la croissance à long terme.
- *Discipline budgétaire.* Les gouvernements ne doivent pas créer de déficits trop importants qui devront être remboursés par les générations futures. Les déficits tendent à entraîner une inflation plus forte et une productivité plus faible. Il convient de ne recourir aux déficits qu'occasionnellement pour stabiliser l'économie[14].

Même si l'Argentine a suscité quelques inquiétudes sur le niveau de son déficit à la fin de la décennie, tout le monde a reconnu qu'elle avait fait des progrès impressionnants vers cette orthodoxie. Pour le Consensus, l'Argentine était la plus brillante des économies émergentes. Pourtant, comme on l'a décrit aux chapitres 1 et 5, le pays a été frappé par une crise à la fois de sa production et de ses finances publiques.

Cela signifie-t-il que le Consensus et même les concepts de libre-échange et de libre circulation des capitaux sont des erreurs ?

---

14. Pour une vue générale du consensus de Washington, voir : http://en.wikipedia.org/wiki/Washington_Consensus.

Des erreurs non, mais ils ne sont certainement plus très appropriés. Dans certains contextes, leur application est utile ; dans d'autres, elle est dangereuse. La croyance dans le *ceteris paribus* conduit de nombreux intellectuels à négliger le contexte.

En Grèce, notre État est cleptocrate et s'appuie sur une culture du désordre. Des milliards d'euros de capital facilement empruntés ont été dilapidés. Notre production est sclérosée, freinée par la pratique de «*closed shops*». Nous avons une réglementation excessive, du népotisme et une structure économique oligarchique corrompue. Dans ce contexte, l'exposition à des marchés de capitaux internationaux est un désastre. Pour autant, le libre-échange n'est pas nécessairement une mauvaise idée ! Cela signifie simplement que c'est un outil puissant qui doit être manipulé avec soin. Dans le cas de la Grèce, cela revenait à confier à quelqu'un les commandes d'un avion sans lui avoir donné au préalable d'entraînement au vol. Le libre-échange et l'accès aux marchés internationaux ne peuvent être introduits sans dommage que dans un État qui fait respecter la loi, jugule la corruption, investit dans le capital humain et soutient le développement de *clusters* d'industries spécialisées tout en maintenant une prudence budgétaire.

Un autre point commun entre l'Argentine et la Grèce est un taux de change surévalué. Comme on l'a décrit aux chapitres 1 et 5, l'effet sur la production a été désastreux puisque les entreprises brésiliennes (grâce à la dévaluation du réal) et turques (grâce à une devise flottante) sont en train de dépasser leurs voisins.

Même le principe simple de discipline budgétaire devient un fardeau pour une devise surévaluée une fois la spirale baissière installée. Les efforts de l'Union européenne et du FMI pour inciter la Grèce – comme ce fut le cas pour l'Argentine – à réduire son budget créent une spirale de la dette et augmentent le pourcentage d'impôts collectés sur une économie de plus en plus réduite. Il n'est pas évident de briser cette spirale.

Les décideurs auraient besoin de produire des évaluations qualitatives et de laisser de côté l'usage exclusif de données et de *check-lists*. Ils devraient se pencher sur les caractéristiques du commerce, de l'investissement dans le capital humain, sur le niveau de probité, le respect des contrats, etc. La production ressemble-t-elle à celle de la Suède ou de la Grèce ? Quel est le niveau de corruption ? En Grèce, la mauvaise allocation de certains fonds publics précieux (empruntés) a permis de distribuer des privilèges dans des affaires de corruption – Siemens par exemple.

De plus en plus d'exemples prouvent que l'existence de *clusters* fortement développés a des effets bénéfiques multiples sur l'économie locale. La présence de Google ou de BMW dans une province non seulement crée des emplois directement dans la production de biens que le monde entier veut acheter mais, grâce au niveau élevé de compétences, certains anciens apprentis et anciens élèves lancent leurs propres *start-up* rentables. De même, les fournisseurs doivent satisfaire à des standards contraignants ce qui crée notamment des industries de classe internationale capables de fournir d'autres clients commerciaux. Il ne s'agit donc pas seulement de l'impact de Google et de BMW, mais aussi des effets de la diaspora plus large de ces deux entreprises.

Il faudrait incorporer ce type d'analyse dans les plans macroéconomiques qui se focalisent généralement sur la politique monétaire et budgétaire et non sur le commerce et les entreprises, comme si le gouvernail était plus important que le bateau.

Pendant que le secteur public grec devenait incontrôlable, une autre hydre dévorante est apparue : le système financier international. Voici ce que déclarait Simon Johnson dans un discours au *Peterson Institute for International Economics*, en janvier 2009 :

> Un système financier surdimensionné – l'obésité des banques et des «*shadow banks*» – a créé des vulnérabilités qui ont rendu la crise de septembre [2008] possible. Ce système financier a pris le dessus sur ses régulateurs et a pris bien plus de risques qu'il ne pouvait en gérer (ou même comprendre). Et cela vaut non seulement pour les banques américaines mais aussi pour la majeure partie du système financier international. Cela est dû à l'économie politique du système financier aux États-Unis y compris les politiques d'intimidation des grandes entreprises financières. Elles se sont beaucoup développées par rapport aux

> institutions qui les soutiennent et les contrôlent. Dans les faits, nous avons créé une structure de type marché émergent[15].

Ce problème s'explique certainement par l'émergence d'un syllogisme simpliste après la chute du mur de Berlin. Tout au long du XXe siècle, l'Ouest a mené une guerre idéologique contre le communisme et d'autres partisans de l'économie planifiée. L'«économie de marché» (en réalité une économie mixte) était clairement plus efficace que les économies socialistes mais tout cela s'est cristallisé dans un raisonnement caricatural : toute économie ressemblant à une économie de marché devient tout aussi forte. De même, il existe une relation directe, linéaire entre le degré de libéralisation et le degré de création de richesse. La réalité est bien plus compliquée.

Pire, au début des années 2000, la finance est devenue une hydre monstrueuse à part entière, fomentant une myriade de schémas de Ponzi et d'autres bulles pendant que les investisseurs moutonniers cherchaient des rendements à court terme et illusoires. Les volumes maniés par le secteur de la finance sont devenus très importants par rapport aux PIB des pays et le crédit s'est envolé. De petits États comme la Grèce se sont surendettés. Il en est de même pour l'Islande ou l'Irlande *via* les activités de leurs banques. En 2010, le président de la Banque centrale d'Irlande, Patrick Honohan, déclare : «Entre 2003 et 2007, le système bancaire irlandais a importé des fonds équivalents à 50 % du PIB pour financer la construction incontrôlée de propriétés et alimenter ainsi une bulle[16].» Les autorités ont pris des actions à l'encontre du principal coupable, Sean Fitzpatrick, ancien président de la Banque anglo-irlandaise. Il a contracté en secret et à des fins personnelles des prêts importants de la banque. Il est aujourd'hui en faillite. En septembre 2010, témoignant devant la Commission des finances

15. Simon Johnson, «The Economic Crisis and the Crisis in Economics», discours présidentiel devant l'*Association for Comparative Economics*, San Francisco, 4 janvier 2009. En ligne : http://www.iie.com/publications/papers/paper.cfm?ResearchID=1090.

16. Rapport incluant «Tiger in a Tailspin», *Der Spiegel* (édition en anglais), 27 septembre 2010.

du Dáil (Parlement irlandais), le ministre des Finances, Brian Lenihan, a refusé d'exclure toute réduction de la valeur de la dette pour les détenteurs de la dette subordonnée émise par la Banque anglo-irlandaise (2,4 milliards d'euros). Au même moment, un fonctionnaire irlandais rapportait à un journal britannique que le gouvernement avait commencé à « explorer des arrangements de partage de charges ». La Banque anglo-irlandaise pourrait coûter aux contribuables irlandais au moins 25 milliards d'euros[17] – une somme très importante pour une économie relativement petite. Comme dans d'autres pays, les liens sont étroits entre banques et élite politique.

L'ironie de l'histoire est que, dans les années 2000, le modèle d'« économie de marché » est devenu tellement dysfonctionnel qu'il ressemblait plutôt à un marché émergent. Les plus grandes institutions se sont comportées comme des oligarques en quête de rentes : acheter l'influence des gouvernements, dépendre de la promesse tacite de sauvetages et prolonger les opportunités de rentes. Les banques ont touché des bénéfices sur d'importants volumes de transactions, en constante augmentation, pourtant fondés sur une base relativement limitée de biens physiques – une dynamique intrinsèquement instable.

L'économiste Simon Johnson a l'habitude de s'occuper des relations étroites entre hommes politiques et oligarques sur les marchés émergents et détecte un schéma similaire en Occident, y compris aux États-Unis : « De la même façon que nous avons les économies, l'armée et les technologies les plus développées, nous avons également l'oligarchie la plus développée. » Au fur et à mesure, les conditions de sauvetage des banques leur sont devenues plus favorables et le lobbying politique a abouti aux changements législatifs suivants :

- insistance sur la libre circulation du capital à l'international ;
- abrogation des régulations adoptées pendant la période de la Grande Dépression séparant les activités commerciales et d'investissements des banques ;

---

17. « Ireland Faces Double Dip, Mulls Restructuring of Junior Debt », *Daily Telegraph,* 23 septembre 2010.

- interdiction du Congrès de réguler les couvertures de défaillance (CDS *Credit Default Swaps*) ;
- augmentations massives des effets de levier permis aux banques d'investissement ;
- application modérée de la régulation financière par l'Autorité des marchés financiers (Securities and Exchange Commission) ;
- échec international de mise à jour des régulations pour suivre le rythme des innovations financières[18].

Ce lobbying et la mondialisation de la finance sont liés au consensus de Washington. À l'origine, ce n'était rien de plus qu'un cadre minimum de politique économique pour le continent américain, défini par le gouvernement des États-Unis, la Banque mondiale et le FMI en 1989. Il est progressivement devenu une idéologie d'ensemble, à la fois nécessaire et suffisante pour garantir un succès économique. Il se limite à mettre l'accent sur la discipline budgétaire, les privatisations, la libération du commerce, les droits de propriété et la réforme des impôts, et ses partisans les plus honnêtes en soulignent les limites[19].

Cette compréhension est établie depuis longtemps mais est peu partagée. En 1998, Joseph Stiglitz prévient que l'accent du consensus de Washington sur la libéralisation du commerce, la dérégulation et les privatisations ne peuvent à eux seuls permettre la concurrence. Ces mesures doivent s'accompagner par de la régulation, de l'audit et de la transparence. Cet avertissement était prophétique : les banques ne peuvent pas se contrôler elles-mêmes et ne devraient pas être autorisées à le faire. Pourtant, pour de nombreux décideurs, le consensus de Washington est quasiment devenu l'unique guide en termes de politiques, conforté par une poignée d'indicateurs chiffrés tels que la masse monétaire, l'inflation, les déficits budgétaires et commerciaux. Parfois, « les économistes vont dans un pays, l'analysent, tentent de vérifier les données

18. Simon Johnson, « The Quiet Coup », *Atlantic Magazine*, mai 2009.
19. John Williamson, « Did the Washington Consensus Fail? », Discours prononcé à Washington D.C. au Center for Strategic and International Studies, 6 novembre 2002.

et les recommandations macroéconomiques sur le terrain pour que soient initiées des réformes, tout cela en à peine quelques semaines. » Certains aspects évidents sont oubliés comme l'éducation et le développement des technologies. Les réformes ne permettent pas de tout développer et des arbitrages sont nécessaires[20].

Une analyse globale du consensus de Washington réalisée par Nancy Birdsall, du *Center for Global Development*, ainsi qu'Augusto de la Torre et Felipe Valencia Caicedo, de la Banque mondiale, souligne également le danger d'une libéralisation financière prématurée avant la mise en place d'une régulation effective. Elle identifie trois domaines de faiblesse dans l'application du Consensus : échec de la mise en œuvre complète de toutes les réformes, erreurs dans les modalités de mise en œuvre telles que le séquençage des problèmes et, comme noté par Stiglitz, absence d'éléments indispensables au développement économique, comme la recherche et l'éducation[21].

L'afflux exceptionnel de capitaux peut être davantage une malédiction qu'une bénédiction, en particulier pour des économies émergentes, selon Carmen et Vincent Reinhart qui ont étudié l'impact de ce phénomène dans 181 pays développés et émergents entre 1980 et 2007 (auxquels s'ajoute un sous-ensemble de 66 pays sur la période 1960-2007). Ces afflux entraînent une plus grande probabilité de défaut de l'État et des banques, d'inflation et d'un effondrement de la monnaie. En particulier, ils soulignent comment, lorsque cet afflux persiste, les décideurs en viennent à croire que ce phénomène temporaire est devenu permanent. Pendant cette période, les pays développés ont surtout suivi des politiques budgétaires procycliques, lesquelles accentuent d'autant les effets déstabilisateurs que cette arrivée massive de capitaux peut

20. Joseph Stiglitz, « More Instruments and Broader Controls: Moving Towards the Post-Washington Consensus », discours prononcé à Helsinki au Groupe de la Banque mondiale, 7 janvier 1998.

21. Nancy Birdsall, Augusto de la Torre et Felipe Valencia Caicedo, « The Washington Consensus: Assessing a Damaged Brand », Document de travail du *Center for Global Development*, 213, mai 2010.

s'arrêter soudainement[22]. On pourrait ajouter que, dans le cas de la Grèce (et d'autres pays périphériques), le problème a été exacerbé par le déni des fonctionnaires de l'UE compte tenu de leur incapacité à reconnaître que le pays présentait davantage les caractéristiques d'un pays en développement. Paul Volcker avait mis en garde que là où le capital international afflue massivement sans obstacle, les économies émergentes sont désincitées à poursuivre les bonnes politiques. En effet, dans le cas contraire, elles risquent d'attirer encore plus de capital, et ce capital qu'elles attirent est perçu comme une approbation du bien-fondé de leurs politiques. Le pays en attire encore plus, ce qui crée une bulle d'investissements[23]. Des politiques récentes d'assouplissement quantitatif et les protestations de certaines économies émergentes indiquent qu'on n'a pas suffisamment tiré les enseignements de ces expériences. Les flux de capitaux sont de plus en plus considérés comme des facteurs déstabilisants pour les économies en développement[24].

Certaines banques d'investissement ont habilement utilisé la rhétorique du consensus de Washington tout en sapant certains de ses principes. Elles ont ainsi sécurisé certaines faveurs politiques, incluant les sauvetages d'États. On a naïvement supposé que la libre circulation de capitaux dans le monde conduirait automatiquement à des marchés concurrentiels et à une saine utilisation du capital. Cela ne s'est pas vérifié en pratique. Le volume de capital déployé était considérable par rapport à la capacité productive et la base des contribuables. Les niveaux d'endettement se sont envolés suffisamment haut pour submerger certaines petites économies comme l'Islande, l'Irlande et la Grèce. Le volume du

22. Carmen Reinhart et Vincent Reinhart, «Capital Flow Bonanzas: An Encompassing View of the Past and Present», Document de travail du *National Bureau of Economic Research*, 14321, septembre 2008.

23. Paul A. Volcker, «A Perspective on Financial Crises», dans Jane Sneddon Little et Giovanni P. Olivei (éd.), «Rethinking the International Monetary System» (Actes de la conférence 43), Boston, Federal Reserve Bank of Boston, 1999.

24. Soyoung Kim et Doo Yong Yang, «The Impact of Capital Inflows on Emerging East Asian Economies», Korea Institute for International Economic Policy, mai 2008.

capital était tout simplement trop important pour que ces petites économies l'absorbent. Cela a conduit à la situation actuelle, dangereuse, d'autant que l'ère de l'argent peu cher et disponible est finie. Il sera de plus en plus coûteux de gérer les déficits budgétaires et les tentations de protectionnisme financier vont s'accroître[25].

---

25. Richard Dobbs et Michael Spence, «The Era of Cheap Capital Draws to a Close», *McKinsey Quarterly*, février 2011. En ligne : http://www.mckinseyquarterly.com/Economic_Studies/Productivity_Performance/The_era_of_cheap_capital_draws_to_a_close_2741?gp=1.

9

Les amuseurs

Il y a deux types de prévisionnistes : ceux qui ne savent pas et ceux qui ne savent pas qu'ils ne savent pas.

J. K. Galbraith

En 2008, une bande dessinée satirique d'Alex publiée dans la section «économie» du journal anglais *The Daily Telegraph* propose le dialogue suivant :

«Les gens n'arrêtent pas de me demander combien de temps la récession va durer. Que dois-je leur répondre ?

– Dis-leur 18 mois.

– Pourquoi 18 mois ?

– Parce que c'est assez proche pour qu'ils ne paniquent pas et assez loin pour qu'ils oublient que c'était toi qui le leur avais prédit.»

Dans une large mesure, les prévisions économiques répondent à une logique émotionnelle et non technique. En général, elles ne sont pas construites sur une connaissance approfondie de la complexité du réseau *existant* des relations économiques, quelle que soit l'évolution qu'elles dessinent.

Étant donné la passion des économistes pour les prévisions, on pourrait croire que l'utilité de cet outil a déjà été largement démontrée *via* par exemple un classement des économistes les plus fiables dans leurs anticipations des prix futurs et autres. Pourtant, les études sur ce sujet ne sont pas concluantes. Les économistes ne sont ni meilleurs ni plus exacts, semble-t-il, que les journalistes pour anticiper les événements futurs. Les deux métiers font des prévisions bien moins précises que les météorologues. Ainsi, les docteurs en économie avec des salaires à sept chiffres ne sont pas meilleurs que de simples étudiants[26].

On dit souvent avec humour que l'économiste est un expert capable d'expliquer demain pourquoi la chose qu'il avait prédite hier ne s'est pas produite aujourd'hui. L'excuse habituelle quand on leur demande de s'expliquer est que des événements inattendus ont bouleversé les règles du jeu. Il existe cependant ici une contradiction flagrante et un manque de rigueur intellectuelle : les modèles et les prévisions sont construits sur l'hypothèse implicite qu'il n'y aura pas de cygnes noirs. Et, pourtant, quand ils se trompent c'est toujours la faute d'un cygne noir !

LES AGENCES DE NOTATION FINANCIÈRE : TOURNÉES VERS LE PASSÉ OU VERS L'AVENIR ?

Dans le domaine des notations, les concepts de passé et de futur sont totalement mêlés. Comme le voyage dans le temps n'est pas encore possible, les notations se fondent exclusivement sur des données historiques. Elles ambitionnent pourtant de fournir une indication sur la probabilité qu'un débiteur rembourse ses dettes dans le futur à partir d'informations disponibles aujourd'hui. Les agences de notation financière, comme tous les autres prévisionnistes, n'ont aucun moyen de deviner le futur. Malgré cela, elles prennent de plus en plus d'importance et les investisseurs ont fini

26. Michael Mauboussin, *More than You Know: Finding Financial Wisdom in Unconventional Places*, New York, Columbia University Press, 2008 ; et Nassim Nicholas Taleb, *The Black Swan: The Impact of the Highly Improbable*, Londres, Allen Lane, 2007.

par se simplifier la vie en ne fondant leurs décisions d'investissement que sur des notations relatives.

Les agences de notation ont mauvaise presse. Elles sont dans un « sale » business ou, si vous préférez, le business des « short options » comme les banques privées ou les gestionnaires de titres. Quand elles font leur travail correctement, on ne leur tapote pas sur l'épaule pour les féliciter parce qu'elles sont uniquement en train de faire leur boulot. Pour elles, toute « surprise » est par définition négative et leur attire des critiques sans fin.

Les gros titres ne retiennent évidemment que les erreurs. Dans ma carrière, je garde un souvenir particulièrement croustillant de la débâcle de Parmalat, d'Enron, des *subprimes*, de Lehman Brothers et de la Grèce ; tous, des échecs complets.

Selon la Commission d'enquête américaine sur la crise financière, une des trois grandes agences de notation, Moody's, a noté à elle seule plus de 4 700 milliards de dollars de titres adossés à des créances hypothécaires commerciales et résidentielles entre 2000 et 2007 et 736 milliards de dollars de CDO (*Collateralised Debt Obligations*, obligations adossées à des actifs). Phil Angelides, président de la Commission d'enquête, déclare au cours d'une audition en juin 2010 que Moody's est une « usine à triple A ». Il ajoute : « Les investisseurs qui font confiance aux notations de Moody's ne s'en sortent pas si bien. » Suite à la crise des *subprimes*, l'Autorité des marchés financiers américaine (SEC, *Securities and Exchange Commission*) a publié de nouvelles règles pour un processus de notation plus transparent (règle 17g-5). La Commission européenne a adopté des règles similaires[27].

En juillet 2010, l'agence de notation Dagong Global Credit Rating, basée en Chine, a enlevé aux États-Unis, au Royaume-Uni et à la France leurs triples A et a attribué de meilleures notes à la Chine, à l'Allemagne, aux Pays-Bas et au Canada. L'explication réside dans la plus grande pondération donnée à la capacité à créer de la richesse par rapport à l'historique de stabilité de l'environnement législatif et des institutions politiques.

27. « Reform of Rating Agencies Poses Dilemma », *Financial Times*, 10 juin 2010.

Les agences l'admettent elles-mêmes, la notation est plus un art qu'une science. En Europe, les notations financières à court terme ne se sont pas trompées en ce que la Grèce n'a pas fait défaut. Pour autant, vous pouvez avoir raison pour de mauvaises raisons.

À la décharge des agences de notation, Parmalat et Enron étaient des cas de fraude. Cela soulève néanmoins une question : les informations sur lesquelles se fondent les agences et les investisseurs sont-elles exclusivement financières ? Aux chapitres précédents, j'ai décrit comment les données brutes exigées au titre du traité de Maastricht pour l'adhésion à l'euro ont dissimulé une multitude de risques graves. Tout comme les comptes financiers d'Enron, les données peuvent sérieusement induire en erreur.

Il y a donc deux problèmes : une tendance à oublier que les agences de notation ne peuvent pas prédire *l'avenir* et le manque de goût pour une compréhension approfondie de la réalité, au-delà des chiffres publiés *aujourd'hui*. On aurait besoin d'enrichir notre vision de la situation et de gagner en modestie et en prudence. En mai 2010, dans une attaque directe contre les agences de notation financière, Bill Gross, directeur général de Pimco, un gestionnaire de portefeuilles, a accusé les agences de notation de nourrir une « foi aveugle » dans la solvabilité des États : « Leurs modèles quantitatifs semblent avoir un QI de génie d'au moins 160, mais le bon sens de leurs notations approche les 60 de QI. Leurs modèles sont comme des savants idiots avec une pleine maîtrise des mathématiques mais aucune idée de la façon dont les appliquer[28]. »

Elles ont utilisé des hypothèses historiques fondées sur des régimes très différents. Elles se sont laissé séduire par la tentation *d'extrapoler le passé, un problème d'induction, un biais de confiance excessive* et ne se sont laissées *aucune marge d'erreurs*. Les dégradations de notes qui se sont succédé étaient tout simplement stupéfiantes. Malheureusement pour elles, personne ne se souvient des milliers de notations correctes et pertinentes qu'elles ont produites (sur le court terme). C'est un travail quelque peu « ingrat ».

28. Angela Monaghan, « Pimco Attacks Ratings Agencies over Greek Crisis », *The Daily Telegraph*, 6 mai 2010.

Les agences ont contribué à la débâcle de la crise des *subprimes*, en ce qu'elles ont noté des obligations qu'elles n'avaient pas la capacité de juger correctement. Le degré de collatéralisation a rendu certains produits tellement opaques que le risque réel des actifs sous-jacents en était devenu invisible.

Lorsque cela est apparu au grand jour et que la Grèce n'a plus été capable d'emprunter sur les marchés en mai 2010, une nouvelle entité a pris le relais : le Fonds européen de stabilisation financière (FESF), avec 440 milliards d'euros de liquidité pour aider les pays de l'UE endettés à surmonter la crise. Ce fameux « sauvetage » n'est en réalité rien d'autre que de l'emprunt supplémentaire. Par certains côtés, le FESF ressemble aux précédentes entités de la zone euro et aux hypothèques garanties. Il s'agit d'une structure de titrisation, appuyée sur les garanties individuelles fournies par les pays participants utilisateurs de la monnaie unique ; les pays hors zone euro ont négocié de rester en dehors de l'arrangement lors de la conférence du 9 mai 2010. Les pays doivent contribuer et constituer un « coussin » de 20 % supplémentaire. Toutefois, les problèmes essentiels demeurent : les marchés vont-ils prêter à cette entité à de faibles taux ? Les agences de notation vont-elles lui attribuer une note de qualité ? En septembre 2010, la BCE a dûment reçu le AAA tant désiré pour le FESF ce qui devrait encourager les investisseurs à souscrire massivement à cette obligation. Malgré cela, il sera coûteux pour les pays d'emprunter des fonds. Le principal objectif du FESF est plus politique qu'économique. Il a surtout été créé pour gagner du temps.

Une critique courante à l'encontre des agences de notation est qu'elles sont potentiellement en conflit d'intérêt. Elles sont payées par les émetteurs qu'elles notent, de la même façon que les auditeurs sont rémunérés par les entreprises qu'ils auditent. On peut au moins soupçonner qu'il existe un désir inconscient d'éviter de publier une notation qui obérerait les perspectives économiques d'un grand client. De plus, les agences de notation elles-mêmes appartiennent à des corporations dont l'objectif est de maximiser la valeur des actionnaires. On est donc face à un éventuel conflit généralisé : si vous donnez de trop nombreuses mauvaises notes, l'activité sera insuffisante. De même, elles sont constamment à la recherche d'opportunités de croissance comme les notations « non sponsorisées » où des entreprises qui n'ont pas payé ou qui n'ont pas demandé à être notées le sont néanmoins avec une sorte de menace indirecte sous-jacente.

Les notations émises par les trois principales agences – Moody's, Fitch et Standard & Poor's – sont institutionnalisées. Elles constituent des standards en matière de régulation et sont utilisées par de nombreuses lois et régulations bancaires, dans l'encadrement de fonds de pension ou de besoins en capitaux. L'Autorité des marchés financiers américaine (SEC) les nomme les « organisations de notation statistique reconnues au niveau national ». Ce sceau d'approbation est en fait international, ce qui explique le rôle institutionnel fort des agences. La BCE et la Commission européenne ont publié des propositions visant à réformer ce fonctionnement[29].

Les agences considèrent qu'elles offrent de la valeur ajoutée, ce qui est vrai la plupart du temps. Les obligations notées AA font moins fréquemment défaut que les obligations notées B. Cependant, lorsqu'elles se trompent, la chute violente du prix d'une obligation provoque une immense agitation. Si une obligation notée BBB et vendue dans les années 1990 baisse d'un cran et devient une valeur d'investissement spéculative (également appelée, par euphémisme, un « haut rendement » par les vendeurs quand ils veulent convaincre ou « junk bond » si vous êtes déjà en position courte), les détenteurs de cette obligation seront forcés de vendre à cause de la logique institutionnelle des normes adoptées (voir plus haut). Ces vendeurs *ne sont pas autorisés* légalement à conserver des obligations de catégorie spéculative, ce qui entraîne une chute rapide et soudaine des prix de l'obligation. Que se passe-t-il quand une obligation est soudainement moins bien notée de dix crans ? De nombreux pools de garantie, de pensions sur titres et d'autres instruments avec effet de levier construits sur l'ancien niveau de notation, jugé « solide », sont touchés ce qui crée une

29. « Credit Rating Agencies: Developments and Policy Issues », *Bulletin mensuel de la Banque centrale européenne*, mai 2009. En ligne : http://www.ecb.europa.eu/pub/pdf/other/art3_mb200905_pp107-117en.pdf.

spirale baissière. Étant donné les options de vente («short put») qui caractérisent la dette et le crédit, des notes sont souvent dégradées en une nuit alors que l'amélioration d'une note est plus lente, quelques degrés à la fois seulement. En réalité, je ne me souviens pas d'une obligation qui aurait vu sa note s'améliorer aussi agressivement que d'autres ont pu être dégradées. Donc, à juste titre ou pas, les agences de notation ont mauvaise presse. Leur «connexion» au système en exacerbe l'instabilité.

Un triple A devrait être à la fois l'indice d'une faible probabilité de défaut et d'une faible probabilité de dégradation de cette note.

D'autres questions se posent à propos des agences de notation. Elles encouragent une certaine forme de paresse et entraînent des distorsions car de nombreux régulateurs et investisseurs leur délèguent, dans les faits, la décision d'investir. Cette sous-traitance peut créer des problèmes majeurs, en particulier lorsqu'elle se combine avec l'attitude des agences de notation persuadées de «pouvoir prédire l'avenir» et à d'autres biais comme l'utilisation de *benchmarkings* ou de classements.

Prenons l'exemple du document de commercialisation illustré par le tableau 9.1. Vous pouvez y voir des rendements plus élevés, pour des maturités similaires, avec des notes équivalentes. C'est une illustration de vente fondée sur des prix relatifs et non sur une analyse des fondamentaux, et donc d'une sous-traitance de l'analyse du risque aux agences de notation. Plus simplement, si une obligation Lukoil, cotée BBB, se vend avec un rendement de 5,29 %, alors qu'une obligation TNK-BP avec la même maturité et la même cote se vend à 6,5 %, il s'agit sans doute d'une bonne opération. Immédiatement, on s'interroge : le marché a-t-il bien pris en compte le risque inhérent de Lukoil dans son évaluation ? Les agences de notation ont-elles correctement évalué les deux entreprises ? Les banques d'investissement vendent-elles vraiment des titres avec des arguments du type «c'est relativement bon marché» ? La réponse à cettc dernière question est effrayante : «oui».

Tableau 9.1 TNK-BP – Nouvelles modalités d'émission d'euro-obligations

Émetteur	**TNK-BP Finance S.A.**
Caution	TNK-BP International Limited
Produit	Financement d'un emprunt à TNK-BP Russia
Notation	Baa2 ; BBB– ; BBB–
Taille	Jusqu'à 1 milliard de dollars
Maturités	5 ans et/ou 10 ans
Tranches	5 ans 10 ans
Rendements conseillés	Zone à 6,50 % Zone à 7,50 %

Tableau 9.2 Comparaison d'obligations similaires (rendements)

			(%)
Lukoil	Baa2 ; BBB– ; BBB–	11/2014	5,29
Lukoil	Baa2 ; BBB- ; BBB–	11/2019	6,92
Gazprom	Baa1 ; BBB+ ; BBB+	7/2014	5,81
Gazprom	Baa1 ; BBB+ ; BBB+	4/2018	6,86

Un autre problème avec les agences de notation est qu'elles ne sont pas censées prévoir la volatilité du marché. Pourtant, on leur reproche beaucoup de prendre du retard sur la courbe ou, dans le cas des obligations souveraines, de les rétrograder de façon injustifiée. Elles notent tout au long du cycle, d'où des évolutions plus lentes que celles des prix de marché. C'est à cet effet qu'elles ont été conçues même si elles sont vivement critiquées pour ces raisons-là.

Il existe un débat permanent sur ce qui se produirait si la note de la Grèce était dégradée et si le pays ne remplissait plus les critères d'éligibilité pour les actifs en garantie des opérations de la BCE. Comme celle-ci l'a déclaré : « Au moins une évaluation du crédit de la part d'une institution externe reconnue pour l'émission (ou, le cas échéant, pour l'émetteur) doit être conforme au seuil de qualité du crédit de l'Eurosystème. »

On s'est posé des questions lorsque S&P a abaissé simultanément la note de la Grèce et du Portugal en avril 2010. Les hommes politiques de la zone euro se sont déchaînés sur la théorie du complot. Le 29 avril, le lendemain, Wolfgang Schäuble, ministre des Finances allemand, déclare : « Personne n'est tenu de prendre les agences de notation trop au sérieux. » Guido Westerwelle, ministre des Affaires étrangères de l'Allemagne, en appelle à la création d'une agence de notation européenne « indépendante » qui, contrairement aux agences américaines, éviterait les conflits d'intérêt. Ces appels auraient eu plus de légitimité si les dirigeants européens avaient critiqué les notes « *investment grade* » (entre AAA et BBB) attribuées aux pays méditerranéens quelques années plus tôt et qui ont facilité l'explosion du crédit pendant dix ans. Les hommes politiques et les agences de notation financière adoptent les uns comme les autres des comportements irresponsables et procycliques.

En prenant un peu de recul, on pourrait trouver de nombreux exemples illustrant les erreurs des agences de notation. Je ne vais en inclure qu'un, car je le considère amusant. La citation suivante est extraite d'une analyse de Moody's intitulée « La contagion et la confusion en Espagne, au Portugal et en Grèce », publiée le 10 février 2010 :

> Il est utile de se souvenir qu'il n'y a pas, jusqu'à présent, de preuves convaincantes qu'un État de la zone euro soit exposé à un risque imminent de perdre l'accès aux marchés. Les obligations à cinq ans émises par la Grèce en janvier dernier ont été nettement sursouscrites et l'agence grecque de la dette a fini par émettre

> pour 8 milliards d'euros au lieu des 3 à 5 milliards d'euros prévus à l'origine, quoique avec un *spread* de rendements en écart croissant par rapport aux autres émetteurs publics européens. Par conséquent, la vision spéculative qui veut que la Grèce ou n'importe quel autre État ne serait pas capable de refinancer le service de sa dette au printemps est plus une impression qu'un fait objectif.
>
> En revanche, si une masse critique d'investisseurs commençait à *croire* (ce mot figure déjà en italique dans le rapport) que la liquidité d'un gouvernement s'est réduite, cela pourrait devenir une prophétie autoréalisatrice. De plus, si de nombreux investisseurs croyaient que la dette d'un État n'était pas soutenable, ils ne seraient certainement pas désireux d'en acheter les obligations sauf avec un rendement très élevé (ce qui pourrait, en tant que tel, rendre la dette insoutenable). Dans une telle situation, une source alternative de liquidité crédible permettrait à ce pays de gérer ses difficultés de financement, et donc de paiement potentiel, jusqu'à ce qu'il regagne la confiance des marchés.

Non, ce risque n'était pas « imminent »… Cela a pris en tout et pour tout 76 jours (du 10 février au 27 avril) pour que les obligations du gouvernement grec soient rétrogradées à la catégorie des « *junk bonds* », ce qui a rendu un refinancement par les marchés totalement impossible.

Le fait que les auteurs prêtent de l'importance à la sursouscription des obligations montre qu'ils n'ont pas compris le fonctionnement des marchés obligataires : ils ignorent par exemple les stratégies « flippers » (acheter avec l'intention de revendre rapidement) ou le gonflement des ordres pour réussir de meilleures allocations. C'est un biais que de ne s'attacher qu'à un chiffre et ne pas analyser les fondamentaux sous-jacents comme la qualité des ordres ou la fièvre suscitée par une émission en particulier.

Howard Marks, de Oaktree Capital Management, évoque la dépendance aux notations :

> Certains investisseurs exigent des notations avant d'agir. Mais les notations doivent être prises avec des pincettes (…) Les agences

> ont tendance à attribuer de trop bonnes notations de façon routinière quand tout va bien puis corrigent brutalement (...) Mon conseil : s'attendre à ce que des P-DG, des régulateurs, des agences de notation et d'autres acteurs de marchés se soient trompés[30].

Les investisseurs croient fréquemment que n'importe quel investissement vaut mieux que du liquide. Parce que c'est le moins risqué, on suppose qu'il a le rendement le plus faible. Cette confiance excessive et ce biais d'activité ont fortement joué dans la crise de la zone euro.

On a beaucoup écrit sur les récents «exploits» des agences de notation et leur rôle dans la débâcle des *subprimes* ; je ne veux donc pas en rajouter. En revanche, il est intéressant de souligner que quelques années à peine ont suffi pour qu'un degré étonnant de prétention se réaffirme et que les marchés recommencent à minimiser le risque.

Les banques d'investissement

Les banques d'investissement sont souvent diabolisées pour leur rôle dans la bulle Internet, la crise des *subprimes*, les ventes de produits dérivés risqués, les couvertures de défaillance (CDS, *Credit Default Swap*), etc. Les allégations de conflits d'intérêt abondent. Ces banques fournissent des services à la fois pour les investisseurs et les émetteurs. Pour les premiers, elles assurent des services de recherche et d'animation du marché ; pour les seconds, elles structurent des deals et offrent des services de levée de capitaux. Elles vendent et achètent des titres en leur compte propre également, tout en représentant les intérêts de leurs clients évidemment.

En 2010, la Grèce a émis beaucoup de dette. Les principales banques d'investissement à avoir géré ces émissions sont :

- 26 janvier : 8 milliards d'euros, obligations à cinq ans : Crédit Suisse, Deutsche Bank, Goldman Sachs, Morgan Stanley ;

---

30. Howard Marks, «Now it's All Bad?», *Mémo à l'attention des clients d'Oaktree Capital*, septembre 2007.

- 4 mars : 5 milliards d'euros, obligations à dix ans : HSBC et Barclays Capital ;
- 29 mars : 5 milliards d'euros, obligations à sept ans : Société Générale, ING Bank, Bank of America Merrill Lynch.

Les hommes politiques de l'UE n'étaient pas les seuls à croire dur comme fer dans le caractère indestructible de l'euro (voir chapitres 6 et 8). Le FMI déclare en 2007 : « Il n'y a pas de potentiel de débordement en Grèce », comme l'a si bien illustré le succès de la zone euro.

Voyons, au travers du cas de la Grèce, la fiabilité des prévisions des banques d'investissement et des amuseurs professionnels qu'elles emploient.

HSBC

« La Grèce n'est pas l'Islande ou Dubaï », 27 novembre 2009

> Le prolongement de la courbe des rendements obligataires grecs a déjà fait perdre aux obligations grecques le statut d'investissement de qualité (« *investment grade* »). Dans les faits, les échanges s'effectuent déjà trois crans en dessous du niveau de notation actuel (A1/A–). Cet impact peut être résorbé si les mesures nécessaires sont prises maintenant.
>
> Même si les investisseurs sont sceptiques sur un éventuel changement, le nouveau gouvernement doit agir pour dissiper le risque de sanctions qui se profilent en 2010. Comme autre référence sur la valorisation attractive de la dette grecque, les CDS à cinq ans sont très proches de ceux de la Turquie ce qui ne reflète pas le différentiel de notation ou le fait que la Grèce fasse partie de l'UME.

Pourquoi considérer que les obligations grecques s'échangent dans des conditions plus strictes que celles de la Turquie ? Uniquement parce que les agences de notation l'ont décrété ? Ou parce que la Grèce est dans l'UME ? Cette logique est fausse et étriquée.

Cela illustre la confiance excessive accordée aux notations et au concept de prix relatif que l'on retrouve dans la fameuse « économie ketchup ». La croyance tacite dans la sécurité que prodigue l'UME introduit également un biais. Ce filet de sécurité n'a jamais été défini ou expliqué. Il est intéressant de voir comment les banques d'investissement, encore et encore, ignorent totalement les fondamentaux du crédit et instrumentalisent l'argument de l'adhésion à l'euro pour soutenir leurs positions.

L'analyse se poursuit :

> Ce n'est pas dans l'intérêt de la zone euro de faire de la Grèce un exemple et de lui appliquer des amendes qu'elle ne sera pas capable d'honorer. Cela pourrait entraver le placement de futures émissions obligataires et, au bout du compte (et bien que HSBC considère cette option comme extrêmement improbable), l'humiliation d'en passer par une aide du FMI (...). La grande différence entre la Grèce et l'Islande ou Dubaï, c'est son adhésion à la monnaie unique.

Cette analyse est publiée six mois à peine avant que l'aide du FMI soit sollicitée. Il est intéressant de voir que HSBC était l'un des deux principaux gestionnaires des 5 milliards d'euros d'obligations de la Grèce à maturité dix ans émises en janvier 2010. Étaient-ils inquiets en plaçant ces obligations ?

Rapport stratégique sur les titres grecs en 2010, 18 janvier 2010

> La crise économique mondiale a focalisé l'attention sur les principales faiblesses de la Grèce et en particulier sur son triple déficit : budgétaire (un budget non soutenable), extérieur (érosion de sa compétitivité) et de crédibilité (mauvais antécédents budgétaires et statistiques peu fiables). Nous soutenons néanmoins que tout n'est pas si noir : les déséquilibres économiques de la Grèce ne sont pas sans précédent. Cependant, si l'UME protège des vents contraires, elle élimine également certains points de sortie faciles. Une discipline budgétaire et des réformes structurelles sont nécessaires de toute urgence. Notre scénario de

> référence court terme est un scénario « constructif » où des progrès en termes d'ajustement budgétaire sont réalisés mais au prix d'une reprise économique faible.

Je ne suis pas certain de bien comprendre ce paragraphe et de voir comment on peut construire un scénario de référence « constructif », mais poursuivons.

> Il est possible qu'en fin d'année, des articles de presse négatifs, incitant à une réduction des risques, mettent une pression supplémentaire sur les GGB [obligations du gouvernement grec]. Il est révélateur de voir que, d'après les calculs de HSBC, les *spreads* des obligations à dix ans se sont bien plus creusés que ce que garantit la moyenne actuelle des notations (des trois agences). Les CDS grecs se vendent plus cher que les CDS de pays qui ne bénéficient pas de la protection de la zone euro contre tout défaut de paiement (Hongrie, Turquie).

On retrouve encore la croyance aveugle des agences de notation dans la protection de l'UE.

> Fondamentalement, l'économie grecque est protégée des vents contraires de l'économie et du financement grâce à son adhésion à la zone euro.

Pourquoi ? Comment peut-on raisonnablement aboutir à la conclusion qu'une fois dans l'UME tous les vents contraires disparaissent ? Mais quel est ce bouclier exactement et comment protège-t-il ? Ce discours illusoire, très présent dans l'opinion publique grecque, semble avoir également pénétré la communauté des investisseurs.

> Moody's considère que le risque que la dette souveraine d'un État membre ne soit plus éligible aux opérations de repo de la BCE est faible. En particulier, la Grèce présente le meilleur profil de dette parmi les membres de l'UME avec la maturité moyenne la plus élevée (7,8 ans) et un besoin de *roll-over* d'à peine 10 % de la dette totale en 2010 (comparé à 25 % pour l'Irlande et l'Espagne).

Logique étriquée et biais de calcul sont évidents ici. On voit une utilisation sélective des données. Certaines informations clés comme le pur « quantum » de la dette externe pour une petite économique manquent à l'analyse.

De toute façon, on sait tous qu'il ne faut pas prendre les analystes financiers au sérieux. Cela concerne-t-il aussi les analystes de titres à taux fixe ? Leurs analyses étaient-elles plus fines ? Voyons cela.

SOCIÉTÉ GÉNÉRALE

Spécial titres à taux fixe : la Grèce en 2010, 8 décembre 2009

L'une des trois plus grandes banques française, la Société Générale, a la gentillesse de faire figurer en gras et en première page les messages clés de son analyse.

Points clés :

1. **Cet accès de nervosité sur les GGB n'ira pas très loin,** bien que les créanciers soient toujours sur le point de tout vendre. Il y a encore de la place pour une nouvelle vague d'émission début 2010. Cependant, dans un contexte de taux faibles et stables, les marchés resteront probablement dans un mode de prise de risque.

Pas de chance : cette nervosité ne s'est jamais arrêtée et le marché est devenu totalement averse au risque. Désolé, l'argument du *ceteris paribus* n'a pas tenu dans ce monde à l'envers. Et ça empire :

2. **Il y a beaucoup de discussions futiles sur la Grèce.** Bien sûr tout est possible. Les cochons peuvent se mettre à voler et la fin du monde pourrait tout aussi bien se produire demain. Juste des discussions futiles.

Il s'agit de confiance excessive ici, de même qu'une utilisation habile d'une argumentation *ad absurdum* : le philosophe utilise une exagération pour souligner une explication inappropriée ou excessivement simplifiée. La simplification extrême cherche à évacuer toute pensée alternative ou tout scénario.

3. En ligne avec notre soutien mitigé pour des «*carry trades*» début 2010, nous voyons du potentiel pour un resserrement des *spreads* entre les GGB et d'autres obligations souveraines au cours du premier semestre 2010.

Comme on le sait, les *spreads* ont augmenté de plus de +1 000 points de base en mai 2010 contre environ +200 points de base, au moment où cette analyse a été rédigée.

4. Notre *Outlook 2010* ne prévoit pas de défis extrêmement sérieux pour les États les plus faibles. Mais cela est conditionné à une reprise économique hésitante pour l'année prochaine. Nous verrons après 2010 si les États seront en position de résister aux chocs qui pourraient survenir d'ici là.

Il est utile de faire une analyse de la position des États, mais les prévisions sont encore beaucoup trop optimistes. D'ailleurs, tous les commentaires en gras de la Société Générale ci-dessus le sont.

Le 21 décembre 2009, les obligations grecques ont encore augmenté et la Société Générale, encore imprégnée du *biais de statu quo* qu'illustre son rapport du 8 décembre, continue à se positionner sans hésitation.

Aperçu multi-actifs : la Grèce fortement survendue – en voie de positionnement pour un rassemblement brutal, 21 décembre 2009

> **Les *spreads* de la Grèce sont trop élevés.** Le différentiel entre obligations à court terme de la Grèce et cotations à terme des obligations allemandes (Bunds) se creuse bien au-delà d'un niveau de notation BBB.

On note ici deux points intéressants : (1) Les analystes de la Société Générale supposent que les agences de notation sont pertinentes et (2) ils semblent savoir avec tellement de certitude ce qu'«au-delà» signifie précisément. Le rapport poursuit : «Nous avons peur pour la stabilité des obligations d'État de la zone euro sauf à partir de 2013 (…).» Cette phrase dénote une *dissonance cognitive* : un risque réel est identifié mais, en repoussant à plus tard sa survenue éventuelle, vous pouvez effectivement l'ignorer. C'est comme de dire : «Je sais que fumer est mauvais pour la santé mais les soucis n'apparaîtront qu'à l'avenir et, d'ici là, j'ai le temps de changer mes habitudes et de gérer ce problème.»

> **Pas de problèmes de financement.** La dette de la République hellénique a la meilleure maturité de tous les membres de la zone euro. Elle ne devrait avoir aucun problème pour se financer l'année prochaine et probablement sur des rendements plus faibles qu'aujourd'hui.

Cette analyse illustre un *biais de calcul* induit par la longueur de la maturité. À cela s'ajoute un jugement extrêmement limité qui ne tient compte que d'un seul facteur. Robert Cialdini appelle cela «l'approche par une seule bonne preuve»[31]. Utiliser nos capacités d'analyse prend du temps et nécessite beaucoup d'efforts. À une époque de changements rapides, de polyvalence et de surcharge d'informations, le cerveau utilise automatiquement des courts-circuits pour prendre une décision en ne choisissant qu'une seule information. Les analystes et les investisseurs succombent à ce biais lorsqu'ils ne s'en tiennent qu'à une seule information comme «la Grèce est dans l'UME» ou «la Grèce vend plus d'obligations que sa notation ne le suggère».

À la fin du rapport, les auteurs soutiennent l'idée suivante, fondée sur un *effet de récence* et un *biais de faible marge d'erreur*, empreinte de l'approche de la preuve unique :

> Plus généralement, nous partageons les craintes des agences de notation sur le manque d'engagement politique sur la réduction du déficit (en Grèce et ailleurs). Nous attendons de fortes perturbations sur les obligations d'État après 2010 (faibles perspectives de croissance). [Remarquez le besoin de l'auteur de se justifier.]
>
> Cependant, l'année 2010 ressemblera à 2009. Nous considérons que les ventes massives de ces derniers temps n'étaient qu'une petite anicroche et offraient une nouvelle opportunité d'achat. Ce n'est pas encore l'heure des grands changements pour les

---

31. Robert Cialdini, *Influence: Science and Practice*, 4e éd., Boston, Allyn & Bacon, 2001.

> obligations d'État. Comme S&P le remarque dans sa dernière évaluation, la Grèce a la plus longue maturité d'obligations de toute la zone euro. Et l'adhésion à l'UME lui donne une très bonne protection contre des difficultés ponctuelles en 2010. Comme c'est ironique.

Une fois de plus, la protection de l'UME n'est pas définie. On voit également la capacité à dégager des tendances à tout bout de champ et à *faire l'autruche*, comme le suggère l'expression « petite anicroche ». En effet, comme c'est ironique.

Nomura

Mythologie grecque : en baisse mais pas hors marché – rapport sur les notations, Nomura, 8 décembre 2009

Dans ce document, on trouve l'affirmation suivante :

> La volatilité des *spreads* périphériques et en particulier des *spreads* de la Grèce pour les principaux marchés ressemble à une panique. Certaines inquiétudes sur la dette sont légitimes, mais nous restons convaincus qu'une grande partie de cette évolution s'explique par les contraintes de liquidité de fin d'année.

Les *spreads* des CDS grecs à cinq ans étaient à +208 points de base le 8 décembre 2009. Ils ont atteint un pic à plus de +1 000 points de base le 6 mai 2010. Alors si +200 points de base « ressemblent à une panique », que dire d'une hausse de +1 000 points de base ? La fin de toutes civilisations ? On notera l'illusion rassurante produite par l'analyse des « contraintes de liquidité de fin d'année ».

Le rapport poursuit :

> En tout état de cause, nous nous efforçons de faire la différence entre ce qui relève d'une situation budgétaire et d'un prix de marché inquiétants et ce qui relève de la véritable catastrophe. De notre point de vue, le soutien de l'UE, compte tenu des risques politiques en jeu, surprendra probablement les marchés tout comme le fait que les contraintes de bilan et les conditions de

liquidité amplifient la tendance. *Une progression normalisée du* spread *grec/Bund à dix ans, sur la période allant de septembre à janvier de cette année, est en train d'évoluer selon un chemin presque* **exactement** *identique à celui de l'année dernière. Le message clé qu'on doit en tirer est que le retour de la liquidité après la fin de cette année verra une surperformance des pays périphériques.*

Les analystes ont superposé le graphique de la période septembre 2008-janvier 2009 avec celui de la période septembre 2009-décembre 2009 et en ont déduit une tendance qu'ils ont extrapolée. Tracer des tendances est naturel. En partant du principe que «l'Histoire se répète», ils ont pu «prédire l'avenir». En attendant, sur les périodes évoquées, on constate que le *spread* obligations grecques/obligations allemandes a oscillé entre +80 points de base et +160 points de base.

Bank of America Merrill Lynch

20 questions pour 2010, 7 janvier 2010

Bank of America Merrill Lynch pose dans son rapport de janvier 2010 des questions très intéressantes. Sur la page de garde, la banque s'interroge :

> Est-ce que la Grèce, l'Espagne et l'Irlande pourraient faire dérailler la zone euro ?

La réponse est catégorique : «Non, ces pays sont trop petits.» Le degré de certitude et de simplification excessive est ici très prononcé pour une situation complexe aux facettes multiples, interdépendantes et évoluant rapidement. Cinq mots suffisent à résoudre le problème. C'est un exemple classique de *simplification excessive.*

De même, la question posée a l'avantage d'être très étroite. C'est un exemple classique «de cadrage». D'après Wikipédia, le cadrage consiste à «utiliser une approche ou une description d'une situation ou d'un problème trop étroite», c'est-à-dire que l'on retranche arbitrairement certains éléments de la description comme quelqu'un qui encadrerait une photographie. *Quid* du Portugal ou de l'Italie ?

Leurs économies ne sont-elles pas étroitement liées aux économies grecque, italienne et espagnole ? Poser une question étroite leur assure de pouvoir y répondre sans doute par une réponse présélectionnée.

D'après le rapport :

> Ces pays sont tout simplement trop petits. Ensemble, ils ne comptent *que* pour [c'est moi qui mets en italique] 16 % de la zone euro. L'Irlande (1,8 %) et la Grèce (2,7 %) sont du menu fretin. Avec 11,6 % du PIB de la zone euro, l'Espagne n'est pas non plus si grosse.

Pardon ? Depuis quand 16 %, ce n'est pas grand-chose ? Ou 11,6 %, pas si gros ? Au-delà des biais comportementaux que cela dénote, de mon point de vue cette logique est erronée et émaillée de pensée magique. Le rapport poursuit :

> Le trio de la crise sera probablement en retard en termes de retour à la croissance par rapport au reste de la zone euro. Mais ce sont de petites économiques ouvertes. Elles ont tout ce qu'il faut pour profiter d'une embellie chez leurs principaux partenaires commerciaux en Europe et ailleurs.

C'est le monde à l'envers. Plus loin, les auteurs posent une question pertinente :

> À quel point existe-t-il un risque de défaut de la Grèce ? La zone euro pourrait-elle s'effondrer ?

Leur réponse commence par : « La poussière est retombée en Grèce. » Rappelons-nous qu'on est le 7 janvier et que le ministre grec des Finances est impatient d'aller refinancer le pays pour 50 milliards d'euros avec un *spread* des CDS d'à peine +270 points de base. Dans la foulée, les auteurs continuent :

> La notation de la dette grecque reste mauvaise [dommage, n'est-ce pas ?]. Cependant, il est peu probable que le pays doive gérer des problèmes de liquidité à court terme.

Je me sens rassuré maintenant. On peut très bien être en train de chuter d'un gratte-ciel mais rester calme si, après avoir dépassé le 50e étage, on n'a toujours rien heurté. Ils ont la gentillesse de conseiller à la Grèce une astuce bien pratique capable de résoudre tous les problèmes :

> Nous croyons que la Grèce réussira à gérer sa dette même si c'est avec un coupon plus élevé. Elle devra s'en contenter et se passer de l'aide de l'UE et du FMI.

Vous avez bien lu ! On augmente un peu la valeur du coupon et le tour est joué ? De plus, on note bien que la Grèce n'a pas besoin de l'UE et du FMI.

La Grèce : et si ? 27 janvier 2010

20 jours *seulement* plus tard, un nouveau rapport est publié intitulé : « La Grèce : et si ? » Le discours a légèrement évolué. Sur la page de garde, les auteurs notent :

> **La Grèce peut-elle être à l'origine de nouvelles perturbations sur les marchés ?**
> Avec les derniers bouleversements financiers, les marchés ont tiré la première sonnette d'alarme. Bien que la Grèce soit un petit pays, la récente explosion des *spreads* des couvertures de défaillance, avec un pic à 365 points de base, a attiré l'attention des investisseurs : la Grèce peut-elle être à l'origine de nouvelles perturbations sur les marchés ?
>
> **Le risque de contagion rend le risque de défaut encore moins probable**
> La Grèce fait face à de graves problèmes. Son déficit public est élevé, ses statistiques budgétaires ne sont pas fiables et les agences de notation ont dégradé sa dette. Cependant, la Grèce a finalement commencé à s'ajuster. Nous restons confiants dans la capacité du gouvernement grec à se refinancer par ses propres moyens. Dans l'éventualité improbable où la Grèce perdrait l'accès aux marchés, nous croyons qu'elle obtiendrait de l'aide de ses partenaires européens et éviterait un défaut. Et c'est précisément parce qu'il y a un risque de contagion que nous pensons que les autres pays de l'UE s'efforceront d'éviter à tout prix le pire.

Certes, mais la Grèce, l'Irlande et l'Espagne *toutes ensembles* n'étaient-elles pas trop petites 20 jours plus tôt ? Admirez la volte-face.

> **Contexte économique : la Grèce compte**
> Comme nous l'avons déjà mentionné, nous croyons que la Grèce ne fera pas défaut. En temps normal, de petits pays comme la Grèce (dont l'économie a la taille du Massachusetts ou du Michigan) n'auraient pas d'impact significatif sur les marchés mondiaux. Mais les temps n'ont rien de normal.

Belle marche arrière grâce au raccourci psychologique bien connu des psychologues, ainsi résumé par la délicieuse formule de Philip Tetlock : «J'aurais eu raison si les choses n'avaient pas changé», une justification *ex post.* Malgré cela, l'habituel *biais de confiance excessive* subsiste.

Plus loin, les auteurs du rapport finissent, avec réticence, par envisager d'autres scénarios tout en se cramponnant à leurs vieilles croyances qu'on peut qualifier de *croyance dans le statu quo* ou d'*attachement aux vieilles croyances.* Ce comportement est également connu sous le nom de «réflexe de Semmelweis» qui décrit la «tendance à rejeter toute nouvelle preuve contredisant le paradigme existant». Il est étroitement lié à d'autres biais cognitifs, en particulier à ceux associés à la *pensée de groupe* (voir la définition donnée au chapitre 8 dans la section «Décrédibiliser les détracteurs»).

> **Et si la Grèce avait besoin d'aide ?**
> Nous restons persuadés que la Grèce n'aura pas besoin d'être renflouée. Mais – pour alimenter le débat – est-ce que l'UE pourrait réellement aider la Grèce si c'était nécessaire ? La réponse est très certainement «oui».

Remplacez «persuadés» par «excessivement confiants». Le rapport continue :

> Nous sommes économistes et non juristes.

Changez «économistes» par «amuseurs» et nous serons sur la bonne voie, mes chers amis.

> Dans le cas hautement improbable où une aide serait nécessaire, cette aide théorique pourrait prendre diverses formes, de notre point de vue.

Ils paraissent complètement incapables de se libérer de leur croyance dans un *statu quo*.

> Toute aide théorique serait certainement conditionnée aux exigences budgétaires strictes du FMI. Cependant, le FMI jouerait probablement un rôle limité de conseil et non un rôle de premier plan. Le président du FMI, Dominique Strauss-Kahn, a indiqué le 14 janvier que, puisque la Grèce est un pays de la zone euro, il serait « totalement normal que la zone euro et la Banque centrale européenne essaient de travailler à résoudre ces problèmes seules ».

Ces rapports regorgent d'*effets de certitude* : l'UE viendra à la rescousse dans tous les cas et sera capable de sauver la situation. Il s'agit d'une croyance à 100 %, selon laquelle ce que l'on anticipe (et souhaite très souvent) finira par se produire. Cet effet est également connu comme le *principe de la chose sûre*. Une littérature abondante existe sur la préférence humaine pour la confiance par rapport à l'expertise[32].

Quelques semaines plus tard, en février, ces amuseurs se sont rendu compte qu'il était difficile de prédire l'avenir.

BNP Paribas

BNP Paribas a produit un intéressant travail de recherche sur la situation grecque en construisant quatre scénarios. Scénarios ! Comme c'est rafraîchissant de ne pas avoir l'arrogance de prédire l'avenir avec certitude ou de dire ce qui est juste ou ce qui est mal. C'est exactement ce que les investisseurs et les autres ont besoin d'entendre régulièrement. Cependant, même si la mise en place

32. Il existe des résumés dans James Montier, *The Little Book of Behavioral Investing*, Hoboken, NJ, John Wiley & Sons, 2010.

de scénarios évite de tomber dans l'erreur de la certitude excessive, il suffit en réalité de se pencher un peu sur le sujet pour voir que cela revient au même.

Grèce : combler le fossé budgétaire – quatre scénarios, 8 février 2010

Examinons les scénarios envisagés :

- *scénario I :* ajustement (35 % de probabilité sur un horizon de deux ans) ;
- *scénario II :* soutien financier/sauvetage (48 % de probabilité sur un horizon de deux ans) ;
- *scénario III :* restructuration de la dette/défaut partiel (15 % de probabilité sur un horizon de deux ans) ;
- *scénario IV :* défaut désordonné (2 % de probabilité sur un horizon de deux ans).

35 %, 48 %, 15 %, 2 % : c'est très précis. Ce sont des chiffres plaisants et bien ronds. Malheureusement, les auteurs ont cédé à un *biais de précision* ou *biais d'aversion à toute marge de variation.* Des chiffres aussi précis ne sont pas plus significatifs qu'un footballeur qui dirait être « engagé à 110 % » dans son club actuel (ce qui est habituellement le signe qu'il est en train d'envisager un transfert).

Dans le monde étrange de l'économie, vous pouvez « prédire le futur » si vous avancez des données précises et si vous semblez agréablement scientifique. Personne ne pourra vous accuser d'induire les autres en erreur si vous donnez des pourcentages inférieurs à 100 ! Si le quatrième scénario se produit et que vous ayez évalué sa probabilité à 2 %, vous aurez l'excuse de ne l'avoir jamais vraiment exclu du champ des possibles.

Ciel, faites que n'importe qui nous donne un chiffre ! Cela renvoie à la façon dont les décideurs préfèrent fournir un chiffre précis, de préférence un chiffre rond et proche de l'historique. Les analystes financiers ont tendance à tomber dans ce piège cognitif lorsqu'ils considèrent la croissance du PIB, les ventes d'une entreprise, etc.

La conséquence de tout cela est que l'on répugne à envisager un intervalle de risques potentiels. Les décideurs deviennent hermétiques aux autres possibilités, ce qui nous renvoie à d'autres biais :

- une vision en tunnel ;
- une myopie mentale.

Il en résulte une illusion de certitude, d'ancrage, etc. D'où viennent ces biais ? Sur le plan émotionnel, cela s'explique certainement par une « aversion à l'incertitude », un besoin primaire d'éviter l'inconfort de doutes mentaux et de conflits. On en vient à préférer une sorte de « certitude magique ». Sur le plan cognitif, on gagne du temps à ne pas penser au nombre infini de permutations. C'est étroitement lié aux phénomènes d'« ancrage », de « cadrage» et de *biais de calcul* (fondé sur des données passées comme on en a déjà discuté).

La BNP a-t-elle identifié *tous* les scénarios possibles ? Sûrement pas. Pourquoi ne pas avoir inclus une nouvelle catégorie intitulée « autres » ? Bon, le responsable de l'étude ne l'aurait pas autorisé et l'analyste aurait insisté en vain. Je peux imaginer la conversation :

> « Mais que contient la catégorie "autres" ?, demande le responsable de l'étude.
>
> – Ce n'est pas significatif, aurait répondu l'analyste. Cependant, cela existe et mérite une probabilité non nulle.
>
> – Mais donnez-moi un exemple », rétorque le responsable.

En creusant, l'analyste pourrait évoquer l'un des exemples ci-dessous :

- 10 millions de Grecs partent vivre à l'étranger si le ministre des Finances grec octroie à chacun 10 000 €.
- D'importantes réserves de pétrole sont découvertes dans les mers Égée ou Ionienne.

- La Chine et la Grèce ont signé un accord portant sur un échange de touristes représentant 10 % de chaque population tous les ans[33].
- L'Allemagne se porte volontaire pour payer des réparations de guerre à la Grèce, ajustées de l'inflation[34].

La vision différente des banques impartiales

Les autres banques d'investissement ne jouent pas le même air. Une des grandes banques d'investissement est étrangement absente des émissions obligataires grecques. Elle a pourtant été la favorite du ministère des Finances grec et a gagné de nombreux *deals* en Grèce : il s'agit d'UBS. J.P. Morgan ne figure pas non plus dans la liste suite au scandale des ventes d'obligations structurées par Acropolis (voir chapitres précédents).

À la même époque, les déclarations d'UBS étaient très différentes. Un rapport d'un analyste d'UBS, Simon Penn, daté du 16 décembre 2009, évoque déjà l'impensable avec le titre suivant : « Une sortie de l'UME aiderait-elle la Grèce ? » Ses questions sont ouvertes et intelligentes : Et si c'était la moins mauvaise option ? Et si rester dans l'UME provoquait encore plus de dommages ?

Il fait une très bonne analyse et conclut : « Il existe un enchaînement probable des événements qui serait : une aide de l'UE à la Grèce sur la base des prêts des autres États pour soutenir les bons de remboursement et les paiements des coupons des obligations grecques, avec une promesse de la BCE d'acheter sa dette. En d'autres termes, esquiver le problème à court terme. » Si on ajoute le FMI et l'achat réel d'obligations, on obtient des projections significativement différentes de celles des banques que nous avons analysées et plus proches du cours réel des événements.

Le 16 décembre 2009, J.P. Morgan publie un rapport intitulé « Comment éviter une tragédie grecque ? » Au moins le rapport

33. Idée authentique du vice-Premier ministre grec Theodoros Pangalos.

34. Encore une idée très réaliste de Theodoros Pangalos. Chapeau pour toutes ces idées rocambolesques !

allait-il dans la bonne direction, évoquant des actions et des catastrophes potentielles.

Récapitulons. Les banques d'investissement suivantes ont manié des obligations émises par l'État grec en 2010 : Crédit Suisse, Deutsche Bank, Goldman Sachs, Morgan Stanley, HSBC, Barclays Capital, Société Générale, ING Bank et Bank of America Merrill Lynch. Les banques responsables des évaluations les plus optimistes sur la solvabilité de la Grèce sont : HSBC, Société Générale, Bank of America, Merrill Lynch, Nomura et BNP Paribas. Les deux listes se croisent.

Les évaluations les plus négatives sont données par UBS et J.P. Morgan. À combien d'émissions obligataires ont-elles participé ? Ah oui, aucune.

Et les acheteurs ?

Les vendeurs n'ont pas vraiment brillé par leur capacité à anticiper la crise de la dette grecque. Qu'en est-il des acheteurs ? Évidemment, dans l'univers des amuseurs, il y a une tendance à parler de haut rendement à la place de haut risque. Le 5 mai 2009, Bloomberg rapporte comment certains ont vu dans l'augmentation des *spreads* un pic temporaire et une opportunité d'achat :

> ING, Pictet & Cie, Baring Investment Services et F&C Asset Management Plc déclarent que les obligations des fameux pays périphériques de la zone euro sont bon marché suite à la crise internationale qui a conduit à la dégradation des ratios de la dette de ces pays. «Nous avons ajouté des pays comme la Grèce, le Portugal et, dans une moindre mesure, l'Irlande. Une désagrégation de l'euro ou des défauts ne sont pas probables», affirme Alan Wilde, responsable de l'obligataire et des devises chez Baring.
>
> Mickael Benhaim, responsable de la gestion obligataire monde chez Pictet à Genève et en charge d'un portefeuille d'environ 103 milliards de dollars américains, déclare : «Les niveaux actuels reflètent un pessimisme excessif (...) Les *spreads* importants offrent une bonne opportunité de faire des bénéfices. Je ne fais pas partie de ceux qui croient que la zone euro ne survivra pas.»

Le rapport souligne que la foi dans la convergence était forte :

> Depuis que l'euro a été introduit en 1999, les obligations allemandes à dix ans payaient en moyenne 60 points de base de moins en intérêts que la dette de la Grèce et 27 points de base en moins que les obligations du Portugal. La différence dans le rendement ou le *spread* sur les titres grecs tombera de 3 % en mars 2012 à 1,75 % de la dette allemande sur la même maturité d'ici à la fin de l'année, selon ING. Les investisseurs auront 10 % de rentabilité si cette prévision se révèle juste.

Les acheteurs ont investi des sommes considérables dans des obligations d'État grecques ; il est clair que l'analyse des fondamentaux économiques a été laissée de côté.

Du point de vue des investisseurs, ce « déni collusoire » n'est peut-être pas aussi irrationnel et erroné. Ils se sont rassurés avec les principales hypothèses et les vérités *du moment* pendant une courte période. Ils ont considéré (1) que le risque de change était inexistant et (2) que les bonnes notations des agences, assises sur les « fondamentaux actuels », se maintiendraient. Pendant quelques années, ils ont eu raison. S'ils avaient pu considérer la situation sur une période plus longue comme 50 ans plutôt que 10 ans, ils se seraient rendu compte qu'il était trop tôt pour juger du succès de l'expérience. Mais cette vision à long terme relevait d'un luxe théorique.

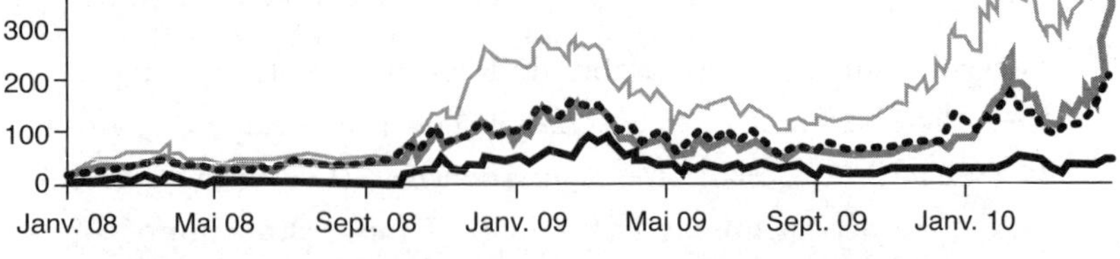

Figure 9.1 Les spreads des CDS à cinq ans des obligations de la Grèce, du Portugal, de l'Espagne et de l'Allemagne.

Source : Datastream.

L'IMPRÉVISIBLE DEVIENT POSSIBLE PUIS INÉVITABLE

Dans tous les extraits de rapports reproduits ci-dessus, notez la rapidité avec laquelle les possibilités « extrêmes » ou « hypothétiques » sont d'abord ignorées puis reconnues comme possibles, puis sur le point de se réaliser et finalement rapidement acceptées comme presque inévitables. Les amuseurs assimilent les histoires rapidement dans leurs discours collectifs dans l'espoir qu'on oublie bien vite qu'ils avaient prévu un monde très différent. C'est un phénomène commun à tous les êtres humains : on se trompe soi-même en croyant que le monde est bien plus bienveillant et compréhensible qu'il ne l'est. On oublie que l'histoire s'est produite en temps réel et ne s'écrit pas *a posteriori*. On oublie à quel point les événements nous ont surpris.

Concernant la crise de la zone euro, les rapports qui proclamaient avec une certitude assourdissante la solidité de l'euro, l'impossibilité d'un défaut de la Grèce ou d'une contagion sérieuse ont été rédigés début 2010, soit juste quelques semaines avant que le pays soit dans l'incapacité de se refinancer sur les marchés et qu'un défaut ait été évité par des promesses de prêts massifs de la part de l'UE. Dans le prochain chapitre, nous ferons la chronique de ces événements et de ces prévisions fausses (mais néanmoins convaincues).

Comme on vient de le voir, l'une des volte-face les plus violentes s'est produite en seulement 20 jours. Où sont les *mea culpa* et les enquêtes des amuseurs sur les raisons de leurs erreurs ?

Visiblement, le nouveau contexte s'est rapidement imposé comme la nouvelle normalité. Les amuseurs ont prospéré sur l'amnésie générale et leur contentement de soi, et sont allés de l'avant. La facilité avec laquelle les gens assimilent un nouveau cadre et le considèrent comme inévitable n'est qu'une illustration supplémentaire des faux discours et des courts-circuits psychologiques dont nous sommes capables et qui ont joué un rôle majeur dans ce drame.

Ce processus sous-tend notre inclination à sous-estimer la survenue d'événements à faible probabilité mais aux conséquences immenses. La probabilité de *chaque événement* est peut-être faible, mais la probabilité cumulée de *tous ces événements* est en réalité élevée. Et la mondialisation de la finance en amplifie les effets. De plus, comme un gestionnaire de fonds me l'a fait remarquer : «cette crise financière représente une opportunité d'achat qui n'arrive qu'une fois dans une vie mais qui s'est déjà produite deux fois dans ma carrière» (la précédente opportunité était la crise russe de 1998).

L'universitaire danois Bent Flyvbjerg nous rappelle que les concepts économiques sont socialement définis et intrinsèquement subjectifs : «Le genre de théorie économique qui peut prédire de façon fiable les changements des taux de change et des tendances sur les marchés des titres n'existe pas encore. De plus, les théories économiques dépendent de la façon dont les gens définissent les concepts d'argent, de propriété, de comportement économique, etc. en pratique. Cela peut changer à n'importe quel moment et ainsi saper la capacité des théories à prévoir. Nous n'avons pas et n'aurons probablement jamais une théorie qui peut prédire les changements de pratiques[35].»

Il s'agit d'un biais qui favorise la mesure et les données chiffrées au détriment des descriptions. Les données, peu importe leur sélection ou leur fiabilité, sont vues comme «dures» et les descriptions, peu importe leur caractère authentique et approfondi, sont vues comme «molles». Comme nous l'avons analysé au précédent chapitre, les critères de convergence de Maastricht étaient strictement numériques. On pourrait ajouter à la liste des entités socialement définies de Flyvbjerg celle de «déficit du secteur public en proportion du PIB» : en 2001, le déficit du secteur public grec n'était qu'un chiffre aux yeux de tous. Il s'est révélé être une question bien plus complexe.

Depuis le XVIIIe siècle, la «science» du risque a été dominée par les théories fondées sur l'étude des jeux de hasard. L'hypothèse implicite est que le monde économique réel dispose de paramètres que l'on peut connaître et de probabilités que l'on peut calculer. La détection de cette erreur n'est pas nouvelle. Frank Knight, un contemporain de John Maynard Keynes, a souligné la différence

35. Bent Flyvbjerg, *Making Social Science Matter*, Cambridge, Cambridge University Press, 2001.

entre risque et incertitude. En 1921, il écrit : «L'incertitude doit être prise dans un sens radicalement distinct de celui de la notion familière de risque dont il n'a jamais été proprement séparé (...) Il apparaîtra que l'incertitude *mesurable* ou «risque» (...) est très différente d'une incertitude *non mesurable* qui n'est pas un effet de l'incertitude du tout[36].»

Malheureusement, les recherches de Knight ont coïncidé avec le sommet de l'économie classique et du marxisme et la guerre de ces deux courants. Lorsqu'en 1989 le marxisme a perdu, on a eu l'impression que l'économie classique avait triomphé. Grave erreur. Ils avaient tous les deux tort. Pendant des années, la foi dans la sagesse des «marchés» a été réduite dans la culture politique occidentale à une question «droite/gauche». Cela explique d'ailleurs que le travail de Knight ait été sous-estimé. Il s'agit d'une incompréhension profonde. Les gens qui croient aux marchés doivent mieux les comprendre, ce qui signifie accepter de l'incertitude et des erreurs de calcul. Considérons la déclaration suivante :

> Ni les prix de marché ni la réalité sous-jacente ne sont pleinement déterminés. Les deux souffrent d'un élément d'incertitude qui ne peut pas être quantifié. J'en appelle à l'interaction entre les deux fonctions de réflexivité. Frank Knight a reconnu et a expliqué cet élément de l'incertitude non quantifiable dès 1921. Mais l'hypothèse des marchés efficients et de la théorie des attentes rationnelles l'ont délibérément ignoré. Et c'est ce qui a rendu ces concepts si trompeurs.

Ce commentaire n'émane pas d'un social-démocrate mais de l'ultracapitaliste Georges Soros[37].

Les fonds de gestion quantitative, fondés sur des «boîtes noires» ou suiveurs de tendances, élaborent des stratégies d'investissement et leurs modèles mathématiques en fonction des tendances passées qu'ils extrapolent. Ils cherchent des «signaux d'achat» ou des «niveaux de ruptures». Ces stratégies sont conçues par des statisticiens, opérées par des ordinateurs et n'ont pas pour

36. Cité dans Peter L. Bernstein, *Against the Gods: The Remarkable Story of Risk*, New York, John Wiley, 1996.

37. «Soros Speaks About Debt Crisis», Bloomberg, 14 juin 2010.

vocation l'analyse des fondamentaux. Des modèles mathématiques ou des tendances historiques ne peuvent malheureusement pas vous éclairer sur des comportements de marché passés éventuellement irrationnels ou défectueux.

Le FMI

Dans une publication extraordinairement contrite suite à la crise bancaire et à la récession, le FMI a admis qu'il avait été trop « impressionné » par les institutions des plus grandes économies et qu'il s'était laissé « conquérir intellectuellement ». Il a supposé à tort que la sophistication apparente des marchés financiers signifiait un risque plus faible. Le FMI a également reconnu qu'il avait eu tort de retirer les économies développées de son « exercice de vulnérabilité », mis en place au lendemain de la crise asiatique à la fin des années 1990, et ce, « malgré des discussions internes et les demandes des membres du Conseil et d'autres ».

Il a également identifié l'influence de biais cognitifs sur des décideurs et des experts du FMI. En particulier, il se réfère à *la pensée de groupe* et au *biais de confirmation* qui ont permis l'adhésion de tous au concept de « grande modération ». Il évoque également le questionnement insuffisant des hypothèses optimistes sur l'autorégulation des marchés, le risque induit par l'innovation financière et la capacité des banques à gérer le risque. Il explique, en détail, à la fois la façon dont ces biais ont pris le contrôle et les limites des croyances partagées collectivement. La foi dans l'efficacité de marché était une de ces croyances. Du point de vue des macroéconomistes du FMI, « la discipline de marché et l'autorégulation étaient suffisantes pour éviter les problèmes dans les institutions financières ». Il y a également eu une foi excessive dans les modèles quantitatifs. Le rapport reconnaît ainsi une « dépendance excessive de nombreux économistes aux modèles comme seul outil valide pour analyser des circonstances économiques pourtant trop complexes pour être modélisées ». Cet aveu, bien que minimisé, est en réalité un changement historique compte tenu de la prédominance de la modélisation mathématique au cours des dernières décennies. Toutes ces observations reflètent la *pensée de groupe* à l'œuvre parmi les individus et le *biais de confirmation* qui conduit à délaisser les indicateurs qui contesteraient ces croyances.

Le FMI regrette également s'être laissé « conquérir » par les institutions des pays les plus puissants (les principaux contributeurs au FMI). Il reconnaît dans le rapport un certain type d'attitude où « vous ne pouvez pas dire la vérité aux autorités » puisque « vous êtes financés par ces gouvernements ». On retrouve une dose d'orgueil (*hybris*) avec la tendance à ne pas reconnaître les limites de la connaissance des décideurs. Par exemple, cela s'observe dans la croyance que la « sophistication » des marchés financiers limiterait le risque alors qu'il est clair à présent que personne n'avait conscience de l'étendue exacte du risque de la titrisation des *subprimes*.

Ce rapport est bienvenu. Si le FMI forge désormais son approche sur cette attitude de doute et d'enquête, il remplira bien mieux son rôle de conseiller auprès des États sur la question des risques financiers systémiques[38].

Ce serait encourageant si les États et la Commission européenne gagnaient en modestie et en intelligence grâce à ce document. L'Union européenne, avec sa tendance à blâmer les spéculateurs et les Anglo-Saxons pour leurs erreurs politiques, a encore beaucoup de chemin à parcourir.

Les amuseurs amusent

La logique étroite que nous avons vue à l'œuvre chez les vendeurs dans ce chapitre illustre leur inclination néfaste à prendre la carte pour le territoire et à systématiquement sous-estimer la possibilité d'« inconnues inconnues ». On retrouve là aussi un *excès de confiance*, les prévisions fondées sur des extrapolations et des modèles mathématiques nourris de *ceteris paribus* vains. Les cas extrêmes arrivent plus souvent qu'on ne le croit. Vous pouvez vivre avec, aussi longtemps que vous accepterez et apprendrez à identifier les

---

38. « IMF Performance in the Run-Up to the Financial and Economic Crisis: IMF Surveillance in 2004-2007 », Bureau indépendant d'évaluation du Fonds monétaire international, 10 janvier 2011.

signes dangereux d'un biais cognitif dans un contexte nouveau et non familier.

Ma conviction est que l'économie de marché reste le meilleur mécanisme pour allouer le capital, pour faire des valorisations intelligentes et une évaluation réaliste du risque. Cependant, les biais comportementaux et les actions humaines créent parfois (ou souvent selon l'horizon de temps) des situations où les prix s'éloignent des fondamentaux sur de longues périodes. Il serait nécessaire d'approfondir notre compréhension de la nature non linéaire et imprévisible des marchés réels.

La communauté des investisseurs, qu'ils soient acheteurs ou vendeurs, a contribué à la crise de la zone euro et de la Grèce. Ceux qui, pour reprendre la métaphore de Chuck Prince, ont continué à danser tant que la musique jouait, ont pris part à la création d'une bulle qui a éclaté sur les marchés obligataires de la zone euro. Mais, début 2010, la musique s'est arrêtée.

10

Un sauvetage temporaire ?

> Les gendarmes et les hommes de Bow Street, de Londres (...) se mirent en tête toutes sortes d'idées fausses, en persistant, comme toujours, à vouloir arranger les circonstances d'après les probabilités, au lieu de chercher les probabilités dans les circonstances.
>
> Charles Dickens,
> *De grandes espérances*

Les dettes souveraines explosent après la crise bancaire et dans de nombreux pays de la zone euro, la «limite» définie par le traité de Maastricht est transgressée. Le Traité ne prévoit pas de mécanisme d'exclusion d'un membre de la zone euro pour déficit excessif. Il ne prévoit pas non plus de dispositif intermédiaire pour gérer le cas d'un État surendetté. En revanche, des mécanismes pour éviter un déficit excessif existent bel et bien mais ils n'ont pas été utilisés. Ainsi, quand le déficit public grec double soudainement et dépasse les 12 % fin 2009, la Commission européenne, le conseil Ecofin et la Banque centrale européenne n'ont aucun recours. Ils doivent s'adapter au fur et à mesure. Mais, avant même qu'un plan de sauvetage improvisé soit exécuté, il leur faut reconnaître la véritable nature du problème. Et cela n'est pas évident. C'est comme s'ils croyaient à leurs propres campagnes de communication qui martèlent que l'euro est une devise stable garantissant la « stabilité des prix » ; que l'euro protège les économies européennes de la crise bancaire ; que tout dénigrement de l'euro est le fait de spéculateurs malveillants et de xénophobes. Cet état de déni prolongé paralyse l'action : pendant que les fonctionnaires européens s'acharnent à restaurer la confiance, la crise sous-jacente s'aggrave.

UNE AIDE EST NÉCESSAIRE... PRÉPAREZ LES EUPHÉMISMES !

Dans cet effort de restauration de la confiance, les eurocrates changent de métaphore favorite. Début 2010, la monnaie unique cesse d'être un train ; elle devient un bouclier. C'est incroyablement proche de l'image du *blindaje* (armure) utilisée pour le peso argentin dans les années 1990. La crise mondiale – provoquée par ces sales Yankees avec leurs *subprimes* – permet à des spéculateurs maléfiques d'« attaquer » la fière monnaie unique, cette grande réalisation de la vision européenne qui garantit la paix, abolit la pauvreté, etc. Pendant que le fidèle bouclier de la monnaie unique protège les économies de la zone euro d'un destin horrible, l'euro a besoin de se renforcer contre de nouvelles attaques. Cette période désespérée en appelle à des mesures désespérées.

« L'euro est un bouclier protecteur contre la crise », déclare le président de la Commission européenne, José Manuel Barroso, le 5 février 2010. Par une métaphore voisine, l'ancien député européen Richard Corbett affirme en 2009 : « L'euro a été un roc de stabilité comme l'illustrent les destins contrastés de l'Islande et de l'Irlande. »

Ce n'est pas la première fois que cette image du roc est utilisée, moins dynamique que le « train » mais plus rassurante. Au moment des préparatifs au lancement de l'euro, Yves Thibault de Silguy, commissaire européen aux Affaires économiques et monétaires, déclare : « L'euro est comme une cuirasse qui deviendra de plus en plus résistante. La stabilité des monnaies dans la zone euro est évidente. »

Malheureusement, sans véritable convergence économique ni discipline budgétaire, avec une coordination limitée entre États et des niveaux élevés et croissants de dette publique, d'un point de vue financier, ce bouclier n'existe pas. Ainsi, en dix ans d'existence, l'euro n'a réussi que deux choses : davantage d'emprunt et des campagnes de communication affinées.

On ne cesse d'entendre que c'est un problème de « confiance » ou de « crédibilité » de l'euro, comme si les contradictions et les erreurs de ses concepteurs pouvaient être oubliées comme par magie et que la « confiance » pouvait se construire par une simple conférence de presse ou se décréter.

Pendant des mois, en fait des années, la situation budgétaire de la Grèce suscite de l'inquiétude. Tous le savent, mais peu en comprennent la signification. En particulier, au niveau européen, on minimise la crise grandissante et on s'en prend aux porteurs de mauvaises nouvelles. Ainsi, l'analyse de Simon Tilford, du *Centre for European Reform*, conduite en 2006 sur le niveau de risque élevé est brocardée malgré l'engagement pro-européen de son auteur. Un cas typique de pression exercée sur les opposants à la *pensée du groupe* ou aux *comportements moutonniers*. Les quelques soutiens reçus d'économistes de la Commission européenne ne sont rien comparés à la vague de critiques « dédaigneuses », raconte-t-il. Aussi, quand vous lirez « avec le recul » dans les études *post mortem* de l'euro, n'oubliez pas que les rédacteurs ont tous été prévenus de la situation.

On parle de façon trompeuse de « sauvetage » pour répondre à la crise grandissante de la dette publique et des *spreads* en hausse. Trois phases nettes se détachent :

- Phase I. Octobre 2009-25 mars 2010 : déni et campagnes de communication.
- Phase II. 25 mars 2010-9 mai 2010 : tentative de marche arrière ; déni, campagnes de communication et annonce d'une intention d'emprunter entre 25 et 45 milliards d'euros (mais aucun argent réel n'a été mis sur la table).
- Phase III. 9 mai 2010 et au-delà : revirement complet ; emprunt réel et prévu de presque 1 000 milliards d'euros au total ; entrée

dans la danse de la BCE comme prêteur en dernier ressort ; espoir de gagner suffisamment de temps pour faire respecter la convergence au travers d'un Pacte de stabilité et de croissance plus dur ; industrie de la convergence quand la périphérie apprend à concurrencer les pays du centre.

Le coût de la dette augmente – les avertissements s'accumulent

L'utilisation de mesures renforcées de liquidité pour masquer les problèmes de solvabilité dans la zone euro et la montée des tensions en Grèce et dans le système bancaire deviennent dangereuses. La liquidité semble être la clé de la reprise mondiale. Mais quelles en sont les conséquences ? Eh bien, les 442 milliards d'euros prêtés sur un an par la BCE à 1 % aux banques européennes en juin 2009 en sont un bon exemple. Puisque les banques ne se sont pas pressées de prêter et que les emprunteurs solvables ne se sont pas pressés d'emprunter, cet argent est surtout recyclé dans le rachat d'obligations et d'autres opérations sur titres (dans les faits, la BCE fait tourner la planche à billets). À ce moment-là, les banques affichent encore de bons résultats trimestriels qui dépassent les attentes malgré une augmentation inquiétante de prêts non directement productifs. Cependant, ces bons résultats tiennent surtout aux « opérations sur titres » et non aux traditionnels produits nets de placement ou honoraires. Ces opérations ne sont rien d'autre que les prêts de la BCE à 1 % pour acheter des obligations grecques, avec des marges de sécurité minimes. N'est-ce pas tout simplement un gigantesque schéma à la Ponzi ? Adressez-nous vos réponses sur cartes postales, s'il-vous-plaît.

Avant d'écrire la chronique du déni institutionnel qui s'est produit pendant la phase I, il est intéressant de lister les principaux avertissements sur les risques grandissants dans la zone euro :

- Desmond Lachman. Comme on l'a mentionné plus tôt, Lachman est l'un des premiers à avertir du défaut probable de l'Argentine alors qu'il travaille à Smith Barney. En janvier 2010, il écrit un article dans le *Financial Times* : « J'ai eu plus que mon content de régimes de change fixes supposés immuables et qui sont pourtant tombés à l'eau. J'ai également observé en combat rapproché les étapes, relativement bien définies et prévisibles, par lesquelles les pays passent quand leurs régimes de change commencent à s'effriter. Cette expérience me fait dire que, comme l'Argentine dix ans plus tôt, la Grèce s'approche des étapes finales de son régime de change. Il est très probable que dans deux ou trois ans l'adhésion de la Grèce à l'euro s'achèvera dans une détonation[1]. »

- Nouriel Roubini. Le professeur d'économie à l'université de New York a constamment alerté du danger que la situation de la Grèce posait et a fortement critiqué les « sauvetages ». En février 2010, il prévient : « La Grèce a longtemps été un accident sur le point de se produire, à cause d'une lourde dette publique et d'un manque de compétitivité. Mais ses problèmes ne sont pas uniques. Le destin de ses voisins de la zone euro, et peut-être de l'Union européenne elle-même, se joue sur la résolution de ces problèmes[2]. »
- Wilhelm Nölling. L'économiste allemand a toujours critiqué la façon dont la monnaie unique a été conçue. En mars 2010, il déclare devant ses collègues que : « La Grèce est menacée de banqueroute. Personne ne croit plus que l'adhésion à l'Union économique et monétaire de l'Europe offre une protection contre la dure réalité. Depuis qu'elle est entrée dans la zone euro en 2001, la Grèce a sacrifié sa compétitivité et a accumulé d'énormes déficits commerciaux. Théoriquement, pour compenser le retard économique accumulé en moins de dix ans, les Grecs auraient besoin de dévaluer de 40 %. Mais dans une union monétaire, c'est impossible... Il n'y a malheureusement qu'une seule façon de sortir de ce cercle vicieux. Les Grecs devront

1. D. Lachman, « Greece Looks Set to Go the Way of Argentina », *Financial Times*, 12 janvier 2010.
2. N. Roubini et A. Das, « Medicine for Europe's Sinking South », *Financial Times*, 2 février 2010.

quitter l'euro, recréer la drachme et revenir au mécanisme de taux de change européen, le MCE II, qu'elle a quitté en 2001[3].»

- Georges Soros. Le gestionnaire de *hedge funds* est devenu célèbre pour avoir réalisé une plus-value de 1,2 milliard d'euros en pariant sur l'effondrement du mécanisme de taux de change européen en 1992-1993. En avril 2010, il déclare lors d'une conférence organisée par *The Economist* que la Grèce fait face à «une spirale mortelle» à cause du coût de l'emprunt prévu dans le paquet de sauvetage du 11 avril. «C'est certes mieux que ce que le marché est actuellement capable d'offrir mais c'est encore assez élevé. C'est une question de solvabilité. Si vous commencez à charger des taux d'intérêt très élevés comme le marché le fait après analyse de cette solvabilité, alors cela vous conduit à l'insolvabilité[4].»
- Simon Tilford. L'économiste en chef du *Centre for European Reform* remarque que les tensions au sein de la zone euro ont augmenté pendant la décennie, pas diminué. À l'inverse de Nölling et de ses collègues, Tilford n'est pas eurosceptique. Pour autant, il n'a pas été épargné par les critiques pour avoir évoqué les difficultés de l'euro.

À ce moment-là se dessine une phase psychologiquement dangereuse, où l'engagement prétentieux et idéologique pour sauver la monnaie unique entre en contradiction avec la réalité économique et budgétaire. Tenir compte des avertissements signifierait admettre son erreur à une échelle qui est politiquement et psychologiquement difficile. Quand l'option que l'on préfère pour des raisons émotionnelles a la moindre chance de réussir, on en vient à exclure toutes les autres possibilités avec un raisonnement du type : «Vous n'avez pas donné suffisamment de chance au plan A. Si seulement vous aviez essayé plus longtemps/avec plus d'enthousiasme…» De nombreux chefs de gouvernement font

3. Wilhelm Hankel, Wilhelm Nölling, Karl Albrecht Schachtschneider et Joachim Starbatty, «A Euro Exit is the Only Way Out for Greece», *Financial Times*, 26 mars 2010.
4. Cité dans «Soros Says Greek "Death Spiral" Risk Remains After Aid Package», Bloomberg, 12 avril 2010.

probablement des déclarations en mars, avril et mai 2010, en sachant pertinemment que les initiatives préconisées sont condamnées d'avance.

Dans une telle situation, les gens font souvent preuve de « rationalité procédurale » et se cramponnent à la ligne de conduite sur laquelle tout le monde s'est mis d'accord bien qu'il ne s'agisse pas nécessairement de la solution optimale. Dans des groupes idéologiquement bornés, empreints de *mimétisme*, certaines options sont automatiquement taboues et le débat est arbitrairement limité.

Phase I : déni et campagnes de communication (octobre 2009-25 mars 2010)

Après avoir publié son déficit réel d'environ 13 % du PIB fin 2009, la Grèce a chaque mois un peu plus de difficulté à se refinancer. Début 2010, le pays affiche tous les symptômes d'une contraction du crédit. En janvier, la courbe des CDS (*Credit Default Swaps*), ou couvertures de défaillance, s'inverse avec des rendements sur la dette à court terme supérieurs à ceux des obligations à long terme. La prime des CDS à cinq ans est de +338 points de base comparée à une prime de +300 points de base sur des CDS à dix ans. En d'autres termes, le marché inclut dans son évaluation une plus forte probabilité de défaut à court terme qu'à long terme. À cette époque, le seul pays d'Europe de l'Ouest à présenter cette caractéristique est l'Islande.

Les oies du Capitole commencent à pousser leurs cris mais, cette fois, qui entend leur alarme ?

Au cours des mois précédant le déploiement de la crise à grande échelle, le gouvernement grec a déjà conscience des problèmes que posent ses dépenses publiques mais sous-estime les conséquences de l'annonce sur son déficit réévalué à 12,7 % du PIB. Le nouveau Premier ministre, Georges Papandreou, et le ministre des Finances, Georges Papaconstantinou, restent fidèles à l'esprit du péronisme hellénique. Leur objectif est de continuer à emprunter et à dépenser malgré le besoin de procéder à des coupes budgétaires. À l'automne 2009, ils lancent une ultime et humiliante tentative d'emprunter de l'argent à la Chine.

En novembre, une personne proche des négociations rapporte au Dow Jones Newswires : « Ils [les représentants du gouvernement grec] cherchent un accord où les banques achèteraient pour au moins 25 milliards d'euros d'obligations grecques l'année prochaine. Le processus n'en est encore clairement qu'à ses prémices. » Cette personne ajoute que les Grecs essaient d'obtenir de la Chine l'engagement de racheter certaines obligations sur le marché secondaire. Le site Internet financier grec Axiaplus.gr rapporte que, le même mois, le Premier ministre Georges Papandreou a suivi personnellement les discussions secrètes avec la Banque de Chine et deux autres prêteurs chinois anonymes. Les banques d'investissement Goldman Sachs et J.P. Morgan participaient également aux négociations[5].

Mi-janvier, la Grèce émet avec succès 8 milliards d'euros de dette obligataire à cinq ans à 6,1 %. Mais quelques jours plus tard seulement, des détails filtrent sur l'accord avorté avec la Chine. Cela déstabilise les investisseurs. Dans un article, le *Financial Times* évoque les 25 milliards d'euros d'accord. Les ministres grecs démentent maladroitement. Par la suite, Yu Yongding, ancien conseiller de la Banque centrale de Chine, déclare sur Bloomberg que la Chine n'achètera pas une « grosse partie » de la dette publique grecque pour sauver le pays car ces titres sont plus risqués que les bons du Trésor américain.

Et Yu ajoute : « Il n'est pas raisonnable pour un économiste de conseiller de se diversifier en se détournant d'une catégorie d'actifs sûrs vers une catégorie d'actifs bien plus risqués. Laissons les gouvernements européens et la BCE sauver la Grèce. »

Yu continue : « Même si le prix est attractif, les obligations souveraines grecques ne sont pas crédibles. Nous avons confiance dans les statistiques américaines sur la dette et les déficits. Les chiffres ne sont certes pas au beau fixe mais ils nous donnent une assez bonne idée de la réalité. Nous achetons donc en connais-

5. « Greece Seeks to Sell China Banks €25 Billion Bonds », Dow Jones Newswire, 27 novembre 2009.

sance de cause. En revanche, les statistiques de la Grèce ont été fortement critiquées par la Commission européenne[6]. »

On est ici confronté aux conséquences du laborieux travail sur la fiabilité des données statistiques, considéré comme une priorité par le conseil Ecofin quelques années plus tôt mais qui n'a jamais été suivi d'effets. Ce problème, relégué aux oubliettes par l'UE, réapparaît et n'est pas très différent des prêts « Ninja » (« *No income, no job or asset* », c'est-à-dire « Pas de revenus, pas de travail ni de patrimoine ») accordés aux ménages pauvres dont on n'avait pas vérifié la solvabilité pendant la frénésie d'hypothèques au début des années 2000.

Les *spreads* augmentent alors considérablement, ce qui aggrave le climat de crise. Ces commentaires sont d'autant plus dévastateurs qu'ils émanent d'acteurs qui ont des intérêts directs dans l'affaire et n'ont aucune intention d'« attaquer » l'euro (pour reprendre la métaphore militaire des porte-parole de l'UE). Yu n'est pas un politique eurosceptique, ni un économiste anglo-saxon avec un agenda idéologique. C'est simplement un investisseur qui s'inquiète de perdre de l'argent. Le gouvernement chinois n'avait absolument aucun intérêt à parler avec mépris de l'euro. Au contraire, il détient des titres en euros et a des intérêts commerciaux dans la zone : il a tout à gagner au succès de la monnaie unique.

Plus tard, la Grèce se tournera vers les États-Unis pendant la phase II du « sauvetage » pour tenter de sécuriser des fonds à l'extérieur de la zone euro.

Pendant que les marchés commencent à prendre la mesure de la dette publique grecque, les porte-parole de l'UE continuent à nier l'évidence. Et pourtant, un calcul de coin de table aurait permis de comprendre qu'une crise européenne était imminente. Les pages « économie » des journaux commencent à publier des analyses pessimistes fin 2009 et début 2010. Ces articles sont vite fustigés.

---

6. « China Shouldn't Rescue Greece by Buying Debt, Yu Says », Bloomberg, 28 janvier 2010.

Par exemple : «Le principe de “non-renflouage” est inscrit dans les traités de l’UE et doit impérativement être pris au sérieux (…). Une sortie de la zone euro est totalement irréaliste pour la Grèce et n’est pas “réalisable”», déclare Ewald Nowotny, membre du directoire de la BCE et président de la Banque centrale autrichienne en décembre 2009.

Début mars, le ministre allemand de l’Économie, Rainer Bruderle, annonce que : «Papandreou a dit qu’il ne voulait pas un centime. Le gouvernement allemand ne donnera pas un centime de toute façon.»

En mars 2010, la Grèce lève 5 milliards d’euros (7,4 milliards de dollars) par une émission obligataire syndiquée d’échéance sept ans. D’après Petros Christodoulou, responsable de l’Agence de gestion de la dette pu blique grecque, cette émission a attiré environ 7 milliards d’euros d’offres : «Compte tenu des particularités de cette offre qui ne cible que certains investisseurs spécifiques, nous considérons que le placement a été un grand succès.»

Le lendemain, l’Agence de gestion de la dette publique tente de lever 1 milliard d’euros en abondant un ancien emprunt obligataire à échéance 2022, avec un coupon à 6 %, soit environ +40 points de base de moins que l’obligation de référence à dix ans. Cet emprunt obligataire n’est finalement abondé qu’à 390 millions d’euros, soit moins de la moitié du plafond. Ce genre d’opérations qui cherchent à aplanir les anomalies de la courbe de rendements et les questions de financement est très certainement le dernier type d’arrangement que le marché obligataire accepterait.

«Les jeux sont faits», par le Comical Ali de l’Europe

«La Grèce, déclare Jean-Claude Trichet, président de la BCE en décembre 2009, n’est pas l’Argentine.» En effet. Mais son économie est plus proche de celle de l’Argentine que de celle de l’Allemagne ou de la Belgique, et la politique de la zone euro est fondée sur l’hypothèse implicite inverse.

Cette citation est un cas évident de *biais de confiance excessive*. Il faut un certain optimisme de la part des dirigeants politiques et économiques. Le discours d'un homme politique ou de n'importe quel autre dirigeant peut avoir un impact positif sur la confiance des consommateurs et des marchés. De la même façon qu'une union monétaire ne peut pas à elle seule créer une économie forte, une rhétorique positive ne peut pas relancer à elle seule l'économie. Elle peut seulement encourager tout développement positif. Les déclarations optimistes tonitruantes qui nient la réalité du terrain ne font qu'affaiblir la crédibilité des porte-parole et détourner l'attention des mesures nécessaires à mettre en œuvre. Au cours des dernières années, les dirigeants de l'Europe ont géré les conséquences délétères d'une débauche de dette souveraine par de la rhétorique et de l'emprunt supplémentaire. Ils risquent de devenir tout aussi crédibles que « Comical » Ali, le porte-parole de Saddam Hussein pendant la guerre de 2003, qui a proclamé avec fierté aux télévisions du monde entier la défaite des envahisseurs pendant que les tanks américains entraient dans Bagdad.

Quatre mois après sa déclaration, Jean-Claude Trichet est cité par le journal belge *Le Soir* : « Un défaut de la Grèce est inenvisageable selon les informations à ma disposition. » Cette phrase est rapportée un mois seulement avant la dégradation de la dette grecque au statut de «*junk bond*». Seul l'engagement des autres pays de la zone euro à acheter plus de dette grecque et à l'aider à se refinancer évitera le défaut du pays. Dans le même article, le journaliste Pierre-Henri Thomas reprend la précédente citation de Trichet mais souligne que, contrairement à l'Argentine, les enjeux sont bien plus importants dans le cas de la Grèce, voire pour toute l'Europe :

> La Grèce n'est pas l'Argentine. Elle fait partie de l'union monétaire, dans l'une des zones les plus riches du monde. Dans le climat actuel délétère, les pays font avec les moyens du bord et acceptent de prêter à des niveaux raisonnables (...). Dans le cas contraire, le marché qui spécule sur l'absence d'un esprit européen gagnera. Et pour l'Europe, tout sera perdu[7].

---

7. Pierre-Henri Thomas, « La Grèce, notre Argentine à nous », *Le Soir*, 9 avril 2010.

En pleine crise bancaire, Jean-Claude Trichet se permet d'affirmer que «la zone euro ne souffre pas de déséquilibres» ; une affirmation fausse, prétentieuse et excessivement confiante quand on voit les divergences énormes entre Europe du Nord et Europe du Sud. Même en mars 2010, il évoque encore les vertus «particulières» de la monnaie unique européenne, une assertion vague et arrogante. De tels commentaires n'aident pas à consolider la confiance.

Il n'est pas le seul coupable. Alors que les preuves d'une crise grave dans la zone euro s'accumulent, la machine à relations publiques continue à fonctionner. Voici une sélection de ces témoignages pour la postérité :

> Aujourd'hui, l'UME limite l'impact de la crise sur l'Europe et sur le reste du monde également.
>
> Joaquin Almunia,
> extrait de l'ouvrage *The Euro at Ten*,
> juin 2009

> La crédibilité de l'euro ne dépend pas d'économies isolées, surtout lorsqu'elles sont petites. Le risque d'une attaque de change orchestrée contre la Grèce, comme dans le cas de l'Argentine en 2001 et avant en Malaisie, en Thaïlande et au Royaume-Uni, est peu probable.
>
> N. Christodoulakis,
> 17 janvier 2010

> Bien que le sujet soit à la mode aux États-Unis et au Royaume-Uni, l'idée d'une explosion de la zone euro est infondée et reflète une compréhension superficielle du fonctionnement de l'Union monétaire et économique…
>
> Jean Pisani-Ferry et Adam Posen (éd.),
> extrait de l'introduction de l'ouvrage *The Euro at Ten*,
> juin 2009

Un renflouage n'est pas nécessaire et ne se produira pas…

Joaquin Almunia,
commissaire européen
aux Affaires économiques et monétaires,
29 janvier 2010

La probabilité d'une explosion de la zone euro est nulle. Les *spreads* obligataires exagèrent aujourd'hui les risques de crédit.

Joaquin Almunia,
commissaire européen
aux Affaires économiques et monétaires,
11 février 2009

Si une crise émerge dans un pays de la zone euro, il y aura toujours une solution (…) Avant d'aller voir le FMI, vous pouvez être sûr qu'il existe une solution et vous pouvez être sûr qu'il n'est pas pertinent d'en informer l'opinion publique (…) Mais cette solution existe. Il ne faut pas redouter ce moment ; nous sommes équipés intellectuellement, politiquement et économiquement pour faire face à ce scénario de crise mais, fondamentalement, ce genre de choses ne devrait pas être expliqué à l'opinion publique.

Joaquin Almunia,
commissaire européen
aux Affaires économiques et monétaires,
3 mars 2009

Aucun membre de l'UME ne quittera l'euro et aucun pays ne fera face à des difficultés de financement.

Jean-Claude Juncker,
ministre des Finances du Luxembourg,
31 mars 2009

Nous n'assisterons pas à la banqueroute de la Grèce.

Ewald Nowotny,
membre du directoire de la BCE
et président de la Banque centrale d'Autriche,
27 novembre 2009

La Commission européenne se tient prête à aider le gouvernement grec à conduire une consolidation globale et un programme de réformes dans le cadre des dispositions des traités applicables aux membres de la zone euro.

Joaquin Almunia,
commissaire européen
aux Affaires économiques et monétaires,
9 décembre 2009

Parce que nous avons la même monnaie, ce qui arrive dans l'un des États membres affecte tous les autres. Cela signifie que nous avons une responsabilité commune.

Angela Merkel,
chancelière allemande,
10 décembre 2009

La zone euro est une zone monétaire de solidarité complète.

Christine Lagarde,
ministre française des Finances,
11 décembre 2009

L'intervention du FMI n'est pas nécessaire en Grèce. Nous devons résoudre les problèmes par nous-mêmes.

Wolfgang Schäuble,
ministre allemand des Finances,
14 janvier 2010

La Commission européenne est capable de fournir une aide financière à la Grèce si cela s'avère nécessaire.

Dominique Strauss-Kahn,
directeur du FMI,
14 janvier 2010

Selon de nombreuses critiques, le gouvernement allemand est responsable de la réaction tardive à la crise grandissante fin 2009 et début 2010. La réticence de la chancelière Angela Merkel à intervenir s'explique par les clauses de « non-renflouement » du traité de Maastricht et la loi constitutionnelle allemande. Le 9 mai, elle doit se préparer à une élection régionale cruciale en Rhénanie-du-Nord/Westphalie et à une presse de plus en plus eurosceptique. Les critiques prétendent que le coût total du « renflouement » a augmenté à cause de cette réticence.

Un tel dysfonctionnement est cependant inévitable : une monnaie unique avec d'un côté ses concepteurs qui croient à la nécessité d'une union budgétaire et de l'autre des gouvernements qui en rejettent l'idée n'est pas soutenable. La convergence budgétaire et commerciale tant espérée ne s'est pas produite. Au lieu de cela, la périphérie et le centre étaient plus divergents à la fin de la décennie qu'au début. Les observateurs de l'instauration d'un régime de change fixe en Argentine auraient pu le prédire. De plus, les raisons de l'hésitation de la chancelière Angela Merkel sont classiques : un possible recours juridictionnel si une aide était octroyée à la Grèce (les tribunaux allemands ont statué que toute subvention était illégale) et un manque d'enthousiasme populaire pour sauver la monnaie unique à tout prix. La décision des concepteurs de l'euro à la fin des années 1990 d'ignorer les objections légales soulevées par les économistes allemands, la désapprobation de la plus grande partie de l'opinion allemande ainsi que la lettre d'avertissement formelle signée par 155 économistes allaient revenir la hanter. Si Merkel s'était décidée plus tôt, elle n'aurait peut-être pas été au pouvoir suffisamment longtemps pour achever cette négociation. Malgré cela, elle perd l'élection du 9 mai en Rhénanie-du-Nord/Westphalie, le jour même de la finalisation du principal accord européen. Les deux « sauvetages » sont approuvés à une très faible majorité par le Bundestag.

Cette critique sur les hésitations de Merkel illustre une nouvelle fois l'incapacité des bureaucrates européens à comprendre la démocratie et le besoin d'un soutien populaire. C'est un nouvel exemple d'*illusion de contrôle*. Cette situation les dédouane également de toute responsabilité sur la question d'une réaction tardive à la crise, même si leur orgueil (*hybris*) et leur refus obstiné de reconnaître leurs erreurs passées jouent un plus grand rôle que les relations de Merkel avec son électorat, les médias et la justice. De plus, les protestations des Allemands sur l'existence d'un éventuel aléa moral ne sont pas infondées. Un système où l'on sauve systématiquement n'importe quel pays qui n'a pas su gérer ses finances publiques saperait toute union monétaire, même si cet argument est affaibli par les propres violations de l'Allemagne du Pacte de stabilité et de croissance au cours de la décennie.

La plus grosse erreur a été le refus des institutions européennes de reconnaître les conséquences de l'euroscepticisme allemand à la fin des années 1990 et en 2010. Cet euroscepticisme s'est surtout développé dans la principale économie du continent. L'UE fait désormais face à une presse hostile en Allemagne et en Grande-Bretagne. Le journal *Bild* notamment est devenu clairement eurosceptique sur la question grecque ; le thème des provisions pour retraites est particulièrement explosif. Même des Allemands pro-européens se demandent pourquoi ils devraient travailler jusqu'à 67 ans si c'est pour subventionner les retraites des fonctionnaires grecs qui partent à la cinquantaine, voire pendant la quarantaine dans certaines circonstances et sans être militaires. La fin de l'indépendance de la BCE sur le modèle de la Bundesbank a été accueillie avec mépris par les médias allemands. Un facteur culturel joue également quelque chose de totalement oublié par les critères de convergence : dans la culture allemande, une loi est une loi et il faut la respecter. Dans certains pays méditerranéen, une loi n'est au mieux qu'une posture de négociation. Ainsi, pour les Allemands, réduire en lambeaux l'indépendance de la BCE pourtant formellement fondée sur les principes de la Bundesbank, eux-mêmes justifiés par l'objectif de ne plus jamais être exposé à un risque d'hyperinflation comme dans les années 1920, est la pire des trahisons. Pas une façon pragmatique de surmonter la crise.

En mars, la pression est telle qu'il devient nécessaire d'agir. Malheureusement, les autorités restent dépendantes des campagnes de communication et de l'emprunt, et la vision d'un euro « attaqué » par des forces externes sans scrupules prédomine toujours. Le 18 mars, le Premier ministre Georges Papandreou déclare : « Je ne suis pas en train de chercher des fonds mais je veux voir une solution sur la table (…) un prêt qui serait suffisant pour faire reculer les *spreads* et les spéculateurs. »

On ne voit pas bien comment augmenter la dette et les charges d'intérêts peut soulager la pression. À l'époque tous croient qu'un emprunt supplémentaire et de meilleures relations publiques constituent le « bouclier » approprié.

Mi-mars, le *Financial Times* rapporte que des représentants grecs tiennent des discussions informelles avec le FMI sur une facilité d'ajustement structurel qui « s'élèverait probablement à 8-10 milliards d'euros sur trois ans, avec des versements effectués selon les progrès des réformes structurelles »[8]. Vous remarquerez la confiance excessive et l'ampleur de l'erreur d'évaluation.

Blâmer les spéculateurs

Dans n'importe quelle crise, on observe des effets de rhétorique optimiste. Les discours procycliques tenus en période de récession tout comme en période de bulle sont dangereux. Les pires prophéties peuvent devenir autoréalisatrices. Le problème des dirigeants européens n'est pas qu'ils pèchent par optimisme ou pessimisme mais qu'ils choisissent les mauvais combats, identifient les mauvais coupables et ne retiennent aucune leçon.

Comme les banques centrales, les hommes politiques confondent les symptômes avec la maladie. Cela se voit clairement dans leur colère contre les spéculateurs et dans les métaphores militaires inexactes qui accompagnent leurs tentatives de sauver l'euro.

Blâmer des spéculateurs pour la chute des prix des obligations, c'est comme reprocher aux huissiers d'effectuer des saisies. La meilleure solution est encore de payer vos dettes et de vivre selon vos moyens. Lorsque l'Allemagne interdit les ventes à découvert de CDS en mai 2010, cela a du sens : les *traders* n'ont pas d'intérêts directs dans cette pratique et ce mécanisme n'est pas essentiel au fonctionnement des marchés. Cette interdiction ne résout pas les problèmes de l'euro qui résultent d'un cadre incomplet et

8. « Papandreou Prefers European Solution », *Financial Times*, 18 mars 2010.

d'emprunts excessifs (voir chapitres 2 et 6). Il s'agit seulement d'un geste, comme si vous exigiez des huissiers qu'ils portent des costumes et restent polis pendant qu'ils vous confisquent votre maison.

PHASE II : DÉNI, RELATIONS PUBLIQUES ET PROMESSE DE PLUS D'EMPRUNTS (25 MARS 2010-9 MAI 2010)

Pendant la première semaine d'avril, le climat change brutalement. Le *spread* entre obligations grecques et allemandes passe brusquement à +456 points de base. Le CDS de la Grèce à un an dépasse les +650 points de base, prenant +175 points de base en seulement quelques jours.

Un mois plus tard seulement, le 27 avril 2010, le financement sur les marchés pour la Grèce devient, de fait, impossible après la dégradation de sa note. Standard & Poor's rétrograde la note souveraine de la Grèce en catégorie spéculative (à BB+/B). Avec 9 milliards d'euros de remboursements à verser dans seulement trois semaines (le 19 mai), des décisions urgentes doivent être prises par le gouvernement grec et l'Union européenne.

Le lendemain de cette dégradation, l'économiste Nouriel Roubini renouvelle son avertissement : «C'est vraiment un pari risqué que de continuer sur le chemin de la moindre résistance, le "plan A" des banques de financement officielles fondé sur un mélange de coupes budgétaires importantes, de réformes structurelles inadéquates et d'espoir que les marchés resteront ouverts et que la croissance fera le gros du boulot. Cela a toutes les chances d'échouer[9].»

Il encourage les dirigeants de l'UE à tirer les leçons des récentes restructurations de dettes souveraines sur les marchés émergents (au Pakistan et en Ukraine en 1999, en Uruguay en 2002 et en République dominicaine en 2005) et souligne que «beaucoup de temps a été gaspillé en déni». Bien sûr, les dirigeants de l'Union européenne ont toutes les peines à admettre que l'un de leurs

9. Nouriel Roubini, «Crisis will Spread without a Plan B», *Financial Times*, 29 avril 2010.

membres a tout d'un marché émergent. Les décideurs sont incapables d'envisager certaines mesures s'ils pensent qu'elles ne s'appliquent pas à leur cas.

Malgré cela – et en dépit du précédent de l'Argentine –, les dirigeants européens s'en tiennent à leur plan A. Le 10 mai, l'Union européenne se dote d'un fonds de stabilisation colossal s'élevant à 750 milliards d'euros. Cet accord outrepasse la règle de «non-renflouement» et met fin à l'indépendance de la BCE. L'article 125 du traité de Lisbonne stipule que l'Union, ou n'importe lequel de ses membres, «ne répond pas des engagements des administrations centrales, des autorités régionales ou locales, des autres autorités publiques (…) d'un État membre». L'article 123 interdit expressément à la BCE d'accorder des découverts ou tout autre type de crédit à un État membre. Le seul semblant de protection juridique est l'article 122, qui permet une assistance financière en cas «de catastrophes naturelles ou d'événements exceptionnels échappant à son contrôle [de l'État membre]».

Début 2010, l'élargissement des *spreads* indique clairement la fin du stratagème. La situation devient urgente : les dates limites de refinancement d'avril et de mai approchent. Malgré leur déni profond, les institutions de l'UE reconnaissent qu'il devient nécessaire d'agir. Cependant, le processus de décision de l'UE, où les propositions de la Commission européenne sont approuvées par le Conseil des ministres, est lent. Dans cette négociation particulière, les différences entre l'Allemagne et d'autres États membres sont irréconciliables. Un des principaux points de désaccord porte sur l'intervention du FMI à laquelle la Grèce peut être éligible, en tant qu'État surendetté. Du point de vue allemand, cela a l'avantage de limiter l'exposition directe des contribuables allemands. Cependant pour les fonctionnaires de la Commission européenne et d'autres gouvernements, cette proposition est une abomination. Elle met en doute le fait que l'euro est une devise mature, indépendante et capable de gérer ses propres affaires. Accepter l'aide du FMI serait l'aveu d'échec d'un projet qui n'est pas seulement technique mais également historique.

Une semaine après la requête de Papandreou de se voir proposer un prêt «qui ferait reculer les spéculateurs» et six mois après la révision par la Grèce de son déficit, le Conseil des ministres de l'UE fait finalement une déclaration. Le résultat d'un compromis. L'Allemagne accepte alors l'idée de contribuer à un accord de prêt, mais elle y gagne un droit de veto et l'intervention du FMI. D'un côté, l'Allemagne impose d'exclure l'idée de taux d'intérêt concessionnel ou subventionné ; de l'autre, la BCE décide de suspendre l'application, dans le cas des titres de créance négociables émis ou garantis par l'État grec, du seuil minimum de notation du crédit requis pour l'éligibilité des actifs admis en garantie des opérations de crédit de l'Eurosystème. Il s'agit d'une concession à la Grèce que l'on prévoit de réviser progressivement d'ici à 2011.

La déclaration insiste sur le fait qu'aucune aide financière n'est requise ou donnée. C'est techniquement juste mais hors sujet. Pour tous, le véritable test vient avec le refinancement par la Grèce de deux énormes tranches arrivant à échéance, environ 5 milliards d'euros en avril et encore 10 à 15 milliards d'euros en mai.

Voici le paragraphe le plus important de la déclaration :

> Ce mécanisme, complétant un financement du Fonds monétaire international, doit être considéré comme un dernier recours, ce qui signifie en particulier que le financement de marché est insuffisant. Les déboursements des prêts bilatéraux seraient décidés par les États membres de la zone euro à l'unanimité et soumis à de fortes conditionnalités, sur la base d'une évaluation menée par la Commission européenne et la Banque centrale européenne. Nous nous attendons à ce que les États membres de la zone euro participent au prorata de leur part au capital de la BCE.

Cette déclaration du 25 mars 2010, dont l'optimisme a de toute évidence pour objectif de renforcer la confiance et de combler un vide, rappelle que ce mécanisme est une mesure temporaire : «L'objectif de ce mécanisme ne sera pas de fournir un financement au taux moyen des emprunts des pays de la zone euro mais comportera des incitations pour retourner vers des financements de marché le plus vite possible par une tarification adéquate du risque. Les taux d'intérêt seront non concessionnels, c'est-à-dire qu'ils ne contiendront aucun élément de subvention. Les décisions prises dans ce cadre sont pleinement compatibles avec le Traité et les législations nationales. »

En lisant entre les lignes, on perçoit facilement toute l'instabilité de cette « solution ». Cette mesure, conçue pour réduire l'impact de la dette souveraine et le risque de contagion, ajoute elle-même à la dette. Le passage faisant référence à une participation au prorata des parts au capital de la BCE des pays signifie par exemple que l'Espagne, devenue elle-même vulnérable à la contagion, doit débourser environ 2 milliards d'euros. Ce point vaudra au président José Luis Zapatero quelques questions difficiles.

Le lendemain de cette déclaration de l'UE, il répond : « L'Espagne offrira son soutien proportionnellement à son poids, en fonction de son PIB et de sa population. » Des sources auprès du gouvernement espagnol indiquent « que cette somme s'élèverait à environ 2 milliards d'euros avec une participation en pourcentage (du paquet de sauvetage total) qui pourrait atteindre les 12,2 %, même si la déclaration mentionnait un quota en ligne avec la part au capital de la BCE, ce qui pour l'Espagne représente un peu plus de 8 % ». Répondant aux critiques (dont le chef de l'opposition Mariano Rajoy) qui doutaient que l'Espagne puisse porter cette charge compte tenu de son propre déficit à 11,4 % du PIB, Zapatero déclare : « Il ne s'agit pas de donner de l'argent à la Grèce mais de lui en prêter. Elle remboursera ces prêts avec intérêts. La dette publique totale de l'Espagne, à environ 66 % du PIB en 2010, est d'environ 20 points inférieure à la moyenne européenne », ajoute-t-il[10].

Le président de l'UE, Herman Van Rompuy, comme d'habitude fait une déclaration vague et rhétorique, empreinte d'un *biais d'optimisme* et d'une *illusion de contrôle* : « Nous espérons que cela convaincra tous les détenteurs d'obligations grecques que la zone euro ne laissera jamais la Grèce faire défaut. S'il y avait encore un quelconque danger, les autres membres de la zone euro interviendraient. »

10. « Zapatero alega que España está en condiciones de prestar dinero a Atenas », *El Pais*, 26 mars 2010.

Pourtant, au moment de cette déclaration, la Grèce a déjà fait défaut. Même avec une interprétation favorable des données disponibles, l'État est insolvable. L'intervention de plus en plus automatique de la zone euro est alors de plus en plus contestée par les citoyens et certains hommes politiques allemands, des économistes et des banques centrales. Cette déclaration est un compromis évident. En contradiction avec les commentaires de Van Rompuy, Jean-Claude Trichet, président de la BCE, déclare qu'un rôle formel du FMI serait « très mauvais ». Sur un plateau de télévision française, il affirme : « Nous espérons que les membres de la zone euro prendront toutes leurs responsabilités conformément au Traité, dans l'esprit et dans la lettre. »

En cohérence avec le besoin d'union budgétaire mais presque calculée pour faire enrager les eurosceptiques, la déclaration formelle de l'UE souligne : « Nous considérons que le Conseil européen doit renforcer le gouvernement économique de l'Union européenne et nous proposons de renforcer son rôle dans la coordination macroéconomique et la définition d'une stratégie de croissance. » Des années après que l'Allemagne, la France, l'Italie et d'autres ont rompu les obligations du Pacte de stabilité et de croissance en toute impunité, on introduit un respect plus strict de ses dispositions, avec des mesures d'austérité pour les États les plus endettés. Mais le cheval s'est enfui bien avant que la porte de l'étable ne soit verrouillée.

Cette déclaration, bien qu'officiellement faite par tous les membres de la zone euro, est le fruit d'une rencontre entre la chancelière allemande Angela Merkel et le président Nicolas Sarkozy, juste avant le sommet de l'UE le 25 mars. Elle ne précise pas les conditions de l'intervention du FMI. Elle souligne qu'aucune aide financière n'est requise ou donnée mais ne spécifie pas les conditions détaillées du déclenchement éventuel de cette aide.

Après toutes les contradictions et les volte-face de l'UE au cours du premier semestre 2010, ses porte-parole ne sont plus crédibles. Cette performance collective fait penser à un club de football qui tomberait en relégation mais nierait le transfert de ses joueurs ou l'exclusion de son manager. Cela ne donne pas vraiment l'impression d'une institution politique mature, prête pour la prochaine phase de développement économique.

L'espoir que la déclaration du 25 mars ravive la confiance des marchés reflète la méconnaissance de leur fonctionnement. Par exemple, certains *traders* étaient déjà interdits d'acheter des obligations grecques par leur hiérarchie, d'autres avaient déjà enregistré des pertes et, dans tous les cas, tous avaient déjà conscience de la solvabilité réelle de la Grèce. L'appel à de la solidarité et aux contributions de Trichet ne trouve pas d'écho auprès de la population et du gouvernement allemands, réticents à s'engager dans ce qui ressemble de plus en plus à un « renflouement ». L'intervention même du FMI dans l'un des pays de la zone euro signifie que l'euro n'est pas une devise à part entière. Wolfgang Munchau, un journaliste du *Financial Times,* pourtant pro-euro, écrit avec mépris : « Cette politique n'est que de la poudre aux yeux. Elle ne peut pas tromper tout le monde tout le temps. Cela finira mal. »

Le 29 mars, le lundi suivant la déclaration, les offres d'achat pour les obligations grecques n'atteignent que 6 milliards d'euros pour 5 milliards à refinancer, et ce, malgré un *spread* de +310 points de base.

Après le 25 mars, les *spreads* se resserrent brièvement pour recommencer ensuite à s'élargir. Début avril, la Grèce vend à plus de +400 points de base au-dessus de l'Allemagne, soit des niveaux plus élevés que ceux observés avant la déclaration européenne. Cela rappelle les derniers jours du mécanisme de taux de change européen lorsque les hausses des taux d'intérêt, qui pourtant visaient à consolider la valeur de la devise, semblaient tellement désespérées qu'elles avaient l'effet exactement inverse. La spirale baissière est à présent enclenchée, avec des rendements en hausse qui, au lieu d'attirer des investisseurs, affaiblissent juste la confiance générale et poussent à revendre les obligations.

Après avoir démarché les Chinois, les ministres grecs se lancent dans une « tournée » aux États-Unis début avril. Mais ils ne peuvent pas à la fois se présenter comme un pays émergent et revendiquer appartenir à une zone de « monnaie forte ». L'idée est reçue froidement. « Compte tenu des *spreads* actuels, quelque chose doit se produire entre maintenant et cette tournée», déclare au *Financial Times* Scott Mather, responsable de la gestion du portefeuille monde chez Pimco. «Plus les rendements sont élevés, moins la situation est soutenable. Il ne s'agit pas d'attirer des investisseurs de long terme avec des rendements plus élevés. C'est précisément l'inverse que nous voulons voir[11].»

On avait entrepris quelque chose mais cela n'avait pas fonctionné. Il fallait trouver une autre idée. Le dimanche 11 avril, l'UE fait une autre déclaration. Après une téléconférence extraordinaire, les représentants du conseil Ecofin, la Commission européenne, le FMI et la BCE tombent d'accord sur une enveloppe de soutien à la Grèce de 30 milliards d'euros sous forme de prêts bilatéraux. Cette aide est complétée par des prêts du FMI pour un montant de 15 milliards d'euros. Ce dispositif financier se ferait à un taux «non concessionnel», entre 5 et 5,5 %, soit potentiellement moins que les taux de marché. L'Allemagne et la France assurent à elles deux environ la moitié du financement.

Même à ce stade, le gouvernement grec confirme qu'il cherche à privilégier un financement de marché et que cette garantie de prêt est une mesure de réserve, destinée à renforcer la confiance des marchés. Cet optimisme ne reflète pas la gravité de la situation. Loin d'accroître la confiance, ce retard supplémentaire l'érode davantage. Ce retard est inévitable institutionnellement du fait de la complexité du processus de prise de décisions de l'UE. Aux États-Unis, le président, le secrétaire au Trésor et le président de la Réserve fédérale sont habilités à prendre une décision économique majeure, rapidement si nécessaire. Dans l'Union européenne, la mesure doit être approuvée par chaque gouvernement et, dans certains cas, également par le Parlement. La lenteur des décisions et les tractations juridiques autour de la légalité d'un «renflouement» à l'époque d'Internet et de la finance mondialisée constituent une faiblesse chronique.

«La maison est en train de brûler et la zone euro est assise à débattre de la constitutionnalité d'appeler les pompiers ou de

11. «US Investors Cool on Greek Debt Sale Plans», *Financial Times*, 8 avril 2010.

remplir un seau d'eau», commente avec acidité Alan Beattie en avril dans le *Financial Times*.

À cela s'ajoute le besoin de plus en plus douloureux et urgent d'informer les électeurs, malgré des messages contradictoires : il faut à la fois essayer de convaincre les marchés qu'il s'agit bien d'un sauvetage et les contribuables allemands que cela n'en est pas un. Comme après la déclaration du 25 mars, les *spreads* se resserrent pendant une courte période pour s'élargir ensuite.

D'après le journal allemand *Handelsblatt,* le soutien financier total pour la Grèce pourrait atteindre 90 milliards d'euros. Il cite un membre du gouvernement allemand pour qui les 30 milliards d'euros (pour la première année) ne sont « qu'une première étape » et le soutien financier à la Grèce pourrait « être au moins deux fois plus élevé ». Sans surprise, les professeurs d'économie J. Starbatty et W. Hankel, rapporte le *Rheinische Post*, engagent des actions en justice auprès de la Cour constitutionnelle allemande avec l'intention de bloquer tout prêt de l'Union européenne à la Grèce. D'après eux, ces prêts violent le traité de Maastricht sur l'union monétaire et constituent par conséquent une subvention illégale. D'après ce rapport, M. Starbatty aurait évoqué la possibilité que la Grèce quitte volontairement la zone euro.

Vers la fin du mois, le journal *Bild* commente : « Nous n'avons prétendument pas d'argent pour des réductions d'impôts, pas d'argent pour une amélioration des écoles, pas d'argent pour maintenir les parcs, pas d'argent pour entretenir nos rues (...) mais soudain nos hommes politiques trouvent des milliards pour les Grecs qui ont pourtant dupé toute l'Europe. »

Alors que, pour les fonctionnaires de l'UE, toute restructuration de la dette grecque est inimaginable, pour les économistes des principales banques cette option devient inévitable. En particulier, l'obligation pour la Grèce de rembourser près de 50 % de sa dette sur les cinq prochaines années soulève des inquiétudes.

Le Premier ministre Georges Papandreou, dans un discours prononcé le vendredi 23 avril de l'île Kastelorizo en mer Égée, annonce avoir demandé à son ministre des Finances d'« enclencher toutes les étapes nécessaires » à l'utilisation des 30 milliards d'euros mis à disposition par l'Europe suite à la déclaration du 11 avril. On est un mois à peine après que le Conseil des ministres a martelé qu'aucune aide financière n'a été requise ou donnée et dix jours à peine après que le gouvernement grec a annoncé vouloir privilégier un financement de marché. Enfin, d'après Eurostat, le déficit du secteur public grec ne s'élève plus à 12,7 % du PIB mais à 13,6 %.

Le 7 mai, le Bundestag approuve le plan d'aide à la Grèce sur trois ans et le déblocage de 30 milliards d'euros de la part de l'Allemagne, conformément à l'accord du 11 avril. Dans l'heure, une plainte est déposée contre l'aide à la Grèce au motif qu'elle est inconstitutionnelle. De toute façon, il est déjà évident que ce plan ne suffira pas. La phase II a échoué.

Début mai, quelques jours après la dégradation au statut de «*junk bond*» de la dette grecque, les événements prennent une triste tournure. Les problèmes de la Grèce deviennent alors les problèmes de l'Europe tout entière. Voici un résumé des événements.

Une semaine infernale, 2-9 mai 2010

Mardi 4 mai : début d'une grève de 48 heures des fonctionnaires grecs. Vastes manifestations suite à la dégradation de la notation de la dette grecque au statut de «junk bond».

Mercredi 5 mai : la grève se poursuit ; les manifestations tournent à la violence et culminent dans l'incendie d'une succursale de la banque Marfin dans le centre de la Grèce. Trois employés décèdent. Papandreou condamne ces meurtres. La chancelière Angela Merkel demande au Parlement allemand de soutenir d'urgence le plan d'aide à la Grèce au motif que «l'avenir de l'Europe est en jeu».

Jeudi 6 mai : les banques restent fermées toute la journée en signe de deuil. Le Parlement grec approuve les mesures d'austérité en cohérence avec les conditions d'un plan de sauvetage de 140 milliards d'euros. Le parti Nouvelle Démocratie s'y oppose. Vaste manifestation à l'extérieur du Parlement mais largement pacifique. Le New York Stock Exchange enregistre la plus forte chute, en pourcentage, de son indice en une séance depuis octobre 1987. Bill Gross, responsable obligations à Pimco, condamne les agences de notation pour « leur croyance aveugle » dans la solvabilité des États.

Vendredi 7 mai : les rues d'Athènes reviennent au calme ; les clients et les visiteurs étrangers remplacent les protestataires dans les squares du centre-ville. Le Parlement allemand approuve les prêts. Le Bundestag, la Chambre basse, approuve, à 390 contre 72 et avec 139 abstentions, le plan de sauvetage. En Espagne, le *spread* de la dette publique fait à nouveau la une des journaux : la dette court terme espagnole affiche un rendement six fois plus élevé que celui de l'Allemagne. *El Pais* parle de « semaine infernale ».

Dimanche 9 mai : les ministres des Finances de l'Union européenne, avec le soutien du FMI, planifient un nouveau renflouement, colossal, qualifié par la presse de plan « Big Bang » ou « choc et stupeur », pour résoudre le problème de la dette européenne : 720 milliards d'euros sous forme de prêts et garanties et l'engagement d'acheter des obligations souveraines européennes. Angela Merkel perd les élections régionales en Rhénanie-du-Nord/Westphalie et donc la majorité au Bundesrat, la Chambre haute.

Discussions… sur la fin de l'euro

Une semaine après cette « semaine infernale », les discussions vont bon train sur une possible disparition de l'euro. Après un léger rebond le 10 mai, l'euro se déprécie à mesure que les marchés intègrent les dernières informations sur cette nouvelle dette. Le président espagnol José Luis Zapatero annonce des réductions drastiques en Espagne sur les salaires des fonctionnaires et les aides sociales. Il sécurise fin mai le vote de mesures d'austérité, mais à une voix près. En juin, il dévoile sa réforme du marché du travail.

Cependant, un article publié par le journal madrilène *El Pais* porte préjudice à l'euro et surprend toutes les capitales d'Europe : il y rapporte comment le président Sarkozy a menacé de sortir de l'euro en plein sommet une semaine plus tôt et comment cette menace a poussé la chancelière allemande Angela Merkel à signer le plan de sauvetage. L'article cite anonymement certains dirigeants régionaux du parti socialiste de Zapatero, le PSOE, informés par le président lui-même au lendemain du sommet européen.

Naturellement, les gouvernements français et allemands démentent immédiatement avec force ces propos. Le lendemain, le samedi 15 mai, *El Pais* publie comme prévu ces démentis mais curieusement ne fait aucun erratum. Voici des extraits de l'article d'origine, publié le vendredi 14 mai 2010 :

> Cette semaine, José Luis Zapatero a participé à de nombreuses réunions internes et publiques pour convaincre de la gravité des problèmes auxquels l'Europe fait face actuellement. Parmi ces réunions figure une rencontre avec les dirigeants régionaux du PSOE à Ferraz. Pendant plus de deux heures, ils débattent et, pour défendre son point de vue, il [Zapatero] cite certaines phrases dites par le président français Nicolas Sarkozy au cours du sommet clé la semaine dernière à Bruxelles. Il mentionne alors que Sarkozy a menacé de quitter l'euro.
>
> Le président a passé un mauvais week-end entre Bruxelles et Madrid (…). Les tensions entre dirigeants européens étaient telles qu'à un moment donné deux camps se sont clairement opposés : d'un côté, la France, l'Espagne et l'Italie et, de l'autre, l'Allemagne. Zapatero rapporte que Sarkozy a appelé à «un engagement de tous, pour aider la Grèce, chacun à sa mesure, ou sinon la France reconsidérerait sa place dans l'euro».
>
> Un autre des dirigeants régionaux présent raconte que Zapatero a ajouté : «Sarkozy a tapé du point sur la table et a menacé de se retirer de l'euro ce qui a obligé Angela Merkel a accepté un accord.»
>
> Cette même source révèle également que Sarkozy a proposé que la France, l'Espagne et l'Italie forment un bloc commun contre l'Allemagne, brisant ainsi l'axe traditionnel France/Allemagne, qui a si longtemps dirigé l'Europe[12].

---

12. «José Luis Zapatero: Sarkozy amenazó con salirse del euro», *El Pais*, 14 mai 2010.

Paris et Berlin publient des démentis début mai. Plus tard, le *Wall Street Journal* révèle que selon le ministre français des Finances, Christine Lagarde, «la zone euro était sur le point de rupture». Ce même article, paru en septembre 2010, dévoile l'existence d'un groupe de travail ultrasecret, créé en 2008 pour discuter de plans de secours au cas où les gouvernements de la zone euro auraient besoin d'un sauvetage. Ce groupe se réunissait en secret pendant qu'officiellement on chantait les louanges de la «réussite» de l'euro. L'enquête du *Wall Street Journal*, «basée sur une douzaine d'interviews avec des représentants de toute l'UE», découvre que :

> Ce groupe de travail secret, coordonné par le président de la Commission, se rencontrait subrepticement depuis novembre 2008 pour élaborer un plan si une crise grave comme celle de la Hongrie venait à frapper un pays de la zone euro. L'adhésion était limitée à de hauts décideurs, généralement juste en dessous du niveau ministériel, de la France, de l'Allemagne, de la Commission européenne, des banques centrales et du bureau de Jean-Claude Juncker, le Premier ministre du Luxembourg qui préside l'assemblée des ministres des Finances de la zone euro.
>
> Le groupe de travail s'est rencontré en marge de nombreux conseils de l'UE et de sommets à Bruxelles, au Luxembourg et d'autres capitales, se réunissant souvent à 6 heures du matin ou tard dans la nuit autour d'un sandwich. Les participants ont gardé leurs collègues, de leurs propres gouvernements, dans l'ignorance, de peur de fuites qui auraient déclenché des spéculations rampantes sur les marchés financiers[13].

Le rapport confirme également la forte opposition du président Sarkozy à une intervention du FMI. La chancelière Merkel, en revanche, aurait insisté sur ce point en raison de l'expérience du FMI en la matière mais aussi des effets dissuasifs que ses mesures d'austérité auraient sur d'autres pays surendettés.

---

13. «On the Secret Committee to Save the Euro, a Dangerous Divide», *Wall Street Journal*, 26 septembre 2010.

Je ne doute pas de l'existence de ce groupe de travail, mais les réactions paniquées des décideurs de l'UE début 2010 suggèrent qu'il n'a pas bien rempli sa mission ou qu'il n'a pas du tout été écouté.

Le soir du jeudi 14 mai, l'ancien président de la Réserve fédérale américaine, Paul Volcker, se demande si l'euro est condamné. Dans un discours à Londres, il affirme : « Vous avez un gros problème de désintégration potentielle de l'euro. L'indispensable discipline en termes de politique économique et budgétaire n'a pas été appliquée dans certains pays. »

Phase III : emprunt réel et potentiel de 750 milliards d'euros

Quand des indicateurs financiers se retournent, ils se retournent très rapidement. Prenez n'importe quelle statistique : les rendements à deux ans prennent +150 points de base en un jour le 6 avril 2010 et +50 points de base le lendemain ; le service d'analyse « Lex », du *Financial Times*, parle encore de contagion financière « limitée » (7 avril) un mois à peine avant que les rendements obligataires espagnols deviennent six fois plus élevés que ceux de l'Allemagne. Le graphique des *spreads* à dix ans des obligations de la Grèce par rapport à celles de l'Allemagne entre novembre 2009 et avril 2010 ressemble à des montagnes russes avec des pics de plus en plus hauts.

Dans un monde de finance mondiale, de leviers et d'information imparfaite, de tels renversements de tendance sont fréquents. Début mai 2010, le « sauvetage » qui n'en est pas officiellement un (seulement une promesse de prêt supplémentaire) est déjà caduc.

Les chefs des gouvernements de l'UE se mettent à blâmer de plus en plus les « spéculateurs » pour la dépréciation de l'euro et pour avoir pris des positions courtes. Ils ne peuvent cependant pas ignorer la réalité nue du marché, à savoir qu'avec des rendements obligataires aussi élevés et une date de remboursement au 19 mai d'un montant de 8,5 milliards d'euros de dette arrivant à maturité, un refinancement par les marchés devient impossible.

Et, en effet, Georges Papandreou en avait déjà appelé à des mesures d'aide dans sa déclaration du 23 avril.

Afin d'éviter le même dénouement qu'en Argentine en décembre 2001, il est indispensable que l'UE agisse vite. Le 9 mai, une réunion d'urgence est programmée.

Le communiqué de presse est imprimé en avance avant l'ouverture des places de marché asiatiques le lundi 10 mai. Il s'intitule : « Mécanisme européen de stabilisation pour préserver la stabilité financière ». C'est au-delà de l'euphémisme et de toute dérision. En à peine deux pages, le communiqué annonce la fin du principe de « non-renflouement » du traité de Maastricht. Il cite l'article 122.2 du Traité, permettant un soutien financier pour les États membres qui connaissent « des difficultés en raison de circonstances exceptionnelles échappant à leur contrôle ». C'est une interprétation hautement contestable du Traité dans la mesure où ce choc systémique est dû au moins autant aux dépenses excessives du gouvernement et au manque de convergence qu'à la crise internationale. Pour beaucoup, l'article 122.2 ne s'applique qu'aux cas de catastrophes naturelles ou d'actions militaires hostiles contre l'UE.

L'accord prévoit un montant de 60 milliards d'euros, dans le cadre d'un soutien conjoint de l'UE et du FMI et dont l'activation est « soumise à une stricte conditionnalité ». Le premier versement à la Grèce interviendra avant le 19 mai. De plus, les ministres se mettent d'accord pour compléter ces ressources *via* une entité *ad hoc* jusqu'à un montant de 440 milliards d'euros. « Le FMI participera au dispositif de financement et devrait, dans le cadre de ses mécanismes habituels (…), fournir un montant correspondant à la moitié de la contribution de l'UE. »

Ce nouveau paquet, qui peut atteindre 750 milliards d'euros soit 1 000 milliards de dollars, est qualifié par la presse de plan « choc et stupeur » ou plan « Big Bang ». Les observateurs sont impressionnés par son ampleur, pas par ses détails techniques. Il permet surtout de gagner du temps, entre 18 mois et deux ans, ce qui ne peut en aucun cas suffire à réaliser une convergence effective des économies. L'UE essaie d'achever en deux ans ce qu'elle a échoué à réaliser en 30 ans : créer une zone monétaire optimale sur tout le continent.

La situation budgétaire et économique de la Grèce est le point faible du plan de sauvetage. Entraînée dans le cercle vicieux d'une économie en berne, plombée par des mesures d'austérité et une récession de plus en forte et grevée par une dette en hausse, et donc des remboursements de plus en plus lourds, la Grèce est de moins en moins capable de rembourser sa dette. La logique implacable des chiffres indique que la situation va s'aggraver.

Certains pays du nord de l'Europe – l'Allemagne, l'Autriche, la Finlande et les Pays-Bas – ont plusieurs fois demandé un vote parlementaire avant que cette entité *ad hoc* ne prête de l'argent, mais en vain. Tout cela donne l'impression générale que le fardeau de la dette a glissé de la périphérie vers le centre. Mais les déséquilibres économiques dans la zone euro sont tellement importants qu'ils continuent à peser sur les pays périphériques.

Certains commentaires sont étonnants. Le FMI, en apparence en faveur du plan de sauvetage, observe juste après l'annonce du dernier «renflouement» qu'une restructuration de la dette n'aiderait de toute façon pas la Grèce à retrouver le chemin de la croissance. Ce n'est pas vrai ; une restructuration peut considérablement aider le pays. Un ajustement lui permettrait d'éliminer son déficit primaire (le déficit net des charges d'intérêts). C'est le principal problème du pays, pas le niveau de la dette. Le paquet de sauvetage ajoute environ 14 milliards d'euros d'intérêts à payer à la dette actuelle de la Grèce. Comment rééchelonner la dette ne pourrait-il pas soulager cela ?

La nature hors bilan de l'entité *ad hoc*, dont l'objectif est d'emprunter autant de fonds que nécessaire et de les prêter à un pays en difficulté, suscite des inquiétudes, surtout compte tenu des nouvelles mesures directes de la BCE. Quand les ministres des Finances mettent froidement en pièces les principes fondateurs de la BCE, Jean-Claude Trichet est curieusement en réunion en Suisse, à 570 km de là. Mis sous pression, le directoire de la BCE accepte d'acheter des obligations d'État de la zone euro et des obligations privées pour garantir la profondeur et la liquidité des marchés. La BCE revoit également son seuil minimum de notation du crédit requis pour l'éligibilité des actifs admis en garantie des opérations de crédit.

Le 10 mai, Trichet admet que le soutien n'est pas unanime au sein du directoire de la BCE. « Sur l'achat des obligations, nous avions une vaste majorité [des 22 membres] », déclare-t-il. Juergen Stark, membre du comité exécutif de la BCE, Axel Weber, président de la Bundesbank, et Yves Mersch, représentant de la Banque centrale du Luxembourg, semblent s'être opposés à ce dispositif. De son côté, *Der Spiegel* place Weber, Stark et le gouverneur de la banque centrale des Pays-Bas, Nout Wellink, au rang des opposants.

Weber exprime ses inquiétudes publiquement. Dans une interview au journal allemand *Boersen-Zeitung,* peu de temps après l'annonce, il déclare : « L'achat d'obligations d'État introduit des risques d'instabilité significatifs, et c'est pourquoi j'ai critiqué cette mesure lors de la décision du conseil de la BCE. » La Bundesbank confirme ces commentaires.

La BCE annonce son intention de « stériliser » les achats pour ne pas créer d'inflation. Cette promesse ne convainc pas tout le monde.

Cette entorse brutale perturbe les marchés et l'opinion publique allemande.

Le 17 mai, la BCE achète 16,5 milliards d'euros d'obligations européennes. Les commentaires fusent. David Bloom, responsable de la stratégie taux de change chez HSBC, déclare : « Avant cette crise, l'euro était considéré comme l'équivalent du Deutsche Mark. Mais l'apparition d'un risque souverain a changé cette perspective. Les gens commencent à penser que l'euro ne vaut pas mieux que la drachme[14]. »

L'ancien président de la Bundesbank, Karl Otto Pohl, déclare le 18 mai : « Les fondamentaux de l'euro ont profondément changé depuis la décision des États de la zone euro de basculer vers une union de transferts. C'est une violation de toutes les règles. Dans les traités régissant le fonctionnement de l'Union européenne, il

14. « ECB Reveals €16.5 Billion Bond Purchases », CNBC, 18 mai 2010.

est explicitement stipulé qu'aucun pays n'est responsable des dettes des autres. Mais nous sommes en train de faire exactement l'inverse. »

D'un sauvetage des banques par les banques centrales, on passe à un sauvetage des banques centrales par les banques centrales, sans trop savoir si l'augmentation de la masse monétaire posera problème ou pas. Soit la zone euro se consolide à marche forcée et devient une union monétaire optimale, soit elle se transforme progressivement en monstre et dévore ses propres enfants. Début juillet, la BCE reconnaît avoir acheté 59 milliards d'euros d'obligations d'État et continue à en acheter pour 5 milliards d'euros toutes les semaines. Philippe Mills, directeur général de l'Agence France Trésor, chargée de la gestion de la dette française, confirme que la BCE « est en train d'acheter principalement de la dette grecque, un peu du Portugal et un peu de l'Irlande. Voilà. » La banque centrale ne publie pas le détail de ses détentions, mais on estime que la dette grecque compte pour environ 50 milliards d'euros.

Cependant, la crise immédiate est derrière nous. La Grèce reçoit comme convenu un prêt de 14,5 milliards d'euros de l'Union européenne le 18 mai, soit un jour avant la date limite, et rembourse ainsi sa dette immédiate.

Malgré tous les retournements et les tourments du mois de mai, l'euro, bien qu'un peu affaibli, ne s'est pas effondré. Le 14 mai, l'euro s'échange à un niveau respectable de 1,238 $. Début juillet, il augmente doucement et s'échange contre 1,258 $. Après la décision du 10 juin de figer les taux d'intérêt, Jean-Claude Trichet, le président de la BCE, déclare : « L'euro est une devise très crédible, une devise qui a historiquement su maintenir sa valeur [et] qui constitue un actif majeur pour les investisseurs. » Cette déclaration est défensive mais contribue à entretenir la confiance.

Cependant, pour que le plan fonctionne, il faut que la population résiste et encaisse les conséquences d'un ajustement extrême mais aussi que le système européen demeure solvable malgré la spirale de baisse potentiellement dangereuse. Le plan du 9 mai ne met pas fin à la pression mais la transfère simplement à d'autres pans de l'économie de la zone euro. Si la monnaie unique doit lutter pour sa survie, des dégâts sont inévitables. De gros dégâts.

LES RISQUES DE SPREADS REVIENNENT AUX BANQUES

Tout au long de ce drame, le système bancaire continue à montrer des signes de tension. L'UE en est consciente, puisqu'elle planifie une série de « stress tests » pour les banques dans les semaines qui suivent le « renflouement ». Début juillet, il est décidé d'inclure de petites institutions dans les tests pour répondre au besoin de la Banque d'Espagne de sauver certaines des *cajas* régionales à un moment où le pays lui-même commence à connaître de sérieuses tensions budgétaires. On craint que les *cajas* en Espagne et les *Landesbanken* en Allemagne soient sous-capitalisées. Dans le cas de la péninsule Ibérique, le problème découle avant tout de la bulle immobilière, exacerbée par les faibles taux d'intérêt. Pour leur part, les banques allemandes et françaises, sont exposées à la dette publique et privée de la Grèce (voir chapitres 1 et 4). C'est une des raisons qui expliquent la volonté des dirigeants de l'UE de prévenir à tout prix un défaut grec et d'éviter le rééchelonnement de la dette grecque.

En mai, la Banque d'Espagne intervient une seconde fois pour aider ses banques : elle prend le contrôle effectif de la Cajasur et pousse à une fusion avec une autre banque. Elle avait déjà procédé de la sorte en mars 2009 pour sauver la Caja Castilla la Mancha, qui affichait une perte de 740 millions d'euros. La Cajasur a perdu 596 millions d'euros en 2009. À chaque fois, les déposants ont retiré des sommes significatives. On retrouve des similitudes avec le sauvetage par l'État de la banque Northern-Rock au Royaume-Uni et de la Banque anglo-irlandaise en Irlande. Tous les pays sont sérieusement affectés par les mauvaises créances récoltées pendant le boom de l'immobilier.

Le gouvernement espagnol crée son propre fonds de soutien à la restructuration des banques. Le président socialiste José Luis Zapatero s'assure du soutien du chef de l'opposition Mariano Rajoy pour cette mesure. Le jour du sauvetage de la Cajasur, le ministre des Finances, Elena Salgado, parle d'un « petit problème », souligne que ses actifs ne représentent que 0,6 % du secteur bancaire espagnol et confirme une politique de fusion des petites banques régionales. Le système financier espagnol est « absolument solvable », ajoute-t-elle. Le simple fait de devoir le réaffirmer peut avoir plus d'impact que le contenu même de la déclaration. L'Espagne commence déjà à sentir les effets de la contagion et les *spreads* de sa dette augmentent. Le jour même de cette déclaration, l'indice Ibex chute plus que partout ailleurs en Europe[15]. La Banque d'Espagne entame une politique de réduction du nombre de banques régionales de 45 à 20.

Dans ce contexte, un *stress test* européen est le bienvenu. Cependant, il semble qu'*un biais d'optimisme* affecte le processus. Le 4 juillet, Wolfgang Munchau, dans le *Financial Times*, souligne que les *stress tests* incluent des réductions de la dette uniformes de seulement 3 %. Pour lui, cette hypothèse est « une blague ». Un *stress test* est censé évaluer l'impact des scénarios les plus difficiles, pas les prévisions les plus optimistes.

> C'est une politique officielle de l'UE que de nier la réalité selon laquelle la Grèce pourrait faire défaut ou pourrait restructurer sa dette. Un véritable *stress test* devrait montrer que la position de l'UE est inattaquable. Ceux qui se sont opposés à l'inclusion du risque souverain dans les *stress tests* soutiennent que la principale hypothèse d'une réduction de la dette pourrait devenir une prophétie autoréalisatrice.

C'est comme si l'exercice avait été conçu pour que toutes les banques le réussissent. « Si le risque souverain devait se réaliser, ajoute-t-il, cela serait la preuve donnée au monde extérieur que l'UE traite sa crise de la dette, qui est avant tout une crise bancaire, comme un exercice de relations publiques[16]. »

---

15. « La intervencion de Cajasur lleva al Ibex a caer mas que la majoria de las Bolsas europeas », *El Pais*, 24 mai 2010.

16. W. Munchau, « Europe Risks Failing the Real Test on Banks », *Financial Times*, 4 juillet 2010.

Le FMI durcit sa position

Le FMI, peut-être sensible aux critiques acerbes qui lui ont été adressées sur sa gestion de la crise en Argentine, réalise une évaluation complète et détaillée de la crise européenne entre les deux premières annonces de « sauvetages » et la troisième. Publiée le 5 mai 2010 et approuvée par Poul Thomsen et Martin Muhleisen, cette étude reconnaît que le risque est systémique et qu'il affecte les secteurs privés et publics, les perspectives de croissance de l'économie et le système bancaire. Elle annonce l'établissement d'un fonds de stabilité financière, soutenu par un financement international afin d'« assurer une capitalisation appropriée du système bancaire ». Le FMI annonce également une collaboration étroite entre la Commission européenne et la BCE.

Ce rapport est inhabituellement direct :

> Les risques du programme sont élevés. Les besoins d'ajustements sont sans précédent et prendront du temps, donc une certaine fatigue pourrait s'installer. Tout choc imprévu pourrait peser sur l'économie et le système bancaire même si le programme budgétaire est en bonne voie. La Grèce a besoin de persévérer pour s'assurer d'un soutien international[17].

Le fait que le FMI n'a pas le droit de communiquer sur sa propre exposition financière complique les modalités de son intervention. En cas de réduction de la dette, les autres créanciers risquent de prendre un coup plus fort.

La revanche de l'opinion publique

Cependant, le véritable problème du sauvetage de l'euro est que le peuple va devoir supporter des mesures d'austérité dans le cadre d'un programme de convergence accéléré, dont l'objectif est de revenir sur dix ans de confiance excessive et de divergence des économies.

---

17. « Staff Report on Request for Stand-by Arrangement », *Rapport du FMI sur la Grèce approuvé par Poul M. Thomsen et Martin Muhleisen*, 5 mai 2010.

Entre 2007 et 2010, avec les effondrements des banques suivis par la crise de la dette en Europe, la dette privée est devenue une dette publique. Cela a renforcé les déséquilibres économiques qui, bien loin d'être résorbés par un prétendu phénomène de « rattrapage », sont devenus particulièrement saillants. L'Allemagne et les Pays-Bas ont vu leurs excédents commerciaux augmenter ; la Grèce et le Portugal leurs déficits. Même schéma sur la dette publique.

Le risque économique est à présent un risque politique. Avec la mainmise de la BCE et de la Commission européenne sur la politique économique des pays périphériques *via* un Pacte de stabilité et de croissance renforcé, la frustration politique n'a plus de débouché évident. Une nouvelle mesure d'austérité succède à une nouvelle mesure d'austérité.

Dans la préparation à l'union monétaire, la BCE et la Commission européenne ont peu tenu compte de l'opinion publique et ont fait peu d'efforts pour la convaincre. Les populations étaient d'ailleurs assez dubitatives dans la plupart des 11 pays fondateurs, en particulier en Allemagne et en Finlande.

Au cours des dix dernières années, avec l'explosion de la consommation et le cycle dettes/dépenses, il était possible d'ignorer temporairement l'opinion publique et l'exubérance irrationnelle générale. À présent, on entre dans la phase la plus dangereuse du projet de l'euro et ces deux aspects sont déterminants. La BCE, qui a pris le contrôle des politiques économiques, insiste sur les mesures d'austérité non seulement dans les pays déficitaires mais également dans des pays excédentaires. L'Allemagne même cherche aujourd'hui à couper environ 80 milliards d'euros de budget. Il n'est pas certain que l'opinion publique accepte de telles mesures. Cette bonne vieille opinion publique, ignorée pendant des décennies et ridiculisée par les dirigeants de l'UE, est maintenant tout ce sur quoi ils peuvent s'appuyer pour leur survie.

Bien sûr, la BCE n'a pas à faire face aux électeurs. Elle a son « indépendance ». Mais les gouvernements le doivent. Si les gouvernements ne contrôlent plus leurs politiques économiques ou leurs dépenses publiques, que demandent-ils aux électeurs de soutenir exactement lors des élections ? L'Espagne et la Grèce ont des partis actifs d'extrême gauche et des mouvements nationalistes de droite, ils ont même connu chacun une dictature de droite. Ils ont également des gouvernements de centre-gauche (Grèce) et centre-droit (Espagne) qui imposent des mesures d'austérité et des réformes du marché du travail alors qu'ils ont été élus pour y résister.

Le risque politique est que les principaux partis en Espagne et en Grèce, qui ont été au pouvoir mais qui ne sont plus capables de piloter leurs propres politiques économiques, soient en concurrence avec des partis qui en appellent à la sortie de l'euro et au rétablissement de la souveraineté nationale.

Pendant les années de boom, les électeurs se sont tournés vers des partis pro-européens. Toutefois, les élections générales portent aussi sur d'autres sujets. Les orientations politiques sur les questions européennes ne recouvrent pas parfaitement les enjeux nationaux.

Les militants de l'unité pro-européenne, avec leur *biais de confiance excessive* et la métaphore du « train », imaginaient que les différences d'opinion publique entre les pays « *in* » et les pays « *out* » s'éroderaient naturellement et que l'opposition des pays « *out* » – le Danemark, la Suède et le Royaume-Uni – finirait par tomber. Et si l'inverse se produisait ? Et si les pays sceptiques devenaient encore plus sceptiques et influençaient les pays « *in* » ?

Les sondages d'opinion en faveur d'une adhésion à l'euro se sont effondrés en Suède, au Danemark et au Royaume-Uni ; dans le cas de la Suède et du Royaume-Uni, l'opposition prédomine. Et si, dans la zone euro, les partis dominants sociaux-démocrates et chrétiens-démocrates voyaient leurs votes s'effondrer au profit des partis anti-européens de droite et de gauche ?

Même les Pays-Bas, qui ont pourtant le plus profité économiquement de la zone euro, ont été témoins d'une brusque montée des eurosceptiques aux élections générales en juin 2010. Un parti se détache : il s'agit du Parti de la liberté de Geert Wilders, eurosceptique et anti-islamique. Il a remporté 24 sièges, 3 de plus que les chrétiens-démocrates, le parti de l'actuel Premier ministre, Jan Peter Balkenende.

Le même mois, en Belgique, la Nouvelle alliance flamande (N-VA) de Bart De Wever a fait de grandes avancées, passant de 5 sièges à la Chambre basse du Parlement belge aux dernières élections à 27 sièges. Il est ainsi devenu le principal parti de Belgique. L'euro n'est pas vraiment un problème pour M. De Wever, mais la montée du nationalisme au Benelux est un développement inattendu dont les conséquences ne sont pas bien connues pour l'Europe. La Belgique concentre à elle seule les mêmes lignes de fractures qu'en Europe : le Nord, solvable et exportateur, souhaite être indépendant vis-à-vis du Sud davantage tourné vers la protection sociale.

En Slovaquie, le gouvernement a fait enrager la Commission européenne en refusant de contribuer au plan de sauvetage. Ce petit pays avait déjà fait l'expérience de mesures d'austérité pour gérer ses propres difficultés budgétaires et ne comprenait pas pourquoi il devait «renflouer» la Grèce. En Irlande, le soutien au parti de l'establishment pro-européen Fianna Fáil est en train de s'effondrer au profit du parti anti-européen Sinn Féin.

Le soutien au plan de sauvetage et aux programmes d'austérité était déjà mince. Le 21 mai, le Bundestag approuve la contribution de 148 milliards de dollars de l'Allemagne à seulement 319 voix sur les 622 membres du Bundestag. 195 députés se sont abstenus et 73 ont voté contre. Les mesures d'austérité du président José Luis Zapatero ne sont passées au Parlement qu'à une voix près le 27 mai, ce qui remet en cause sa position de responsable du Parti des travailleurs socialistes espagnols (PSOE). L'absence de soutien des partis d'opposition – le parti social-démocrate (SPD) en Allemagne et le parti populaire (PP) en Espagne – est peut-être opportuniste mais, dès le début, le manque d'enthousiasme pour le sauvetage de la Grèce et les réformes est inquiétant.

À la fin de l'été, les *spreads* reviennent à leur niveau d'avant le colossal «sauvetage» de mai, surtout en Irlande et en Grèce comme le montre le graphique ci-dessous (voir figure 10.1).

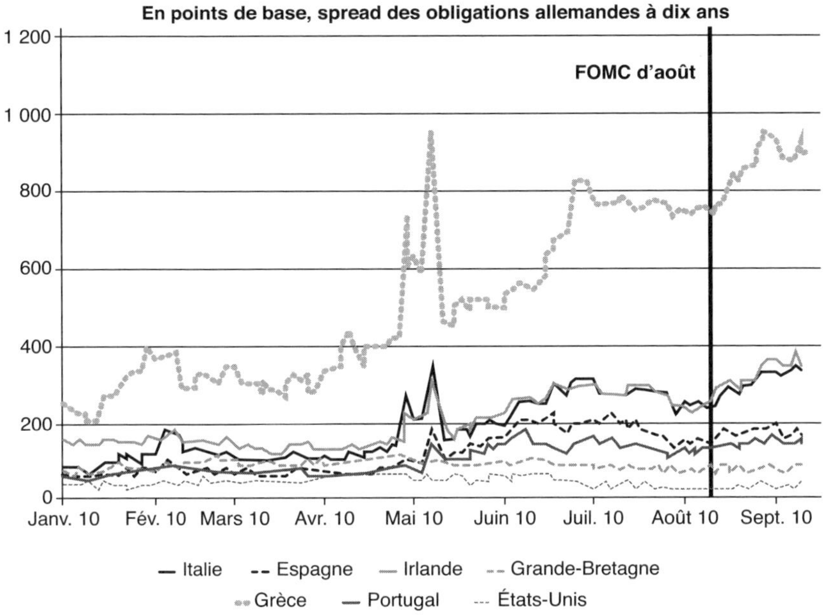

Figure 10.1 Les spreads des obligations européennes en 2010.
Source : Bloomberg.

Depuis le début de la crise à l'hiver 2009-2010, tous les efforts institutionnels ont tenté de renforcer la confiance dans la zone euro. De nombreux observateurs et des fonctionnaires de l'UE n'ont pas compris pourquoi la confiance s'était soudainement effondrée. Ils n'ont pas analysé le problème sous le bon angle. La question n'est pas de savoir pourquoi elle s'est effondrée mais comment elle a pu tenir si longtemps. Toutes les analyses des sommes prêtées par les États à de si petites économies (d'une certaine façon encore sous-développées) montrent que la situation n'était pas tenable. Les gens n'ont entrepris de faire des calculs de solvabilité que vers la fin de la décennie. Ils en ont conclu que le fardeau du refinancement de la dette deviendrait inabordable vers 2013 et ont commencé à retirer leurs billes du jeu. La grande leçon économique ne porte pas tant sur le caractère inévitable d'un effondrement que sur l'incroyable longévité de l'illusion : le déni collusoire qui a permis de faire des «*carry trades*» sur l'euro, la croyance en un «train» ou un «bouclier» de l'euro. Tout cela n'a été bâti sur rien de plus substantiel que de la persuasion politique et des relations publiques, avec pourtant le soutien des principales institutions économiques du monde.

11

L'homme dans l'arène

> Ce n'est pas le critique qui est digne d'estime, ni celui qui montre comment l'homme fort a trébuché ou comment l'homme d'action aurait pu mieux faire. Tout le mérite appartient à celui qui descend vraiment dans l'arène, dont le visage est couvert de sueur, de poussière et de sang, qui se bat vaillamment, qui se trompe et qui échoue encore et encore – car il n'y a pas d'effort sans erreur et sans échec – mais qui fait son maximum pour progresser, qui est très enthousiaste, qui se consacre à une noble cause, qui au mieux connaîtra *in fine* le triomphe d'une grande réalisation et qui, s'il échoue, après avoir tout osé, saura que sa place n'a jamais été parmi les âmes froides et timorées qui ne connaissent ni la victoire, ni l'échec.
>
> Theodore Roosevelt,
> « Citizenship in a Republic »,
> discours à la Sorbonne,
> Paris, 23 avril 1910

Il est facile de critiquer une situation avec le recul, mais la véritable question est de savoir ce qu'on peut faire pour sortir de la crise actuelle et en prévenir toute résurgence. L'analyse des différentes dynamiques en jeu, à la fois aux niveaux européen et international, montre que toutes les parties prenantes ont été affectées : l'État et la société grecs, l'Union européenne, les banques, les services financiers, les institutions économiques comme le FMI. Le principal défi n'est pas technique mais politique et social : les décideurs seront-ils capables de prendre des décisions courageuses, de s'y tenir et de fédérer autour de ces décisions ?

Ce chapitre se projette dans l'avenir et fait des propositions de politiques. Je n'ai absolument pas l'intention de faire des prévisions ! Mon propos est plutôt de résumer les risques et les scénarios potentiels qui nous attendent – et qu'on aurait probablement dû affronter plus tôt – et de voir quels choix s'offrent à nous. Avant de recenser les priorités et les mesures possibles pour chacune des parties prenantes, il me semble utile de récapituler le contexte actuel, si différent de ce qu'imaginent les décideurs politiques et les acteurs de marché. J'ai commencé cet ouvrage en illustrant dans quelle mesure tous les acteurs clés – dirigeants de l'Union européenne, hommes politiques et société grecs, banques centrales, banques d'investissement, organisations internationales – sont responsables de la crise de la dette souveraine et des déséquilibres économiques de l'euro. Tous partagent la croyance dans une force bénéfique qui pousserait à la convergence et à l'équilibre, tant sur des marchés dérégulés que dans une zone monétaire unique. Ce qui n'était à l'origine qu'un objectif politique devient un souhait puis une aspiration et enfin une prévision. Le *comportement moutonnier* ou la *pensée de groupe* renforcent cet état de fait et créent une illusion d'invulnérabilité, de rationalisation collective, de croyance dans une moralité inhérente. Les avis contraires au groupe sont alors caricaturés ; les dissidents sous pression s'autocensurent ; l'illusion d'unanimité est totale et des « gardiens de la pensée » restent vigilants. Que l'on parle de croyance dans la « stabilité des prix », dans une « grande modération » ou dans la convergence des économies périphériques de la zone euro, on observe à chaque fois un manque d'analyse de l'économie « réelle » avec ses propriétés non linéaires et imprévisibles.

L'utilisation d'euphémismes n'est jamais de bon augure : on a comparé l'union monétaire à un « train » ou à un « bouclier » ; on a parlé de « levier » ou d'« impulsion budgétaire » au lieu de dette ;

les investissements à haut risque ont été réétiquetés « haut rendement », et la fusion et le découpage d'actifs risqués ont pris le nom de « titrisation ». Si l'étiquette sur la boîte ne décrit pas clairement le contenu, il faut comprendre la nature et les raisons de cette supercherie.

Le sort de la Grèce

À court terme, la Grèce devrait poursuivre les réformes du FMI qu'elle a commencées : réforme du marché du travail, suppression des « closed shops », fin du gaspillage dans la fourniture du secteur public comme les hôpitaux, etc. Ces réformes doivent être achevées, indépendamment de toute autre évolution. Même si la dette de la Grèce devait disparaître miraculeusement, ces réformes resteraient indispensables pour éviter l'apparition d'un nouveau problème budgétaire.

Le gaspillage devrait, dans une certaine mesure, s'amenuiser avec la réduction de la taille du secteur public. De toute évidence, pour compenser l'inefficacité administrative, il faudra accroître la productivité parallèlement à la réduction du nombre de fonctionnaires et de la gabegie. Pour ce faire, il faudrait doter le secteur public de nouvelles technologies. Sur ce plan, la Grèce est en retard sur les autres membres de l'UE. Le gouvernement devrait s'appuyer sur la troïka (tant qu'il le peut encore) – le FMI, la Commission européenne et la Banque centrale européenne – pour impulser ses réformes. Celles-ci pourraient jouer le rôle de paratonnerre pour absorber la colère collective.

Certains signes sont prometteurs : le refus du gouvernement de céder devant les routiers en 2010 a démontré que la menace implicite des groupes d'intérêts, qui a pourtant freiné toutes les réformes pendant des décennies, est peut-être moins problématique qu'on ne le redoutait. Rétrospectivement, il est possible que cette confrontation ait été un moment charnière où on a dit non au clientélisme, un peu comme le refus de céder du président Ronald Reagan face aux contrôleurs aériens en 1981 ou comme le discours « The Lady's not for Turning » de Margaret Thatcher en 1980. Cependant, les réformes structurelles devront être appliquées uniformément à tous les groupes d'intérêts (traiter de la même façon les officines de pharmacie, les avocats, les chauffeurs de camion, etc.), sans demi-mesures et sans délais interminables.

IMMUNITÉ DES POLITIQUES : UNE SUPPRESSION INDISPENSABLE

L'équité est un besoin humain fondamental et son absence dans les relations personnelles, le travail et dans la société en général, indigne les gens. Il existe depuis longtemps une littérature abondante sur les notions de justice, d'équité et de contrat social fondé sur la réciprocité. Cela remonte aux Lumières, avec notamment Jean-Jacques Rousseau et John Locke. Un philosophe contemporain, John Rawls, a développé le pertinent concept de «voile d'ignorance», où les individus jugent du caractère juste (ou autre) d'une situation sans connaître à l'avance le statut social qu'ils occuperont dans le cadre de n'importe quel nouvel accord : «Chaque personne qui participe à une pratique, ou est affectée par celle-ci, a droit à un système pleinement adéquat de libertés de bases égales pour tous, compatible avec un même système de liberté pour tous[1].»

Pour que la Grèce s'ajuste et se réforme, un nouveau pacte constitutionnel doit être passé avec une totale indépendance du pouvoir judiciaire et la fin des immunités et des traitements spéciaux en faveur des hommes politiques. Le plus urgent est d'abroger l'article 62 de la Constitution et de faire en sorte que les hommes politiques soient poursuivis pour corruption devant des tribunaux ordinaires et non des comités parlementaires spéciaux. La loi sur les cinq ans de prescription doit également être abrogée. Ces mesures apaiseraient les désaccords et l'amertume du peuple en Grèce. Il faudrait alourdir les sanctions pour non-respect de la loi.

Un meilleur équilibre des pouvoirs doit également être instauré avec une séparation complète des pouvoirs judiciaire, législatif et exécutif.

---

1. John Rawls, «Justice as Fairness», *Philosophical Review*, 67, 1958.

Le gouvernement de Papandreou a fait des progrès en matière de réformes économiques, mais il s'est montré incapable de voir le lien entre réforme constitutionnelle et réforme économique. Lucas Papademos réussira-t-il là où son prédécesseur a échoué ? Tant qu'aucun responsable n'aura été condamné (pour le scandale de Siemens par exemple, qui a coûté des millions d'euros à l'État grec pendant des années), les hommes politiques ne parviendront pas à construire le consensus social indispensable à toute réforme économique et sociale. Il existe une relation entre échec à faire respecter la loi et difficulté à convaincre les citoyens de payer leurs impôts. La façon dont l'enquête a été menée dans le cas de Siemens indique que la classe politique ne prend pas encore au sérieux ce genre d'accusations et préfère vivre dans sa propre petite bulle (où aucun code pénal ne s'applique). Ce particularisme doit prendre fin.

La réforme du système judiciaire devra se focaliser sur la classe politique, mais également sur la classe capitaliste locale qui a vécu des dépenses publiques, a bénéficié dans les faits d'une amnistie de l'État pour les contrats, les impôts payés en retard, les violations des règles environnementales et de sécurité, etc. Il faut également mettre un terme à l'amnistie générale pour des actes tels que l'octroi des permis de conduire ou de faux permis de construire.

Il est nécessaire d'insuffler une reconnaissance du pouvoir de la justice et de l'équité tout en incitant simultanément à respecter la loi par des sanctions appropriées.

SERVICE PUBLIC ET FISCALITÉ : UN BOULEVERSEMENT TANT ATTENDU

Il n'existe aucune excuse à l'évasion fiscale. Une réforme fiscale doit être conduite en parallèle de toute réforme politique. Ces deux aspects sont interdépendants. L'État grec doit s'attaquer à sa culture de non-respect de la loi à tous les niveaux, en commençant de préférence au sommet, et responsabiliser les gens sur leurs actions. Associé à une diminution du gaspillage ubuesque dans le secteur public, cela devrait inciter les contribuables à payer leurs impôts. Si cette réforme échoue, les Grecs continueront à penser que seuls les imbéciles et les malchanceux sont contraints de payer leurs impôts.

La Grèce ne verra pas en une nuit son service public s'améliorer et sa fiscalité se déployer pleinement comme en Suède. Il y aura un point d'inflexion, une obscurité profonde avant l'aube, pendant laquelle les impôts augmenteront sans amélioration flagrante des services. Cela constituera un test politique majeur.

Il existe néanmoins un aspect positif : avec un secteur public grec aussi dépensier, une collecte des impôts aussi erratique, un secteur privé aussi peu concurrentiel, les possibilités d'amélioration sont immenses. La moindre amélioration stimulera déjà la productivité de façon significative. Le secteur public doit être plus restreint mais également plus efficace et moins corrompu. Par exemple, le niveau d'éducation est bien inférieur à celui des autres économies européennes. Le secteur public doit offrir des services efficaces et ne pas être seulement un moyen de procurer des emplois à la « clientèle » des politiques.

Des recommandations à mettre en pratique

Une fois que les bases morales sur les questions de corruption, d'évasion fiscale, de justice et d'équité seront réaffirmées, il faudra s'attaquer à la réduction effective de la corruption et du gaspillage.

Les propositions abondent (voir par exemple le rapport des professeurs grecs d'économie, Costas Meghir, Dimitri Vayanos et Nikos Vettas, publié en août 2010[2]). Pour mettre un terme à la bureaucratie excessive et à la corruption, ils proposent que les contrôles fiscaux soient réalisés de façon formelle, sur la base de documents écrits et selon des standards uniformes plutôt que par des rencontres bilatérales. De telles mesures réduiront les possibilités de *fakelaki* et contribueront à instaurer un système juste où les pénalités sont proportionnelles au délit. La conservation d'un historique écrit augmente la transparence et facilite les recours.

---

2. C. Meghir, D. Vayanos et N. Vettas, « The Economic Crisis in Greece: A Time of Reform and Opportunity », août 2010. Résumé publié par le *Financial Times*, 23 août 2010 : « Greek Reforms can yet Stave Off Default ».

Le conseil à ne pas suivre : augmenter la TVA

Les mesures d'austérité feront chuter dramatiquement le PIB de la Grèce. Quand on sait que la croissance du PIB dans les années 2000 s'explique en grande partie par l'augmentation de la dette, on ne s'étonnera pas que les efforts pour diminuer la dette se traduisent par une érosion de la croissance dans les années à venir. Le processus d'ajustement de la Grèce passe par une réduction du déficit budgétaire, par une réduction des dépenses, par l'augmentation des impôts et la restauration de la croissance et de la compétitivité. Avec l'austérité – réduction des salaires, coupes budgétaires, etc. – , le PIB diminuera et les tentatives pour collecter davantage d'impôts se heurteront inévitablement à un mur. Vous ne pouvez traire la même vache trop souvent. Comme il est impossible de dévaluer, la compétitivité ne pourra dans un premier temps être augmentée que par le travail et les prix. Cependant, l'insistance du FMI sur l'augmentation de la TVA n'accroît pas la compétitivité ; elle la diminue en augmentant les prix à la consommation et à la production. Dans un rapport intérimaire publié en juillet 2010, le FMI admet franchement : « Nous n'avons pas de preuves que toute augmentation des impôts sera compensée par une réduction des marges sur les prix ; cela indique l'existence de rigidités sérieuses sur le marché des biens. » En août, le FMI complète : « Il est vrai que l'inflation a été plus élevée que prévu à l'origine – et nous avons révisé notre estimation pour 2010 à 4,75 %. Nous avons sous-estimé les conséquences de taxes directes plus élevées[3]. »

L'influence de mesures pertinentes sur l'offre prend des années à se matérialiser alors que les augmentations d'impôts se ressentent immédiatement.

3. Poul M. Tomsen, « Greece Program on Track, but Challenges Ahead Interview Published », *Kathimerini*, 8 août 2010.

Réforme fiscale : simplifier le Code général des impôts

Une réforme fiscale améliorerait le taux de survie des entreprises. Il existe actuellement un cercle vicieux : un système fiscal obstiné applique une gamme complexe de taux à quelques-uns alors que de nombreux contribuables paient peu, voire pas du tout, d'impôts. On pourrait appliquer une fiscalité où tout le monde y trouve son compte avec une réduction radicale du montant des impôts et la mise en place d'un système simplifié et des taux d'imposition modérés. Le dispositif serait plus juste et plus simple à mettre en œuvre. En parallèle, il faudrait sanctionner les coupables d'évasion fiscale (cela a déjà commencé en 2010, pour être honnête) et favoriser l'émergence d'une culture où la fraude serait socialement blâmée. Dans ce contexte, on ne peut que saluer l'annonce d'une réduction de l'impôt sur les sociétés de 24 à 20 % à l'Exposition internationale de Thessalonique en septembre 2010. Cette mesure reste toutefois insuffisante. Par ailleurs, Papandreou avait proposé de solder les sommes dues par les entreprises et les particuliers au titre de la période 2000-2009 par le paiement d'un forfait.

La structure fiscale, les charges sur les coûts non salariaux et la paperasserie administrative découragent actuellement la création de nouvelles entreprises. Des changements sont indispensables si l'on veut permettre aux jeunes entrepreneurs de compenser l'affaiblissement du secteur public.

Restructurer la dette (odieuse)

Après ces réformes et la perte de flux de capitaux, la Grèce devra restructurer sa dette. En effet, toute reprise en main fiscale restera vaine si elle doit soutenir une dette excessive. Les mesures d'austérité se nourriront des réductions répétées du PIB, avec une dette en augmentation sur une économie en baisse. Les précédents historiques ne nous éclairent pas beaucoup. Le seul pays à avoir mené à bien de telles mesures fut la Roumanie sous le régime terrifiant de Ceauşescu. Carmen Reinhart et Kenneth Rogoff le rappellent dans l'ouvrage *This Time is Different* :

> Dans la plupart des exemples, un pays débiteur déterminé peut, avec beaucoup de souffrances et de peines, rembourser ses créditeurs étrangers. La question que doivent résoudre les dirigeants est de savoir où mettre la limite. Cette décision n'est pas toujours rationnelle. Le dictateur roumain Nicolae Ceauşescu a souhaité rembourser coûte que coûte les 9 milliards de dollars de dette de son pays pourtant pauvre, contractée auprès de banques étrangères dans les années 1980. Les Roumains ont été forcés de supporter des hivers glacials avec peu ou pas de quoi se chauffer et les usines ont été forcées de réduire leur production par manque d'électricité[4].

Cela ne rime à rien de demander à la Grèce de rembourser 13 % de son PIB par an à ses créditeurs étrangers. L'économie en serait saignée à blanc. On observe déjà une fuite des sociétés de services grecques, notamment vers Chypre et la Bulgarie. Toute restructuration induirait une réduction de la valeur actuelle nette (VAN) de la dette publique grecque. Il faudra conduire ce chantier de sorte que les banques grecques puissent y survivre, ce qui nécessitera probablement un certain refinancement.

Compte tenu de la corruption de la classe politique grecque et de la complicité de l'Union européenne, des banques françaises et allemandes, on pourrait soutenir que les emprunts excessifs faits par la Grèce relèvent d'une « dette odieuse ». Il s'agit d'un concept établi de longue date pour définir une dette contractée par un régime et qui sert à financer des actions qui ne bénéficient pas aux citoyens.

Ce concept est exprimé pour la première fois en 1927 par le juriste russe Alexander Nahun Sack. Il écrit :

> ( ) si un pouvoir despotique contracte une dette non pas pour les besoins ou les intérêts de l'État, mais pour fortifier son régime despotique, pour réprimer la population qui le combat, etc., cette

4. C. Reinhart et K. Rogoff, *Cette fois, c'est différent. Huit siècles de folie financière*, Pearson France, 2010.

> dette est odieuse pour la population de l'État entier. Cette dette n'est pas obligatoire pour la nation : c'est une dette de régime, dette personnelle du pouvoir qui l'a contractée ; par conséquent, elle tombe avec la chute de ce pouvoir ( ) La raison pour laquelle ces dettes «odieuses» ne peuvent pas être laissées à l'État est que de telles dettes ne remplissent pas l'une des conditions qui détermine la légalité des dettes de l'État c'est-à-dire : les dettes de l'État doivent être contractées et les fonds extraits utilisés pour les besoins et dans l'intérêt de l'État. Les dettes «odieuses», contractées et utilisées à des fins qui, à la connaissance des créditeurs, sont contraires aux intérêts de la nation, n'engagent pas cette dernière[5].

Pour éviter que des pays opportunistes n'instrumentalisent ce concept, il propose la chose suivante :

1. Le nouveau gouvernement devra prouver et un tribunal international établir que :
   a. les besoins de l'ancien gouvernement évoqués pour justifier la souscription de la dette en question étaient odieux et clairement en contradiction avec les intérêts du peuple dans son entier ou en partie ;
   b. les créditeurs, au moment de verser le prêt, étaient conscients de cet objectif odieux.
2. Une fois ces deux conditions établies, les créditeurs doivent ensuite prouver que les fonds de cet emprunt n'ont pas été utilisés à des fins odieuses – nuire au peuple dans son entier ou en partie – mais à des fins générales ou spécifiques de l'État et qui n'ont pas la caractéristique d'être odieuses[6].

Il serait excessif de définir l'intégralité de la dette de la Grèce comme «odieuse» dans la mesure où des élections ont été organisées pendant la période où la dette a été contractée (il est intéressant de voir que le gouvernement militaire était financièrement

---

5. Alexander Nahun Sack, *Les Effets des transformations des États sur leurs dettes publiques et autres obligations financières : traité juridique et financier*, Recueil Sirey, 1927.

6. *Ibid.*

responsable). Néanmoins, il serait nécessaire de lancer un débat au niveau international et au sein des pays sur une réforme de la capacité des gouvernements de petites économies à emprunter d'importantes sommes d'argent dans des monnaies fortes (comme dans le cas de la Grèce) ou d'être exposés à des dettes aussi importantes *via* leur système bancaire (comme dans les cas de l'Islande et de l'Irlande).

L'implication de tous

Ce sont les futurs contribuables qui rembourseront tout cet argent ou souffriront des conséquences d'un défaut. Aussi, tout «programme de sacrifices communs» doit être pensé en termes d'équité. Pour que la dette de la Grèce reprenne un chemin soutenable, et ne soit plus remise en cause ou impactée par la crise, les coûts doivent en être partagés. Tout le monde devra en porter le fardeau, à savoir les créditeurs, le secteur public hypertrophié, les multinationales étrangères, les contribuables actuels et futurs et les bénéficiaires des services publics réduits. Tous devront porter ce poids, que ce soit les personnes déjà impliquées ou potentiellement affectées dans le futur.

Une fois les réformes économiques et constitutionnelles en place, la Grèce aura besoin d'une importante réduction de sa dette. Inutile de donner d'ores et déjà des chiffres précis. Il suffit de définir les étapes à suivre pour remettre le pays sur le droit chemin sans avoir une économie en berne, des impôts en hausse et des entreprises qui se délocalisent. C'est bien sûr plus facile à dire qu'à faire. Les hommes politiques et les représentants de l'UE ont souvent exposé les répercussions négatives d'un éventuel défaut ou d'une restructuration de la dette. Dans le cadre étroit de référence dans lequel ils évoluent, ils n'ont pas tort. Mais cette réponse politique est inappropriée et démontre le manque d'analyse des répercussions négatives de *ne pas* faire défaut. Typiquement, on suppose qu'un défaut relègue le pays au rang de paria pendant des dizaines d'années. En fait, les marchés obligataires ont la mémoire courte. L'Argentine recommence à fonctionner normalement, aidée par l'essor économique de la région.

Développer enfin un modèle d'entreprise et un nouveau moteur de croissance

Jour 1, après la restructuration de la dette et la réforme de la production, la Grèce a besoin d'un *business plan* qui ne soit pas simplement un «plan pour occuper tout le monde jusqu'aux prochaines élections».

La Grèce devrait se focaliser sur ses avantages comparatifs. La beauté de ses paysages attire : le pays pourrait donc se concentrer sur le tourisme (le «Miami» de l'Europe). Des centres de recherche et développement pourraient s'appuyer sur sa main-d'œuvre. Ses nombreux médecins offrent l'occasion de développer un centre de traitements hospitaliers hauts de gamme. Le pays pourrait s'appuyer sur sa compétence historique reconnue en matière de trafic maritime pour s'imposer comme centre de formation de catégorie internationale. La Grèce ne pourra pas se contenter de vivoter sur une petite classe capitaliste parasitique, nourrie de dépenses publiques, et sur une économie de consommation et d'importations. La production réformée devrait permettre aux futurs entrepreneurs de progressivement se substituer au secteur public, inefficace et aux commerces oligarchiques protégés. Ainsi, les petites entreprises pourront prospérer sans être étranglés avant même de naître par des professions bureaucratiques fermées qui essaieront de leur soutirer des rentes.

Le consensus de Washington

L'afflux de capitaux vers de petites économies est devenu totalement hors de contrôle, en grande partie à cause de la croissance excessive du crédit, du manque de régulation et de l'opportunisme darwinien des banques. Cet état de fait met en lumière les limites de la philosophie économique technocratique incarnée par le «consensus de Washington», optimiste mais naïve. Cette philosophie a pourtant dominé les décisions politiques en Occident au cours des 30 dernières années.

Simon Johnson, dans un discours au Peterson Institute en janvier 2009, en résume les dangers et appelle les décideurs politiques à identifier «l'origine du problème structurel qui a abouti à la situation actuelle et qui a probablement poussé l'économie mondiale dans une phase nouvelle d'instabilité». Il ajoute :

> La croissance de l'économie mondiale au cours de ces dernières années était en fait une bulle, financée par de la dette (...) La bulle immobilière aux États-Unis s'est nourrie des flux de capitaux mondiaux (...) La bulle financière européenne, qui a permis des prêts massifs à l'Europe de l'Est et à l'Amérique latine, s'est produite sans aucuns flux nets de capitaux (la balance des paiements courants de la zone euro actuellement est à peu près équilibrée). Les exportations chinoises ont connu leur propre bulle mais cette fois-ci avec des sorties nettes de capitaux (surplus de balance des paiements) (...)
>
> Mais ces bulles régionales ont été amplifiées et interconnectées par le système financier mondial qui a permis à du capital de circuler facilement dans le monde entier. Je ne suis pas en train de dire que les flux de capitaux sont une mauvaise chose ; ordinairement, en allouant le capital aux endroits où il est le plus utile, cela promeut la croissance économique mondiale, en particulier dans les pays en développement. Mais le système mondial rend également possibles des bulles qui se nourrissent de l'argent levé n'importe où dans le monde, exacerbant les risques systémiques mondiaux[7].

De petites économies comme l'Islande, l'Irlande et la Grèce ont été débordées par la libre circulation du capital. Les retraits massifs des déposants qui fuient un pays sont déstabilisants et les gouvernements se voient forcés d'intervenir, ce qui augmente leurs endettements (souvent en pleine récession). Au cours des 20 ou 30 dernières années, on a supposé qu'il n'y avait nul besoin de contrôler les capitaux dont la libre circulation garantissait leur

7. Simon Johnson, «Economic Crisis and the Crisis in Economics», discours préparé pour l'adresse présidentielle à l'*Association for Comparative Economics*, San Francisco, 4 janvier 2009.

allocation efficace. En pratique, on en a vu les conséquences : des distorsions extrêmes, des économies de bulle et des niveaux excessifs d'endettement de petits pays opportunistes, corrompus ou juste inconscients des risques qu'ils prenaient.

Il faut se poser la question de la réintroduction du contrôle des capitaux, au moins pour ces pays où il n'existe aucune infrastructure régulatrice ou constitutionnelle pour faire face à des retraits massifs.

Ce que les crises des *subprimes* et de la dette souveraine ont également montré est qu'un élément du consensus de Washington peut en saper un autre. Ils ne sont pas automatiquement autoporteurs. Par exemple, la dérégulation des marchés et la libéralisation du capital incitent des gouvernements court-termistes à abandonner le principe de responsabilité budgétaire. Les banques d'investissement ont encouragé ces dérives et en ont profité. Les forces du capital mondial ont également créé des passifs immenses, dissimulés dans le système bancaire et qui ont affecté même des États qui avaient pourtant pris soin d'être budgétairement responsables comme l'Irlande. Les banques d'investissement ont manipulé le langage du consensus de Washington pour s'assurer des rentes, ont souvent sapé les principes même du libre-échange tout en comptant tacitement sur le soutien des contribuables.

La déférence pour les banques d'investissement se combine avec l'obsession des décideurs politiques de manipuler les politiques monétaires à court terme au lieu de piloter l'économie réelle sur le long terme. Cela constitue à présent une faiblesse stratégique grave. Il existe des facteurs compensatoires pour des économies développées avec un fort endettement comme les États-Unis, mais les décideurs politiques les ont totalement ignorés : les hautes technologies, les exportations, les universités de niveau international, etc.

Le consensus de Washington et l'accent mis par les banques centrales sur l'inflation ont donné l'impression pendant de nombreuses années d'avoir créé une « économie du juste milieu » : une croissance non inflationniste et de long terme avec des décideurs politiques qui ignoraient tous ceux qui pointaient du doigt les risques de déséquilibres commerciaux croissants et d'endettement public et privé élevé. Soumis à une *logique étriquée*, on en a totalement ignoré les conséquences pourtant inévitables. C'est comme si le roi Hérode s'exclamait : « Bon, mais si on exclut le massacre des innocents, vous conviendrez que mon régime de protection des enfants tient parfaitement la comparaison avec n'importe quel autre royaume de l'ancien monde. »

Il faut également réformer les agences de notation. La prédominance du consensus de Washington a conduit à faire excessivement confiance aux données économiques et aux notations. Le problème concerne davantage la dépendance exagérée à des indicateurs superficiels que les indicateurs eux-mêmes. Les agences de notation affichent un bon historique. Par exemple, toutes les dettes souveraines qui ont fait défaut depuis 1975 avaient été classées en catégorie spéculative un an avant leur défaut. De la même façon que le consensus de Washington ne devrait n'être rien d'autre que des orientations économiques, les notations ne devraient être rien d'autre que des indicateurs relatifs. Elles ne remplacent en aucun cas les analyses approfondies de l'économie et du risque réels. Comme on l'a évoqué au chapitre 9, de trop nombreux investisseurs sous-traitent leur évaluation du risque aux agences de notation. Une notation ne donne qu'une indication relative du risque de crédit. On peut comprendre l'« effet de lissage » qu'essaient de mettre en place les agences de notation pour éviter de nouvelles notations trop fréquentes. Malheureusement, cela favorise des plongeons vertigineux de la notation lorsqu'un risque non détecté se révèle.

LES BANQUES EN QUESTION

Les banques sont devenues trop grandes. Ironiquement, la dérégulation vers des économies prétendument « de marché » au cours des 30 dernières années a offert aux banques la possibilité dc se comporter comme des oligarques. Ceux d'entre nous qui ont travaillé sur les marchés émergents reconnaissent facilement le comportement oligarchique des géants de Wall Street. Ils sont hors de contrôle et influencent même les principaux États. Leur objectif est de sécuriser des rentes : ils prélèvent des montants disproportionnés sur l'économie, bénéficient de renflouements et de promesses tacites de renflouement et créent ainsi un aléa moral sur une échelle potentiellement ingérable.

Il faut également conduire un réexamen de l'offre excessive de crédit et un réexamen du consensus sur les monnaies fiduciaires.

Depuis la fin des accords de Bretton Woods en 1971, les monnaies ne sont plus adossées à des réserves d'or. Il n'existe dans les faits plus aucune limite au montant d'argent et de crédit que les institutions financières et les banques centrales peuvent créer, avec pour conséquence une « financiarisation » de l'économie mondiale. Désormais, les institutions financières dominent de plus en plus l'économie réelle alors qu'une offre de crédit non contenue a augmenté en pourcentage du PIB au cours des 30 dernières années.

Pendant 20 ou 30 ans, la politique occidentale (d'avant la crise) a évolué dans une contradiction : d'un côté, elle a mis l'accent sur un contrôle rigoureux de l'offre monétaire mais de l'autre elle a fait preuve de laxisme dans le contrôle de l'offre de crédit. Cette dernière peut être pourtant plus déstabilisante, surtout en l'absence de contrôle des capitaux ou lorsque des pays sont incapables de gérer des afflux de capitaux importants. Le secteur bancaire a encouragé ces dérives dans la mesure où chaque transaction financière ou commerciale implique une augmentation de ses revenus. Les banques sont incitées à court terme à encourager l'offre de crédit et elles ont fini par prendre la place des hommes politiques. Lorsqu'un *deleveraging* majeur se produit suite à une explosion du crédit, comme entre 2007 et 2010, les outils monétaires de lutte contre la récession deviennent inutiles car le problème est un manque de demande et un surendettement par rapport à la capacité productive de l'économie ; il ne s'agit pas d'un manque d'incitation[8]. Autrement dit, lorsque le crédit atteint un certain multiple de la masse monétaire et des revenus, la demande – générée par

8. Ray Dalio, « A Template for Understanding What's Going On ».

une stimulation du crédit ou de la masse monétaire plutôt que sur des gains de productivité – ne peut plus s'accroître. De tels cycles de la dette existent depuis qu'il y a du crédit.

Les conservateurs budgétaires et les économistes écologistes ont fait d'intéressantes contributions sur les apports questionnables du crédit. Ron Paul, un sénateur républicain, est un critique de longue date des monnaies fiduciaires (des monnaies qui ne sont pas convertibles dans une commodité comme l'or). Selon lui, les monnaies fiduciaires sont populaires auprès des économistes, la communauté des entrepreneurs, les banquiers et les gouvernements parce qu'elles donnent « du pouvoir et de l'influence à ceux qui contrôlent la création de la nouvelle monnaie et ceux qui utilisent le crédit dès que l'argent circule[9] ». L'économiste écologiste James Robertson a analysé comment la création de monnaie est en fait une création de crédit portant intérêts par les banques. Cela contribue à la spéculation sur les propriétés foncières et immobilières dans le cadre d'un cycle bulle/récession[10].

On reconnaît désormais que le crédit n'a pas été suffisamment contrôlé. En novembre 2010, Andrew Haldane, le directeur exécutif en charge de la stabilité financière à la Banque d'Angleterre, prononce un discours où il utilise la métaphore des contrôles de licences et des comportements d'ivresse. Il souligne qu'au cours des 30 dernières années les décideurs politiques ont supposé qu'une modération du cycle économique suffisait à contrebalancer l'offre de crédit, mais cela n'a pas été efficace : « Au Royaume-Uni, le crédit a augmenté trois fois plus vite que les dépenses en devises au cours de cette période, semant les graines d'une crise du crédit, alors que l'inflation et la croissance sont restées remarquablement stables. » Il suggère de réorienter la politique régulatoire vers une restriction de l'offre de crédit. Par exemple, on pourrait durcir les contraintes régulatoires sur les banques pour « contenir » une explosion du crédit. « Dans les débits de boissons du crédit, la consommation serait surveillée, les horaires restreints

9. Ron Paul, « Fiat Paper Money », 12 septembre 2003. Disponible en ligne : http://www.lewrockwell.com/paul/paul125.html.

10. James Robertson, « Money from Nothing », *New Economy Magazine*, été 2009.

et fini les "*happy hours*"[11].» Pour ce faire, il est indispensable de doter les autorités de régulation d'un pouvoir effectif pour contrer le pouvoir de lobbying des banques.

Les hypothèses de «marché efficient» supposent que les marchés financiers évaluent toujours correctement la valeur des actifs, car ils intègrent toute l'information disponible à ce moment-là. Les principaux régulateurs, dont Alan Greenspan de la Réserve fédérale, sont de fervents soutiens de la dérégulation financière, persuadés que les marchés financiers sont les mieux à même de fixer les prix et d'allouer efficacement le capital. Dans ce contexte, il n'est pas surprenant de constater que la croissance du crédit n'a pas été contrôlée et que les régulateurs ont laissé les marchés financiers s'autogérer. Tant que certains acteurs clés feront l'équivalence Dérégulation = Marchés efficients, il existera de sérieuses barrières conceptuelles à la mise en place d'une bonne régulation.

Les prêts surdimensionnés et ubuesques – y compris à de petits pays en développement – trouvent leur origine dans un système bancaire trop développé. La dette est devenue une commodité. Les personnes les plus brillantes sont allées travailler dans des banques, au détriment de certains secteurs plus productifs de l'économie. Les ingénieurs en aérospatiale seraient bien mieux employés dans leur secteur qu'à élaborer des produits financiers dangereux que même leurs propres supérieurs ne peuvent pas comprendre.

Aux États-Unis, entre 1973 et 1985, le secteur financier a gagné un peu moins de 16 % des profits générés par les entreprises domestiques. En 1986, ce chiffre a atteint 19 %. Dans les années 1990, il a oscillé entre 21 % et 30 % mais, dans les années 2000, il a atteint 41 %[12].

La «rente» est définie comme un revenu additionnel que des organisations peuvent prélever au-dessus du niveau qu'elles auraient demandé si elles avaient été sur un marché concurrentiel, soit parce qu'elles sont en monopole, soit que la méthode de fixation des prix reste secrète ou encore, comme dans le cas des

11. Andrew Haldane, «The Debt Hangover», discours prononcé au dîner professionnel de Liverpool, 27 janvier 2010.

12. Simon Johnson, «Quiet Coup», *Atlantic Magazine*, mai 2009.

services financiers, parce qu'elles créent des produits complexes que personne ne comprend. Thomas Philippon de l'université de New York et Ariell Reshef de l'université de Virginie estiment qu'entre 30 et 50 % des revenus additionnels que les banquiers perçoivent, par rapport à des professions comparables, peuvent être assimilés à des rentes[13]. Les multiples renflouements observés dans le monde depuis 2008 et l'assouplissement quantitatif mené par les banques centrales ont permis à ces comportements de perdurer.

En janvier 2009, Simon Johnson du *Peterson Institute for International Economics* parle de «la cause profonde» de la crise. Il s'agit de l'économie politique du système financier américain, en particulier du pouvoir de lobbying des entreprises financières qui s'est développé dans une structure de type marché émergent (voir chapitre 8)[14].

Commc son discours le souligne, le pouvoir des grosses banques est trop important et trop efficace. Ainsi, par leur lobbying, elles ont réussi à obtenir en 1999 l'abrogation du *Glass-Steagall Act* qui séparait banques de dépôt et banques d'investissement. Les relations étroites entre les directeurs de Goldman Sachs et le Trésor américain sont une réalité insupportable. Cette constatation est également valable pour d'autres gouvernements : le poids d'un endettement massif sur des contribuables qui ne sont pas encore nés, grecs et argentins, en ajournant et en gonflant des niveaux de dette souveraine déjà élevés par un *megacanje* et des *swaps* de devise est un scandale.

À l'instar de règles internationales sur le contrôle des banques, les pays devraient introduire des contre-pouvoirs institutionnels pour éviter qu'un gouvernement ne s'accorde avec des banques d'investissement pour sécuriser des liquidités en vue des prochaines élections tout en appauvrissant la prochaine génération. Cette réforme dépend de savoir si, oui ou non, les étrangers devraient être autorisés à acheter des obligations nationales. L'idée de bloquer l'investissement étranger peut paraître extrême, en particulier à

13. Voir «Taxing Spoils of the Renting Sector», blog de Reuters, 22 avril 2010.
14. Simon Johnson, «The Economic Crisis and the Crisis in Economics».

court terme, mais il ne faut pas oublier que l'argent emprunté doit toujours être remboursé. Il faut comparer le bénéfice transitoire de vivre au-dessus de ses moyens avec les coûts potentiels. Notre dépendance à l'argent de pays étrangers nous expose à des marchés de capitaux versatiles et à la prochaine crise mondiale.

Pour illustrer le pouvoir des banques, voici un petit exemple extrait de l'univers des taux de change. Les *brokers* de taux de change permettent à des investisseurs privés (en fait des « parieurs ») de profiter d'un effet de levier sur leur compte entre 100 et 400 fois. Imaginons que vous fassiez un dépôt de 100 $ sur votre compte d'opérations de change. Vous pouvez potentiellement *trader* 40 000 $ en opérations de change. Avec une variation en votre faveur de 1 % de la devise, vous empochez 400 $, soit quatre fois votre capital initial. Plutôt étonnant, non ? Mais avec seulement 0,25 % de variation dans l'autre sens, tout votre capital est lessivé. Est-ce légal ? Cela répond-il à un besoin de la société ? La réponse est non. En réalité, les volumes plus importants de transactions sur lesquels les banques, en tant que *market-makers*, font des bénéfices représentent un impôt sur la société. Dans un casino, cette pratique est purement illégale. Mais le lobbying des banques permet encore ce genre de comportement.

L'argument des banques auprès de chaque État est : « Si vous réduisez les volumes de transactions, nous irons ailleurs chercher des rentes (imposables) ». Il faut mettre un terme à tout cela, ce qui nécessite une coordination internationale et audacieuse de la part des États. De la même façon qu'il a fallu créer une commission anticartel pour le marché unique, il devient de plus en plus évident qu'il faudra créer des règles internationales appliquées par des institutions qui ont une réelle influence pour réguler la finance mondiale. Bâle III est déjà un petit pas dans cette direction avec l'obligation pour les banques d'augmenter leurs réserves de capital. Il faut également des règles claires pour éviter les dettes odieuses des gouvernements et d'autres produits dérivés toxiques d'une industrie bancaire hors de contrôle. Ce n'est pas irréalisable. Les institutions anticartel en Amérique du Nord et en Europe ont réussi à s'imposer aux corporations des secteurs non financiers ;

une solution similaire peut et doit être trouvée pour lutter contre le comportement révoltant des banques. Un siècle plus tôt, Theodore Roosevelt a réussi à briser les oligarchies industrielles avec des mesures antitrust. Un défi historique identique s'impose à la nouvelle génération des dirigeants politiques en Occident : briser les oligarchies financières. Jusqu'à présent, c'est un défi qu'ils semblent esquiver.

L'illusion pernicieuse du PIB

Le consensus de Washington est fondé sur la croyance naïve que la dérégulation permet l'émergence de marchés libres et efficients. Combinée à une attention excessive pour la croissance du PIB, cette idée conduit à l'incapacité à distinguer entre une croissance soutenable et une orgie de consommation nourrie de dettes.

Le PIB mesure le flux d'activité économique, pas la richesse d'une nation. Il existe d'autres mesures de la richesse ou des capacités de production et une quantification de la soutenabilité du développement. La valeur nette d'un pays équivaut à ses actifs bruts moins ses dettes. Les actifs bruts sont les actifs corporels, les actifs financiers et le capital humain (standard d'éducation, compétences d'entreprises et capacité au développement, etc.). Emprunter de l'argent pour ne consommer que des biens périssables n'augmente pas le capital d'actifs bruts, mais augmente uniquement le PIB à court terme et enjolive les ratios. Étant donné que la dette augmente parallèlement, il peut en résulter en réalité une réduction de la valeur nette du pays malgré un PIB provisoirement en hausse.

Aux États-Unis, les chiffres de la croissance paraissaient prometteurs dans les années 1990 et au début des années 2000 alors que la confiance générale laissait les déficits jumeaux s'envoler. La croissance était très forte grâce à une mauvaise allocation du capital dans le marché de l'immobilier par exemple. Cependant, cette croissance était temporaire et – surtout – non productive. Construite sur de l'emprunt incontrôlé, elle entame inévitablement la richesse future des États-Unis, car il faudra rembourser ces excès.

Les bulles générées par la croissance excessive du crédit donnent l'illusion, passagère, de créer de la richesse. À long terme, les catégories sociales à revenus moyens ou faibles n'en bénéficient pas[15]. C'est politiquement dangereux. L'historien Simon Schama commente : « Le surnom donné pendant la "Révolution française" aux financiers, accusés d'être responsables du désastre, était celui de "riches égoïstes". Nos propres ploutocrates ne sont plus condamnés à la guillotine, mais le fait que la catastrophe financière et ses effets sur l'économie "réelle" découlent d'obscures transactions qui ne produisent rien d'autre que des profits à court terme aggrave le sentiment de trahison éprouvé par la société[16]. »

L'économie est à présent traversée par une crise intellectuelle. L'échec des modèles mathématiques trop compliqués, surtout pendant la crise des *subprimes*, ouvre un débat sur la nature de la discipline : doit-elle être avant tout quantitative ou suivre une approche plus qualitative, comme en histoire ? Cette discussion est intéressante mais peut devenir vide de sens et partisane. Pire que d'être « trop quantitatif » ou « trop qualitatif » est le risque de ne se fier qu'à une seule preuve et de céder aux biais cognitifs quel l'on connaît bien. L'économie et les politiques auraient besoin d'approfondir leur connaissance des sujets, d'être plus éclectiques et plus critiques. Être moins sûrs d'eux et moins prédictifs. Il nous faut étudier les fondamentaux et ne pas se laisser duper par les prix ou les modes. Il nous faut oublier notre croyance infondée qu'une intention politique fournit une prétendue protection, que renforcent des exagérations qualitatives comme « trop gros pour faire faillite », « trop connecté pour faire faillite », « le train de l'euro ne déraillera jamais », etc.

15. Albert Edwards, « Theft! Were the US and UK Central Banks Complicit in Robbing the Middle Classes? », Société Générale, 21 janvier 2010.

16. Simon Schama, « The World Teeters on the Brink of a New Age of Rage », *Financial Times*, 22 mai 2010.

Menace sur les États-providence européens

Malgré leur hostilité mutuelle, les syndicats du secteur public européen et les banques d'investissement ont des points communs : la quête de rentes, une vision étriquée, l'absence d'un sens des responsabilités envers le reste de la société. Quand les économies occidentales seront frappées par la crise et le déclin, ils se blâmeront les uns les autres et n'endosseront aucune responsabilité. Adversaires politiques, on leur découvre pourtant des aspects comportementaux communs.

Les banques d'investissement, complètement hors de contrôle, sont inabordables pour tout sauveur potentiel. Il en est de même des États-providence. Une caractéristique similaire émerge actuellement aux États-Unis et au Japon. Les États-providence n'ont pu se maintenir à leurs niveaux généreux au début des années 2000 que par l'emprunt (un glissement démographique ajoute de la pression). Sans réforme, certains États occidentaux feront simplement faillite. Avec des charges de retraite très importantes et la santé à financer à partir d'une économie productive réduite, certains sont bons pour un rachat économique en tant que colonie de la puissance asiatique. Une réduction des coûts, en particulier des retraites, nécessite une certaine forme de cohésion sociale. Laisser les banques d'investissement s'en sortir rendrait cette réforme des États-providence quasiment impossible, de la même façon que la culture d'impunité des hommes politiques grecs rend difficile pour une société d'accepter des mesures d'austérité.

Plus généralement, il nous faut accepter en Europe que nous allons nous appauvrir en termes relatifs et que l'avenir est tourné vers les marchés émergents en Asie et en Amérique latine. Les devises sont en retard sur un réalignement en termes relatifs, et ce réalignement pourrait être immense. Un maçon grec peut prendre des vacances dans un hôtel cinq étoiles en Thaïlande mais un médecin thaïlandais n'a absolument pas les moyens de se payer de vacances cinq étoiles en Grèce (les Grecs honnêtes non plus d'ailleurs, mais je m'égare). Il est peu probable que cela soit tenable à long terme.

Lorsque le dollar et l'euro commenceront à se déprécier par rapport aux monnaies asiatiques, la classe moyenne asiatique gagnera en pouvoir d'achat. Cela offrira des opportunités de développement pour des entreprises occidentales compétitives, en fonction du poids de leurs dettes, de leurs impôts et de leur contribution au système des retraites et de santé.

Dit autrement, on vit au-dessus de nos moyens. Les Asiatiques vivent en dessous de leurs moyens. L'euro a distordu les choses, mais cela ne va pas durer. En Europe, si la Grèce finit par revenir à la drachme, elle devra la dévaluer. Les Allemands reviendront passer leurs vacances en Grèce mais moins de Grecs achèteront de voitures allemandes. En cas de réalignement mondial, il y aura probablement une refonte des conditions de vie relatives à l'Ouest et en Asie. Pourquoi cela ne s'est-il pas encore produit ? Parce que la Chine souhaite être une économie d'exportation pendant qu'elle incorpore ses paysans dans des usines – sinon, son chômage serait intenable. Néanmoins, le réalignement a commencé : les Chinois demandent déjà des salaires plus élevés et la classe moyenne se développe. Ils pourront se permettre d'acheter une Porsche Cayenne et (espérons-le) de prendre des vacances en mer Égée. Le succès engendre l'échec, et l'échec engendre le succès.

De façon générale, le niveau d'endettement à l'Ouest et notre façon dispendieuse de vivre ne sont pas soutenables. On comprend bien les dangers d'un remboursement drastique à la Ceauşescu, mais peu se rendent compte des dangers de l'inaction. Le fameuse « relance » keynésienne par des emprunts contracycliques est peut-être surestimée : la théorie de Ricardo de l'équivalence stipule que les dépenses publiques n'ont pas d'impact à long terme sur la croissance puisque les agents économiques préféreront économiser aujourd'hui par anticipation d'une augmentation des impôts dans le futur. En effet, les dépenses publiques peuvent aider à stabiliser la demande au début de la récession mais ne sont pas très efficaces en général comme instrument de politique contracyclique. Si le gouvernement essaie de stimuler la croissance et les emplois aujourd'hui à n'importe quel prix, l'effet sur la croissance et les emplois demain sera encore plus rude.

Les économies « développées » n'ont pas connu de défaut souverain depuis celui de l'Allemagne en 1948. Il aurait été étonnant qu'une si longue période sans rupture ne génère pas un haut niveau de confiance. En fait, les défauts souverains étaient en réalité assez communs avant l'âge des impôts sur les revenus et sur les plus-values. On pourrait parfaitement revenir à un âge où l'État a fréquemment des notations de crédit plus faibles que les particuliers ou les organisations sous sa propre juridiction, limitant ainsi ses pouvoirs à collecter de l'impôt sur de telles entités[17].

Une réforme économique doit être juste. Les États-providence européens, soutenus par l'emprunt, coûtent trop cher. Mais si l'on parvenait à réduire ces coûts, les banques d'investissement conserveraient leur emprise oligarchique sur les gouvernements et l'économie productive, s'attribuant des bonus énormes subventionnés par les contribuables : le risque politique augmenterait considérablement.

Le maintien de la confiance entre citoyens et État doit faire partie du plan de reprise économique. Ce n'est pas une option. Comme je l'ai déjà souligné dans ce chapitre, la Grèce doit évoluer vers une culture de conformité, de collecte d'impôts, de respect de la loi (hommes politiques inclus) et doit réduire la taille de son économie informelle. Certaines économies développées évoluent cependant dans l'autre direction, et ce, pas uniquement à cause de l'essor des oligarchies : l'évasion fiscale et l'économie informelle se développent. La mondialisation de la finance y contribue[18]. Il ne serait pas inutile de diffuser les leçons de la crise grecque dans d'autres pays afin d'éviter un glissement vers des pratiques oligarchiques.

Dans des pays politiquement polarisés comme la Grèce ou les États-Unis, il existe un risque de paralysie politique. La gauche blâme les banques ; la droite blâme les dépenses du gouvernement. Le problème est que les coûts des banques d'investisse-

---

17. « Is Sovereign Default "Unnecessary, Undesirable and Unlikely" for All Advanced Economies? », *Global Economics View*, 16 septembre 2010.

18. « Is Sovereign Default "Unnecessary, Undesirable and Unlikely" for All Advanced Economies? », *Global Economics View* ; voir également F. Schneider et D. Enste, « Shadow Economies and Corruption All Over the World: Revised Estimates for 120 Countries », e-journal d'économie, octobre 2009.

ment oligarchiques sur l'économie réelle et les coûts de l'État-providence pour les retraites ne s'annulent pas. Les deux se cumulent, donc les deux doivent être gérés.

ET L'EURO…

L'euro et donc l'Union européenne sont en crise. Les deux sont liés par une combinaison d'emprunts, de mesures de liquidité et un désir fiévreux de voir la périphérie rattraper les pays du centre (même si les décideurs politiques ont totalement ignoré que l'inverse se produisait).

Cela soulève d'importantes questions : Faut-il une Union européenne ? A-t-on besoin de l'euro ? La réponse à la première question est indiscutablement oui. La création de la Communauté économique européenne et la création d'un marché unique ont été les principaux facteurs de renaissance des économies occidentales européennes après la Seconde guerre mondiale. Par ailleurs, elles ont démontré que le libre-échange et les démocraties étaient largement plus à même de créer de meilleures conditions de vie que les dictatures communistes d'Europe de l'Est ou les dictatures de droite en Grèce et sur la péninsule Ibérique.

Le drame à présent est que les immenses gains des premières décennies de la CEE/UE risquent d'être gaspillés par les erreurs de l'union monétaire. Les architectes de la monnaie unique n'ont pas pris en compte les leçons de la théorie et des expériences récentes lorsqu'ils ont décidé de ne pas fonder l'euro sur les principes d'une zone monétaire optimale. Ils avaient pourtant été prévenus.

L'euro, tel qu'actuellement configuré, a peu de chance de survivre : les mesures d'austérité imposées à la Grèce sont tout simplement trop dures. Les risques politiques dans les pays périphériques sont probablement trop élevés et, plus important, les fondamentaux et les structures économiques sont trop différents.

On a ignoré l'importance d'un consensus social ou du soutien de l'opinion publique. Il faut cesser de dédaigner les échecs des référendums et de traiter l'électorat de façon paternaliste. Par un effet pervers, cela encourage l'euroscepticisme que les dirigeants de l'UE souhaitent normalement combattre. Ces derniers se sont trop satisfaits du succès de lancement de l'euro et ont été trop contents de faire des déclarations historiques aux inaugurations, maximisant la taille de la zone euro plutôt que la convergence. Il leur faut présenter leurs excuses : pour les menaces malhonnêtes à l'encontre des pays restés en dehors de l'euro, pour la métaphore dépourvue de sens du «train» qui a insulté notre intelligence et les a conduits à mettre de mauvaises politiques en œuvre, pour leur négligence à respecter le Pacte de stabilité et de croissance et pour avoir laissé la crise de la dette se développer hors de tout contrôle.

Ils ont oublié que le concept d'«Europe» est en réalité assez jeune. Cela prendra du temps pour créer une identité européenne. La Grèce n'a rejoint l'UE qu'en 1981 ; l'Espagne et le Portugal cinq ans plus tard. Avec le temps, il deviendra plus facile sur un plan politique et technique d'effectuer des transferts budgétaires et de faire en sorte que l'union monétaire fonctionne.

Vous pourriez dire «que chacun retourne à sa propre devise», mais l'euro présente des avantages en termes de réduction des coûts de transaction et des risques de change sur le continent et permet de concurrencer les grandes aires d'échanges. Il est possible que la zone euro finisse par se réduire. À l'instar de la Grèce, l'Europe tout entière devra certainement affronter une période d'austérité avant d'en percevoir les bénéfices. Avec la périphérie embourbée dans les mesures d'austérité et la récession, une discussion a été lancée sur une zone euro ramenée à ses «deux tiers». Les pays en dehors de la zone ont moins souffert que la Grèce ou l'Irlande, à l'inverse des prévisions faites dix ans plus tôt par les partisans de l'euro qui encourageaient la Suède, le Danemark et le Royaume-Uni à adhérer.

Les dirigeants de l'Union européenne sous-estiment encore les exigences d'une véritable union monétaire et le manque de volonté politique à conduire les réformes nécessaires pour y parvenir : union budgétaire, réforme du marché du travail, restructuration de la dette grecque, coordination des politiques et réforme de la régulation bancaire. De plus, ce défi politique décourageant n'est en réalité que le *minimum* nécessaire pour le fonctionnement d'une zone monétaire. Les spéculations vont bon train sur la réduction de la taille de la zone euro, recentrée sur les économies du Centre et du Nord. Il semblerait que président Sarkozy ait demandé à ses fonctionnaires d'explorer la faisabilité de cette option[19].

Les répercussions seraient immenses. Le défaut de la dette souveraine serait inévitable pour la Grèce et probablement pour d'autres pays. On ne sait pas encore comment l'Irlande réagirait. Elle préférerait peut-être s'arrimer à la livre sterling ou avoir une devise flottante avant de candidater pour rejoindre l'euro « du Nord ».

Ces histoires de nouvelles zones monétaires régionales sont des spéculations même si, dans les deux cas, le remplaçant de l'euro dans le Nord regroupe des économies au profil similaire. Cela ressemble également à la zone monétaire optimale d'un grand Deutsche Mark, identifiée par de nombreuses études, citée par l'ancien membre du directoire de la BCE, Otmar Issing, et confirmée par l'étude de Barclays Capital en 2010. Cette idée a rapidement été délaissée au profit de l'option plus exaltante d'une zone monétaire unique. On remarquera comment l'expérience nous indique que la seule véritable zone monétaire en Europe est constituée des pays germanophones et du Benelux, et peut-être d'un ou deux pays voisins. C'était déjà évident avec le « serpent » dans les années 1970, l'effondrement du MCE dans les années 1990 et un euro réduit à ses « deux tiers » en 2010.

Où va-t-on à présent ?

La monnaie unique n'a pas été le « train vers l'opulence » imaginé par ses partisans, mais une odyssée sans horaires ni rails. Elle est marquée par l'incertitude et les déviations à cause de la nature des économies réelles, la seule véritable raison pour laquelle une zone monétaire optimale peut exister et lancer sa propre monnaie. Les

19. « Germany and France Examine "Two-Tier" Euro », *Daily Telegraph*, 19 juin 2010.

économies participantes n'ont pas convergé et ne convergeront probablement jamais, comme nous l'enseignent la théorie et le cas récent de l'Argentine. La confiance excessive dans le fait que cette convergence se réaliserait un jour était partagée par l'Union européenne et la communauté des investisseurs. Ces institutions doivent à présent balayer tout ce qui a pu les conduire à « croiser les doigts ». Les compromis mous et l'amnésie qui ont caractérisé la création de l'union monétaire illustrent un manque de compréhension de l'impact des décisions économiques prises. De la même façon, les investisseurs, qui ont profité de cette industrie de la convergence européenne, étaient indifférents ou inconscients de l'instabilité générée par la montagne de dette souveraine qu'ils ont contribué à accumuler. Les syndicats ne se sentent pas concernés par les dettes générées dans le schéma actuel des retraites. Les fonctionnaires du FMI et les banques centrales se sont contentés d'émettre des *check-lists* à partir des principes du consensus de Washington ou des cibles d'inflation, voire des communiqués juste bons à minimiser la crise pendant que les bulles spéculatives augmentaient et explosaient tout autour d'eux et que les dettes odieuses devenaient incontrôlables. Cette indifférence collective ou cette inconscience de l'ampleur des dislocations économiques dans un monde de finance mondialisée est périlleuse. La seule sortie possible implique des réajustements radicaux des politiques et de l'état d'esprit. Cela aura des conséquences douloureuses à court et à moyen terme pour bien des Européens, qui n'y sont ni habitués, ni préparés.

Bon courage pour la suite !

12

Et maintenant ?

Après nous, le déluge !

Madame de Pompadour,
maîtresse de Louis XV

Les seules options de sortie de crise pour la zone euro nécessitent des changements radicaux de politiques et de mentalité, accompagnés de réajustements parfois douloureux. Les décideurs politiques ne sont pas tous prêts à accepter l'ampleur de ces transformations. Pourtant les événements évoluent vite et, en ce début 2012, la crise s'est encore aggravée.

Les piliers de la monnaie unique se sont effondrés les uns après les autres : interdiction de renflouer un pays ; indépendance de la Banque centrale européenne ; annonces selon lesquelles il n'y aurait pas de défaut ou de restructuration des dettes publiques dans la zone euro ou que des sorties de l'union monétaire n'étaient pas à l'ordre du jour.

Pour survivre, la zone euro n'a d'autre choix que d'accomplir une union budgétaire et politique totale, ce qui passe par un partage des dettes. Même ainsi, les obstacles restent redoutables. Par ailleurs, il ne sera possible d'achever cette union que si, du point de vue de la balance courante de l'Allemagne, la maintenir coûte moins cher que de la démanteler. Cette analyse coûts/bénéfices n'est pas facile à vendre ; il faut en faire la « démonstration » à l'électorat allemand pour le convaincre. L'espoir de mettre en ordre les finances de la Grèce est désormais bien faible et la « solution » d'une union budgétaire n'est sans doute possible qu'au prix d'une sortie de la Grèce de la zone euro. Le pays pourrait s'effondrer de façon désordonnée et faire défaut sur son immense dette ou pourrait tout aussi bien être expulsé de la zone – comme en attestent les menaces de la chancelière Merkel et du président Sarkozy début novembre, brisant ainsi l'ultime tabou. Une autre alternative est d'encadrer cette dissolution.

Il semble que les membres de la zone euro devront trancher entre union budgétaire et désintégration, en supposant qu'aucun accident « inattendu » ne décide pour eux. La principale interrogation est existentialiste : à quoi sert l'euro ? On peut également se demander s'il est encore possible de le sauver, voire s'il doit être sauvé et, le cas échéant, sous quelle forme.

Une analyse d'ensemble révèle que la dette souveraine n'est qu'un des problèmes de l'Occident. Il faut ajouter à la liste : le vieillissement des sociétés, la financiarisation, les inégalités et la compétitivité économique (voir plus loin dans ce chapitre).

Tous ces facteurs sont à l'origine d'une résurgence de mouvements de protestation qui profitent aux partis xénophobes, d'un risque d'extrémisme politique et de protectionnisme. Ce chapitre a pour objectif d'examiner ces grandes dynamiques en lien avec les trois principaux sujets de l'ouvrage : l'Union européenne ; la Grèce face à la « financiarisation » ; et enfin les effets de la finance mondiale dérégulée. Je conduirai cette analyse en prenant comme hypothèse la probabilité d'un effondrement réel de l'euro, et ce, dans un contexte de pressions politiques et démographiques grandissantes sur l'Europe que les décideurs politiques ont tendance à oublier.

L'Union : mauvais diagnostics, tractations, incohérences et revirements

Comment les choses ont-elles pu se dégrader à ce point ? Comment une étincelle en Grèce a-t-elle pu provoquer un immense incendie embrasant tout le continent ? Dans toute la zone euro, les représentants officiels et les dirigeants politiques ont commis des erreurs d'appréciation dues à une incapacité collective à appréhender les conséquences d'une monnaie unique. Parier que l'euro peut fonctionner sans Trésor public, sans une banque centrale qui joue le rôle de prêteur en dernier ressort et sans une mutualisation de la dette est risqué et ne s'est jamais vérifié historiquement. Comme on l'a analysé au chapitre 3, aucun effort n'a été fait pour créer une véritable zone monétaire optimale. En d'autres termes, l'euro répète les grandes erreurs du mécanisme de taux de change européen, mais sans issue identifiée.

Le seul outil créé pour assurer une coordination budgétaire est le Pacte de stabilité et de croissance, conçu pour limiter les dettes et les déficits publics. Mais il n'est pas appliqué. Lorsque l'Allemagne et la France en enfreignent les limites, elles ne sont pas sanctionnées. Lorsque la position budgétaire de la Grèce se détériore, les dirigeants de l'UE y voient une indiscipline budgétaire exceptionnelle qu'un régime plus strict suffit à corriger. D'autres déséquilibres et faiblesses créés par une mauvaise affectation du capital restent ignorés. Il faut deux ans à l'élite européenne pour admettre que l'État grec n'est plus solvable et que sa dette doit être restructurée. Pourtant, le rééchelonnement programmé est très certainement inapproprié, comme on l'analysera dans ce chapitre.

Il faut attendre décembre 2010 pour que les défaillances institutionnelles de l'UE soient officiellement reconnues. Suite au présommet entre le président Sarkozy et la chancelière Merkel, les deux chefs d'État adressent une lettre commune au président du Conseil européen, Herman Van Rompuy : « La crise actuelle a mis clairement en évidence les lacunes de l'architecture de l'UEM. »

Cependant, toutes les mesures proposées lors de ce sommet, à l'exception du veto de la Grande-Bretagne, se focalisent sur l'importance d'une rigueur budgétaire avec quelques recommandations sur les marchés financiers et l'harmonisation fiscale. Il existe pourtant d'autres dysfonctionnements plus fondamentaux à traiter, comme les fortes disparités de compétitivité entre pays et la vulnérabilité des banques engendrée par une mauvaise allocation du capital. La Grèce est le seul pays périphérique dont le niveau excessif d'emprunt public est la cause première de la crise. Dans les cas de l'Irlande et de l'Espagne, ce manque de discipline s'observe plutôt dans le secteur privé. Ces pays affichaient des excédents budgétaires avant le début de la crise bancaire de 2007-2008, mais ont pâti d'énormes bulles immobilières et d'une gestion calamiteuse des risques par les banques. Certaines banques du cœur de l'Europe ont pris de mauvaises décisions d'investissement. Simon Tilford et Philip Whyte, du *Centre for European Reform*, remarquent :

> Les pays créanciers ne peuvent pas être absous de toute responsabilité. Non seulement les croissances de pays comme l'Allemagne et les Pays-Bas se sont nourries d'exportations rendues structurellement possibles par un endettement en hausse dans les pays étrangers, mais les pays créanciers du cœur de l'Europe ont également entretenu certaines faiblesses en faisant circuler du capital du cœur vers la périphérie *via* les banques. Ces dernières étaient bien plus lourdement endettées dans des pays comme l'Allemagne, les Pays-Bas et la Belgique que dans les pays périphériques (ou dans le monde anglo-saxon). La crise de la zone euro est autant le récit de leviers financiers bancaires excessifs et de mauvaise gestion du risque dans les pays du cœur de l'Europe que celui d'une consommation excessive et de gaspillage dans les pays périphériques[1].

Dans toute union monétaire, un équilibre finit toujours par s'établir, par le commerce ou les flux de capitaux. Ainsi, les ajus-

1. Simon Tilford et Philip Whyte, « Why Stricter Rules Threaten the Eurozone », *Centre for European Reform*, novembre 2011. En ligne : http://www.cer.org.uk/sites/default/files/publications/attachments/pdf/2011/essay_eurozone_9nov11-4084.pdf.

tements demandés par Merkel et Sarkozy sont asymétriques et font peser tous les coûts sur les pays périphériques.

Comme Gavyn Davies le souligne, l'Italie, l'Espagne, le Portugal et la Grèce présentent un déficit cumulé de leurs balances courantes de 183 milliards de dollars. L'Allemagne bénéficie d'un excédent de balance courante de 182 milliards de dollars, soit environ 5 % de son PIB. Donc, pour maintenir l'euro, il faudrait un transfert annuel de capital représentant 5 % du PIB allemand du cœur vers la périphérie de l'Europe. Avant la crise, ce transfert était réalisé volontairement par le secteur privé. Depuis 2008, le secteur public a pris le relais, sous la forme de plans de sauvetage et indirectement par les interventions de la BCE. La zone euro pense régler le problème en réduisant les budgets et en réformant l'économie des pays les plus endettés mais sans changer les politiques des pays créanciers. Cette approche a déjà été testée par le passé, mais elle est très restrictive et conduit souvent à des dévaluations dans les pays débiteurs car le coût en est trop élevé. La Grèce se trouve déjà à ce stade et les autres pays périphériques devraient suivre[2].

Pendant deux ans, les dirigeants de l'UE ont traité un problème de solvabilité comme s'il s'agissait d'une question de liquidité et ont enchaîné des politiques improvisées. Ils ont d'abord nié tout besoin en mesures correctrices pour en instaurer quelques mois, voire seulement quelques jours, plus tard. Des mesures dites exceptionnelles sont devenues permanentes ; la contagion s'est répandue. En voici quelques exemples :

- « Un renflouement de la Grèce n'est pas nécessaire et n'aura pas lieu. » (Joaquin Almunia, alors commissaire européen aux Affaires économiques et monétaires, 29 janvier 2010.)

2. Gavyn Davies, « The Eurozone Decouples from the World », *Financial Times*, 6 novembre 2011. En ligne : http://blogs.ft.com/gavyndavies/2011/11/06/the-eurozone-decouples-from-the-world/#axzz1d0Hun5RB. Voir également un commentaire utile de Paul Krugman à l'adresse suivante : http://krugman.blogs.nytimes.com/2011/11/07/wishful-thinking-and-the-road-to-eurogeddon/.

- « Nous avons un traité [européen] qui n'autorise pas le financement de plans de sauvetage pour des États en difficulté. » (Angela Merkel, chancelière allemande, 1er mars 2010[3].)

En mai 2010, le premier sauvetage par l'UE d'un membre de la zone euro, la Grèce, est annoncé, avec la création d'un Fonds européen de stabilité financière, doté d'une capacité initiale de 440 milliards d'euros.

- « Nous n'avons pas besoin de demander l'aide du FMI. » (Joaquin Almunia, dans un discours au Parlement européen, 8 février 2010.)

Trois mois plus tard, l'aide du FMI est requise et fait partie intégrante des mesures de sauvetage de la Grèce, pourtant exclues à l'origine. Le FMI est formellement invité à prendre part à la « troïka » en charge de superviser la mise en œuvre de cette politique.

- « Nous sommes absolument certains que l'Irlande n'aura pas besoin de plan de sauvetage. » (Brian Lenihan, alors ministre des Finances de l'Irlande, 11 octobre 2010[4].)
- « Le gouvernement portugais et le Portugal ne demanderont pas d'aide financière pour la simple et bonne raison qu'ils n'en ont pas besoin. » (Fernando Teixeira, ministre des Finances, 11 janvier 2011[5].)

L'Irlande souffre principalement d'une bulle immobilière et de la mauvaise gestion de ses banques. En 2008, le gouvernement de Dublin accorde une garantie des dépôts bancaires effectués dans les banques irlandaises mais des passifs cachés sont découverts et s'avèrent plus élevés que prévu. En 2010, le déficit budgétaire est de 32 % du PIB et la dette publique brute devait atteindre 98,6 %

---

3. « Angela Merkel Rules out German Bailout for Greece », Deutsche Welle, 1er mars 2010. En ligne : http://www.dw-world.de/dw/article/0,,5299788,00.html.

4. Voir http://www.bloomberg.com/news/2010-10-11/ireland-can-absolutely-avoid-an-eu-bailout-as-cuts-weighed-lenihan-says.html.

5. Cité par *Associated Press*, *News Reports*. En ligne : http://rt.com/news/portugal-help-eu-bailout/.

du PIB [6]. Un plan de sauvetage conjoint UE/FMI de 90 milliards d'euros est annoncé le 21 novembre 2010. Au Portugal, en mars 2011, les députés refusent de soutenir les mesures d'austérité prévues par le gouvernement socialiste de José Sócrates, provoquant une hausse des rendements obligataires. Le gouvernement de José Sócrates démissionne, mais ce dernier conserve le poste de Premier ministre par intérim. Début mai, il annonce un plan de sauvetage de 78 milliards d'euros.

- « De mon point de vue, un défaut est totalement exclu. » (Jean-Claude Trichet, président de la BCE, 7 mai 2010[7].)
- « Nous n'envisageons pas de discuter d'une restructuration de la dette. Cela serait plus douloureux et plus coûteux que de rembourser nos créanciers. » (Georges Papaconstantinou, 8 avril 2011[8].)
- « Laissez-moi le dire clairement : il n'y a pas de plan B pour éviter un défaut. » (Olli Rehn, commissaire européen aux Affaires économiques, 28 juin 2011[9].)

Le 21 juillet 2011, l'Union européenne annonce une défaillance encadrée de la Grèce (ou restructuration) sur environ 21 % de sa dette. Voici donc le plan B. Un plan C sera mis en œuvre en octobre (voir « Sommet de l'UE, 26 octobre », évoqué plus loin dans ce chapitre).

- « Il n'y aura pas de nouvelles mesures d'austérité (…) Il faut mettre un terme à cette spéculation car cela crée de la peur et

---

6. « Irish Budget Deficit to Soar to Staggering 32% of GDP on Bank Bailout Costs », *International Business Times*, 30 septembre 2010. En ligne : http://www.ibtimes.com/articles/67299/20100930/ireland-bank-bailout-deficit.htm.
7. « Greece Backs Austerity Plan but Euro, US Stocks Fall », Reuters, 7 mai 2010. En ligne : http://in.mobile.reuters.com/article/topNews/idINIndia-48239620100506?ca=rdt.
8. « Greece Says No Restructuring Plan in Place as Traders Raise Default Bets », Bloomberg, 18 avril 2011. En ligne : http://www.bloomberg.com/news/2011-04-17/greece-denies-restructuring-plan-as-traders-raise-default-bet.html.
9. Voir http://europa.eu/rapid/pressReleasesAction.do?reference=MEMO/11/465&format=HTML&aged=0&language=EN&guiLanguage=en.

de la panique.» (Georges Papandreou, Premier ministre grec, 13 septembre 2010[10].)

En septembre 2011, Papandreou annonce la création d'un impôt d'urgence sur les propriétés immobilières provoquant d'importantes manifestations et des grèves.

- «Je défendrai l'indépendance de la Banque centrale européenne en toutes circonstances et avec toutes mes forces.» (Jean-Claude Trichet, président de la BCE, juillet 2007[11].)

Le 9 mai 2010, l'Union européenne autorise la BCE à procéder à des achats d'obligations dits «sécurisés» (afin d'empêcher toute inflation). Pendant l'été 2011, la BCE achète activement des obligations souveraines italiennes et espagnoles afin d'endiguer une hausse insoutenable des rendements obligataires. En 2011, les membres allemands du Conseil des gouverneurs de la BCE, Axel Weber et Jürgen Stark, démissionnent après s'être opposés au rachat des obligations d'État par la BCE.

Ces contradictions, accumulées sans la moindre trace d'excuse, sapent la crédibilité et sèment la confusion. Pourquoi des gestionnaires de fonds, des dirigeants internationaux, des hommes d'affaires, des électeurs, etc. devraient-ils croire un traître mot de telles déclarations quand leurs auteurs affirment exactement l'inverse le lendemain avec le même aplomb ?

Un «Sauvetage» et puis les vacances…

Les sauvetages de la Grèce, de l'Irlande et du Portugal ne réussissent pas à contenir la contagion et le risque. Tout d'abord, les taux d'intérêt sur les prêts d'aide sont trop élevés. Dans le cas de l'Irlande, on justifie cela par «un risque de crédit». Toutefois,

10. «No New Taxes», *Athens News*, 13 septembre 2010. En ligne : http://www.athensnews.gr/portal/8/23015.

11. «Trichet: Difenderò l'independenze della BCE», *Corriere della Sera*, 11 juillet 2007. En ligne : http://www.corriere.it/Primo_Piano/Economia/2007/07_Luglio/11/Trichet_bce.shtml.

ce risque de crédit est alors déjà bien connu et des institutions prêtant de l'argent en temps de crise ne devraient pas chercher à maximiser leurs profits. Par ailleurs, ces institutions bénéficient du statut de créancier privilégié et priment donc sur les autres détenteurs d'obligations. Cette surcharge reflète peut-être le souhait de l'Allemagne de voir certains grands emprunteurs punis.

Le terme de « sauvetage » est particulièrement inapproprié pour ces prêts compte tenu des taux d'intérêt appliqués.

- Le sommet de l'UE du 21 juillet 2011 annonce un nouveau plan de soutien à la Grèce pour un montant total de 159 milliards d'euros. Il inaugure la première participation du secteur privé (ISP, implication du secteur privé) pour la prise en charge d'un défaut d'environ 21 % et prévoit des taux d'intérêt réduits pour les fonds d'aide à la Grèce, au Portugal et à l'Irlande (environ 3,5 %).
- Les pouvoirs du Fonds européen de stabilité financière sont étendus. Les chefs d'État prennent l'engagement d'introduire des cadres budgétaires légalement contraignants – une mesure qui sera renforcée au cours des sommets suivants[12].

Toutes ces annonces sont amoindries par un paradoxe persistant, à savoir le besoin de convaincre simultanément les marchés qu'il s'agit d'un sauvetage complet – gage d'union budgétaire – et les électeurs allemands que cela n'en est pas un.

12. Article de presse. Communiqué complet en anglais disponible sur : http://www.telegraph.co.uk/finance/financialcrisis/8653614/Eurozone-debt-crisis-the-statement-in-full.html. Deloitte a rédigé une synthèse utile, avec des références : Elisabeth Denison, « The Future of the Euro – Part II: Getting it Right this Rime », *Global Economic Outlook*, 3e trimestre 2011 ; En ligne : http://webcache.googleusercontent.com/search?q=cache:cFT0NgMWsn0J:www.deloitte.com/view/en_GX/global/ca843ccfa9d21310VgnVCM3000001c56f00aRCRD.htm+PSI+private+sector+involvement+50+billion+21+July+2011+Greece&cd=8&hl=en&ct=clnk&gl=uk&client=firefox-a.

RETOUR DE BÂTON ALLEMAND : QUAND LA VENTE FORCÉE DE L'EURO REVIENT HANTER L'UE

En 2011, les réticences du gouvernement de Merkel vis-à-vis de la création d'euro-obligations ou d'une plus grande intervention de la BCE créent une indéniable frustration. Cependant, la position allemande est mal comprise. Le Deutsche Mark et la Bundesbank (l'*ersatz de Kaiser* ; voir chapitre 3) ont été les piliers de la renaissance économique allemande, soutenus par un peuple encore hanté par le souvenir des terribles conséquences de l'hyperinflation et de la création monétaire. Aussi, la réapparition au XXIe siècle de procédés similaires (achats d'obligations des banques centrales, violation des limites de l'emprunt, renflouement des autres pays européens), en contradiction directe avec les promesses faites aux électeurs allemands, est ressentie comme une trahison.

Les dirigeants de l'UE refusent de reconnaître qu'ils ont menti sur l'euro et balaient d'un revers de main le sentiment de trahison que ressent l'électorat allemand.

Tout en reconnaissant la volonté réelle du président Sarkozy de mettre en place un gouvernement de la zone euro, on peut penser qu'une certaine *realpolitik* et une dose d'idéalisme fédéraliste l'influencent aussi. À l'exclusion des pays périphériques, les banques françaises sont davantage exposées à la dette italienne, espagnole et grecque que les banques des autres pays. Aussi, une mutualisation de la dette et la limitation de l'effet de contagion diminueraient l'exposition potentielle des contribuables français. Les trois plus grandes banques françaises, BNP Paribas, Société Générale et Crédit Agricole, sont significativement exposées à la dette souveraine grecque. Mi-septembre, Moody's rétrograde la notation de la Société Générale et du Crédit Agricole d'un cran, de Aa2 à Aa3 et de Aa1 à Aa2 respectivement, en partie suite à l'analyse de leurs capacités à faire face à une dégradation de la note de la dette souveraine grecque. BNP Paribas est laissée sous surveillance[13].

13. «EU Warned of Credit Crunch Threat, French Banks Hit», Reuters, 14 septembre 2011. Voir également : «Dancing with Danger», *The Economist*, 20 août 2011.

Le sommet de l'UE du 26 octobre 2011 et l'aléa moral

Les mesures approuvées par les chefs d'État et de gouvernement au sommet de Bruxelles le soir du 26 octobre 2011 sont de même nature que celles du 21 juillet :

Grèce. Une contribution volontaire du secteur public (ISP, implication du secteur public) est approuvée à hauteur de 50 %.

Banques. Une recapitalisation de 104 milliards d'euros au niveau de la zone euro est annoncée, avec un ratio de solvabilité cible « niveau 1 » de 9 % à fin juin 2012.

Ressources du FESF démultipliées par un effet de levier. Deux options sont arrêtées : un rehaussement de crédit pour les nouvelles émissions obligataires des États membres et la création d'entités *ad hoc* pour canaliser les contributions de fonds externes.

Réforme budgétaire. Les États membres de la zone euro imposent des règles de budget équilibré pour 2012[14].

Effacer une dette induit le risque de voir s'accumuler des demandes similaires de la part d'autres pays périphériques. Il s'agit d'un aléa moral : la Grèce serait récompensée pour sa gestion laxiste du budget. L'Irlande cherche déjà un moyen de soulager l'énorme poids de sa dette[15]. En particulier, elle revendique avoir encaissé une partie disproportionnée des effets de la crise des *subprimes* en assumant toutes les dettes de ses banques ce qui a protégé le reste de l'UE.

Encore combien de temps avant que le Portugal ne demande lui aussi une réduction de sa dette ? On a ouvert la boîte de Pandore. La Grèce sert d'exemple et, pour inciter les autres à ne pas faire comme elle, elle sera indûment pénalisée. À peine 48 heures après le « sauvetage », des fissures apparaissent déjà dans le dispositif. Le vendredi 28 octobre, le gouvernement italien doit offrir 6,06 % de rendement pour lever des fonds sur dix ans contre

---

14. Voir http://www.consilium.europa.eu/uedocs/cms_Data/docs/pressdata/en/ec/125644.pdf#page=11.

15. « Ireland May Seek Ancillary Rewards from Greece's Debt Failure », Bloomberg, 27 octobre 2011.

5,86 % un mois auparavant. Un mois plus tard, les rendements obligataires atteignent 7 % et le gouvernement italien tombe.

La réduction affichée de 50 % de la dette grecque est en réalité moins importante. En négociant sur les maturités ou les coupons, certains créanciers en ont réduit l'impact. Le FMI et l'UE, en tant que créanciers, sont exclus de l'accord. Aussi, cet effacement de la dette ne porte que sur 20 % de son montant total ce qui ne suffit pas. Mi-novembre, l'Institute of International Finance publie les premiers détails d'un accord volontaire proposé qui part d'une réduction de 50 %, mais avec des taux d'intérêt annuels de 8 %[16] ! Les négociations sont encore en cours au moment où j'écris.

Pour restaurer l'accès aux marchés, il faut résoudre un problème de solvabilité. Avec un ratio Dette/PIB de 120 % en 2020, la Grèce n'en prend pas le chemin. Les marchés financiers sont futiles, courent toujours après le meilleur *deal* et ont la mémoire courte. Après avoir reconnu qu'un défaut est inévitable, il faut se préoccuper de la période « postsolvabilité » qui est bien plus importante que la façon dont la dette a été réduite[17].

Les BRIC et la zone euro : l'heure de la revanche ?

L'essor des marchés émergents illustre le renversement des puissances économiques. La figure 12.1 indique que les marchés émergents sont entrés dans la crise avec une bien meilleure situation budgétaire. En se développant, ils récupèrent une partie de la compétitivité perdue du monde développé. Cela impliquera de rétablir des emplois d'usine moins bien payés quand les pays reconstruiront leurs économies productives.

---

16. « Greek Debt Holders in Bond Swap Offer », *Financial Times*, 15 novembre 2011. En ligne : http://www.ft.com/cms/s/0/a6ceeda2-0fbc-11e1-a468-00144feabdc0.html#axzz1fqeXr4Pe.

17. Blejer et Levy-Yeyati, « Default a World Away Has a Greek Lesson », *Bloomberg Business Week*, 7 décembre 2011. En ligne : http://www.businessweek.com/news/2011-12-07/default-a-world-away-has-a-greek-lesson-blejer-and-levy-yeyati.html.

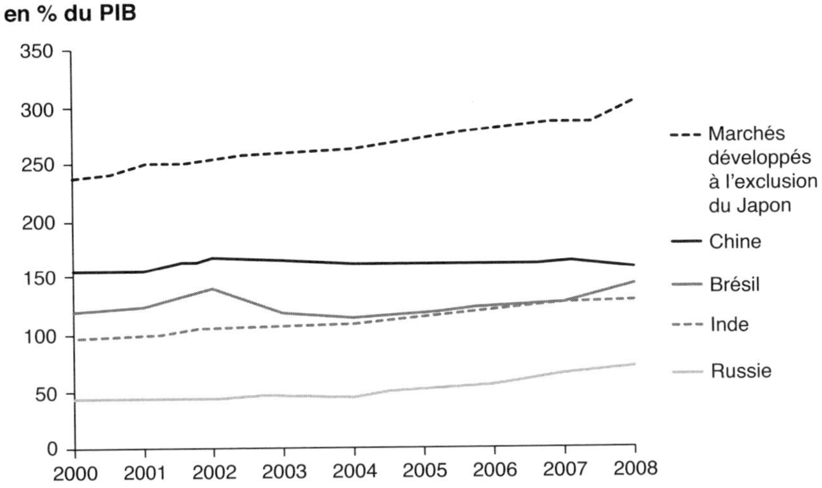

Figure 12.1 Le moindre endettement des marchés émergents

Sources : banques centrales, BIS, Haver Analytics, McKinsey Global Institute.

En septembre 2011, les BRIC (Brésil, Russie, Inde, Chine) se réunissent pour définir la nature de leur soutien à la zone euro. On n'aurait jamais imaginé un tel renversement de destins économiques quelques années plus tôt. Les représentants des plus grandes économies émergentes – le Brésil, la Russie, l'Inde, la Chine et l'Afrique du Sud – se rencontrent à Washington D.C. le 22 septembre 2011.

Dans leur communiqué final, les BRIC ne vont pas jusqu'à s'engager à acheter des obligations de la zone euro. Ils saluent néanmoins les pouvoirs élargis du FESF, en appellent à des réformes structurelles urgentes et réclament sur une plus grande représentation au FMI. Ils déplorent également les effets déstabilisants sur la liquidité d'une création excessive de monnaie dans les économies avancées[18].

Klaus Regling, directeur du FESF, se rend à Beijing puis au Japon sans obtenir de financement par la Chine. Hu Jintao, le président chinois, déclare qu'il ne peut pas «guérir» la crise de la

18. Voir http://www.world-economy-and-development.org/wearchiv/042ae69f690e06c0d.php.

zone euro[19]. Les dirigeants européens ne semblent éprouver aucune gêne à demander à des pays plus pauvres de contribuer au sauvetage de la zone euro quand de riches pays européens s'y refusent. Pourquoi des nations dont les citoyens ne peuvent parfois même pas partir à la retraite devraient-ils subventionner les allocations de retraite de la zone euro ? Comme le résume cyniquement l'ancien président du Mexique Ernesto Zedillo à propos des Européens du Sud : « Ils ne savent pas souffrir. »

Fin octobre, Jin Liqun, directeur du Fonds souverain de la Chine, *China Investment Corporation* (CIC), justifie le refus de la Chine d'apporter son aide par l'existence de généreuses prestations sociales en Europe. Le CIC n'investira dans le FESF que si un programme crédible de réformes est établi. « La cause profonde des problèmes est un système d'État-providence surchargé (...), des lois sur le travail qui incitent à la paresse et à l'indolence. Les gens ont besoin de travailler un peu plus dur, ils ont besoin de travailler un peu plus longtemps et ils devraient être plus innovants[20]. »

Par exemple, la France expérimente depuis une douzaine d'année les 35 heures. Le travailleur chinois moyen gagne un dixième du revenu d'un Américain moyen ; l'employé de l'ancienne République yougoslave de Macédoine gagne un tiers du salaire d'un Grec. Ce n'est pas soutenable. Le nombre d'heures travaillées à l'Ouest a décliné, passant au cours du siècle passé d'environ 60 heures par semaine à environ 40 heures ; en Chine, nombreux sont ceux qui s'épuisent 100 heures par semaine.

---

19. Voir articles de presse, par exemple : « China Warns it Cannot "Cure" Eurozone's Debt Crisis », *Daily Telegraph*, 30 octobre 2011. En ligne : http://www.telegraph.co.uk/finance/financialcrisis/8858816/China-warns-it-cannot-cure-eurozones-debt-crisis.html ; Liam Halligan, « Why the Latest Eurozone Bailout is Destined to Fail within Weeks », *Telegraph*, 29 octobre 2011. En ligne : http://www.telegraph.co.uk/finance/comment/liamhalligan/8857518/Why-the-latest-eurozone-bail-out-is-destined-to-fail-within-weeks.html.

20. « Britons are "Lazy" and "Addicted to Benefits", China Claims », *Daily Telegraph*, 20 octobre 2011. J.P. Morgan révèle que M. Liqun a fait des commentaires similaires, officieusement, lors d'une conférence clients deux semaines plus tôt. Voir l'article « Eye on the Market: A biological Look at the Latest Attempt to Resolve the European Monetary Union Debt Crisis », J.P. Morgan, 24 octobre 2011.

RÉFÉRENDUM FANTÔME… ET VRAI PUTSCH ?

Le lundi 31 octobre, Georges Papandreou stupéfie l'Europe en annonçant la tenue d'un référendum sur le plan de « sauvetage » – trois jours à peine après le sommet de l'UE qui l'a entériné et juste avant la tenue du G20 à Cannes. Ses raisons sont probablement un mélange de calculs et de principes. S'il gagne, il pourra aller de l'avant avec le soutien populaire ; s'il perd, la Grèce deviendra encore davantage le problème de l'Europe. Il critique également ouvertement les puissants oligarques qui, selon lui, entravent les réformes économiques et politiques. Une telle posture est rare en Grèce. À présent, on peut craindre, à juste titre, que les oligarques, avec leur argent placé à l'étranger, se contentent d'attendre confortablement avant de récolter les actifs privés à bon marché, peut-être après une dévaluation de la monnaie.

L'incertitude et le délai introduit par cette idée de référendum mettent en péril l'accord de principe, conclu une semaine plus tôt. Merkel et Sarkozy menacent la Grèce de ne pas lui verser la prochaine tranche d'aide et de l'expulser de la zone euro. Le dernier pilier qui soutient la construction de l'euro se désintègre.

Cette « menace » de référendum constitue le signal pour que la France et l'Allemagne prennent totalement la direction politique de la zone euro. Un nouveau cabinet est formé : le « Groupe de Francfort », composé de représentants des gouvernements français et allemand, de la BCE, du FMI et de la Commission européenne. Ce groupe organise dans son coin les révolutions de palais à Athènes et à Rome, remplaçant Georges Papandreou et Silvio Berlusconi par des technocrates, non élus, Lucas Papademos et Mario Monti. Pour le journal belge *Le Soir*, Merkel et Sarkozy sont des « putschistes » : « Angela Merkel et Nicolas Sarkozy [ont] vraiment pris le pouvoir dans l'Union européenne. Ils se voient, ils conçoivent, ils imposent, ils convoquent[21]. »

Pourtant, les différences entre la France et l'Allemagne sont significatives. Sarkozy insiste pour mutualiser la dette et créer des

21. « Merkel et Sarkozy, putschistes à la tête de l'Europe », *Le Soir*, 4 novembre 2011. En ligne : http://archives.lesoir.be/merkel-et-sarkozy-putschistes-a-la-tete-de_t-20111104-01N7HU.html.

euro-obligations ; Merkel s'y oppose. Le président français souhaite une évolution rapide ; la chancelière, un progrès plus mesuré. La position allemande souligne l'importance accordée au respect de la discipline budgétaire ; la France se plaint davantage des marchés internationaux déstabilisateurs et des agences de notation. La transition en Grèce obtient le soutien du gouvernement d'unité nationale. Le technocrate non élu qui prend le poste de Premier ministre, Lucas Papademos, est une figure crédible. Si la situation de la dette peut être résolue dans la zone euro, alors la nomination de Papademos comme Premier ministre, avec le soutien des deux principaux partis, est la combinaison qui a le plus de chance de réussir. Malheureusement, je crains que sa nomination ressemble au rappel de Domingo Cavallo au poste de ministre des Finances à Buenos Aires dix ans plus tôt pour essayer de garder l'Argentine dans son régime de change fixe avec le dollar (voir chapitre 6). Or, souvenez-vous : l'endettement de la Grèce est bien pire que ne l'a été celui de l'Argentine.

En Italie, la hausse des rendements obligataires signale que les mêmes dynamiques non soutenables sont à l'œuvre. De la même manière, les membres du groupe de Francfort placent leur homme au poste de Premier ministre : Mario Monti, ancien commissaire européen et économiste. Le dimanche 4 décembre, il présente son programme « Sauver l'Italie » : des mesures d'austérité, incluant un recul de l'âge de départ à la retraite et des cotisations de retraite plus élevées pour un montant total de 30 milliards d'euros.

La Grèce : toucher le fond avant un nouvel élan ?

Un vent d'austérité pour le privé et réformes insuffisantes dans le public

Selon toute vraisemblance, la Grèce est prise dans l'engrenage d'une spirale baissière qui s'autoalimente, tout comme l'Argentine à la fin des années 1990. En 2011, les signaux de récession et de tensions sociales se multiplient. En juillet 2011, le FMI, membre de la « troïka » et responsable en pratique de la politique économique grecque, rapporte que les salaires moyens dans l'industrie grecque ont chuté de 7 % et les coûts unitaires du travail de 8 %[22]. La contraction économique est évaluée à 5,5 % en 2011, ce qui représente la quatrième année consécutive de récession. Le chômage atteint 18,4 % en août[23].

La dette de la Grèce dépasse largement le point limite. Comme on l'a déjà mentionné, l'allègement de la dette sera plus faible que les 50 % annoncés. Les mesures d'austérité ne suffisent pas à résoudre les problèmes sous-jacents. Toute l'Europe se plaint de renflouer les pays périphériques, mais la figure 12.2 montre qu'en réalité une toute petite partie de cet argent profite directement au pays.

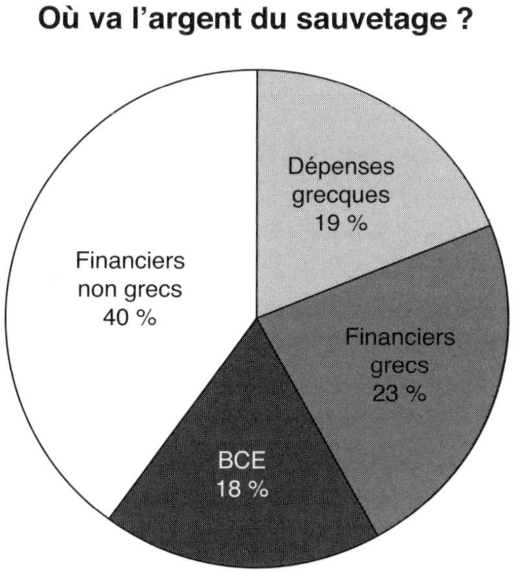

Figure 12.2 À qui va l'argent de l'Europe ?

Source : http://www.zerohedge.com/news/where-does-greek-bailout-money-go.

22. Compte-rendu d'une conférence de presse de Poul Thomsen, directeur adjoint et chef de mission pour le FMI en Grèce. En ligne : http://www.imf.org/external/np/tr/2011/tr071311.htm.

23. « Economic Mood Near Record Low in November », *Kathimerini*, 6 décembre 2011. En ligne : http://www.ekathimerini.com/4dcgi/_w_articles_wsite2_1_06/12/2011_417552.

Une économie grecque sinistrée

Dans son cinquième rapport sur la Grèce, le FMI reconnaît : « Concernant la croissance du PIB, la révision des données montre que la récession cumulée fin 2010 a été plus profonde et la croissance du premier semestre 2011 a été plus faible que prévu dans notre quatrième rapport. Les indicateurs de l'activité économique (…) suggèrent que le déclin de la demande domestique se confirme au troisième trimestre. Les conditions du marché du travail se détériorent fortement avec un taux de chômage de 16,5 % en juillet 2011 et une décevante reprise saisonnière de l'emploi pendant la principale saison touristique[24]. » À la fin de l'année, la récession s'est accentuée : une contraction de 1,4 % au cours du dernier trimestre contre 1,2 % attendu[25].

La figure 12.3, comparant les projections du ratio Dette/PIB du FMI dans chacun de ses rapports pays, est troublante. Elle montre clairement comment la troïka et le gouvernement grec ont systématiquement sous-estimé la dette et les effets de la récession. De même, le Fonds reconnaît un manquement à ses propres règles lorsqu'il prête à un pays dont la dette dépasse les 120 % du PIB, seuil maximum considéré comme acceptable[26].

---

24. « Greece: Fifth Review », *IMF Country Report*, n° 11/351, décembre 2011. En ligne : http://www.imf.org/external/pubs/ft/scr/2011/cr11351.pdf.

25. « Eurozone Growth Pick-Up Fails to Materialize », *Euronews*, 16 décembre 2011. En ligne : http://www.euronews.net/2011/02/15/euro-zone-growth-pick-up-fails-to-materialise/.

26. « The IMF on a Coercive Greek Debt Restructuring », FT Alphaville, 14 décembre 2011. En ligne : http://ftalphaville.ft.com/blog/2011/12/14/799521/the-imf-on-a-coercive-greek-debt-restructuring/. Voir également « IMF Fifth Review » sur : http://www.imf.org/external/pubs/ft/scr/2011/cr11351.pdf.

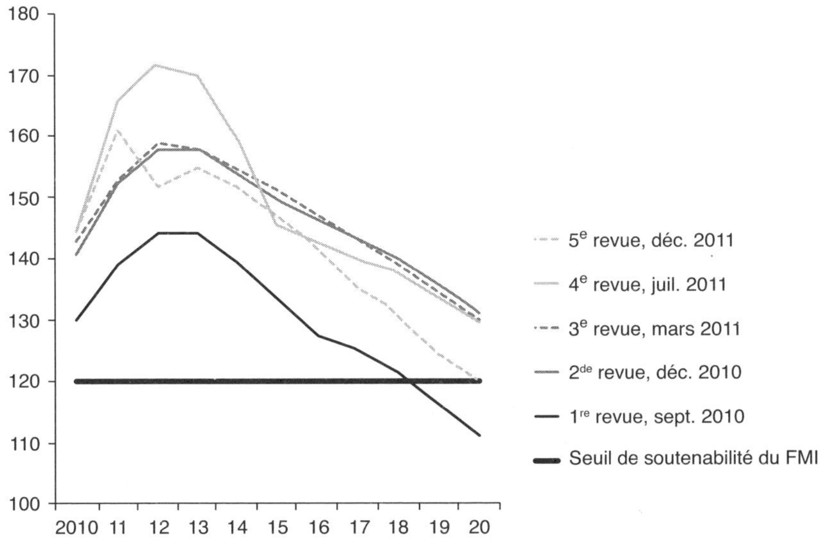

Figure 12.3 Projections du FMI sur le ratio Dette publique/PIB

Sources : diverses revues du FMI relatives à l'« accord de confirmation » en faveur de la Grèce.

Des mesures d'austérité et une charge de la dette trop élevée alimentent tout simplement une spirale baissière. Normalement, tout programme d'ajustement du FMI de réduction, de réforme et de restructuration de la dette s'accompagne d'une dévaluation de la monnaie, ce qu'interdit l'adhésion à l'euro.

L'effondrement du budget de l'État

Il est surprenant de constater que le budget national grec envisage une augmentation de 7 % de l'impôt sur le revenu alors qu'il est prévu que le PIB baisse d'environ 5 % en 2011 et de 3 % en 2012. Les prévisions budgétaires grecques défient les lois de la gravité. Le 6 décembre 2011, le Parlement grec approuve le budget 2012. L'objectif est de ramener le déficit à 5,4 % contre plus de 10 % en 2011. Ce budget échouera probablement car il mise tout sur les rentrées fiscales (voir figure 12.4). Or, il est plus facile de raboter les dépenses que de créer de nouveaux impôts pour consolider un budget. Dans ce contexte, les rapports du FMI sur la moindre efficacité de la perception de la TVA sont inquiétants. Les retards pris dans les contrôles fiscaux des contribuables les plus aisés et dans la réforme de l'administration fiscale sont tout aussi alarmants[27]. La corruption continue : un rapport signale que les percepteurs des impôts captent à des fins personnelles l'équivalent de 40 % du montant officiellement exigé sous forme de pots-de-vin en échange d'une facture plus faible, conformément à une répartition bien connue « 40-40-20 », laissant au Trésor public seulement 20 %[28].

Au cours des premières années de l'euro, non seulement l'économie grecque n'a pas convergé avec les pays du cœur de la zone euro mais elle est en réalité devenue moins productive : un accès facile au crédit a alimenté le secteur public et un secteur de services replié sur la demande nationale au lieu d'aider à développer les exportations de biens et de services. Une analyse de l'économiste Aristos Doxiadis montre que l'économie grecque a délaissé les secteurs marchands pour se tourner vers le secteur public et les entreprises de microservices. Quand on y songe, on a trop de fonctionnaires expérimentés, d'avocats, de coiffeurs et pas assez d'entrepreneurs en technologie ou d'industriels[29]. Cela a empiré avec les mesures d'austérité, selon le groupe des économistes grecs pour la réforme, qui rapporte que 400 000 emplois ont été détruits depuis 2008, presque tous dans le secteur privé, et que quelque 60 000 entreprises ont été fermées. On s'attend à la même chose en 2012. Il n'y a aucun signe d'un rééquilibrage de l'économie, de budgets équilibrés ni de perspectives de croissance. Juste une aggravation de la situation. La situation budgétaire ne s'améliore pas ; elle se détériore. La Grèce avait un solde primaire presque équilibré en 2010, mais pas en 2011 avec un glissement du déficit

27. « Greece: Fifth Review », *Rapport pays du FMI*, n° 11/351, décembre 2011. En ligne : http://www.imf.org/external/pubs/ft/scr/2011/cr11351.pdf.

28. « Greek Tax Collectors Accused over Bribes », *Financial Times News*, 14 décembre 2011.

29. « Greeks Behaving Badly? The Micro-Origins of Crisis and Revival », cours à l'université de Yale de Aristos Doxiadis, 5 décembre 2011. En ligne : http://aristosd.posterous.com/greeks-behaving-badly-the-micro-origins-of-cr.

de 0,3 % à 1,7 % du PIB. L'État pourrait ne plus être plus capable de payer ses factures même si ses créanciers effaçaient complètement sa dette publique car l'assiette de l'impôt diminue trop rapidement[30].

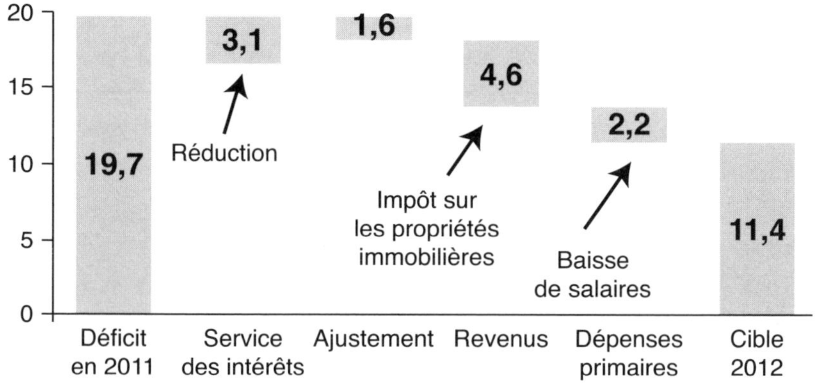

Figure 12.4 Grèce : évolution du déficit de 2011 à 2012 en milliards d'euros.

Source : ministère des Finances.

Balance courante et compétitivité

Le dernier rapport du FMI signale que le déficit de la balance courante, qui atteint 10 % du PIB, est « très élevé compte tenu de la longueur et de la profondeur de la récession » et que la situation budgétaire continuera à se détériorer « une fois que la récession aura pris plus d'ampleur et que la mise en œuvre des politiques aura dérapé »[31].

La balance courante grecque enregistre encore un déficit de plus de 20 milliards d'euros uniquement parce que nos « partenaires » nous prêtent de l'argent, s'efforçant de résoudre un problème de solvabilité comme si c'était un problème de liquidité.

30. C. Azariadis (membre du groupe des économistes grecs pour la réforme), « A Great Depression for Greece? ». En ligne : http://greekeconomistsforreform.com/macroeconomics/a-great-depression-for-greece/.

31. « Greece: Fifth Review », *Rapport pays du FMI*, n° 11/351, décembre 2011. En ligne : http://www.imf.org/external/pubs/ft/scr/2011/cr11351.pdf.

L'économie reste non compétitive malgré la chute des salaires à cause de ses faiblesses structurelles, impossibles à corriger sur l'échelle de temps de la crise de la zone euro. La Grèce a encore un chemin considérable à parcourir avant de combler le fossé actuel.

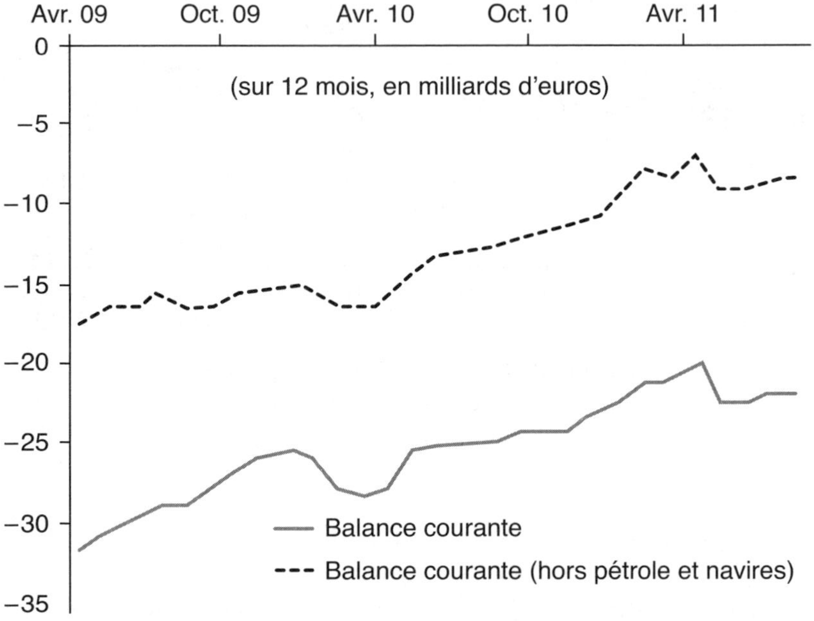

Figure 12.5 Déficit de la balance courante grecque.
Source : FMI.

Des banques grecques entre espoir et agonie

Le cinquième rapport pays du FMI est le plus direct. Il loue les tentatives de réformes, mais souligne que leur application a pris du retard et confirme que la détérioration économique n'a pas encore atteint son maximum. Il exprime également certaines inquiétudes sur les banques en Grèce et considère que « les discussions laborieuses sur la restructuration de la dette ont des conséquences négatives sur le ressenti des marchés et augmentent la pression sur le système bancaire (qui est lourdement exposé aux obligations souveraines) ».

Les banques grecques ont désespérément besoin de liquidités et devront être recapitalisées ou nationalisées d'ici peu. D'après le FMI, suite au sommet de l'UE du 21 juillet, les banques grecques ont déprécié leurs avoirs en dette souveraine, de 16 % en moyenne, générant des pertes comptables de 5 milliards d'euros. À ce jour, les dépréciations ont diminué le capital Niveau 1 d'environ 2 %, ramenant le ratio agrégé Niveau 1 à 8,6 %. Pour ATE Bank et T Bank, le ratio du capital réglementaire est en dessous du minimum de 8 %. En octobre, la Banque de Grèce intervient pour protéger les dépôts de la Proton Bank et écarte les actionnaires (payés en dernier ressort seulement), suite à des soupçons de blanchiment de capitaux[32].

On observe depuis quelques mois des retraits d'argent auprès des banques grecques mais, de façon surprenante, ces retraits ne sont pas aussi massifs qu'on aurait pu le craindre : près de 25 % des dépôts ont quitté le système bancaire grec. Le véritable mystère est de savoir pour quelle raison 75 % sont restés. Les déposants sont pourtant vulnérables à l'insuffisance des garanties proposées par un État qui n'est plus solvable et au risque d'une très forte dépréciation de la monnaie. En Argentine, dix ans plus tôt, dans des circonstances similaires, le ministre des Finances, Domingo Cavallo, a été forcé d'imposer des limites aux retraits bancaires. Évidemment, un soudain effondrement de la confiance dans la Grèce pourrait changer les choses. Les nouvelles tranches de la troïka et le FMI semblent plutôt contribuer à maintenir le respirateur artificiel afin de protéger le plus grand nombre de déposants possible et de gagner du temps pour s'occuper des autres pays qui ne sont pas des « cas spéciaux ».

---

32. « Greece: Fifth Review », *Rapport pays du FMI*, n° 11/351, décembre 2011. En ligne : http://www.imf.org/external/pubs/ft/scr/2011/cr11351.pdf.

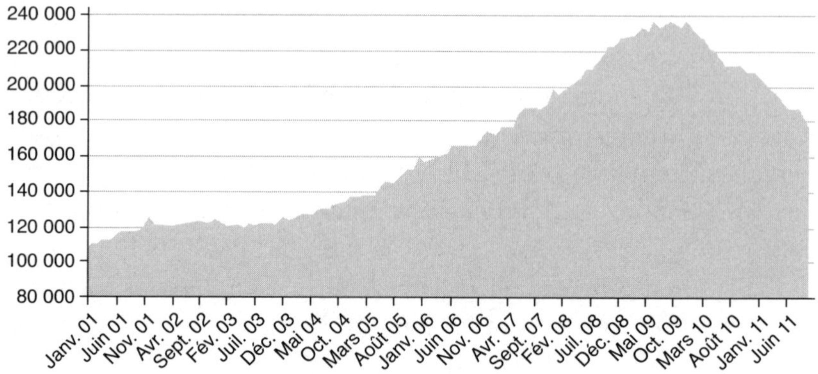

Figure 12.6 Dépôts du secteur privé grec (en millions d'euros).
Source : Banque de Grèce.

Les réformes ont-elles progressé ?

Les réformes ont fait des progrès limités dans certains domaines, mais sont quasiment paralysées dans d'autres. Au début du programme d'ajustement, malgré toutes les évocations d'austérité, les dépenses publiques n'ont pas diminué. Elles s'élèvent à 44 milliards d'euros sur les huit premiers mois de 2010 contre 48 milliards d'euros sur la même période en 2011. On retrouve ici les dynamiques comportementales habituelles, accentuées par les changements successifs de ministres. Quand une mesure est enfin introduite, c'est souvent une augmentation des impôts sur le pétrole brut et non une réduction des dépenses, une amélioration de l'efficacité ou une collecte plus efficace des impôts. Par exemple, le budget a diminué de 2 milliards d'euros en septembre 2011 uniquement grâce à une proposition à effet immédiat d'un impôt sur les propriétés immobilières, une mesure profondément impopulaire susceptible d'impacter négativement les dépenses de consommation[33].

---

33. «Remarks by Bob Traa, Senior IMF Resident Representative in Athens, Greece», Economist Conference, 19 septembre 2011. En ligne sur le site Internet du FMI : http://www.imf.org/external/np/speeches/2011/091911.htm.

La lettre d'intention de l'État grec en date du 4 juillet 2011 décrit précisément le programme de la troïka, programme typique du FMI :

- ajustements des dépenses ;
- réformes de la Sécurité sociale ;
- réformes du secteur de santé ;
- augmentation des recettes ;
- réformes des entreprises d'État[34].

Toutes ces mesures sont nécessaires et auraient dû être mises en œuvre depuis longtemps. Elles s'attaquent cependant uniquement aux problèmes du passé, à savoir les questions de la dette et du déficit. Pendant les années d'essor économique, trois secteurs embauchaient à eux seuls 55 % de tous les actifs grecs : l'État, la construction et le commerce de détail/de gros. Ces trois secteurs ont bénéficié d'un crédit bon marché et presque illimité, désormais totalement inaccessible pour les dix prochaines années. Ces secteurs n'ont maintenant d'autre choix que de diminuer leurs effectifs de façon significative, de près de 30 % selon certains. Quels autres secteurs vont bien pouvoir absorber ces travailleurs ? Qu'ont prévu la troïka et le gouvernement grec à ce sujet ? Cela rappelle l'invasion américaine en Irak, où aucun plan pour gérer l'après-conflit n'avait été envisagé.

De plus, la troïka donne la priorité aux questions économiques qui ne sont qu'un des termes de l'équation. Rares sont les propositions de soutien aux institutions politiques pourtant indispensables à la conduite des réformes.

Le changement politique courageux et responsable, c'est pour quand ?

Au choix, les gens accepteraient plus facilement de se faire couper les cheveux par un apprenti coiffeur que de prendre un avion piloté

34. « Greece: Letter of Intent Memorandum of Economic and Financial Policies, and Technical Memorandum of Understanding ». En ligne sur le site Internet du FMI : http://www.imf.org/external/np/loi/2011/grc/070411.pdf.

par un élève pilote. Les critères de professionnalisme devraient être proportionnels au niveau de responsabilité et au degré de risque. Pourtant, en politique et en macroéconomie, des risques très importants sont pris mais les sanctions sont très limitées pour ceux qui commettent les plus grosses erreurs.

Par exemple, aucun député ou fonctionnaire grec n'est tenu responsable de la manipulation des finances publiques, qui a permis au pays d'être accepté dans la monnaie unique, ni d'avoir touché des pots-de-vin, comme l'a révélé l'Autorité des marchés financiers américaine (SEC). Certains hommes d'affaires ont été menottés et envoyés en prison ; en revanche, aucun homme politique n'a été condamné. La justice grecque contraste avec celles de la Grande-Bretagne et de la France où des députés, des ministres et même un ancien Président de la République, ont récemment été déclarés coupables de fraude ou de corruption.

Mais en Grèce, la question de la responsabilité est entachée par la nature clientéliste du processus démocratique. Difficile de tenir des hommes politiques pour responsables de la détérioration des finances publiques quand on sait qu'ils étaient de connivence avec des parties privilégiés de l'électorat. Thomas Jefferson a déclaré : «Lorsque le peuple a peur du gouvernement, c'est une tyrannie ; quand le gouvernement a peur du peuple, c'est une démocratie.» Mais il n'avait probablement jamais été confronté à une situation où, comme en Grèce, aucun bord ne craint l'autre, chacun agissant en opportuniste, et où des intérêts individuels chaotiques sont en perpétuel conflit. Que l'on revienne ou pas à la drachme, l'élite qui nous a conduits à la crise économique et à l'humiliation internationale continue de diriger le pays.

Sans nouvelle réforme politique et sans abrogation de l'article 62 de la Constitution (qui garantit l'immunité aux membres du gouvernement[35] ; voir chapitre 5), de nouvelles mesures d'austérité n'aboutiront probablement à rien de plus qu'à de nouvelles manifestations, voire à des mouvements politiques extrémistes. Culturellement, les Grecs se singularisent des Occidentaux par un

35. La Constitution de la Grèce en anglais est disponible sur : http://www.hri.org/docs/syntagma/artcl80.html#A62.

trait de caractère : le sentiment de honte nous touche davantage que celui de culpabilité. Les concepts de bien ou de mal ne sont pas les mêmes. Cela a plus à voir avec la crainte de perdre la face qu'avec le concept protestant ou catholique de culpabilité. En conséquence, des efforts considérables sont déployés pour *avoir l'air* correct, même si la réalité est bien différente. Voilà qui explique les chiffres manipulés et les falsifications.

Il est scandaleux par exemple que le parti Nouvelle Démocratie ait bloqué toutes les initiatives pour ouvrir les comptes bancaires suisses d'hommes politiques[36].

Une crise peut enclencher une réforme politique. Jared Diamond soutient dans son ouvrage *Effondrement* qu'une catastrophe peut soit conduire à un renouvellement soit à une ruine. Les sociétés ont besoin d'être réactives et de traiter les problèmes réels. Je suis d'accord, et c'est pourquoi *La Dette odieuse – les leçons de la crise grecque* se concentre essentiellement sur ce qui ne va pas – non pas parce que je veux m'attarder sur le passé mais parce que je veux encourager chacun à se concentrer sur la réalité de la situation. Un des problèmes de la Grèce est que la scène politique et le gouvernement se sont laissé déborder par des groupes d'intérêts spécifiques. Cela n'a pu se produire que parce que les classes moyennes l'ont permis, intentionnellement ou par apathie. Comme le dit Platon : « Le prix de l'apathie dans les affaires publiques est d'être dirigé par de mauvais hommes. »

En Grèce, certaines personnes comprennent ce qu'il faut faire, tandis que d'autres bloquent les réformes. Cela ne tient qu'à un fil. Il nous faudra choisir nos sauveurs avec soin. Si les Grecs ne souhaitent être soutenus qu'au prix de réformes démocratiques, c'est de bon augure.

Les progrès dans la lutte contre le gaspillage et un secteur public hypertrophié sont limités. Certains ministres du gouvernement Pasok soutiennent ces mesures alors que d'autres membres du

---

36. « New Democracy Says No to Opening Up Swiss Bank Accounts » (article en grec), Euro2day, 6 décembre 2011. En ligne : http://www.euro2day.gr/news/highlights/121/articles/670135/Article.aspx.

parti gardent leurs mauvaises habitudes[37]. Il est peu probable que le nouveau gouvernement d'unité nationale fasse mieux.

Le contraste avec d'autres pays est vif. La Lettonie, l'Irlande et la Roumanie ont toutes trois réduit le nombre de fonctionnaires dès les premiers mois du programme du FMI. En Grèce, cela a pris presque deux ans pour commencer. Pourtant, malgré toutes les garanties de la troïka, les réductions de la masse des fonctionnaires restent très limitées. Le clientélisme et l'étatisme (voir chapitres 4 et 5) sont profondément enracinés.

De l'espoir pour les derniers de la classe

Avec une économie encore largement non réformée, la Grèce peut se consoler : la moindre petite amélioration peut apporter des gains significatifs. Les possibilités de «*quick wins*» (victoires faciles) sont nombreuses. L'État est tellement inefficace que de petits gains de productivité semblent techniquement faisables. Comme une personne obèse n'aurait aucun mal, si elle le décidait, à perdre les cinq premiers kilos, contrairement à une personne svelte. De même, la collecte des impôts est tellement erratique que juste un peu d'efficacité administrative pourrait produire une différence incontestable. Techniquement, plusieurs professions sont déréglementées depuis le 2 juillet 2011 mais cette mesure est entravée par des oppositions et des manifestations[38].

Un autre avantage caché de la Grèce est que les encours de crédits à l'habitat sont relativement faibles : seulement 79 milliards d'euros de dette hypothécaire en souffrance pour 11 millions de personnes, contre 117 milliards d'euros pour 6 millions de personnes en Irlande. Ainsi, les 40 % prévus d'effondrement des prix de l'immobilier appauvriraient significativement les Grecs sans les ruiner totalement.

---

37. «Between Rock and Hard Place», *Kathimerini*, 4 septembre 2011. En ligne : http://www.ekathimerini.com/4dcgi/_w_articles_wsite3_25418_04/09/2011_404795.

38. «Court Backs Opening Closed Professions», *Kathimerini*, 30 août 2011. En ligne : http://www.ekathimerini.com/4dcgi/_w_articles_wsite1_1_30/08/2011_404155.

Privatisations illusoires et investissements en attente

Les privatisations sont censées rapporter environ 50 milliards d'euros. Cette prévision est très ambitieuse et le programme de privatisation n'a pas véritablement commencé au moment où j'écris. Ironiquement, certaines mesures d'austérité ont peut-être affaibli les capacités de la fonction publique et donc l'opportunité de maximiser les revenus de ces privatisations[39]. Au moins les investissements directs étrangers ont-ils un peu progressé avec un investissement de 1 milliard de dollars du Qatar dans la société European Goldfields pour le développement d'une importante mine d'or en Grèce.

Néanmoins, imaginer que d'importants investissements directs étrangers vont venir à la rescousse de la Grèce relève du conte de fées. Des réformes internes doivent être menées pour aider au développement d'entreprises. Une bureaucratie excessive et un système fiscal erratique empêchent encore trop souvent des entrepreneurs de concrétiser leurs projets (voir chapitre 5). La Grèce a une tradition d'opportunisme et dispose d'un faible capital social, c'est-à-dire d'une faible confiance dans la société. Les gens s'en remettent plutôt à leurs familles et aux clans. Cependant, il semblerait qu'une certaine solidarité sociale et des opportunités de commerce international émergent selon un rapport d'Aristos Doxiadis :

> Les professeurs restent volontairement après les cours pour aider les élèves qui en ont besoin. Des partisans de la «*guerilla gardening*» nettoient les villes. Les agriculteurs forment de nouvelles coopératives (…) [pendant que] les marchés mondiaux et les technologies créent un nouveau cadre pour une coopération stable entre opportunistes. Le Web et les médias sociaux, l'émergence de normes communes et d'outils de gestion du travail rendent la

---

39. «An Institutional Bailout Plan for Greece». En ligne : http://greekeconomistsforreform.com. Par Elias Papaioannou, maître de conférence à la faculté de Dartmouth et chargé de recherches au *Centre for Economic Policy Research* ; et Dimitri Vayanos, professeur de finance à la *London School of Economics* et directeur du Paul Woolley *Centre for the Study of Capital Market Dysfunctionality*.

> contribution de chaque personne transparente et peuvent rendre la plupart des hiérarchies redondantes. Un programmeur seul est maintenant capable de vendre ses services dans le monde entier[40].

Les réformes économiques et politiques nécessaires en Grèce devraient prendre des années, voire des décennies, pour se concrétiser. L'économie de la Grèce reste bien plus proche de celles de ses voisins des Balkans et de la Turquie que de celles d'Europe du Nord avec lesquelles elle partage l'euro.

Pour l'Occident en général, le rééquilibrage des économies peut être un processus douloureux. La baisse des revenus des classes moyennes les poussera à accepter des emplois sans intérêt dans des activités de traitement et de fabrication qui ont été délocalisées ces dernières années. C'est ce qui semble déjà se produire aux États-Unis, avec des « salaires corrigés de la productivité » chinois qui s'élevaient à 22 % des salaires américains en 2005 contre 43 % en 2015 (et 61 % dans les États du sud des États-Unis)[41].

Les leçons de l'Argentine à ne plus oublier

Étant donné certaines similitudes frappantes entre l'Argentine et la Grèce, en termes d'histoire politique, de structure économique et d'expérience de régime de change fixe, il est utile de récapituler ce qu'a vécu l'Argentine ces dix dernières années. Elle fait défaut en 2001 après le retrait du soutien du FMI, avec en réalité un déficit et une dette plus faibles que ceux de la Grèce d'après les données de 2009 (6,4 % du PIB et 62 % contre 12,7 % et 115 % respectivement).

Le principal succès de l'Argentine est l'agriculture et le commerce de ses produits agricoles. Il ne s'agit plus seulement d'exportations massives de matières premières qui rendent l'économie vulnérable aux fluctuations des prix de ces matières. Si l'on considère l'industrie du soja, les données récentes montrent que

40. « Greeks Behaving Badly? The Micro-Origins of Crisis and Revival », cours à l'université de Yale University par Aristos Doxiadis, 5 décembre 2011. En ligne : http://aristosd.posterous.com/greeks-behaving-badly-the-micro-origins-of-cr.

41. H. Sirkin *et al*, « Made in America – Again », Boston Consulting Group, août 2011.

les exportations en valeur excèdent celles du Brésil même si la récolte est plus faible. En fait, l'Argentine traite 70 % de sa production contre 48 % pour le Brésil qui a également une consommation intérieure plus élevée[42].

En Grèce, l'équivalent serait le transport maritime. Le pays est le plus grand armateur d'Europe et a développé d'étroites relations avec des entreprises norvégiennes. Ce secteur est désormais intégré dans un business international développé.

En revanche, l'Argentine a également connu une forte hausse du trafic de drogue qui a suscité la crainte d'une « mexicanisation » du pays. D'après Claudio Izaguirre de l'Association argentine de lutte contre la drogue, six cartels se sont établis en Argentine pendant la période 2006-2011, deux relocalisés de Colombie et quatre du Mexique. La police des stupéfiants a même eu recours aux forces armées d'Argentine pour l'une de ses saisies[43].

En tout état de cause, l'économie argentine a enregistré de véritables progrès au cours de cette dernière décennie, aidée par le développement économique de toute la région du Cono Sur. Il est impossible à évaluer cependant dans quelle mesure le commerce argentin a bénéficié de la dévaluation. Le pays a été exclu de la finance internationale pendant plusieurs années, mais son taux de change est devenu plus compétitif. Walter Molano observe le paradoxe suivant : l'Argentine a commencé à se développer en appliquant de « mauvaises » mesures, honnies par l'orthodoxie économique, en contrôlant par exemple les prix des énergies et en imposant des droits de douane sur les exportations. Elle est passée devant le Chili qui a « tout fait comme il faut »[44]. Ce n'est pas si surprenant quand on connaît le biais de l'économie classique à privilégier les questions monétaires et budgétaires à l'industrie et à l'économie réelle. Les faiblesses du consensus de Washington du FMI sont examinées aux chapitres 8 et 11.

---

42. « Soja: el pais supera a Brasil en divisas », *La Nacion*, 29 août 2011.

43. « Drug Bust Shows Argentina-Europe Trafficking Ties », *New York Times*, 29 janvier 2011.

44. « Overview: Don't Read This », *Weekly Bulletin Walter Molano*, 10 novembre 2011.

Cette comparaison montre que si l'abandon d'un régime de change fixe et un défaut peuvent être douloureux (voir chapitre 6), de tels événements loin de sonner le glas de l'économie peuvent même créer des opportunités pour certains secteurs exportateurs.

Des leçons édifiantes peuvent être tirées d'un défaut. Retarder l'événement et finir par faire défaut, unilatéralement et de façon désordonnée, impliquent des coûts significatifs pour l'économie réelle et n'apportent rien. Quand l'Argentine fait défaut en 2001, elle vient de vivre quatre années de récession et son PIB a décliné d'environ 22 %. Par ailleurs, si vous effacez une partie de la dette, effacez-en le plus possible...

La Grèce sur la pente honteuse d'un État failli ?

Compte tenu de l'expérience de l'Argentine, les citoyens grecs et les sauveurs de l'UE devraient continuer à suivre «les indicateurs de la vulnérabilité de l'État» tels que définis par le «*think tank*» américain *Fund for Peace*. Les signaux d'alerte sont les suivants :

Indicateurs sociaux

- **Cycles de violences communautaires sur la base d'injustice récentes ou passées.** Ostracisme en direction de groupes boucs émissaires accusés d'accaparer richesses, statut social et pouvoir *via* par exemple des radios «de la haine».
- **Émigration chronique et soutenue.** Il peut s'agir aussi bien de «fuite des cerveaux» que d'émigration de dissidents politiques ou encore de représentants des «classes moyennes».

Indicateurs économiques

- **Inégalités de développement entre groupes sociaux.**
- **Déclin économique subit ou prononcé.** On le mesure par un indice de déclin global. La Grèce montre déjà de tels signes.

Indicateurs politiques

- **Criminalisation et/ou délégitimation de l'État.** Il peut s'agir de corruption endémique ou de pillage institutionnel, ou bien de résistance à la transparence et aux pratiques de bonne gouvernance.

- **Détérioration graduelle des services publics.**
- **Appareil de sécurité constituant « un État dans l'État ».** On voit émerger une élite ou une garde prétorienne bénéficiant d'une impunité quasi totale, ainsi que des milices rivales[45].

Heureusement, de nombreux facteurs de modération en Grèce rendent les violences qui se sont développées en Argentine peu probables : un taux d'alphabétisation plus élevé et le fait que les Grecs peuvent revenir au « village » ou dans la famille, plus qu'en Argentine, où la population est fortement concentrée autour de la capitale. Malheureusement, la Grèce n'a pas d'industrie d'exportation prête à combler le vide. Comme l'illustre la figure 12.7, un retour à la drachme ne « sauvera » pas la Grèce en une nuit compte tenu du faible niveau d'exportations initial. Ainsi, les gains de compétitivité ne bénéficieraient qu'à une petite partie de l'économie.

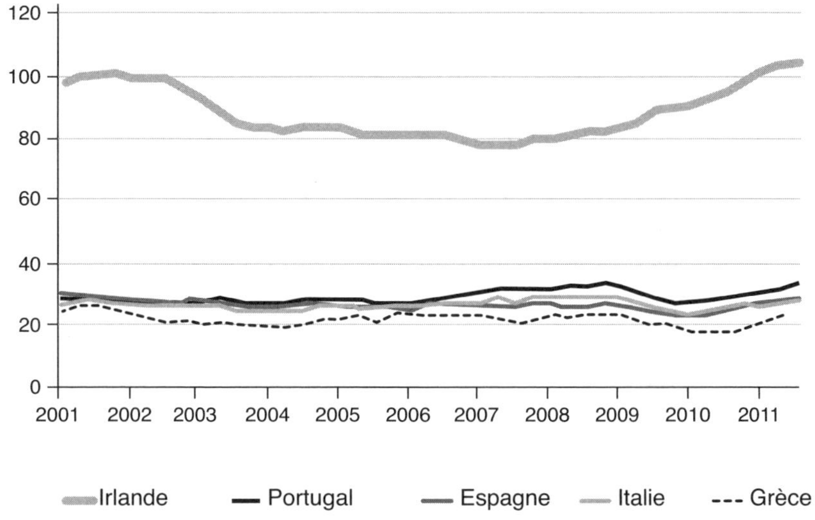

Figure 12.7 Exportations de biens et de services, en pourcentage du PIB.

Sources : Datastream, Crédit Suisse.

45. Voir « Indicators of State Vulnerability », en ligne sur : http://en.wikipedia.org/wiki/Failed_state.

Retour vers le futur ?

La récession en Grèce aura, à long terme, des effets sur le commerce, les migrations et le contrôle des capitaux, que le pays reste ou quitte la zone euro. On peut s'inspirer de la première expérience de l'euro pour comprendre la façon dont les choses vont probablement évoluer. En Grèce, pendant les années 1980 et 1990, la majorité des voitures dans la rue était de construction française ou italienne. Les voitures allemandes étaient considérées comme « trop chères pour ce que c'est ». Les capacités de production en France et en Italie sont encore intactes, et il y a fort à parier que les constructeurs automobiles de ces deux pays s'efforceront de reconquérir leurs parts de marché. Si l'Allemagne devait sortir de l'euro, on sait bien quel pays ne remporterait pas le prix du « meilleur rapport qualité/prix » de l'année.

En 1988, on estime à 200 000 le nombre d'immigrants en Grèce contre 1,1 million en 2004[46]. Cette tendance va probablement se renverser de façon significative.

De même, le pays avait l'habitude de contrôler les capitaux : l'argent ne pouvait pas sortir de Grèce légalement, à l'exception de quelques montants limités destinés aux voyages touristiques ou aux bourses étudiantes. Cette mesure a été abolie en 1994. Avec une chute massive des dépôts grecs de 25 % au plus fort de la crise et aucun nouvel accès au crédit externe, il serait surprenant que ces contrôles ne soient pas réintroduits à un moment donné. Ces contrôles pourraient se révéler totalement inefficaces compte tenu de l'historique de la Grèce en matière de perception des impôts ; ils n'en créeraient pas moins des frictions dans le milieu des entreprises.

Le défi pour la Grèce et les autres pays périphériques de l'UE est immense. Toute dévaluation contre leurs principaux partenaires commerciaux est actuellement exclue, ce qui implique une récession brutale et sans fin de leurs économies sur le long terme.

---

46. « Mediterranean Migration Observatory: Statistical Data on Immigrants in Greece: An Analytic Study of Available Data and Recommendations for Conformity with European Union Standards », 15 novembre 2004.

L'abandon de régimes de change fixe entraîne des ajustements des devises, longtemps contenus. La figure 12.8 illustre les niveaux de dévaluation de monnaie lors des précédentes crises de marché.

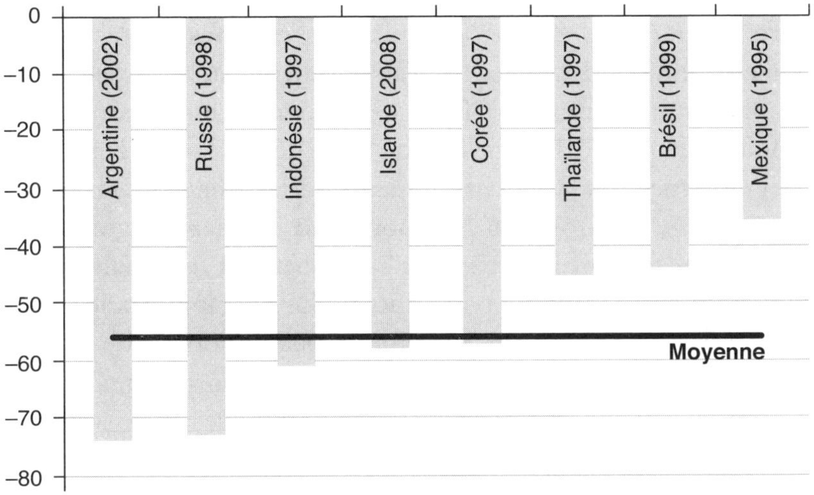

Figure 12.8 Dévaluation face au dollar entre un pic d'avant-crise et un creux d'après-crise, en pourcentage.

Sources : Bloomberg, Crédit Suisse.

«Hors-jeu» *ou* «nouvelle manche» *pour la Grèce ?*

Arrive-t-on à la fin du jeu ? Des incitations de court terme pour tous les acteurs de marché se combinent pour prolonger l'agonie et font du cas grec l'une des morts les plus lentes de l'histoire de l'insolvabilité souveraine. L'Argentine, avec un endettement bien plus faible, est passée de la solvabilité à l'effondrement total entre mi-2000 et la fin de 2001. La crise grecque est déjà vieille de plus de deux ans. Cependant, le cours des événements peut soudainement s'accélérer si la confiance s'effondre. Les risques de contagion sont très importants. Cela inclut la possibilité d'un effondrement désordonné de l'euro dans une crise qui commencerait à ressembler à celle des années 1930. On administre donc à la Grèce un goutte-à-goutte de liquidité dans l'espoir que, en gagnant du temps, les autorités parviendront à empêcher ce désastre. Les incitations de court terme encouragent plus à prendre du retard qu'à résoudre la crise.

La fin de la partie aurait des conséquences à la fois désordonnées et productives : d'un côté, une pagaille budgétaire et monétaire, un taux de chômage élevé, des manifestations et des bouleversements politiques ; de l'autre cependant, potentiellement un pays qui commence à faire son chemin dans le commerce mondial plutôt que de dépendre de l'aide de l'UE ou de l'emprunt du gouvernement. Ces changements nécessitent des réformes généralisées, transformant l'économie en un marché compétitif avec moins de bureaucratie, un développement des affaires plus fort et un secteur public plus efficace. Le plus important est de s'en tenir et d'appliquer les réformes – peu importe l'avenir de la monnaie – et de s'occuper des barrières comportementales afin de développer une culture propice aux entreprises et aux affaires.

En Grèce, le principal défi est d'enclencher une culture de l'amélioration et d'augmenter collectivement le niveau des normes. Ces réformes sont indispensables, que l'on reste ou pas dans la zone euro.

Financiarisation et saturation mondiale de la dette

Croissance à tout prix et monnaies fiduciaires

Les investisseurs n'ont pas analysé les fondamentaux économiques au cours de la période 2001-2009. Ils ont accepté, sans se poser de questions, l'idée optimiste que prêter à n'importe quel membre de la zone euro était aussi sûr que de prêter à l'Allemagne. Plus généralement, la dérégulation des marchés des capitaux internationaux a libéré une vague de liquidité investie auprès d'institutions insuffisamment équipées pour gérer cet argent. Cela inclut les gouvernements corrompus des petites économies non diversifiées. À cela s'ajoute la peur panique des décideurs politiques occidentaux de voir poindre le moindre petit ralentissement économique, même s'il corrige le développement excessif d'un secteur économique en particulier. Dès qu'une récession menace ou que la croissance du PIB stagne sur un seul trimestre, on en appelle à une réduction des taux d'intérêt, à davantage d'emprunt public et à de la création monétaire par un mécanisme d'assouplissement quantitatif – voire les trois à la fois. Ces mesures créent également des bénéfices à court terme pour les banques d'investissement tout en dévalorisant les devises pour les générations futures. Une monnaie « fiduciaire », c'est-à-dire une monnaie papier qui n'est pas directement convertible dans un actif tangible, permet aux hommes politiques de faire des raccourcis trop faciles…

L'explosion de la dette mondiale

Depuis 2002, la dette mondiale totale est passée de 80 000 milliards de dollars à 210 000 milliards de dollars soit un taux de croissance de 12 % de la dette alors que le PIB réel mondial n'a augmenté que de 4 % par an. On est en charge des dettes collectives les plus élevées en temps de paix. Il est utile ici de distinguer entre dette publique et dette privée. Les gouvernements, les ménages, les banques et les entreprises ont tous trop emprunté et la plus grande partie de la dette souveraine est un produit dérivé des effondrements bancaires. Une exubérance irrationnelle s'est répandue dans tous les secteurs de l'économie. Par le passé, quand le marché total du crédit excédait de 200 % le PIB, c'était souvent dû aux dépenses militaires d'un État en guerre. Les vainqueurs récoltaient le butin et les vaincus faisaient défaut. La dette agrégée actuelle s'élève à 315 % du PIB et continue à augmenter. On entre dans une zone encore inconnue en temps de paix.

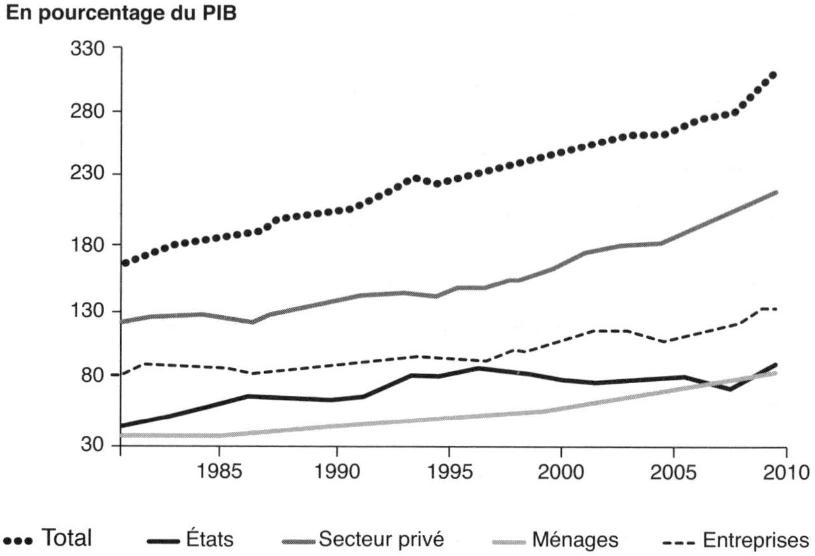

Figure 12.9 Croissance de la dette mondiale totale.
Source : Stephen G. Cecchetti, M. S. Mohanty et Fabrizio Zampolli, « The Real Effects of Debt », septembre 2011. En ligne : http://www.bis.org/publ/othp16.pdf.

On a créé trop de dette par rapport à l'économie productive. Les actifs papier sont trop importants et les capitaux réels insuffisants pour la soutenir. Globalement, le monde n'a pas de problème de dette : par définition, Débiteurs = Créanciers. Donc, une partie de la solution passe par la charge réelle de la future monnaie, c'est-à-dire, par une érosion de la dette. À la fin d'un supercycle de la dette, face à des banques qui se désendettent et à des mesures d'austérité, il est impossible d'obtenir une croissance mondiale globale. Le désendettement par des mesures de répression financière, en gardant des taux d'intérêt réels négatifs, prendrait trop d'années à réaliser. Il est peu probable que cela se passe ainsi, comme on le voit avec le Japon.

Toutefois, les effets de l'érosion de la dette *via* l'inflation sont dévastateurs pour une partie de la population. Par exemple, les personnes à la retraite qui vivent de revenus fixes souffrent d'une inflation élevée et d'un moindre rendement de leur épargne[47].

47. «Eye on the Market», analyse de J.P. Morgan, 11 août 2011.

Il est impossible d'imaginer comment l'Europe et le monde développé peuvent revenir à une croissance saine et soutenable sans une purge complète de l'actuel système financier.

Des inégalités de plus en plus dangereuses

Comme je l'ai mentionné en introduction de ce chapitre, la crise de l'euro entraîne également des problèmes sociaux et politiques plus larges. Cela inclut le ressentiment engendré par des inégalités de revenus, particulièrement exacerbées par la financiarisation. Depuis que les banques d'investissement ont adoptées un statut de responsabilité limitée dans les années 1990 et se sont mises, de façon agressive, à chercher des rendements à court terme pour leurs actionnaires par plus d'endettement, les rémunérations des cadres dirigeants et des *traders* ont augmenté alors que les contribuables, et plus généralement l'économie tout entière, endossaient ce risque supplémentaire.

Andrew Haldane, directeur exécutif de la stabilité financière à la Banque d'Angleterre, décrit ces développements dans une conférence en octobre 2011. Selon lui, un traitement fiscal favorable à l'endettement a encouragé ces évolutions. Citant les chiffres du Trésor américain, il remarque : « En 1989, les cadres dirigeants des sept plus grandes banques des États-Unis gagnaient en moyenne 2,8 millions de dollars. C'était presque 100 fois le revenu médian d'un ménage américain. En 2007, au plus haut de la bulle, la rémunération d'un PDG (...) a presque été multipliée par dix atteignant 26 millions de dollars. C'est 500 fois le revenu médian d'un ménage américain. » Mais il ajoute : « Pendant que les risques ont été de plus en plus portés par la société en général, les rendements ont été récoltés par les actionnaires et les managers. Il y a encore du boulot avant que les incitations soient correctement alignées avec le bien public ! », déclare-t-il Le mouvement d'occupation de Wall Street, qui s'est répandu dans de nombreuses villes occidentales depuis ses débuts à New York, est une autre manifestation de la hausse des inégalités mondiales.

Mais qui a bénéficié de toute cette croissance du crédit et de l'assouplissement quantitatif qui a suivi ? La figure 12.10 montre que les riches en ont vraiment bien profité…

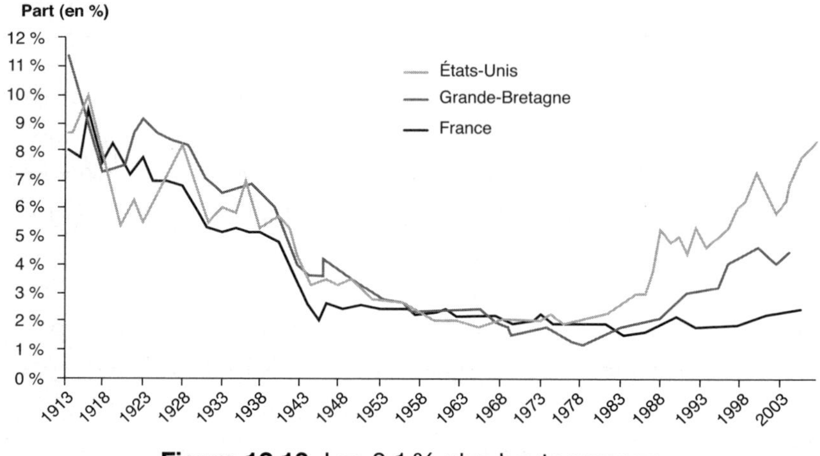

Figure 12.10 Les 0,1 % plus hauts revenus en pourcentage du revenu total.

Sources : Emmanuel Saez et Thomas Piketty.

Comme on peut le constater, après quelques décennies de réduction des inégalités qu'a rendu possible l'émergence de l'État-providence après la Seconde Guerre mondiale, les hauts revenus ont recommencé à s'envoler. Aux États-Unis (le pays *le plus riche* au monde), 35 millions d'Américains, soit 1 sur 8, vivent avec des bons alimentaires[48].

Pourquoi la classe moyenne accepte-t-elle ces politiques extrêmes d'assouplissement qui augmentent la part du revenu national redistribuée aux personnes les plus riches ? Certes, elle a été distraite par l'accès au crédit qui a soutenu les niveaux de consommation. De plus, l'augmentation, année après année, des prix de l'immobilier lui a donné une illusion de richesse. Malgré une stagnation des revenus, des prix des actifs en hausse et un accès facile au crédit, une redistribution déguisée se produisait réellement.

48. Source : USDA.

À présent que la bulle a explosé, on se trouve dans des eaux très dangereuses. On a atteint un pic dans la disparité des revenus, inédit depuis 1929. Bill Gross le résume ainsi : «Lorsque les fruits du travail d'une société sont mal distribués, lorsque les riches deviennent plus riches et les classes moyennes et défavorisées luttent pour garder la tête hors de l'eau comme c'est clairement le cas aujourd'hui, alors le système finit par s'effondrer[49].»

Les hauts revenus, avec une propension plus faible à consommer, posent un problème chronique de sous-consommation. La «théorie du ruissellement» de Ronald Reagan relève du fantasme quand les inégalités se combinent avec une récession.

Le désendettement et ses effets sur le système politique

Historiquement, lorsqu'un cycle de désendettement est associé à des conditions économiques néfastes, le résultat en est une fragmentation politique et sociale. Les décisions deviennent émotionnelles et court-termistes et les conflits se multiplient. Souvent, la séparation des pouvoirs n'est plus respectée au nom «du bien de la nation» ou contre «les forces du mal».

Cette situation peut exacerber le phénomène de spirale baissière. Dès lors, plutôt que d'essayer de résoudre les problèmes par un débat prudent, certains éléments de la société tentent de s'emparer du pouvoir. Le populisme et le nationalisme croissants influencent les politiques budgétaire, monétaire et commerciale. Un taux de chômage élevé et une frustration interminable conduisent à blâmer les étrangers «qui nous prennent nos emplois». Pendant leurs campagnes électorales, nombre d'hommes politiques ne se privent pas d'attiser ces feux. Les tensions entre les différents groupes économiques, les hommes d'affaires et les travailleurs, les libéraux et les socialistes augmentent exponentiellement. Des barrières au libre-échange sont plus facilement réintroduites, conduisant à une diminution globale des conditions de vie. Des mouvements de masse et des «lynchages» publics (au

49. Source : «Enough is Enough», *Investment Outlook*, Pimco, juillet 2007.

sens figuré uniquement, j'espère) de banquiers ou d'hommes politiques sont à l'ordre du jour.

En Europe, des partis populistes et nationalistes, comme le True Finns finlandais, le Front national de Marine Le Pen, l'Independence Party en Grande-Bretagne et le Parti de la liberté dirigé par Geert Wilders aux Pays-Bas rassemblent entre 10 et 20 % des voix. Pourtant leur électorat était beaucoup plus restreint jusqu'à très récemment…

Réinitialisation du système financier

Le fardeau de la dette globale continue à croître plus vite que l'économie sous-jacente. Il faudra inévitablement, qu'à un moment la dette soit restructurée. En règle générale, on considère qu'une dette restructurée ne doit pas excéder 180 % du PIB même si, pour certains, ce niveau doit être encore plus faible compte tenu des obligations qu'impose le vieillissement des populations en termes de retraite, de protections sociale et médicale.

Plus tôt on aura compris cela, plus vite la situation se rétablira. Les créanciers, comme les hommes politiques, ont tendance à repousser le moment où ils devront accepter la réalité et préfèrent marchander plutôt que d'essuyer une perte qui est inévitable. Il suffit de regarder le PSI I et le PSI II en Grèce. Pendant la crise mexicaine, les créanciers ont mis dix ans à partir de la mise en œuvre du plan de Baker pour accepter leurs pertes plutôt que d'anticiper une destruction massive de l'économie mexicaine.

De la même façon, dans les années 1920, selon une analyse d'Adam Tooze, le président des États-Unis, Herbert Hoover, a fait fortement pression sur l'Allemagne pour qu'elle ne dévalue pas sa monnaie : il était inquiet pour la valeur des prêts américains accordés au pays depuis la Première Guerre mondiale. En 1929, les États-Unis rapatrient leurs capitaux et l'Allemagne s'enfonce dans une profonde récession[50].

---

50. Adam Tooze, *Wages of Destruction: The Making and Breaking of the Nazi Economy*, Penguin, 2007. Voir également en ligne : http://advisoranalyst.com/glablog/2011/12/05/no-dylan-grice-did-not-say-germanys-unwillingness-to-print-may-give-rise-to-another-hitler/#ixzz1giOXsTt5.

Désendetter à partir de niveaux très élevés de dette agrégée se produit généralement *via* l'hyperinflation, un effondrement du marché du crédit, des défauts souverains qui se multiplient, une déflation prononcée et des conflits civils, voire tous ces éléments à la fois mais dans un ordre imprévisible.

Si on remonte encore plus loin dans l'histoire, on peut citer le cas de l'Empire romain dont l'effondrement a entraîné une dégradation des conditions de vie pendant 1 000 ans. Les symptômes de cette crise sont étrangement comparables aux nôtres : de hauts niveaux de spécialisation du travail combinés à un commerce international produisant un ensemble sophistiqué, mais finalement fragile, de relations interconnectées qui rendent les communautés vulnérables et bien plus pauvres lorsque ces relations disparaissent.

> La complexité économique a permis de produire des biens de consommation de masse mais a également rendu les gens dépendants de spécialistes ou de semi-spécialistes – parfois travaillant à des centaines de kilomètres – pour de nombreux besoins commerciaux. Cela a très bien fonctionné en période de stabilité mais a rendu les consommateurs extrêmement vulnérables si les réseaux de production et de distribution s'interrompent ou s'ils n'ont plus les moyens d'acheter les services d'un spécialiste. Si la production spécialisée échouait, il n'était pas possible de se rabattre rapidement sur une solution autonome efficace (…) La sophistication de la période romaine, en diffusant des biens de haute qualité largement dans toute la société, a détruit les compétences locales et les réseaux locaux qui avaient permis un moindre niveau de complexité économique dans les temps préromains. Il a fallu des siècles (…) pour réacquérir les compétences et les réseaux régionaux et retrouver les niveaux de sophistication préromains[51].

Une économie mondiale hautement intégrée et spécialisée est très fragile et vulnérable à n'importe quel changement de ses flux commerciaux complexes. Étant donné le déclin du commerce et

51. Bryan Ward Perkins, *The Fall of Rome and the End of Civilization*, Oxford University Press, 2006.

des flux de capitaux, on observe déjà un certain recul de la mondialisation et des signes de protectionnisme comme les droits de douane de la Chine sur des importations d'automobiles américaines, annoncés en décembre 2011. Les principaux moteurs de la croissance économique mondiale sont en train de se gripper.

Un effondrement de l'euro ? Mais il s'est déjà effondré !

La spéculation sur un effondrement de l'euro s'intensifie depuis la fin de 2011 suite à des rumeurs que des Deutsche Mark, francs, drachmes, etc. seraient secrètement réimprimés. Cependant, du point de vue des marchés financiers, l'euro s'est déjà effondré. Le rendement obligataire de l'Allemagne est de 2 %, celui de l'Italie de 6 %. Avec des *spreads* de plus de 4 %, on ne peut plus considérer qu'il existe encore une union monétaire. De même, en valeur absolue, nombreux sont les taux d'intérêt et les niveaux de *spreads* qui excèdent les limites fixées par le traité de Maastricht. En décembre 2011, l'agence Fitch estime qu'« une solution d'ensemble » à la crise de la zone euro est « techniquement et politiquement impossible »[52]. Quelles sont les différentes dissolutions envisageables ?

- sortie de petits pays (par exemple, la Grèce, le Portugal,...) ;
- sortie de pays importants (par exemple, l'Italie, l'Espagne,...) ;
- formation d'un bloc du Nord et d'un bloc du Sud ;
- fragmentation totale et création par la plupart des pays de nouvelles monnaies.

Le marché intègre déjà l'éventualité d'un bloc du Nord et d'un bloc du Sud, avec la Grèce et le Portugal en dehors de ces deux blocs. Chose intéressante, la France est incluse dans le bloc du Sud.

---

52. « Press Reports, eg Comprehensive Euro Deal "Beyond Reach" – Fitch », Reuters, 17 décembre 2011. En ligne : http://uk.reuters.com/article/2011/12/17/uk-eurozone-idUKTRE7BF0P120111217. Déclaration de Fitch disponible sur : http://www.fitchratings.com/creditdesk/press_releases/detail.cfm?pr_id=736946&cm_sp=homepage-_-FeaturedContentLink-_-Learn%20More.

À la fin de l'été 2011, les marchés se préparaient déjà à une exclusion de la Grèce de la zone euro. Otmar Issing, un économiste allemand reconnu et ancien membre du Conseil des gouverneurs de la Banque centrale européenne, écrit en août que : « Si un pays ne se conforme pas aux conditions entendues, il ne doit plus recevoir d'aide financière. » Jan Kees de Jager, le ministre des Finances des Pays-Bas déclare : « Dans le futur, l'ultime sanction peut être de forcer des pays à quitter l'euro. » L'avertissement est répété à un niveau officiel début novembre par Angela Merkel et Nicolas Sarkozy, avec les effets déstabilisateurs que l'on connaît.

La Grèce est-elle un bouc émissaire ? Si une si petite économie était l'unique source du problème, celui-ci devrait être résolu à présent… En réalité, les origines du drame viennent tout autant des erreurs de jugement grotesques des dirigeants européens, de la vente forcée du projet de l'euro (comme on l'a examiné aux chapitres 3, 7 et 10), des prêts irresponsables accordés par les banques, des violations du Pacte de stabilité et de croissance (y compris par l'Allemagne) et des niveaux divergents de compétitivité. La rapide propagation de la crise de l'euro à l'Italie et aux banques du continent illustre dans quelle mesure le problème dépasse largement les simples dysfonctionnements de la République hellénique.

Ces tensions reflètent des dynamiques économiques plus vastes. Les dirigeants politiques et institutionnels de l'UE semblent ne voir que leur strict agenda technocratique et ne viser que des cibles de court et moyen termes. Si on recense tous les défis que doit affronter la zone euro, on dénombre quatre catégories :

- plans de « sauvetage » et considérations techniques pour le Fonds européen de stabilité et de finance ;
- modifications constitutionnelles de l'Union européenne ;
- divergences économiques et nationales au sein de l'UE ;
- grands défis démographiques et stratégiques pour l'Occident.

Il est instructif de passer en revue chacune de ces catégories, en adoptant un angle d'analyse de plus en plus large.

Un bouquet de plans de « sauvetage »

Le dernier sommet pour « sauver la zone euro » (et on peut dire qu'elle a été sauvée plus souvent qu'une histoire d'amour dans un roman de la collection Harlequin) s'est tenu le 9 décembre 2011. Il a abouti au mélange habituel : des mesures d'austérité, davantage de coordination en matière de discipline budgétaire, offre de liquidité limitée de la part de la Banque centrale européenne, bricolage sur le coût de la dette. Les marchés espéraient que le gouvernement allemand approuverait et permettrait à la BCE d'avoir recours à une forme d'assouplissement quantitatif. Mario Draghi a refroidi ces espoirs lors d'une conférence de presse le 8 décembre, juste avant le sommet et après l'annonce d'une réduction des taux d'intérêt à 1 %.

En l'absence d'un engagement de l'Allemagne en faveur d'une mutualisation de la dette et d'euro-obligations, les chefs d'État se sont engagés autant que leur force de frappe financière le leur permettait afin de garder l'euro en fonctionnement. Ils ont convenu d'accélérer la création du mécanisme européen de stabilité (MES) pour qu'il entre en vigueur en juillet 2012. Ils se sont engagés à réévaluer le « caractère adéquat » du plafond global de 500 milliards d'euros du FESF/MES en mars 2012. Des mesures sont également prévues pour encourager la capacité de prêt du MES. Par ailleurs, il est envisagé la mobilisation de ressources supplémentaires pour le FMI d'un montant pouvant aller jusqu'à 200 milliards d'euros, sous forme de prêts bilatéraux, « afin que le FMI dispose de ressources suffisantes pour faire face à la crise ». Il précise : « Nous espérons que des contributions parallèles seront apportées par la communauté internationale. » Il n'aurait pas été nécessaire d'ajouter cette mention si les négociateurs du FESF n'avaient pas totalement échoué à attirer des investisseurs privés au cours des semaines précédentes[53]. Et c'est là que ça devient effrayant.

Les pays « riches » membres du FMI et du FESF sont à la fois des pays débiteurs et des pays créanciers. En 2007-2008, de

53. Déclaration des chefs d'État et de gouvernement de la zone euro, communiqué du Conseil européen, 9 décembre 2011. En ligne : http://www.consilium.europa.eu/uedocs/cms_data/docs/pressdata/en/ec/126658.pdf.

nombreuses banques dans le monde développé ont été sauvées par leurs gouvernements mais il n'existe aucune entité pour sauver, en masse, les gouvernements eux-mêmes. Le monde entre dans une phase dangereuse. C'est dans ce contexte qu'il faut comprendre la tentative de l'UE de doter le FESF d'un « effet de levier » ou de chercher davantage d'aide du FMI pour un euro presque défunt. On risque de se retrouver face à un nouveau schéma de Ponzi, comme pour l'État grec, mais sur une échelle effrayante. Le FMI n'a pas été conçu pour renflouer de grandes économies développées ; ses mesures ont pour objectif d'aider les économies émergentes qui rencontrent des difficultés passagères. Son fonds d'aide n'est que de 400 milliards de dollars. L'Italie est le septième plus grand contributeur, mais les dynamiques de sa dette ne sont pas soutenables. Les déficits et les dettes du Japon, des États-Unis et de la Grande-Bretagne – et même de l'Allemagne après la recapitalisation de ses banques – sont également très élevés au regard de critères historiques.

Tableau 12.1 les principaux contributeurs au FMI et au FESF (selon leur niveau de contribution)

FMI	FESF
États-Unis	Allemagne
Japon	France
Chine	Italie
Allemagne	Espagne
France	Pays-Bas
Grande-Bretagne	Belgique
Italie	Grèce

Avec un ratio Dette/PIB de plus de 315 %, le tableau n'est pas beau à voir. Préparez-vous à la fin de la partie car demander une contribution financière à des marchés émergents, dont les PIB par tête sont bien plus faibles, est pour le moins ironique…

Des modifications constitutionnelles à prévoir

Les évolutions constitutionnelles décidées au sommet de Bruxelles le 9 décembre 2011 auront des conséquences imprévisibles à long terme pour l'Union. Ce « traité dans le traité » est une version plus robuste des accords conclus au cours des précédents sommets, mais souffre des mêmes limites. Il se concentre presque entièrement sur la rigueur budgétaire. Or, la dette souveraine n'est que l'un des aspects du problème européen et, dans certains pays, en particulier l'Espagne et l'Irlande, c'est plus un symptôme qu'une cause.

Le texte conclu au matin du 9 décembre annonce un niveau sans précédent de surveillance de la part de l'UE et d'approbation des budgets nationaux. Il se heurtera probablement à l'opposition des Parlements. Pendant que le président Sarkozy condamnait David Cameron pour le veto britannique sur la régulation des marchés financiers, son rival François Hollande, à ce jour favori des élections présidentielles de mai 2012, a immédiatement annoncé qu'il renégocierait le traité s'il était élu. Le candidat socialiste souhaite la création d'euro-obligations, plus d'intervention de la part de la BCE et un fonds de sauvetage dédié. Il rejette également la sévérité des contraintes budgétaires[54]. La semaine suivante, les gouvernements de la Hongrie et de la République tchèque annoncent leurs vetos si l'obligation d'harmonisation fiscale n'est pas retirée. Cette question soulève également des inquiétudes en Irlande où s'exercent des pressions pour la tenue d'un référendum sur ce traité.

---

54. Articles de presse, par exemple « François Hollande "renégociera" l'accord européen s'il est élu », *Le Monde*, 12 décembre 2011. En ligne : http://www.lemonde.fr/election-presidentielle-2012/article/2011/12/12/francois-hollande -renegociera-l-accord-europeen-s-il-est-elu_1617257_1471069.html.

Quoi qu'il arrive, les dynamiques de la dette en Grèce et en Italie sont si effrayantes que ces discussions constitutionnelles seront bientôt débordées par un tsunami économique. Le 9 décembre confirme le changement de position de Merkel qui rejette toute contribution additionnelle de la part du secteur privé. La dette de l'Italie n'en apparaît que plus insoutenable. Suite au sommet, son rendement obligataire dépasse les 6 %. Ce niveau n'avait jamais été atteint auparavant.

Divergences économiques et nationales au sein de l'UE

Déséquilibres commerciaux

Comme on l'a analysé au début de ce chapitre, la crise de la zone euro est une crise du commerce et des flux de capitaux et pas uniquement une question d'indiscipline budgétaire dans les pays périphériques. Les déséquilibres commerciaux et de compétitivité ne semblaient pas si importants pendant les années d'essor économique quand l'Allemagne, les Pays-Bas, la France et même certains pays d'Asie et du Moyen-Orient prêtaient de l'argent aux États périphériques de la zone euro.

La difficulté aujourd'hui réside dans le refus de l'Allemagne, qui affiche pourtant le plus grand excédent de sa balance commerciale, d'effectuer des transferts de capitaux. En effet, la Loi constitutionnelle allemande exclut cette possibilité. Aussi, pour rendre possible une union budgétaire intégrale et la mutualisation de la dette, l'Allemagne sera obligée de changer sa Constitution, réforme qui devra être approuvée par référendum. En attendant, Merkel ne peut que proposer une union budgétaire limitée et se résoudre à un excédent commercial plus faible. L'Allemagne est involontairement en train de faire aux pays périphériques ce que les États-Unis ont fait à la République de Weimar dans les années 1920 et 1930 lorsqu'ils ont inondé le pays avec un capital bon marché pour ensuite rapatrier leurs fonds du jour au lendemain.

« Il y avait une bande de prétentieux bien-pensants aux États-Unis sous Hoover qui ont interprété cela comme une question d'éthique culturelle, reprochant à l'Allemagne son manque de discipline et son incapacité à travailler assez dur. Ça ne vous rappelle pas quelque chose ? », remarque le journaliste financier britannique Ambrose Evans-Pritchard.

Différences nationales et incompréhensions mutuelles

Pendant plus de 2000 ans, on a essayé d'unifier l'Europe : l'Empire romain, le règne de Charlemagne, Napoléon et le projet de Reich d'Hitler. La dernière tentative en date est celle de l'Union européenne. Elle est tout aussi ambitieuse que les autres compte tenu de l'extrême diversité des langues parlées, des cultures et des histoires nationales sur tout le continent. Comme cela a été souligné aux chapitres 4 et 5, la culture et l'histoire grecques sont très différentes de celles de l'Europe de l'Ouest. Tenir compte de ces spécificités aurait permis d'y réfléchir à deux fois avant d'accepter le pays dans la zone euro.

La dimension culturelle affecte l'économie : les comportements d'épargne, de consommation, de paiement de l'impôt sont fortement influencés par des récits nationaux et régionaux intériorisés. Cela conditionne également la propension des États à « renflouer » d'autres pays. L'Allemagne de l'Ouest a absorbé sans hésitation et sans se plaindre les coûts liés à la réunification avec l'Allemagne de l'Est. Il est peu probable que l'Allemagne réunifiée fasse la même chose pour la Grèce. En revanche, aux États-Unis, personne ne conteste que l'Alaska ou l'Alabama soient effectivement subventionnés par New York et le Texas.

Le strict respect de la Constitution sur des sujets comme le sauvetage de pays ou l'achat d'obligations par la BCE se reflète dans les désaccords avec les autres pays ou dans la démission de principe de Jürgen Starck du Conseil des gouverneurs de la BCE. Pour l'Allemagne, le suivi de règles et le concept d'ordre comptent plus que dans d'autres pays européens. La vision allemande contraste clairement avec l'importance plus émotionnelle donnée aux réseaux personnels et aux loyautés claniques dans le sud de l'Europe.

Manque de mobilité des travailleurs au sein de la zone euro

À la question des différences nationales et linguistiques s'ajoute la mobilité limitée du travail dans la zone euro. L'Espagne connaît actuellement un taux de chômage de 22 % contre seulement 9 % en 2008. Pourtant, même si celui de l'Allemagne n'est que de 5,5 %, il est difficile pour des Espagnols, parlant mal l'allemand, d'occuper des postes en Bavière ou en Rhénanie.

Néanmoins, dans une zone monétaire optimale où la devise est commune à tous les pays, la mobilité du travail est essentielle tout comme la convergence des économies et la solidarité entre pays (voir chapitre 3).

Autres défis démographiques et stratégiques

L'Europe connaît à présent un déclin relatif. On peut distinguer des similitudes avec les effondrements des empires passés. Son évolution ressemble aux différentes phases du cycle de la vie : naissance, jeune enfant, jeune adulte, fleur de l'âge, maturité, vieillesse, mort. La politique d'assouplissement quantitatif, par de la création monétaire, revient à garder sous respirateur artificiel un individu cliniquement mort.

La dette pose de sérieux problèmes dans certains pays où elle augmente fortement en proportion du PIB dans un contexte de population vieillissante et d'engagements de retraites à financer. Pourtant, la dette souveraine n'est qu'un aspect d'une série de questions plus larges qui menacent tout autant l'Occident :

- La financiarisation est en hausse, avec l'argent vu comme une commodité, des banques d'investissement hors de contrôle cherchant des profits à court terme, générant des bulles sur des actifs et des schémas déstabilisants de bulle et d'éclatement de bulle. Une grande partie de la dette souveraine à l'Ouest est le résultat direct de l'aide apportée au système bancaire depuis 2008.

- Il existe des économies non compétitives, dans lesquelles l'innovation et la productivité se sont taries et où les attentes en matière de conditions de vie augmentent alors qu'en face émergent de nouvelles puissances économiques. Dans la zone euro, les déséquilibres extrêmes entre pays productifs et pays moins productifs entraînent des polarisations politiques importantes à la faveur d'oppositions croissantes aux plans de sauvetage et aux mesures d'austérité.
- Les populations vieillissent, alors que des accords de retraite ne sont toujours pas financés dans le secteur public et que le nombre de travailleurs est de moins en moins important pour chaque personne qui part à la retraite. Cette situation tire vers le bas la consommation et rogne sur l'épargne disponible pour financer les déficits (voir la figure 12.11, où l'on observe que 4/5 de l'économie mondiale fait partie de la catégorie «population vieillissante»).
- Les inégalités s'accroissent, et le ratio entre les hauts et les bas revenus a augmenté significativement depuis plusieurs décennies, en grande partie à cause de la mondialisation.
- L'abaissement des conditions de vie des ménages de classe moyenne a un effet dépressif sur la demande globale.
- Une des réponses à la crise, à savoir la politique d'assouplissement quantitatif, entraîne de l'inflation, met sous pression les budgets des ménages et précarise les retraités.

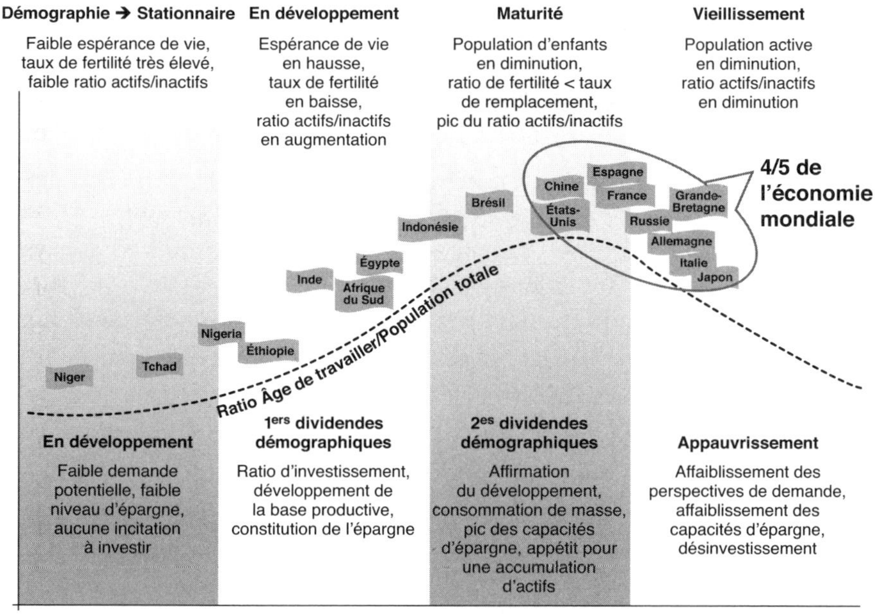

Figure 12.11 Cycle démographique et économique.
Source : « *Challenging the Life Cycle* », Société Générale, novembre 2011.

Fin de partie…

L'examen des causes sous-jacentes montre qu'il existe des questions plus profondes que l'Europe doit se poser en urgence. Comme indiqué au début de ce chapitre, la dette souveraine et la devise ne constituent qu'un aspect de cette question globale qui comprend également la compétitivité, le vieillissement des populations, les inégalités, les changements de mode de vie et la régulation de la finance internationale. L'analyse limitée qui a guidé l'UE et la politique occidentale au cours des dernières décennies s'avère donc dramatiquement inappropriée.

Nos systèmes économiques complexes révèlent une vulnérabilité beaucoup trop élevée quand les dirigeants s'obstinent à privilégier ces analyses établies alors que la réalité des événements s'en écarte clairement. Nous vivons aujourd'hui le sinistre effacement de deux contes pour grands enfants, qui ont magistralement influencé toutes les politiques au cours de ces 20 dernières années :

1. Le capital mondial dérégulé conduit à une allocation efficace des ressources ainsi qu'à des marchés qui fonctionnent bien.
2. L'union politique et monétaire encourage la convergence des performances économiques des pays de la zone euro.

La dérégulation, illustre un mythe de marchés financiers automatiquement stables, permettant une allocation efficace des ressources et qui s'autocorrigent. Cette croyance a été diffusée tel un théorème intangible lors des cours d'économie et de gestion dans tout le monde occidental. La majeure partie de la classe politique la considérait comme fondée. Aussi est-il troublant de constater que c'est toujours le cas pour une partie des dirigeants, malgré les preuves contraires apportées par les bulles spéculatives déstabilisantes comme la bulle Internet, la crise des *subprimes*, celle des CDO et la crise des obligations souveraines…

Combien de temps encore pourra-t-on se permettre le luxe de l'illusion ?

Dépôt légal : mars 2012
IMPRIMÉ EN FRANCE

PEFC
PEFC/10-31-2008

Achevé d'imprimer le 2 mars 2012
sur les presses de l'imprimerie « La Source d'Or »
63039 Clermont-Ferrand
Imprimeur n° 10711